KASACHSTAN
KASPISCHES MEER
MOSDOKKOSAKEN
Terek
Terek
Sulak
Nasran
Sundja
Grosny
INGUSCHEN
Valerik
Mitschik
Hassiw Jurt
Gersel
Vnesapnaja
Dargo
Tschirkei
Petrowsk
Tarku
TSCHETSCHNJA
Darial-Schlucht
Schatu
ANDI-TORE
Aschilta
Gimri
Temir-Chan-Schura
Untsukul
Achulgo
Chunsach
Gergibil
Kasbek
Andi Koisu
Karata
Tselmess
Tilitl
Tschoch
Gunib
TUSCHEN
Aragava
Heerstraße
Derbent
Kasikumuch
Telaw
Žinondali
DAGESTAN
Tiflis
KACHETIEN
Alasan
Samur
Elisu
GEORGIEN
Nukka
CHANAT VON GANDIA
Schemacha
Kura
Baku
CHANAT VON SCHIRVAN
VON ERIVAN
Aras
CHANAT VON KARABAGH
MUGAN STEPPE
PERSIEN
Aras

Helmut Höfling
Der Löwe vom Kaukasus

Helmut Höfling

DER LÖWE VOM KAUKASUS

Historischer Roman
um den
Volkshelden Schamil

EUGEN SALZER-VERLAG HEILBRONN

Umschlaggestaltung: Karl Bechloch
Satz und Druck: Wilhelm Röck, Weinsberg
Printed in Germany · ISBN 3 7936 0288 5

Inhalt

ERSTER TEIL

Triumphzug eines Geschlagenen

Am dritten September 1859 verließ Schamil in einer neuen Tscherkeßka, die ihm der russische Uniformschneider auf höheren Befehl hin angefertigt hatte, sein so geliebtes und nun verlorenes Daghestan für immer, begleitet von seinem Sohn Kasi Mahommed, einigen Nahibs und Dienern sowie einem Dolmetscher und Adjutanten. Der zaristische Oberkommandierende im Kaukasus, der ihn feierlich verabschiedete, hatte ihm für die erste Wegstrecke seinen eigenen Wagen zur Verfügung gestellt.

Schwer wurde es Schamil ums Herz, wann immer er die Gipfel der Berge, die ihm von Jugend auf vertraut waren, auftauchen und entschwinden sah, ohne die Hoffnung zu haben, sich je wieder an ihrem Anblick erfreuen zu können. Kein einziges Mal brachte er es über sich, den Blick zurückzuwenden. Was er aus den Augen verlor, gehörte der Vergangenheit an. Er aber fuhr der Zukunft entgegen, und das hieß dem Untergang, so glaubte er, wenn er den kleinen Taschenkompaß hervorholte und die Nadel nach Osten ausschlug – dorthin, wo Sibirien lag und der Leidensweg so vieler Gegner des Zaren endete.

Von solchen düsteren Gedanken gepeinigt, erschien ihm das, was er unterwegs erlebte, anfangs so unwirklich wie ein Traum. Und dennoch träumte er nicht! Wo immer die Pferde gewechselt wurden, warteten schon Scharen von Menschen auf ihn, die ihn bewundernd umringten und noch ein letztes Mal sehen wollten. Von Posten zu Posten eilte ihm die Nachricht über seine baldige Ankunft voraus und ließ die Gebirgsbewohner zu Tausenden von den Felsenhöhen des Kaukasus herabströmen, und wenn er, umgeben von berittenen Kosaken, schon wieder weiterfuhr, liefen seine Landsleute noch immer scharenweise neben und hinter ihm her, riefen seinen Namen

und versuchten seine Hand oder wenigstens den Ärmel seiner Tscherkeßka zu küssen.
Aber auch die Frauen der Besatzung einer russischen Festung, darunter Witwen, deren Männer im Kampf gegen die Muriden gefallen waren, begrüßten ihn nun mit Girlanden und bekränzten ihn mit Lorbeer. Wo immer er hinkam, empfingen ihn Soldaten und Offiziere, einst seine erbitterten Feinde, wie einen Helden, bestaunten ihn ehrerbietig und gaben ihm zu Ehren Festgelage.
Schon drei Monate vor der Kapitulation hatte Feldmarschall Barjatinskij, fest überzeugt von seinem baldigen Sieg und im voraus besorgt um das Wohlergehen seines künftigen Gefangenen, im Posthof von Tscherwelenaja einen bequemen, geschlossenen Reisewagen für Schamil bereitstellen lassen.
Als der Imam sich dem Terek näherte, kamen ihm Wagen und Reiter entgegen und geleiteten ihn nach Mosdok, wo in den Straßen die ganze Stadt auf den Beinen war und ihm zujubelte. Nicht anders empfingen ihn Tage später, weiter nördlich im Gebiet der Kubankosaken, die Einwohner von Stawropol, wo ein Chor einen eigens für ihn komponierten Lobgesang anstimmte, ihm zu Ehren der Park festlich beleuchtet wurde und ein Feuerwerk den Himmel verzauberte, während man auf dem Ball im Bahnhof den hohen Gast feierte.
Die unverhoffte Welle der Begeisterung, die ihrem Imam, dem geschlagenen Feind, überall entgegenschlug, und die vielen neuen Eindrücke verwirrten Kasi Mahommed und die Nahibs, die letzten Truppenführer, die noch zu dem Besiegten hielten. Im Gegensatz dazu gab sich Schamil betont zurückhaltend, ohne jedoch seine innere Bewegung und Dankbarkeit zu verbergen. Statt des befürchteten Spießrutenlaufens war seine Fahrt zum Triumphzug geworden, und gerade deshalb kam ihm das alles so zerbrechlich vor wie ein Traum, daß er immer noch überzeugt war, es werde mit einem bösen Erwachen auf dem Richtblock enden. Am zehnten Reisetag trafen sie in Charkow ein, wo sie bereits ein Adjutant des Zaren erwartete.
»Im Namen Seiner Majestät habe ich die Ehre, Sie alle willkommen zu heißen«, sagte er zu Schamil und den Nahibs gewandt. »Seine Majestät möchte gern diesen Gruß mit dem Wunsch verbinden, Sie möglichst noch in dieser Stunde persönlich kennenzulernen.«

»Ist der Weiße Zar denn hier?« fragte Schamil überrascht.
»Ja, ganz in der Nähe bei einem Truppenmanöver. Falls die lange Fahrt hierher Sie nicht zu sehr ermüdet hat, wäre es äußerst entgegenkommend von Ihnen, wenn Sie mir sogleich folgen würden.«
»Gern«, erwiderte Schamil, verwundert über die ausgesuchte Höflichkeit des Adjutanten. »Der Weiße Zar hat mich besiegt, ich bin sein Gefangener.«
»Nicht sein Gefangener, Imam, sein Ehrengast. Deshalb wünscht Seine Majestät auch, daß Sie in seiner Gegenwart all Ihre Waffen tragen.«
Wie verstört schauten Kasi Mahommed und die Nahibs drein, und auch Schamil glaubte, sich verhört zu haben. Sie, die Besiegten, sollten mit ihren Waffen vor den Weißen Zaren treten, mit dem sie dreißig Jahre lang auf Leben und Tod gekämpft hatten?
Der Adjutant schien zu ahnen, was in diesen Männern aus dem Gebirge vorging, und beeilte sich, ihnen taktvoll verständlich zu machen:
»Unser christlicher Glaube verpflichtet uns, unseren Feinden zu vergeben und den Nächsten zu lieben wie uns selbst. Ich hoffe sehr, Imam, daß Sie und die Herren Offiziere in Ihrer Begleitung Seiner Majestät die Gelegenheit geben werden, seiner Pflicht nachzukommen.«
Aufmerksam hatte Schamil ihm zugehört und gab durch ein leichtes Nicken zu verstehen, daß er einverstanden war.
»Aber ich möchte dem Weißen Zaren im Sattel begegnen, nicht im Reisewagen wie ein alter Mann.«
»Das ist auch der Wunsch Seiner Majestät. Vor dem Manövergelände stehen für Sie und Ihre Begleiter Pferde bereit.«
Die Begegnung zwischen Zar und Imam fand anläßlich der Ehrenparade statt, als unter schmetternder Marschmusik der Militärkapelle die Ulanen mit wehenden Bannern an ihrem obersten Kriegsherrn vorbeizogen. Die Staubwolke von den Hufen der Kosakenpferde kündigte schon von weitem Schamils Ankunft an. Eindrucksvoll wie immer in seiner langen weißen Tscherkeßka mit der hohen Tschalma auf dem Kopf kam Schamil stolz und gefaßt auf den Mann zugeritten, der ihn besiegt hatte.

Zar Alexander wandte sich ihm zu und, noch im Sattel sitzend, empfing er ihn mit den Worten:
»Ich bin glücklich, Sie hier in Rußland zu sehen. Schade, daß es nicht früher möglich war.«
Als der Imam sah, wie der Zar vom Pferd stieg, folgte er seinem Beispiel, blieb aber unschlüssig stehen, als Alexander freundlich lächelnd auf ihn zutrat und bekräftigte:
»Wirklich schade! Dafür freue ich mich um so mehr, daß Sie wenigstens jetzt hier sind. Sie werden es nicht bereuen. Ich selbst kümmere mich um Sie, und ich bin sicher, wir werden Freunde sein.«
Als Alexander ihn bei den letzten Worten umarmte, wich Schamil nicht, wie er es früher getan hätte, vor der Berührung durch einen Ungläubigen zurück. All seine Befürchtungen schwanden in diesem Augenblick dahin. Er war gerührt von dieser großzügigen Geste des Siegers, der alles vermied, was ihn, den Besiegten, erniedrigen könnte.
Seite an Seite stehend, nahmen sie das Ende der Ehrenparade ab, und sie blieben auch die folgende Zeit über beisammen, denn Alexander bestand darauf, daß Schamil ihn bei der Musterung der Kavallerie begleitete.
»Ich lege großen Wert darauf, gerade Sie als anerkannten Pferdekenner und kühnen Reiter bei mir zu haben«, erklärte ihm der Zar. »Und gern würde ich auch Ihre Meinung über die Manöver hören. Wann habe ich schon einmal das Glück, einen so ruhmreichen Soldaten wie Sie, Imam, um Rat fragen zu dürfen.«
Anfangs blieb Schamil noch wortkarg, aber als sich im Laufe des Tages das bittere Gefühl der Niederlage immer mehr abschwächte, lebte er auf und genoß jede Stunde, die ihm der Zar widmete.
»Schade, daß der Tag so schnell vorübergegangen ist«, gestand ihm der Zar beim Abschied. »Es gibt noch so vieles, was ich gern mit Ihnen besprochen hätte, aber Sie bleiben ja jetzt bei uns, und da wird es sicher mal wieder eine Gelegenheit geben.«
»Wo werde ich bleiben?« fragte ihn Schamil.
»Das ist noch nicht ganz geklärt, wir werden sehen, irgendwo in der Provinz, denke ich. Doch zunächst einmal reisen Sie nach Moskau und Petersburg. Ich möchte, daß Sie diese Städte besuchen und dort

das Leben, die öffentlichen Einrichtungen und nicht zuletzt auch meinen Hof kennenlernen. Genießen Sie diese Wochen und Monate und seien Sie überzeugt, daß das Wohlwollen, das man Ihnen überall entgegenbringt, so echt und aufrichtig ist wie meine eigenen Gefühle Ihnen gegenüber. Sie waren mein Gegner im Krieg, aber Sie sind nicht mein persönlicher Feind, sondern ein großer, heldenhafter Führer, den ich achte.«
Achtung, Begeisterung und ungekünstelte Freude schlug Schamil auch weiterhin entgegen, als er auf seiner Fahrt nach Norden wie ein Held überall gefeiert wurde. Diese Sympathie war nicht nur auf den Befehl Alexanders zurückzuführen, der Imam sei auf seiner Reise durch Rußland mit äußerstem Respekt zu behandeln und allen Befehlshabern, Adligen sowie der hohen Geistlichkeit vorzustellen, vielmehr war es eine Wärme und Zuneigung, die ihm aus den Herzen aller Schichten der Bevölkerung entgegenströmte.

»Endlich habe ich Gelegenheit, Sie zu sehen, Imam, den Mann, den ich mir am liebsten als Gegner gewünscht hätte«, gestand ihm der alte General Jermolow, als Schamil ihn in seiner Moskauer Wohnung aufsuchte. »Aber leider war ich schon längst abgetreten, als Sie auf den Plan traten.«
»Auch ich freue mich über unsere Begegnung, General. Sie wissen vielleicht, daß ich schon einige Tage hier in Moskau bin und manches gesehen habe, den Kreml, die Kronjuwelen und vieles andere mehr.«
»Und? Wie ist Ihr Eindruck?«
»Ich hätte nie gedacht, daß es so etwas gibt. Mit einem Wort: überwältigend! Aber mein Besuch bei Ihnen ist, Sie dürfen es mir glauben, der Höhepunkt meines Aufenthalts in Moskau.«
Der sonst so brummelige Jermolow strahlte.
»Kommen Sie, setzen Sie sich! Lassen Sie uns von früheren Zeiten sprechen. Sie trinken doch einen Wodka?«
»Nein, danke, General«, wehrte Schamil höflich lächelnd ab, »Sie sind mir hoffentlich nicht böse, aber ich –«
»Richtig! Wie konnte ich nur vergessen, daß Sie als Moslem ein Feind des Alkohols sind. Soviel ich weiß, sind Sie in der Beziehung auch streng gegen Ihre Soldaten gewesen.«

»Nicht nur darin.«
»Hatten Sie nicht sogar die Musik in den Auls verboten?«
»Ja, obwohl ich selbst ein Freund der Musik bin.«
»Warum dann dieses Verbot, dieses karge Leben ohne Freude?«
»Weil ich so wenig Muriden hatte, ich meine Soldaten, verglichen mit Ihren Millionen in Rußland. Deshalb habe ich auch Tabak, Wein und Tanz verboten; nicht weil ich es für Sünde hielt, sondern weil ich die Wirkung auf meine Truppen fürchtete. Sonst hätten meine Männer die Nächte lieber in den Armen einer Frau als auf Wache zugebracht und das Lied der Schlachten über dem Gesang ihrer Geliebten vergessen.«
»Um so erstaunlicher, daß sie Ihnen so lange gefolgt sind. Wie man weiß, sind Ihre Krieger auch sonst nicht gerade verwöhnt worden.«
»Da haben Sie recht, General. Als ich neulich eine russische Kaserne besichtigen durfte, war ich überrascht über so viel Luxus für die Soldaten.«
»Luxus?«
»Ja, über die Decken und Kissen, über Sauberkeit und Ordnung. In solch einer Umgebung wären meine Soldaten erstickt. Doch auch mit dem besten Willen wäre es mir nicht möglich gewesen, sie so zu verwöhnen. Ich war arm und konnte ihnen nur wenig bieten. Sie kamen als Gäste zu mir, um an meiner Seite zu kämpfen, und ich gab ihnen, was ich konnte.«
»Und jetzt sind Sie mein Gast«, sagte der alte General mit Nachdruck. »Wenn Sie schon meinen Wodka ausschlagen, hoffe ich, daß Sie wenigstens nichts gegen einen Tee einzuwenden haben.«
»Im Gegenteil, ich würde gern eine Tasse Tee mit Ihnen trinken, General.«
Jermolow bediente selbst den Samowar und reichte seinem Gast die Tasse. Er war noch immer ein großer, bärenstarker Mann, auch wenn das Alter schon unverkennbar tiefe Spuren hinterlassen hatte.
»Hm, wenn ich Sie so betrachte, Imam, dann könnte ich Sie mir gut als Sohn vorstellen, dem Alter nach, meine ich.«
»Ich bin schon dreiundsechzig«, wandte Schamil ein, »und mehrfacher Großvater.«
Jermolow schmunzelte. »Genau wie ich sagte, ich könnte Ihr Vater

sein. Denn immerhin habe ich schon fast zwanzig Jährchen mehr auf dem Buckel.«
»Das hätte ich nicht gedacht«, gestand ihm Schamil überrascht. »Zehn Jahre vielleicht, aber nicht das Doppelte.«
»Der Altersunterschied ist wohl auch der Grund, warum wir uns im Kaukasus nie begegnet sind. Zu meiner Zeit hatten wir es noch mit Ihrem Vorgänger zu tun, mit Kasi Mullah.«
»Er war nicht mein Vorgänger.«
»Aber Sie waren sein Stellvertreter.«
»Und dennoch nicht sein Nachfolger.«
»Ja, richtig, dazwischen gab es noch einen gewissen Hamsat Beg. Sie galten damals als verschollen. Die meisten hielten Sie sogar für tot.«
»Die meisten wären an denselben Verwundungen sicher gestorben.«
»Ja, Imam, Sie waren immer ein harter Mann: hart gegen sich selbst wie gegen Ihre Feinde.«
»Genau wie Sie, General.«
»Wenn man stets vorher wüßte, wie alles endet, würde man vielleicht anders handeln.«
»Kommt diese Einsicht nicht immer erst dann, wenn es schon zu spät ist?«
»Wir alle wissen das, besonders wir Alten, aber die Jungen hören nicht auf uns. Sie wollen jedesmal die Welt selbst erobern und neu gestalten. Erst wenn Sie weise geworden sind, merken sie, was für einen Scherbenhaufen sie hinterlassen haben.«
»Und so geht es immer weiter.«
»Überlassen wir das lieber den Philosophen, die verstehen sich besser darauf. Wir beide sind alte Haudegen, und deshalb kann ich Ihre Leistung besonders würdigen. Ich habe großen Respekt vor Ihnen, Imam, und Ihren Soldaten. Wie haben Sie es eigentlich fertiggebracht, uns so lange die Stirn zu bieten – eine Handvoll gegen unsere Übermacht?«
»Das ist eine lange Geschichte, General, verbunden mit vielen Gründen.«
»Wir haben noch den ganzen Abend vor uns, Imam. Lassen Sie uns von früheren Zeiten sprechen, von Siegen und Niederlagen, vom Glanz vergangener Tage.«

Asket und Hüne

I

»Der Tag der Befreiung ist nahe. Bald werden die Ungläubigen für immer und ewig aus eurem Land vertrieben sein. Hört und befolgt, was geschrieben steht: Seid stark! Haltet eure Waffen für den Kampf bereit, befestigt eure Dörfer, bezwingt euer Fleisch, wie ihr bald eure Feinde bezwingen werdet! Wir nageln ihre Hände an unsere Tore, ihre Köpfe werden den Berg hinabrollen, und ihr Blut soll unsere Flüsse rot färben. Nicht eher werden wir ruhen, bis unsere Heimat, unser Kaukasus, endlich wieder frei ist!«

Wo immer Kasi Mullah hinkam und die Bergstämme zum Widerstand gegen die russischen Eindringlinge aufrief, entfachte er die schon lange schwelende Glut gegen die verhaßten Eroberer und Unterdrücker.

»Allah il Allah! Allah il ekber! Tod den Fremden, Tod den Unterdrückern! Was kann es Schöneres geben als zu sterben für Freiheit, Glauben und Heimat, was Schrecklicheres als die Knechtschaft? Den Krieger erwarten Huris in Allahs Paradies – den Feigling die verdiente Knechtschaft! Allah il Allah!«

So klang es überall im Land, in jeder Provinz, in jedem Aul, wo Kasi Mullah auftauchte und das Volk zum kämpferischen Muridismus, dem neuen Glauben, bekehrte. Tod den Ungläubigen! Heiliger Krieg! Das waren Aussichten, die das Herz jedes Kaukasiers höher schlagen ließen.

Mit den stechenden Augen des Eiferers blickte Kasi Mullah auf die begeisterte Menge und peitschte sie zu immer höheren Leistungen an. Mal wetterte er gegen Mißstände, mal prangerte er die Schwächen seiner Glaubensbrüder an.

»Mögen auch die Moslems die Scharia, all ihre religiösen Gesetze, behalten haben«, rief er anklagend, »so bedeuten dennoch alle Almosen, alle Gebete und Waschungen, alle Pilgerfahrten nach Mekka nichts, aber auch gar nichts, wenn das Auge nur eines einzigen Moskowiters darauf ruht. Darum werft sie hinaus! Tötet sie! Eure Ehen

sind ungesetzlich, eure Kinder sind Bastarde, solange noch ein einziger Russe auf eurem Boden steht.«
Klein von Wuchs, mit einem kümmerlichen Bart und einem langen, pockennarbigen Gesicht predigte Kasi Mullah vor den Kriegern und feuerte sie an. Was ihm die Natur äußerlich an Anziehungskraft versagt hatte, das versuchte er durch Glaubenseifer, Vitalität und Hingabe wettzumachen, um so die Massen für seine Sache, die ihrer aller Sache war, zu gewinnen und mitzureißen. Mochten die steinigen Gebirgspfade auf seiner Wanderung von einem Bergnest zum anderen noch so steil und lang sein, noch so beschwerlich und ermüdend, niemals erlag Kasi Mullah der Versuchung, ein Pferd zu besteigen und sich bequem zum nächsten Aul, dem befestigten Felsendorf hoch oben an den schroffen Hängen, tragen zu lassen. Demütig legte er selbst die weitesten Strecken zu Fuß zurück: je härter die Strapaze, desto befriedigender die Kasteiung.
Was er sich selbst abforderte, das verlangte er auch von den anderen, unerbittlich und ausnahmslos.
»Kämpfen? Ja, wir wollen kämpfen!« So riefen sie ihm entschlossen zu. »Aber es genügt nicht, nur den Säbel zu ziehen, um den gelbhaarigen, ungläubigen Hunden Widerstand zu leisten.«
»Was noch?«
»Jeder Stamm für sich ist zu schwach. Wir brauchen einen Kriegsplan, einen Führer, der diesen Plan schmiedet. Der weiß, wie und wo wir die Russen am besten packen.«
So forderte der eine, und ein anderer meinte:
»Unsere Anführer sind schon seit langem als Geiseln in russischer Hand, genauso wie unsere Frauen.«
»Unsere Weidegründe für das Vieh werden von den russischen Eindringlingen kontrolliert«, gab ein dritter zu bedenken.
»Von allen Seiten schließen uns die Russen ein. Schon der geringste Vorfall ist für sie Grund genug, um grausam Vergeltung an uns zu üben.«
»Ja, so ist es! Sie stecken unsere Dörfer in Brand.«
»Sie beschlagnahmen unsere Ernten.«
»Sie nehmen uns alles weg und lassen uns verhungern!«
Erregt hatten die Männer ihrer Verbitterung auf die ungläubigen

Eroberer Luft gemacht. Solche Wutausbrüche erlebte Kasi Mullah überall, wo er zu den Bergbewohnern sprach. Haß schürte den Fanatismus, und wildentschlossene Fanatiker brauchte er in diesem ungleichen Kampf auf Leben und Tod gegen eine erdrückende Übermacht.

»Ich weiß«, sagte er, »ich weiß alles, und alles wird, wenn unsere Stunde schlägt, so vorbereitet sein, daß wir siegen werden.«

»Aber wann wird das sein?«

»Ja, wann?«

»Wie lange sollen wir noch diese Leiden ertragen?«

»Leiden sind der beste Ansporn zum Kampf«, erklärte ihnen Kasi Mullah. »Doch bis es zu diesem Kampf kommt«, fuhr er im salbungsvollen Ton des religiösen Eiferers fort, »sind sie ein Opfer, das wir alle auf dem Altar der Entsagung darbringen müssen. Weder in dieser Welt noch in einer anderen ist Gutes zu erwarten. Freude gehört nicht zum irdischen Leben, Verzicht ist alles.«

»Muß der Glaube, den du uns lehrst, wirklich so freudlos sein?«

»Bist du nicht zu streng zu uns, nur weil du so hart bist zu dir selbst?«

»Wie kann Verzicht alles sein, wenn sogar Mohammed dem Rechtgläubigen Huris in seinem Paradies versprochen hat?«

So bestürmten sie ihn mit Fragen.

»Ja, die schönsten Mädchen im Paradies«, erwiderte er. »Aber hier auf Erden muß man ein Leben der Entsagung führen, wenn man mit Gott übereinstimmen will. Wenigstens solange noch die ungläubigen Hunde auf diesem Teil der Erde leben!« fügte er aufpeitschend hinzu. »Wer Nacht für Nacht bei seinen Weibern liegt, wird faul und genußsüchtig. Und wer schon auf Erden durch Genuß verweichlicht, taugt nicht zum Kampf gegen die Giaurs, mögen diese Ungläubigen Russen sein oder sonstwer. Jeder Mann, der sein Leben für den Muridismus einsetzt, ist mir willkommen. Doch am liebsten sind mir die Muriden, die unverheiratet sind oder ihre Frauen verstoßen haben.«

Verständlicherweise fand er mit dieser asketischen Einstellung bei vielen keine Gegenliebe. Zum Kampf und Widerstand gegen die Ungläubigen waren sie mit Leib und Seele dabei, doch was Kasi Mullah ihnen sonst noch an Opfern, Verzicht und Enthaltsamkeit auferlegte, ging manchem zu weit.

»Wie war die Weinernte dieses Jahr?« pflegte er die Bewohner jedes Dorfes zu fragen.
Wenn sie ihm dann stolz die mühsam errungenen Erträge zeigten, forderte er von ihnen, als Probe ihres Glaubens und der noch folgenden Entsagungen große Weinkrüge in einer feierlichen Kulthandlung auf dem Marktplatz zu zerschmettern. Sobald dann der dunkelrote Wein die engen Gassen hinabfloß und sich zu blutähnlichen Lachen ausbreitete, sang Kasi Mullah mit seinen Anhängern:
»Diese Welt ist ein Kadaver, und wer ihr nachspürt, ist ein Hund.«

Niemand von ihnen ahnte, daß dieser Asket früher einmal der Trunksucht erlegen war, als er noch gemeinsam mit seinem Freund Schamil in Jaragl studierte, dem Zentrum des Muridismus, einer aus der islamischen Mystik, dem Sufismus, hervorgegangenen religiös-politischen Bewegung. Sie wollten Priester werden, denn beide hielten sich für dieses Amt auserwählt. Von Gewissensbissen gepeinigt bestand Kasi Mullah schließlich darauf, Schamil solle ihn öffentlich mit vierzig Peitschenhieben strafen, da er die Sünde begangen habe, Wein zu trinken. Erst jetzt habe er ihn als schreckliches Übel erkannt.

Es war ein dornenvoller Weg, den Kasi Mullah den Muriden wies, an dessen fernem Ende sie dann schließlich auf Erlösung hoffen durften. Einzig mit religiösen Übungen, mit Meditation sowie mit Kampf oder Widerstand gegen die Ungläubigen sollte sich seiner Meinung nach ein echter Gefolgsmann des Muridismus befassen. Alle anderen Betätigungen verwarf er. Wer sich Gott nähern wollte, mußte eine lange Reihe von Wiedergeburten durchlaufen, von denen jede den Menschen mühsam der letzten und vollkommenen Stufe der Selbstverleugnung entgegenführte.
So viel wilder, überschäumender Glaubenseifer schien manchem Kaukasier jedes menschlich erfüllbare Maß zu sprengen und brachte Kasi Mullah in einigen besonders geplagten Dörfern den Beinamen »Hund« ein. Doch unbeirrt zog er weiter im Land umher und rief unter dem Vorwand göttlicher Eingebung zum Widerstand gegen die Giaurs, die Ungläubigen, und zum Kampf um die Befreiung von russischer Herrschaft auf.

2

»Bei Gott, diese Tataren werden immer unverschämter!« fluchte Jermolow, als ihm wieder einmal ein Partisanenüberfall gemeldet wurde. »Dagegen hilft nur eins: noch härter, noch rücksichtsloser vorgehen als bisher. Die einheimische Bevölkerung ist auszurotten. Ihre Dörfer müssen dem Erdboden gleichgemacht, ihre Ernten verbrannt, die Obstgärten abgeholzt, die Weinberge zerstampft und ihre Brunnen vergiftet werden. Pardon wird nicht gegeben. Der Feldzug hier im Kaukasus ist so schnell wie möglich zu einem siegreichen Abschluß zu bringen, ohne jede weitere Verzögerung. Dafür stehe ich!«

»Verzeihen Sie, General«, wandte sein Adjutant ein, »wir tun doch schon seit langem, was in unseren Kräften steht, und dennoch kommen wir kaum einen Schritt weiter.«

»Dann müssen wir eben noch mehr tun!« polterte Jermolow. »Ich habe es dem Zaren versprochen, und als Soldat stehe ich zu meinem Wort.«

Mit schweren Schritten stampfte er im Arbeitszimmer seiner Residenz in Kuba hin und her, ein Hüne, mit Haut und Haar ein Russe, den seine Soldaten ebenso fürchteten wie anbeteten und den sie liebevoll »Väterchen« nannten, so wie er sie wie seine eigenen Kinder väterlich ins Herz geschlossen hatte und sich gern zu ihnen ans Lagerfeuer setzte, um mit ihnen saure Kohlsuppe zu essen. Mit seiner Riesengestalt, seiner Donnerstimme und einem Temperament, das manchmal mit der Urgewalt eines Vulkans ausbrach, erschien er dem einfachen Volk, dem Muschik vom Lande, als einer der leibhaftig gewordenen mythischen Helden der russischen Legende, der Giganten auf ungeheuren Pferden, die aus Steppen und Sümpfen wie der Sturmwind herangebraust waren und ruhmreiche Schlachten geschlagen hatten, mit Waffen, die wie Blitze vom Himmel herab Tod und Verderben säten, und Stimmen, die wie ein Beben die Erde erzittern ließen.

Unvermittelt hielt Jermolow inne. Die Erwähnung des Zaren erinnerte ihn an ein Gespräch in St. Petersburg. Damals hatte ihn Alexander I. gefragt, was er sich als Lohn für seine Dienste wünsche, und er hatte dem Kaiser scharfzüngig geantwortet:

»Als Deutscher geboren zu sein, denn dann kann ich alles haben, wonach mich gelüstet.«
Das war ein Hieb gegen die fremden Hofschranzen und scheelsüchtigen Militärs in der Umgebung des Zaren gewesen, die ihm seine Ernennung zum Oberbefehlshaber im Kaukasus und zum außerordentlichen Gesandten am persischen Hof des Schahs Fatih Ali neideten und sogar als persönliche Beleidigung empfanden. Ein Schlag mit der Pranke genügte, und das Geschmeiß duckte sich.
»Worauf ich hinweisen wollte, General«, unterbrach ihn der Adjutant in seiner Rückschau, »ist die Tatsache, daß die Kaukasier schon immer ein kriegerisches Volk waren, die mit gleicher Wut und Verbissenheit gegeneinander gekämpft haben wie gegen ihre äußeren Feinde. Und wer hat nicht schon alles im Laufe der Jahrhunderte versucht, hier festen Fuß zu fassen. Ein eroberungslüsterner Feind nach dem anderen hat in den Bergstämmen unerbittliche Gegner gefunden, die vor nichts zurückschreckten. Die römischen Legionen haben sich ebenso blutige Köpfe geholt wie die Araber, wie Attila, Dschingis-Khan, Tamerlan und die Perser. Wissen Sie übrigens, wie der Kaukasus bei den Persern heißt? ›Alexanders Schranke‹ nennen sie ihn, denn als ihr mächtiger Eroberer Alexander ausgezogen war, um sich die ganze Welt zu unterwerfen, da stieß er hier auf das erste Hindernis bei seinem Siegeslauf. Seitdem hält man in Persien immer noch hartnäckig an der Ansicht fest, der Kaukasus sei unüberwindlich, besonders der östliche Teil, die Bergwelt Daghestans. ›Wenn ein Schah ein Narr ist, greift er Daghestan an.‹ Kennen Sie diese persische Redensart, General?«
»Die Perser sind feige Hunde«, knurrte Jermolow verächtlich. »Ich kenne sie durch und durch. List und Brutalität sind ihre Waffen, doch richtet man die gleichen Waffen gegen sie, dann ziehen sie den Schwanz ein.«
Der Oberbefehlshaber der russischen Südarmee machte wieder ein paar Schritte hin und her und blieb dann vor dem Adjutanten stehen.
»Mich jedenfalls haben die persischen Machthaber nie eingeschüchtert, sosehr sie das auch versucht haben. Übrigens habe ich Ihnen schon die Geschichte mit den Strümpfen erzählt?«
»Mit welchen Strümpfen?«

Jermolow lachte schallend. »Nun, nach persischer Etikette müssen die Gesandten in Gegenwart des Schahs rote Strümpfe tragen, scharlachrote Strümpfe, stellen Sie sich das vor, und dazu auch noch während der Audienz stehenbleiben. Die Engländer fügten sich wie brave Lämmer, sie tun überhaupt alles, was man von ihnen verlangt. Aber ich als Abgesandter des Zaren habe mich geweigert, die Stiefel auszuziehen und die langen, scharlachroten Strümpfe überzustreifen. Einfach lächerlich! Hätte ich darin nicht ausgesehen wie die Mißgeburt eines Storches?«

Jetzt konnte auch der Adjutant sein Lachen nicht mehr zurückhalten, zumal der schwergewichtige General wie mit Storchenbeinen vor ihm auf der Stelle stakte.

»Und haben das die Perser hingenommen?« fragte er neugierig.

»Sie mußten, auch wenn sie mich nun verstärkt bedrängten und mir die Franzosen als Vorbild hinstellten. General Gardanne, so erklärten sie mir, habe auch keine Einwände gegen die roten Strümpfe erhoben. ›Was gehn mich die Franzosen an?‹ schnaubte ich. ›Nach der roten Mütze der Freiheit nun die roten Strümpfe der Abhängigkeit! Mit mir nicht, meine Herren!‹ Und ehe sie noch ein weiteres Wort hervorbringen konnten, stapfte ich hochgestiefelt auf den Pfauenthron zu und ließ mich mit der ganzen Fülle meines Leibes neben dem verblüfften Schah-in-Schah nieder.«

»Und weiter?«

»Was weiter? Sonst nichts, sie kuschten. Was sollten sie auch tun? ›Ich bin ein Nachkomme Dschingis-Khans‹, sagte ich ihnen, was auf den Schah besonders großen Eindruck machte, und Sie können sich wohl denken, daß ich ihm nie auch nur einen Augenblick gestattet habe, das zu vergessen oder gar zu bezweifeln. Wenn ich sprach, schienen die Perser nicht nur meine Stimme zu vernehmen, sondern die von hunderttausend Mann. In allem, was ich dort am Hof des Schahs tat, verließ ich mich auf meine Raubtierschnauze, meinen riesigen, schreckenerregenden Körper und meine unbegrenzt laute Stimme. Sie waren davon überzeugt, daß jemand, der so markerschütternd brüllen kann, wohl guten Grund haben müsse, Gehorsam zu verlangen.«

Jermolow schwelgte in Erinnerungen. Doch plötzlich verhärteten sich seine Züge, als er dem Adjutanten riet:
»Kommen Sie mir also nicht wieder mit Ihrer Unüberwindlichkeit des Kaukasus, mit ›Alexanders Schranke‹ oder wie Sie sich ausgedrückt haben. Alles Unsinn! Was anderen nicht gelungen ist, wir schaffen es: Wir zwingen diese Banditen in die Knie, und zwar mit allen Mitteln.«
»Aber die Kaukasier sind Meister der Partisanentaktik. Die steilen Bergschluchten und undurchdringlichen Wälder sind ihre besten Verbündeten. Wir dagegen mit unseren schwerfälligen Armeen sind gewohnt in der Ebene zu kämpfen, nicht im unzugänglichen Gebirge.«
»Dann müssen wir es lernen! Kann man den Feind nicht in einer einzigen großen Schlacht schlagen, dann in vielen kleinen Kämpfen. Vor allem aber müssen wir hart sein, ohne Gnade. Wer mir seine Hilfe verweigert und sich gegen mich stellt, den ertränke ich im eigenen Blut. Nur mit Gewalt und Grausamkeit kann man sich bei den Asiaten Respekt verschaffen, das weiß ich aus Erfahrung. Als sich der Zar einmal über meine Kampfmethoden empörte, natürlich nur weil er die Lage hier vor Ort nicht aus persönlicher Anschauung kennt, da habe ich ihm geantwortet: ›Ich will, daß die Angst vor meinem Namen unsere Grenzen verläßlicher beschützt als Ketten oder Festungen.‹ Wenn ich so grausam wüte, dann nur allein aus Treue zum Zaren und aus Liebe zu meinem Vaterland. Und deshalb werden wir fortfahren, Ladestöcke durch die Ohren der Gefangenen zu treiben, die Frauen aus den Dörfern, die uns Widerstand leisten, öffentlich zu versteigern und rücksichtslos gegen diese Gebirgsbanditen vorzugehen. Wenn wir so brutal handeln, dann nur weil wir müssen. Leutseligkeit ist für Asiaten ein Zeichen der Schwäche. Ich bin unerbittlich streng aus Gründen der Humanität. Die Hinrichtung eines Tataren rettet Hunderten von Russen das Leben. Mögen mich die Kaukasier auch den Moskauer Schaitan, den moskowitischen Teufel nennen, für mich ist das keine Schmach, sondern eine Auszeichnung. Denn ich kämpfe nicht aus persönlichem Ehrgeiz, sondern einzig und allein für Rußland!«
Davon war der Adjutant überzeugt, auch wenn ihm zu Ohren ge-

kommen war, die Feinde Jermolows am Hof zu Sankt Petersburg beschuldigten ihn, er wolle im Kaukasus seine eigene Fahne hissen und, gestützt auf die Armee, dem Zaren die Stirn bieten. Nein, das war nichts als die böswillige Verleumdung von Neidern und Intriganten, er kannte seinen General besser.

In diesem Augenblick klopfte es an der Tür.

»Ja?« rief Jermolow.

Der wachhabende Offizier trat ein. »Der Fürst ist angekommen«, meldete er dem General.

»Ich lasse bitten.«

Mit ausgebreiteten Armen ging Jermolow dem eintretenden Aslan Khan, dem Fürsten der Kasikumuchen, entgegen:

»Willkommen, Fürst! Ich hoffe, Sie hatten eine angenehme Reise.«

»Solange ein Kaukasier im Sattel sitzt, ist ihm jede Reise angenehm«, erwiderte er mit breitem Lächeln.

»Nehmen Sie Platz, Fürst, wo Sie wollen. Ich habe ein ernstes Problem mit Ihnen zu besprechen.«

»Das habe ich mir gedacht, General, sonst hätten Sie mich nicht rufen lassen.«

»Sie kennen das Problem bereits: die ständigen Hetzereien dieses wildgewordenen Fanatikers.«

»Es gibt hier zur Zeit viele Fanatiker, wie Sie sich auszudrücken belieben«, bemerkte Aslan Khan vorsichtig. »Welchen meinen Sie? Kasi Mullah oder –?«

»Nein, weder den einen noch den anderen, das sind nur Leute im zweiten Glied, Schüler, die einfach nachplappern, was ihnen ihr Lehrer eingebleut hat. Wissen Sie jetzt, um wen es geht?«

»Natürlich«, antwortete der Stammesfürst und tat so, als habe ihn der General erst jetzt auf die richtige Fährte geführt. »Sie meinen Mullah Mahommed.«

»Genau den und keinen anderen!« bestätigte Jermolow gereizt. Schon der bloße Name brachte ihn in Erregung. »Ich bin seine ewigen Hetzereien satt! Wenn er nicht endlich damit aufhört, dann lasse ich ihm das Maul stopfen, und zwar für immer!«

»Er ist Religionswissenschaftler, ein Prediger, der berühmteste Mullah des Muridismus, der die neu erweckte Lehre verkündet. Aus dem ganzen Kaukasus kommen die Stämme nach Jaragl und drängen sich in seine Moschee.«

»Das ist es ja, was ihn so gefährlich macht. Von Jaragl aus dringen seine Hetzparolen bis in jedes Bergnest vor, denn was er den Tataren in seiner Moschee vorschwätzt, das glauben sie. Und was noch schlimmer ist, sie handeln auch danach.«

»Tataren?« Aslan Khan hob die Brauen. »Wir sind Tschetschenen und Tscherkessen, Lesghier und Chewsuren, Mingrelier und Awaren, Darghiner und –«

»Genug, Fürst, genug!« unterbrach ihn Jermolow ungeduldig. »Für uns sind alle Stämme hier im Kaukasus Tataren. Wie soll sich sonst ein Mensch in diesem Völkerwirrwarr zurechtfinden. Tataren, verstanden? Alles nur Tataren, einer schlimmer als der andere, aber der gefährlichste von allen ist dieser Mullah Mahommed, der mit seiner sogenannten neuen Lehre die Moslems gegen die Christen aufwiegelt.«

»Der Muridismus ist eine alte Lehre, die sich im Grundsätzlichen mit dem Sufismus, der mystischen Frömmigkeit im Islam, deckt«, erklärte Aslan Khan dem russischen Oberbefehlshaber beschwichtigend. »Wie es heißt, sollen die arabischen Eroberer des achten Jahrhunderts die Sufi-Lehren als erste in den Kaukasus gebracht haben, um die Kluft zwischen Mensch und Gott zu überwinden. Der Sufi begibt sich auf den Weg, alles zu überwinden, was ihn von Gott trennt; die Liebe zu Gott muß die Selbstsucht in ihm verdrängen, so daß er durch absolutes Gottvertrauen im Augenblick der Ekstase sein Ziel erreicht. Armut und Askese kennzeichnen die Lebenshaltung der Sufis, unter denen sich besondere Systeme zur stufenweisen Herbeiführung der Ekstase und zur mystischen Vereinigung entwickelten. Aus dem Sufismus ging dann in Daghestan die religiös-politische Bewegung des Muridismus hervor. Doch im Laufe der Zeit verlor der Muridismus so viel von seiner Macht, daß er schließlich im Volk schon fast vergessen war. Bis dann gegen Ende des vorigen Jahrhunderts Ismael Effendi von Schirwan die Lehre mit ihren verschiedenen Stufen wieder aufleben ließ.«

»Was reden Sie mir da dauernd vom Muridismus vor?« warf ihm Jermolow ungehalten vor. »Wollen Sie mich bekehren?«

»Aber, General, ich wollte Ihnen nur klarmachen, daß der Muridismus ...«
»Sagen Sie nur, Fürst, daß Sie jetzt auch ein Muride geworden sind. Stimmt's?«
»Ich bitte Sie! Ich bin Moslem, aber kein Muride. Säße ich sonst hier so frei vor Ihnen?«
»Ein Glück für Sie! Sonst müßte ich Sie als Feind bekämpfen wie jeden Anhänger dieser radikalpolitischen, militanten Sekte.«
»Gerade das wollte ich Ihnen ja klarmachen, General.«
»Was?«
»Daß der Muridismus ursprünglich nicht kriegerisch war. Im Gegenteil: Wer darin die höchste Stufe erreicht hat, der hat alle menschlichen Fesseln verloren. Für ihn gibt es weder Zweifel noch Furcht, weder Gut noch Böse, denn er ist selber ein Teil des göttlichen Geistes. Er kennt keinen Unterschied mehr zwischen Rassen und Konfessionen. Wer nicht anerkennt, daß es unwesentlich ist, Moslem oder Christ zu sein, der hat die Wahrheit nicht erlangt und kennt nicht das Wesen des Seins. So lautet die Lehre.«
»Nichts als Schwärmerei und Geschwätz, um uns Sand in die Augen zu streuen. Damit hat schon dieser Ismael Effendi die wahren Absichten zu verschleiern versucht. Aber zum Glück haben wir rechtzeitig erkannt, wie rasch sich der Muridismus im Volk verbreitete und zu einer gefährlichen religiös-politischen Bewegung auswuchs, zu einer Drohung vor allem gegen uns Russen.«
»Was ist denn den Russen damals Schlimmes zugestoßen?«
»Wenn wir nicht schnell gehandelt hätten, wäre eine ganze Menge passiert. Nur weil wir diesen Ismael Effendi in die Türkei verbannt, seine Bewegung aufgelöst und einige von den Nahibs und Murschiden, ihren Führern, nach Sibirien verschickt haben, ist es ruhig geblieben. Eine ganze Weile lang sprach kein Mensch mehr vom Muridismus. Er war tot und begraben. So schien es jedenfalls, bis jetzt wieder dieser Mullah in Jaragl unter dem Vorwand des Religionskampfes den angeblich so friedfertigen Muridismus dazu mißbraucht, die Stämme gegen uns zum sogenannten Heiligen Krieg aufzustacheln. Nein, Fürst, der Muridismus ist eine wohlberechnete Verbindung von Mystizismus und absolutem Machtanspruch, und

für uns Russen gilt er als Synonym für Widerstand. Und genau wie damals meine Vorgänger, so werde auch ich jetzt eingreifen, bevor sich das Feuer in Jaragl zu einem Flächenbrand ausbreitet, der nicht mehr zu löschen ist.«

»Haben Sie mich deswegen kommen lassen, General?« fragte Aslan Khan mit lauerndem Blick.

»Erraten, Fürst! Suchen Sie diesen fanatischen Mullah auf und warnen Sie ihn eindringlich, künftig seine Zunge im Zaum zu halten. Sollte er jedoch fortfahren, ganz Daghestan zum Aufruhr gegen uns aufzuhetzen, so werde ich schon Mittel und Wege finden, ihm das Maul zu stopfen. Ist das klar?«

»Klar schon, General, aber ob er auch auf mich hören wird, kann ich natürlich nicht versprechen.«

»Sie sind einer von denen hier, ein Mann aus dem Kaukasus – und dazu noch ein Fürst, ein Mann, der was zu sagen hat. Machen Sie Mullah Mahommed klar, daß nicht nur Ihre Leute hinter Ihnen stehen, sondern auch die gesamte russische Armee. Drohen Sie ihm, wenn er sich widerspenstig zeigt, und lassen Sie ihn Ihre ganze Macht spüren!«

Das lange Gespräch, das Aslan Khan kurz darauf mit Mullah Mahommed führte, verlief ganz anders, als General Jermolow sich erhofft und der Fürst der Kasikumuchen sich vorgestellt hatte. Nichts vermochte den ungestümen und von der Richtigkeit seiner Sendung überzeugten Muriden abzubringen, weder Warnungen noch Drohungen: der Mullah blieb unbeirrt und überredete sogar den russenfreundlichen Fürsten, die Bewegung zur Erneuerung des Glaubens und zur Befreiung des Kaukasus von den fremden Eroberern nicht zu behindern.

»Erst jüngst hatte ich einen denkwürdigen Traum«, erzählte Mahommed. »Ich sah fremde Krieger mit langen Haaren wie die Russen einen Garten zerstören und die Feigenbäume und Blumen ausreißen. Als die Gläubigen diesen Frevel sahen, packte sie der Zorn. Sie stürzten aus der Moschee und erschlugen die Fremden mit den Steinen des Gotteshauses. Während ich gerade entsetzt feststellte, daß die Moschee zerstört war, blendete mich ein Lichtschein, und eine Stimme

sprach: ›O, du Kleingläubiger! Kann Allah sein Haus nicht wiederaufbauen, wann er will? Ist es nicht besser, die Gläubigen erschlügen die Krieger der Ungläubigen, als daß sie Schaden nähmen an ihrer Seele? Was eifert ihr Toren um euren Glauben, weshalb spaltet ihr meine Anhänger in Schiiten und Sunniten? Warum zerfleischt ihr euch um meines Glaubens willen? Höre, denn so spricht zu dir der Gottgesandte: Einigt euch und zerschlagt die Häupter der Ungläubigen, die in euer Land einfallen! Dies ist Allahs Wille und sollte auch dabei sein Haus einstürzen. Dereinst wird es wiedererstehen in noch größerer Herrlichkeit!‹«
Diese Worte des Mullahs verfehlten ihre Wirkung nicht, denn Aslan Khan, obwohl ein Russenfreund, war ein gläubiger Moslem.

»Nun?« fragte ihn Jermolow, als Aslan Khan nach seiner Unterredung ins russische Hauptquartier zurückkehrte. »Hört er jetzt endlich auf, gegen uns zu hetzen und zu wühlen?«
»Alles in bester Ordnung, General«, versicherte der Fürst und berichtete dem russischen Oberbefehlshaber, er habe die Gemüter besänftigt. Obwohl sich Aslan Khan nach außen hin weiter russenfreundlich gab, sympathisierte er heimlich schon mit den Muriden. Er wagte damit einen gefährlichen Seiltanz.
Jermolow schöpfte keinen Verdacht. Denn als die ständigen Hetzereien und Unruhen nicht aufhörten, ließ er Mullah Mahommed nicht durch verläßliche Kosaken seiner Armee verhaften, sondern durch Aslan Khan. Unterwegs entkam der Muride und floh ins Bergland von Tabassaran, wo er in den Dörfern weiterhin in seinen Predigten die Kaukasier zum Widerstand gegen die Ungläubigen aufrief.

3

»Wann wird in den Bergen kein Blut mehr fließen? Wenn Zuckerrohr im Schnee wächst.«
So lautet ein altes kaukasisches Sprichwort, und selten hat ein Spruch so viel Wahrheit enthalten, die ganze bittere Wahrheit.
Schon von alters her beherrschten Rache und Gewalt die düstere

Geschichte des Kaukasus. Die Bergvölker, besonders die Inguschen und Tschetschenen, beraubten Kaufleute und Reisende, Post und Karawanen. Abgeschlagene Köpfe oder Hände von Feinden waren im Kaukasus gängige Münze, und in solchen Trophäen wurde die Mitgift eines Mädchens vom Stamm der Tuschen berechnet. Am einfachsten ließ sich die Anzahl der erbeuteten Köpfe vorweisen, wenn man die abgeschnittenen Ohren auf Peitschenschnüre aufzog. Je mehr abgehackte Hände am Sattel eines jungen kaukasischen Kriegers hingen, desto mehr war er als Draufgänger und verwegener Kämpfer angesehen. Nur rechte Hände zählten, linke dagegen kaum, denn ein Kaukasier, dem man die linke Hand abgeschlagen hatte, kämpfte unverdrossen weiter.

Die Blutrachte, die oft über drei oder vier Generationen hinaus vollstreckt wurde, rottete ganze Familien aus. Als arm und bemitleidenswert galt ein Haus nur dann, wenn niemand mehr darin lebte, der kämpfen konnte.

Immer wieder waren fremde Eroberer eingedrungen, in den letzten Jahrzehnten vor allem Türken, Perser und Russen. Jahr für Jahr hatten die zaristischen Armeen die asiatische Grenze weiter und weiter zurückgeschoben, langsam, aber stetig und immer wieder von Rückschlägen unterbrochen. Von mehr oder weniger Erfolg begleitet hatte auch die Eroberung des Kaukasus im siebzehnten Jahrhundert als belangloser Feldzug begonnen. Peter den Großen, der einst seine Soldaten ans Kaspische Meer geführt und sich dort in der Hafenstadt Derbent niedergelassen hatte, lockten die fruchtbaren Täler und geschäftigen Küstenstädte. So entschlossen er war, diese prachtvolle Beute Persien zu entreißen, so sehr schreckte er vor den gigantisch und drohend aufragenden Bergen Daghestans zurück, die der Legende nach aus purem Gold waren und von erbittert kämpfenden Volksstämmen verteidigt würden. Selbst ein so hemmungsloser Eroberer wie Peter der Große wagte keinen Feldzug gegen Daghestan. Er begnügte sich mit der Ebene, schloß einen Vertrag mit den Persern und setzte einen russischen Statthalter ein, der mit Härte und Gewalt den Willen des Zaren durchsetzen sollte.

Doch die asiatischen Stammeshäuptlinge scherten sich nicht im geringsten darum, ob Zar oder Schah den Anspruch erhob, ihr Herrscher zu sein. Mit jedem, der sich ihnen in den Weg stellte, machten sie kurzen Prozeß, so mit einem General Peters des Großen, einem Fürsten, dem sie die Haut abzogen, um damit eine Trommel zu bespannen. Die Khane und Fürsten von Georgien, Aserbeidschan und Daghestan jagten mit edelsteinverzierten Waffen und abgerichteten Leoparden die russischen Soldaten wie prächtiges Wild. Rußland war heilfroh, nach einer Reihe diplomatischer Schachzüge seine stark gelichteten Truppen endlich wieder abziehen und die kaukasischen Provinzen an Persien zurückgeben zu können.

Die imperialistischen Gelüste in St. Petersburg waren damit jedoch nicht erloschen. Nach weiteren Anläufen erreichte der Eroberungssturm der Russen in der ersten Hälfte des neunzehnten Jahrhunderts seinen Höhepunkt, als die zaristischen Armeen ostwärts marschierten und dabei asiatische und nahöstliche Provinzen an sich rissen. Nur der Kaukasus versperrte den Russen den Landweg nach Indien und schien ihre langgehegten Träume von kolonialer Ausbreitung im Osten zu zerstören.

Doch Jermolow, der Oberbefehlshaber der zaristischen Südarmee, ließ nicht locker. Er hatte von Anfang an, seit er auf diesen Vorposten des zaristischen Imperialismus berufen worden war, die Notwendigkeit begriffen, die russische Herrschaft auf den ganzen Kaukasus auszudehnen, einschließlich der unabhängigen und teilweise abhängigen Staaten und Gemeinwesen bis zu den Grenzen Persiens und der Nordgrenze der Türkei in Asien. Er war nicht nur der erste, der einen Teil des Kaukasus unterwarf, eine Kette von Festungen errichtete und die Georgische Heerstraße baute, sondern auch der erste, der persische und tatarische Gebiete dem russischen Imperium einverleibte. Jedes Mittel, seine Ziele zu erreichen, war ihm recht, ungeachtet des unermeßlichen Schadens, den er durch seine Anmaßung, Roheit und Grausamkeit anrichtete.

Seine Greueltaten waren nicht nur der letzte Anstoß, den Muridismus wiederaufleben zu lassen und die fanatische Feindschaft der Daghestaner und Tschetschenen zu entfachen, sie bereiteten auch den Boden für den Ausbruch des Persischen Krieges. Als die Perser, die heimlich die Bergvölker, auch später noch, mit Munition und Waffen versorgten, im Jahre 1826 in russisches Gebiet einfielen, wurden Jermolows Truppen durch die Eindringlinge abgelenkt. Die kaukasischen Stämme, die jetzt freie Hand hatten, nutzten die Gunst der Stunde. Überall in den Bergen Daghestans brach der Aufstand aus, da die russischen Garnisonen zu geschwächt waren, um den Feind im Süden niederzuwerfen.

Nachdem sich auch die Tschetschenen weiter nördlich dem Aufruhr angeschlossen hatten, tauchte eines Tages ein Trupp von ihnen vor der kleinen Festung Amir-Hadschi auf.

»Macht das Tor auf, Kameraden!« rief einer der russisch sprechenden Krieger. »Wir kommen zu eurer Verstärkung. General Grekow hat uns hierher abkommandiert.«

Im Schummerlicht der Dämmerung bemerkten die Wachposten, daß die Männer, die draußen vor dem Tor warteten, Lammfellmützen und Tscherkeßkas trugen wie die »Linienkosaken«, ihre Kameraden, die im Norden an den Ufern des Valerik und Terek als Vorposten der Armee lebten. Sie sollten die russischen Befestigungen an den Grenzlinien halten, die sich Jahr für Jahr weiter nach Süden und Osten vorschoben.

Aus Freude über den unverhofften Entsatz fiel keinem der Wachsoldaten ein, daß die Tracht der Tschetschenen gleichfalls aus hoher Fellmütze und Tscherkeßka, dem langen mantelartigen Rock mit den aufgenähten silbernen Patronentaschen auf der Brust, bestand. Kaum hatten sie den Sperrbalken am Tor gehoben, als die Tschetschenen auch schon ungestüm wie ein Rudel wilder Wölfe in die Festung stürmten und die völlig überrumpelte Garnison, darunter auch den Obersten, mit dem Kindjal, dem zweischneidigen Dolch, bis auf den letzten Mann niedermetzelten.

Sobald General Grekow die Nachricht von dem blutigen Überfall erfuhr, stürmte er in Gewaltmärschen heran und nahm die Festung, auf der die Fahne des Propheten wehte, mit Feldgeschützen unter Beschuß. Bald darauf ging die gleichfalls herbeigeeilte Brigade des Generals Lissanewitsch unter Trommelschlag zum Sturmangriff über, erlitt aber in dem heftigen Gewehrfeuer, das ihr entgegenschlug, starke Verluste. Dennoch behielten die Angreifer die Oberhand, denn schon nach kurzer Gegenwehr hatten die Verteidiger ihre letzte Patrone verschossen.

Still war es in der Festung, unheimlich still mit einem Schlag. Doch das war keine Friedhofsruhe, es war die Ruhe vor dem Sturm. Denn plötzlich wurden von innen die Flügel des Tores aufgerissen, und die Tschetschenen, an die achtzig Mann zu Fuß und zu Pferde, stürzten hinaus und hieben sich mit Dolch und Säbel durch die dichten Reihen der Russen.
Nur wenige entkamen, über sechzig Tschetschenen lagen tot am Weg oder im Fort. Die Russen aber hatten in diesem Kampf fast zweihundert Tote und Verwundete zu beklagen, dazu kamen die fünfzig Mann der Garnisonsbesatzung, die noch unbestattet dort in der Festung lagen, wo sie beim Handstreich der Tschetschenen gefallen waren.
Zwar hatte die zaristische Armee einen Kampf gewonnen, aber im Land ringsum brodelte es weiter. Nach einigem Bemühen gelang es Grekow endlich, Verhandlungen mit den Aufständischen anzuknüpfen.
Eine Staubwolke wirbelte auf, als von den Bergen herab ein von der neuen Lehre besessener Murschide mit einer Reiterschar heransprengte. Dicht vor der Festung zügelten die tschetschenischen Krieger mit einem Ruck ihre Pferde. Während seine Begleiter vor dem Tor warteten, wurde der Murschide als Unterhändler eingelassen und vor die beiden Generäle und ihren Stab geführt.
Herablassend sah Grekow den Führer der Muriden an.
»Warum haben Ihre Leute den Vertrag mit dem Zaren gebrochen?«
»Nicht wir haben ihn gebrochen, sondern die Ungläubigen, die dem Zaren dienen«, erwiderte der Tschetschene stolz.
»Wir alle dienen dem Zaren. Ihr Tschetschenen seid genauso seine Untertanen wie wir Russen. Der Zar ist unser aller Herr.«
»Niemals werden wir uns einem Giaur beugen!« beteuerte der Murschide selbstbewußt.
»Sie beleidigen den Zaren!« empörte sich der General.
»Mein Volk haßt euch, so wie euch alle kaukasischen und rechtgläubigen Völker hassen und verachten. Denn ihr Russen seid in unser Land eingefallen, um uns zu unterjochen. Wir Tschetschenen aber sind ein freies Volk und wollen frei bleiben!«
Grekows Gesicht wurde rot vor Zorn.

»Genug!« brauste er auf. »Das ist Ungehorsam, Widerstand gegen die Staatsgewalt, Rebellion. Dafür kann ich Sie hängen lassen!«
»Hund!« schrie ihn der Murschide an. »Das also nennst du freies Geleit. So hält ein Giaur sein Wort!«
Hitzköpfig stürzte er sich auf Grekow, stieß ihn mit dem Dolch nieder, verwundete den Stabschef und tötete General Lissanewitsch sowie einen Obersten, ehe er dann selbst, von Kugeln und Hieben zerfetzt, zusammenbrach. Seine Leiche wurde von den wutentbrannten Soldaten zerhauen und Stück für Stück über die Festungsmauer vor die wartende Reiterschar geworfen.
Unter Flüchen und Verwünschungen sprengten die Tschetschenen in die Berge zurück.
Noch ehe sie zum Vergeltungsschlag ausholen konnten, kam ihnen General Jermolow mit einem blutigen Rachezug zuvor. Seine Kosaken legten viele Bergdörfer der Tschetschenen in Schutt und Asche, töteten Männer und Frauen, schändeten die Mädchen und warfen kleine Kinder in die Flammen der brennenden Häuser.
Wo immer Jermolows Truppen wieder abzogen, blieben Tod und Verwüstung zurück. Gleichzeitig aber loderte auch überall der Widerstand verstärkt auf.

Jermolows Tage als Oberbefehlshaber der Südarmee waren gezählt. Als Alexander I. unter geheimnisvollen Umständen bei Taganrog am Asowschen Meer starb, verzichtete sein Bruder und Erbe Konstantin, Großherzog und Statthalter in Polen, auf die Zarenkrone und dankte zugunsten des jüngsten Bruders Nikolaus ab. Nur widerwillig übernahm Nikolaus seine geheiligten Pflichten, wie er es nannte, und wurde Anfang Dezember 1825 zum Zaren proklamiert.
Verständlicherweise hatte Jermolow bei der Todesnachricht seine Armee sofort auf Konstantin als rechtmäßigen Thronfolger vereidigt. Erst Wochen später, als die Meldung von Konstantins Abdankung auch die kaukasischen Provinzen erreichte, erkannte er seinen Irrtum. Nikolaus, taub für jedes Argument, witterte hinter der Handlungsweise seines Oberbefehlshabers Anmaßung und Anarchie. Bestärkt in seinem Mißtrauen durch die Hofleute, die dem Gewaltmenschen ohnehin nicht grün waren, schien es dem Zaren nunmehr als erwie-

sen, daß Jermolow seinen eigenen Staat im Kaukasus, fern von St. Petersburg, errichten wollte, so wie es einst die Hetmane der Kosaken versucht hatten.

Was hat er schon groß erreicht? Im Grunde genommen nicht viel. Ein Sieg hier, ein Sieg da, geschmälert durch Rückschläge, Niederlagen und Verluste. Zieht man Bilanz, was bleibt dann unterm Strich? Viel Geschrei, sonst nichts. Denn trotz seiner großspurigen Ankündigungen hat Jermolow die Stämme der Bergvölker nicht in die Knie zwingen können. Im Gegenteil, durch sein barbarisches Wüten hat er überall den Haß der Kaukasier gegen die Russen und damit gegen ihn, den Zaren und einzig wahren Herrscher, erst recht geschürt. In ganz Daghestan gärt es, an allen Ecken und Enden bricht offener Widerstand aus. Der Aufruhr droht sich zu einem Flächenbrand auszuweiten, der sich immer schwieriger wieder eindämmen und schließlich ganz ersticken läßt. Wenn dieser Jermolow nicht fähig ist, dem Feind den Willen des Zaren aufzuzwingen, dann muß eben ein anderer General den Befehl über die Südarmee übernehmen.

So dachten und sprachen sie am Petersburger Hof, wobei jeder von Jermolows Widersachern sich eifrig bemühte, die Verdienste des Oberbefehlshabers zu verschweigen und die Fehler und Verdächtigungen herauszustreichen, um so desto wirksamer die Wahrheit zu verfälschen.

Immer häufiger, seit er den Thron bestiegen, träumte Nikolaus von einem Triumphzug durch den Süden seines Reiches und einem überwältigenden Empfang in Tiflis, wo Georgier und Russen ihm als strahlendem Sieger huldigten. Da er so sehr nach dieser Ehrung dürstete, fühlte er sich um so mehr enttäuscht, ja sogar persönlich beleidigt, stets aufs neue hören zu müssen, die Zeit dafür sei noch nicht gekommen. Je eher er Jermolow abberief, desto besser. Ein General, der nicht den nötigen Abstand zu seinen Soldaten hielt und sich sogar manchmal in seiner einfachen, bäuerlichen und kraftvollen Art wie ein Gemeiner aufführte, paßte nicht in das Bild, wie Nikolaus seine Militärs sehen wollte, die ihn mit seiner Selbstherrlichkeit hofierten und in deren Mitte er, der Uniformnarr, sich am wohlsten fühlte.

Da Nikolaus einen solchen Mann nicht mochte, war Großzügigkeit fehl am Platze, im Gegenteil, man mußte ihn demütigen und seinen

Ruf beschmutzen. Auf ungerechte und boshafte Art wurde Jermolow im März 1827 des Kommandos enthoben und durch Graf Paskjewitsch ersetzt, der als neuer Oberbefehlshaber im Kaukasus die Monate zuvor eingedrungenen Perser in blutigem Ringen über die Grenze zurückwarf.

In den schäbigen, alten Mantel gehüllt, den er immer trug und in dem er auch schlief, denn Bett und Decke hatte er nie benutzt, verließ Jermolow in einem Mietwagen den Kaukasus, den Schauplatz seines größten Ruhms. Niemanden an höchster Stelle kümmerte das, man hatte ihn abgeschrieben, er existierte nicht mehr. Nicht einmal ein Trupp Kosaken gab ihm das Geleit. Seine einfachen Soldaten aber, die ihn wie ihren Vater liebten, waren über die schäbige Behandlung ihres Generals empört. Es fehlte nicht viel, und sie hätten gemeutert. Im Stich gelassen, verloren wie eine Herde Lämmer ohne Hirten, sahen sie ihn abfahren, viele mit Tränen in den Augen.
Jermolow selbst nahm seinen Sturz mit unerschütterlicher Ruhe hin. Die gewaltigen, firnbedeckten Berge des Kaukasus schrumpften immer mehr zur bedeutungslosen Hügelkette zusammen, je weiter ihn die Kutsche nach Norden brachte, der Versenkung, dem Nichts entgegen. Vergessen als Verbannter lebte er zunächst in der Provinzstadt Orel, sich vor seinen Feinden zu rechtfertigen, fand er nicht einmal der Mühe wert. Er vertraute auf die Zeit, die seine Leistungen auf dem kaukasischen Kriegsschauplatz anerkennen und damit seinen Namen wieder in einem helleren Licht strahlen lassen werde. Er sollte recht behalten.

Jugendjahre in Gimri

I

Auf seinem Weg von Aul zu Aul stieg Kasi Mullah eines Tages auch in die düstere Gebirgslandschaft von Gimri hinauf, wo oft schwere Stürme tobten und die Nächte von züngelnden Flammen erhellt wurden. In solchen Stunden der Beklemmung glaubte das Volk den brausenden Flügelschlag des Simurg zu hören, des weißgefiederten Riesenvogels Salomons, der mit dem einen Auge in die Vergangenheit blickte, mit dem anderen aber in die Zukunft, und der vom Kafdagh zu den Gipfeln des Gimri schwebte, um dort seine schaurigen Gelage abzuhalten.

Diesmal galt Kasi Mullahs Besuch weniger den Dorfbewohnern, die auch ohne seine Ermahnungen und Aufrufe zum Kampf gegen die Russen bereit waren, vielmehr wollte er seinen Freund Schamil, mit dem er in Jaragl studiert hatte, für den Heiligen Krieg gewinnen.

»Warum verkriechst du dich schon seit Jahren in den Bergen?« fragte Kasi Mullah ihn ungehalten. »Ist es wahr, was man sich von dir erzählt?«

»Was erzählt man sich denn?«

»Daß ein Mädchen dir den Kopf verdreht hat. Sie soll sehr schön sein.«

»Ja, das ist sie, Fatimat ist sogar ungewöhnlich schön. Vielleicht hast du sie schon mal gesehen. Sie ist die Tochter Abdul Asis, des Chirurgen in Untsukul.«

»Den Chirurgen kenne ich gut, wer kennt ihn nicht im Kaukasus. Aber seine Tochter habe ich nie gesehen.«

»Ich werde alles tun, um Fatimat zu meiner Frau zu machen.«

»Dann stimmt es also, was die Leute sagen«, bemerkte Kasi Mullah spöttisch. »Sie hat dir den Verstand geraubt.«

»Ich liebe sie, wenn du das meinst, und zwar mit solcher Leidenschaft, wie ich noch für keine andere Frau empfunden habe«, erklärte Schamil frei heraus. »Aber den Verstand geraubt? Mir? Nein, wenn hier jemand den Verstand verloren hat, dann bist du es.«

»Ich?«
»Ja, weil du jetzt schon zum Heiligen Krieg aufrufst. Doch soweit ist es noch nicht, die Zeit ist zu früh.«
»Es ist nie zu früh, die russische Autorität zu untergraben. Wo immer sich eine Gelegenheit dazu bietet, müssen wir zuschlagen.«
»Nein«, widersprach ihm Schamil bestimmt, »zunächst müssen wir den ganzen Kaukasus für den Muridismus gewinnen, erst dann können wir uns mit den Russen und ihrer wohlausgerüsteten Armee auseinandersetzen.«
»Und wie lange sollen wir deiner Ansicht nach noch die Hände in den Schoß legen?«
»Nicht in den Schoß legen. Es gibt noch einige feindlich gesinnte Stämme, die nicht für unsere gemeinsame Sache eintreten. Sie müssen wir besiegen und fest an uns binden, denn Treubrüche könnten uns später einmal zum Verhängnis werden. Mein Rat lautet daher, zunächst mit der Bekehrung, Erziehung und Züchtigung aller Unzuverlässigen fortzufahren, bis wir uns endlich einig sind und stark genug fühlen, es mit den Russen aufzunehmen.«
Mißbilligend schüttelte Kasi Mullah den Kopf.
»Schamil, Schamil, was ist nur aus dir geworden! Früher hast du sofort den Dolch gezogen, wenn dir jemand zu nahetrat, und jetzt...«
»Jetzt ist es noch genauso, mein Freund. Nur braucht man manchmal Geduld, wenn man sein Ziel erreichen will.«
»Was also willst du – dich gedulden oder kämpfen?«
»Du kennst doch Mullah Jamul-u'din, meinen geistigen Erzieher von Jugend an.«
Kasi Mullah nickte. »Ein Mann von tiefer Frömmigkeit und reichem Wissen.«
»Dieser Nachfahre des Propheten ist auch heute noch mein Lehrer und Ratgeber hier in Gimri. Seit wir beide unsere Studien in Jaragl beendet haben, setze ich sie hier bei Jamul-u'din fort.«
»Dann steckt also er hinter deiner Haltung?«
»Jamul-u'din lehnt die Gewalttätigkeit ab, ganz gleich, welchem Zweck sie auch dient. Weil er so denkt, hat er mir verboten, an irgendeinem Krieg teilzunehmen.«

»Und du gehorchst wie ein Kind seinem Vater. Jamul-u'din ist ein alter Mann, zu schwach zum Kämpfen, du aber bist jung und stark, ein Draufgänger, der sich schon als Junge bei allen Respekt verschafft hat. Machst du dir jetzt schon die Ansicht eines Greises zu eigen?«
»Ich bin immer noch derselbe, das darfst du mir glauben. Bald ist die Zeit des Lernens vorbei – und die Zeit des Handelns gekommen.«
»Für mich ist sie schon da! Ich habe keine Lust mehr, noch länger zu warten. Der Heilige Krieg muß beginnen.«

2

Nachdenklich blieb Schamil in Gimri, seinem Geburtsort hoch oben in den Bergen zurück. In den Gassen zwischen den flachen Häusern, die terrassenförmig übereinandergebaut waren, oft wie Zellen in den Felsen des Berghangs gehauen, hatte er seine Kindheit und Jugend verbracht. Kurz vor Ende des achtzehnten Jahrhunderts geboren, hatten ihn seine Eltern Ali genannt, später aber, da er kränklich aussah, seinen Namen in Schamil abgeändert. Damit folgten sein Vater Dengau, ein awarischer Adliger, und seine Mutter Bahu-Messadu, ebenfalls edler Herkunft, einer kaukasischen Sitte, die böse Geister von Kindern vertreiben sollte. Denn Geister, gute wie böse, gab es nicht nur in der Welt der Sagen und mythischen Gestalten; Fetzen von Kleidern oder Schleifchen an den dünnen Ästen eines Baumes oder eines geweihten Dornbuschs, einem verkümmerten, skelettähnlichen Gestrüpp an einer Felsklippe, zeigten an, daß die Gläubigen dort zu irgendeinem Mullah oder frommen Fürsprecher gebetet hatten, dessen Seele dieser Baum oder Strauch verkörperte.
Die Änderung des Namens half auch diesmal, denn kaum war Ali zu Schamil geworden, als er sich kräftig zu entwickeln begann. Schweigsam und verträumt, dazu von Natur aus launisch und nur schwer zu lenken und zu zügeln, mied der kleine Junge seine einzige Schwester und die meisten Altersgenossen und freundete sich nur mit einem Burschen an, einem Awaren, der einige Jahre älter war als er: Kasi Mullah, der später als erster Imam von Daghestan berühmt wurde.

Von unbändigem Stolz durchdrungen, litt der heranwachsende Schamil nicht nur darunter, daß er noch zu klein und schwach war, bei der Dorfjugend seinen Führungsanspruch geltend zu machen, sondern auch an der Schmach, daß sein Vater ein Trinker war. Mehrfach redete er auf ihn ein, dem Laster zu entsagen und damit Mohammeds Gebot zu folgen – vergebens, der Vater schien dem Alkohol verfallen zu sein. Schließlich unternahm der Sohn einen letzten Versuch:
»Wenn du noch weitertrinkst, dann ersteche ich mich mit meinem eigenen Dolch. Das schwöre ich bei Allah!«
Diese Drohung hatte den gewünschten Erfolg. Der Vater kannte seinen Sohn genau und wußte, der Junge werde bestimmt nicht vor dieser Verzweiflungstat zurückschrecken. Ab sofort rührte Dengau keinen Tropfen mehr an, und Schamil hatte erstmals über mangelnde Selbstzucht und Schwachheit des Fleisches gesiegt – Laster, die er später als Muride und Imam von Daghestan ständig bekämpfte.
Sein kindlicher Stolz steigerte sich immer mehr zur Überheblichkeit, und manchmal benahm er sich so, als sei er eines der höheren Wesen, in deren Zauberwelt er eindrang, wenn er auf dem halsbrecherischen Pfad zu ihnen auf die nahe liegende Hochebene stieg. Dort oben in der Einöde, von schroffen Felsen umgeben, düster und schaurig, lebten in seiner Vorstellung Dschinns und Dämonen, Feen und Elfen, Feuervögel und Geister, glühende Fabelwesen und wunderschöne Mädchen, die, mit Krone und Flügeln, aus Flammen emporschwebten. In jenem Reich des Mythos, in das sich kein Dorfbewohner nach Einbruch der Dunkelheit wagte, verträumte der junge Schamil ganze Nächte lang und teilte, wie die Leute sich scheu erzählten, irgendein dunkles Geheimnis mit diesen außerirdischen Wesen, bei deren Fest Flammengarben aufflackerten und Irrlichter umhergeisterten.
In solchen Nächten fühlte sich der junge Träumer als Teil dieser Welt der Sagen und Fabelwesen, ohne wahrzunehmen, daß die Lohe, die in der Ferne mit fahlem Glanz zum Himmel stieg, mal schwächer, dann wieder stärker, von den zahlreichen Erdölquellen herrührte, die in den Bergen und am Ufer des Kaspischen Meeres weithin sichtbar aufleuchteten. Für die Feueranbeter Zarathustras waren diese Naphthaflammen ein wesentlicher Bestandteil ihrer Mystik.
Nach einer solchen Nacht im Reich der Geister, Feen und Dämonen

fühlte sich der Junge von einem Rausch der Größe beseelt, von der er träumte und zu der er sich geboren glaubte, und seine Anmaßung, mehr zu sein als die anderen, reizte die Dorfjugend, es ihm gründlich heimzuzahlen.
Eines Morgens, als er von der Hochebene in den Aul hinunterstieg, lauerten sie ihm auf. Das Maß war voll, sein Hochmut unerträglich. Aus dem Hinterhalt fielen die Burschen über ihn her, schlugen ihn mit Fäusten und Knüppeln und stießen mit ihren Messern auf ihn ein. Erst als er bewußtlos zusammenbrach, hielten sie inne und ließen ihn liegen. Niemand kümmerte sich um ihn, er allein hatte sich diese Abrechnung zuzuschreiben.
Eine Weile schon lag er da, bis er endlich das Bewußtsein wiedererlangte. Sie hatten ihn besiegt, eine Demütigung, die ihn mehr schmerzte als die Wunden. Mit Spott und Mitleid würde man ihn im Dorf empfangen, wenn er sich jetzt dort blicken ließe. Um einer solchen Erniedrigung zu entgehen, schleppte er sich in die Berge zurück, verband seine Wunden und behandelte sie mit Heilkräutern, wie der Sohn es vom Vater gelernt hatte.
Alles lag in Gottes Hand: ob er am Leben bleiben oder sterben würde. »Allah hat seinem Diener fünf Dinge vorausbestimmt: die Dauer seines Lebens, seine Handlungen, seine Wohnstätten, seine Reisen, sein Glück oder Unglück.« So hatte er es in der Koranschule gelernt, und was geschrieben stand, das würde sich an ihm erfüllen.
Allah meinte es gut mit ihm, und mit der Zeit heilten die Wunden an Leib und Seele. Als Schamil genesen war und sich körperlich wieder kräftig fühlte, kehrte er nach Gimri zurück. Die Niederlage war ihm eine Lehre gewesen: nie wieder wollte er unterlegen, sondern immer stärker als der Stärkste sein. Um seinen Körper zu stählen, mutete er sich ständig neue Anstrengungen und Belastungen zu, die seine Muskeln spannten, seine Kräfte steigerten, Herz und Lunge weiteten. Er arbeitete so hart und rücksichtslos an sich, daß er bald besser lief, schwamm und ritt als alle anderen. Mit einem einzigen Dolchhieb trennte er einen Gewehrkolben vom Lauf und übersprang mit einem Satz eine mannshohe Mauer, wozu man dort sagte, »er überstieg einen Chewsuren«. Die Männer dieses Stammes, blond und berühmt wegen ihrer Größe, mit dem Malteserkreuz auf ihren Kettenpanzern,

galten als Nachkommen der Kreuzfahrer, und im Basar von Tiflis maßen die Händler ihre Teppiche stets an einem in der Nähe stehenden Chewsuren ab.
Obwohl die Kaukasier wie die Teufel ritten und dabei selbst die Kosaken ausstachen, übertraf Schamil beim jährlichen Fest der Reiterspiele die waghalsigsten Kunststücke der anderen jungen Männer noch an Wagemut und Geschicklichkeit. Mit einem Sprung schnellte er in den Sattel und flog auf seinem Pferd mit einem zweiten Satz über die hohen Tore des Auls, sprengte, kopfabwärts unter dem Bauch des Tieres hängend, über einen Abgrund hinweg, schwang sich an der anderen Flanke wieder hoch und schoß, auf dem Sattel stehend, im Galopp eine Münze ab, die man hoch in die Luft geworfen hatte. Solche Bravourstücke ließen die Augen selbst der tollkühnsten Draufgänger glänzen, das war die Sprache, die jedermann verstand.
Doch auch als Krieger machte sich Schamil einen Namen. So soll er einmal, wie man sich erzählte, mit einem wuchtigen Säbelhieb einen Kosakenreiter in zwei Teile gespalten und es dann noch mit einer ganzen Schar weiterer Angreifer aufgenommen haben, von denen keiner lebend oder unversehrt davongekommen war. Niemand fragte danach, ob das auch alles stimmte oder übertrieben war, Legende und Wahrheit gingen ineinander über. Schon mit zwanzig Jahren war er für seine Heldentaten berühmt, und sein Ruf wuchs mit der Zeit. Später, als er, zum dritten Imam von Daghestan gewählt, sein Volk zum Kampf aufrief, kannten sie alle seinen Mut und folgten ihm, dem Auserwählten Allahs, blindlings als ihrem Führer.

Niederlage durch eine Frau

I

An Mut fehlte es Schamil nicht, aber er war kein Heißsporn wie Kasi Mullah, der blindlings drauflosschlug, ohne vorher Erfolg und Niederlage sorgfältig abzuwägen. Gegen das disziplinierte Heer der Russen zu Felde zu ziehen, hielt er nach wie vor für verfrüht. Ungeachtet der Vorwürfe hatte er seinem enttäuschten Jugendfreund eine Absage erteilt und war grübelnd in Gimri, hoch oben in den Bergen, zurückgeblieben.

Doch schon bald begann er, seine theologischen Studien zu vernachlässigen, um die Muriden bei ihren tollkühnen Unternehmungen zu begleiten und sich an ihren Gefechten zu beteiligen.

Auch auf Kasi Mullah war die Unterredung nicht ohne Wirkung geblieben. Zwar brannte er darauf, den Heiligen Krieg zu beginnen, aber wenn er ihn jetzt noch nicht gegen die Ungläubigen, die Armee des Zaren, führen konnte, dann wenigstens gegen die Wankelmütigen sowie gegen die Stämme, die ihren Vorteil bei den Russen suchten. Wer nicht geschlossen hinter dem Banner des Propheten stand, der mußte bekehrt werden – wenn nicht durch den Glauben, dann durch Feuer und Schwert.

Sein erster Schlag richtete sich gegen Pachu-Bike, die Khanin von Awarien, die Witwe des verstorbenen Herrschers. Nachdem ihr Mann einige Jahre zuvor sein Land an Rußland abgetreten hatte, verwaltete sie es nun als Lehen und regierte anstelle ihrer drei unmündigen Söhne.

Durch die finanzielle Unterstützung der Russen entwickelte sich die Hauptstadt Chunsach, ein großer Aul mit mehr als siebenhundert Häusern, zu einer der wohlhabendsten Gemeinden im Kaukasus. Wie alle Bergorte drängte sich auch Chunsach hoch oben auf einer Felsplatte zusammen, stark befestigt gegen Überfälle plündernder Stämme und von Schluchten und Flußläufen in fünfzehnhundert Meter Tiefe umgeben. Von den Wachttürmen aus, die den Blick weit in die Ferne öffneten, konnten die Bewohner jeden anrückenden Feind erspähen. Chunsach glich einer Festung, düster und drohend, und nur die terrassenförmig angelegten Gärten an den Südhängen, wo Rebstöcke und Obstbäume sich bis dicht an die steilen Abgründe klammerten und auch Seidenraupenzucht betrieben wurde, wiesen darauf hin, daß hier keine Soldaten hausten, sondern kaukasische Dorfbewohner.

Wenn überhaupt, dann war Chunsach nur durch den Einsatz von Kanonen zu bezwingen, so wie die Russen sie jetzt mit sich führten. Von ihnen und ihren Geschützen aber hatten die Bewohner nichts zu befürchten, und deshalb hielt die Khanin von Awarien ihre Hauptstadt für uneinnehmbar durch feindliche Bergstämme. Ihrer Stärke sicher wies Pachu-Bike schroff die Boten ab, die Kasi Mullah zu ihr gesandt hatte.

»Sagt eurem Imam, daß er mit mir nicht umspringen kann wie mit einer Sklavin«, sagte sie selbstbewußt.

»Sie weigern sich also, Khanin, seiner Forderung nachzukommen?«

»Forderung?«

»Ihn gegen die eindringenden Ungläubigen zu unterstützen.«

»Wie kann dieser hergelaufene Fanatiker es wagen, mir, der Khanin von Awarien, überhaupt eine Forderung zu stellen! Ich bin mit dem Weißen Zaren verbündet und will mit eurem Imam nichts zu schaffen haben. Geht und richtet ihm das aus. Und laßt euch nicht wieder hier blicken!«

In ihrer Haltung blieb Pachu-Bike hart und ließ sich weder durch Drohungen noch Verdammungen einschüchtern. Zwar hatte sich bereits ein großer Teil Awariens, entflammt von religiöser Leidenschaft, Kasi Mullah angeschlossen, aber die Khanin selbst stand treu zum Vertrag ihres verstorbenen Mannes mit dem Zaren. Auch die Einwohner von Chunsach, die unter der russischen Herrschaft ein bequemes Leben führten und vom Seelenheil, wie der Fanatiker Kasi Mullah es im Lande predigte, nichts wissen wollten, ließen sich vom Muridismus nicht verführen, den einige sogar als ketzerisch verwarfen. Die zahlreichen Flüchtlinge unter ihnen, die, von Stammesrichtern verurteilt, ihrer Heimat glücklich entkommen waren, fühlten sich an ihrem Zufluchtsort, wo sie von den Russen anerkannt und geschützt wurden, vor Rache sicher.

Der Hochmut, mit dem die Hauptstadt ihm trotzte, erzürnte Kasi Mullah um so mehr, da man ihn zum ersten Imam von Daghestan berufen hatte. Diese Ehre hätte eigentlich Mullah Mahommed zugestanden, dem wortgewaltigen Prediger in Jaragl. Da er aber nie an den Kämpfen teilnahm – er gehörte zu den Muriden, die Gewalt verabscheuten und zum Rückzug in die Verinnerlichung rieten –, übertrug man die Führung Kasi Mullah, der fanatisch für den Heiligen Krieg eintrat und damit für die einzig richtige Auslegung der Lehre des Propheten. Eine solche Haltung sprach das Lebensgefühl der kriegerischen Stämme mehr an.

Mit der Gelassenheit, mit der Chunsach den weiteren Verlauf des Geschehens abwartete, war es plötzlich dahin, als im Mai 1830 ein Heer von achttausend Mann auf die Hauptstadt vorrückte. Allein schon der Anblick der beiden Abteilungen tief unten in der Schlucht, die eine angeführt von Kasi Mullah, die andere von seinem Freund Schamil, der sich zu diesem Strafzug hatte überreden lassen, rief bei den Bewohnern eine Welle von Angst und Kleinmut hervor.
Noch hatte der Angriff nicht begonnen, aber mit jedem Schritt, mit dem sich die langen Kolonnen die Felspfade zum Aul hinaufwanden, schwand auch bei jenen, die bisher noch standhaft geblieben waren, mehr und mehr das Gefühl der Sicherheit in der Bergfestung. Ihr Mut sank dahin, als aus der Tiefe herauf der Schlachtruf der Muriden, schaurig wie Totenklagen, von den Felsen widerhallte. Ganz Chunsach wurde von Panik ergriffen, und die Verteidiger fanden es klüger, die Waffen niederzulegen und sich Kasi Mullahs Bedingungen zu beugen. Jetzt war es noch Zeit, ohne Blutvergießen auf seine Seite zu treten.
Pachu-Bike aber dachte anders. Entschlossen, den Vertrag mit dem Zaren einzuhalten, eilte sie durch die Befestigungsanlagen und rüttelte das Volk auf.
»Warum habt ihr Angst?« rief sie. »Kämpft, wenn ihr Männer seid. Verteidigt Chunsach bis zum letzten! Allah ist mit uns, nicht mit Kasi Mullah.«
Ihre Anfeuerung zeigte kaum Wirkung, denn schon beim ersten Ansturm der Muriden zogen sich die Verteidiger auf die zweite Befesti-

gungslinie zurück, und auch diese Stellung geriet bereits ins Wanken. Als die Führer sich unterwerfen wollten, griff die Khanin selbst zum Säbel und trieb sie erneut ins Gefecht.

»Feiglinge!« schrie sie ihnen verächtlich zu. »Wenn ihr schon beim ersten Angriff die Hosen voll habt, dann zieht euch Weiberröcke an. Was«, höhnte sie, »ihr wollt Männer sein? Memmen seid ihr, Jammerlappen, faules Pack ohne Saft und Kraft! Wenn ihr Angst habt vor dem Feind, dann gebt uns Frauen eure Säbel und verkriecht euch hinter unseren Röcken, während wir wie Männer kämpfen!«

Eine solche Beleidigung wollten die Soldaten nicht auf sich sitzen lassen. Sie waren Männer, und das wollten sie ihrer Khanin schon zeigen! Angespornt von Pachu-Bikes Worten stürzten sie sich auf die Angreifer, verbissen und rücksichtslos gegen sich selbst: Sie hatten alles zu verlieren – und alles zu gewinnen. Die Muriden, die bei der Erstürmung der Außenbezirke von Chunsach schon mit ihrem völligen Sieg gerechnet hatten, wurden böse überrascht und unter starken Verlusten zurückgeworfen. Die Stadt, die ihnen eben noch als leichte Beute zuzufallen schien, war ihnen so völlig unerwartet wieder aus den Händen geglitten.

Was die Muriden und die kaukasischen Stämme, die sich ihnen angeschlossen hatten, jedoch am meisten verwirrte, war ihre Niederlage durch eine Frau, eine Schmach, die sie tief demütigte. Der Ruf der unbesiegbaren Krieger war schwer angeschlagen. Sie hatten nicht nur viele Gefangene zurücklassen müssen, noch mehr Tote säumten ihren Fluchtweg durch die Schluchten.

Geschlagen zog sich Kasi Mullah nach Gimri zurück, ebenso Schamil, der die zweite Abteilung geführt hatte und bei dem Gemetzel dem Tod nur knapp entronnen war. Nach außen hin zeigten sie sich einig und stellten öffentlich ihre Schlappe als Strafe Allahs dar, der das vergnügungssüchtige Volk für seinen mangelnden Glauben züchtigen wollte. Sobald sie jedoch allein in der weißgekalkten Zelle der Medrese, der theologischen Schule der Moschee, miteinander redeten, brach ihr Streit untereinander offen aus.

»Wir waren zu voreilig«, sagte Schamil. »Die Stunde, die Allah für seinen Kampf bestimmt hat, ist noch nicht gekommen.«

»Im Gegenteil!« widersprach ihm Kasi Mullah. »Wir haben schon zu lange gezögert. Deshalb hat Allah uns bestraft.«
»Nein, er hat uns ein Zeichen gegeben. Immer wieder habe ich dich gewarnt, zunächst die Stämme zu einigen, und dann erst die große Schlacht zu wagen.«
»Ging es beim Angriff auf Chunsach nicht darum, die Khanin auf unsere Seite zu ziehen? Und hast du dabei nicht mitgemacht?« hielt ihm Kasi Mullah vor.
»Ja, ich habe mich dazu überreden lassen – gegen meine Überzeugung. Pachu-Bike und ihr Volk sind zwar Kaukasier wie wir, aber sie sind auch Verbündete der Ungläubigen. Wenn schon die Bewohner von Chunsach uns so schmachvoll besiegen können, wie willst du dann erst mit dem russischen Heer fertig werden?«
»Mit Allahs Hilfe!«
»Wir sind noch zu schwach. Begreif das doch endlich! Erst wenn der ganze Kaukasus für den Glauben kämpft, werden wir auch siegen. Unsere Stämme sind untereinander zerstritten, das war schon immer so, und die Ungläubigen nutzen das aus, um sie zu bestechen und so für ihre Ziele gefügig zu machen. Wer sich den Russen um vermeintlicher Vorteile willen unterwirft, der gibt sich auf und geht unter. Gegen dieses schleichende Gift hilft nur der Islam, der die Stämme aufruft, mit religiöser Begeisterung die Ungläubigen aus unserem Land zu jagen.«
»Es geht um unsere Freiheit, unsere Unabhängigkeit, das ist richtig«, stimmte ihm Kasi Mullah zu, »aber auch um unseren Glauben.«
»Und dieser Glaube allein ist es, der die widerstreitenden Interessen der Stämme zurückdrängen und sie ihr gemeinsames Ziel erkennen lassen kann: den Krieg gegen die Ungläubigen. Nur wenn er im Namen Allahs für den Islam, genauer unter dem Banner des Muridismus geführt wird, dann belohnt Allah uns mit dem Sieg. Solange jeder Kaukasier um sein Seelenheil und seine Heimat kämpft, sind wir unschlagbar. Das Paradies liegt im Schatten unserer Säbel!«

2

Eine Zeitlang schien es, als würde Kasi Mullah die Vorhaltungen seines Freundes Schamil beherzigen, aber als der Frühling anbrach, trieb ihn seine Unrast erneut an. Im Mai war es dann mit seiner Selbstbeherrschung vorbei. Über Schamils Kopf hinweg rückte er gegen die russische Festung Wnesapnaja, nördlich von Gimri, vor, ohne sie jedoch stürmen zu können. Er mußte sich sogar in die Wälder zurückziehen, als Verstärkungen vom russischen Hauptquartier nahten, um seine Nachhut abzudrängen und zu vernichten. Was wie eine Niederlage aussah, münzte Kasi Mullah in einen Sieg um: Er legte seinen Rückzug taktisch so geschickt an, daß er nicht nur die Entsatztruppen hinter sich herlockte, sondern auch noch die halbe Garnison von Wnesapnaja. Die Russen, darauf gedrillt, auf offenem Feld beritten anzugreifen und in geschlossenen, geordneten Einheiten zu kämpfen, beschlich ein Gefühl von Angst und Schrecken in diesen dunklen, wildwuchernden Wäldern mit ihren Riesenbäumen und ihrem undurchdringlichen Dickicht, während die Kaukasier sich darin so sicher bewegten wie auf Bergen und in Schluchten. Jeden Stamm und Strauch nutzten sie als Hinterhalt, um, selbst unsichtbar, dem Feind aufzulauern und schwere Verluste beizubringen.

In solchen Partisanenkämpfen, in denen die Russen keine Erfahrung hatten, erzielte Kasi Mullah immer wieder kleinere Erfolge. Als den Muriden Ende Mai 1831 die Stadt Tarku in die Hände fiel, besaßen sie einen guten Hafen für ihre persischen und turkmenischen Verbindungen. Die Russen, die sich dort eingenistet hatten, flohen nach der kleinen Festung Burnaja oberhalb von Tarku, wo sie schon bald unter Wassermangel litten, da die brauchbaren Quellen unterhalb des Berges entsprangen. Dorthin führte vom Fort hinab ein zu beiden Seiten von Längsmauern gedeckter Weg. In dessen Mitte lag der Pulverkeller, von zwei Wachtürmen geschützt.
Zunächst richteten sich Kasi Mullahs Angriffe gegen diese beiden Ziele, die von den Russen verzweifelt verteidigt wurden. Nur zu gut wußten die Soldaten der Besatzung, daß sie von den Muriden keine Schonung erhoffen durften und sie im günstigsten Fall, wenn sie

ihnen lebend in die Hände fielen, in Gruben geworfen und darin als Gefangene verfaulen würden.
Trotzdem mußten die Verteidiger nach heftiger Gegenwehr das Pulvermagazin aufgeben. Doch kaum war es einer großen Schar Tschetschenen gelungen, in den Keller einzudringen, als die russische Artillerie ihr Feuer darauf konzentrierte. Die ersten Granaten schlugen noch in der Nähe ein, dann aber flog der Pulverkeller nach einem Volltreffer mit ohrenbetäubendem Krachen in die Luft, als sei plötzlich ein Riesenvulkan ausgebrochen. Flammen und Rauchwolken schossen himmelwärts, Hunderte zerrissener Menschenleiber wirbelten wie Gesteinsbrocken durch die Luft.
Trotz ihrer schweren Verluste ließen die Muriden nicht locker und setzten ihre wütenden Angriffe fort. Aber auch die Besatzung von Burnaja, in der brennenden Sonne des Südens dem Verschmachten nahe, gab nicht auf. Hilflos lagen die Verwundeten in der Festung herum, schrien vor Schmerzen und wimmerten nach Wasser, bis sie nach langem Leiden, verblutet oder verdurstet, verstummten. Als nach weiteren drei Tragen der Untergang gekommen zu sein schien – die Muriden hatten die Höhen um Burnaja besetzt, bleischwer lastete die Hitze, die Munition ging zu Ende –, da donnerten plötzlich die Kanonen einer russischen Brigade, die der bedrängten Besatzung zu Hilfe eilte. Kasi Mullah zog ab, die Festung war gerettet.
Durch solche Rückschläge ließen sich die Kaukasier nicht entmutigen. Der Heilige Krieg, den sie gegen die ungläubigen Eindringlinge führten, war ihr leidenschaftlichster Wunsch zur eigenen Läuterung, eine Form des Märtyrertums, ein Weg in Mohammeds Paradies. Kasi Mullah verstand es, die Begeisterung und Hoffnung seiner Muriden immer wieder wachzuhalten. Während der langen Märsche pflegte er sich in den Pausen auf den Boden zu kauern, seine Augen zu schließen und sich den Anschein zu geben, als dringe aus der Ferne ein Geräusch an sein Ohr, das sonst niemand vernahm. Fragten ihn seine Anhänger, was er denn höre, so antwortete er:
»Es klingt wie das Rasseln von Ketten.«
»Ketten?«
»Ja, es ist das Klirren der Eisenfesseln. Man hat sie den russischen Generalen angelegt, die man mir als Gefangene bringt.«

Unter solchen verlockenden Aussichten verflog jede Müdigkeit, und alle marschierten jetzt doppelt so schnell dem Feind entgegen.
Der waghalsige Angriff, mit dem Kasi Mullah im November das Bergnest Kisliar stürmte, den Aul plünderte und mehrere hundert Gefangene, größtenteils junge Frauen, verschleppte, erregte den Unmut des russischen Generalstabs, denn gerade dieses Unternehmen machte den zaristischen Heeresführern die Überlegenheit der Gebirgsstämme im Partisanenkrieg deutlich. Noch nie hatten sich die Muriden bei ihren Überfällen so dreist und hartnäckig gezeigt wie gerade zu jener Zeit besonders großer Unruhe.

Der Winter stand bevor. Um sich für neue Kämpfe im Frühjahr vorzubereiten, sammelten sich die Muriden im Waldgebiet von Tschumkesskent. Kasi Mullah war auf der Höhe seiner Macht. Gestärkt durch seine Erfolge schlossen sich ihm viele, bisher friedliche Stämme an, besonders da die Perser wieder in einen Krieg mit den Russen verstrickt waren.
Unerwartet holte die zaristische Generalität im Winter zum Schlag aus. Bei Tschumkesskent überfielen die russischen Truppen Kasi Mullahs Freund und Verbündeten Hamsat Beg und brachten ihm eine empfindliche Niederlage bei. Kälte und starke Schneefälle machten danach weitere Kampfhandlungen unmöglich.

3

Schamil, sein anderer Freund und früherer Studienkollege, hatte sich damals nicht im Waldgebiet von Tschumkesskent aufgehalten, sondern sich noch vor der Winterpause nach Gimri zurückgezogen. Mit der leidenschaftlich geliebten Fatimat, mit der er jetzt verheiratet war, genoß er dort im tiefverschneiten Bergdorf die Flitterwochen.
Wie die meisten kaukasischen Frauen war Fatimat schlank und anmutig, und begehrlich beobachtete Schamil sie, wie sie lautlos im Zimmer umherging, ja fast schon zu schweben schien. Er liebte ihre kleinen Füße, die in bestickten Hausschuhen aus rotem Leder steckten, und ihre zarten Gelenke, an denen die Armbänder aus schwerem

Silber klirrten, wenn sie ihm Hirsekuchen, Reis und Honig, sein übliches Essen, auftrug. Während er auf den Kissen neben der glühenden Kohlenpfanne lag und die Bernstein-Perlen seiner Gebetskette pausenlos durch die Finger gleiten ließ, entging ihm keine ihrer geschmeidigen Bewegungen. Unter der weiten, geblümten Seidenhose, die fast verdeckt wurde durch ein hemdartiges, in der Hüfte zusammengehaltenes Übergewand mit offenen, wallenden Ärmeln und kunstvoll gearbeiteten Silberschließen, ahnte er ihren Körper, der ihm in der letzten Nacht wie in den vielen Nächten zuvor gehört hatte und zu dem es ihn immer wieder mit neuer Glut hinzog wie in der Hochzeitsnacht. Damals – er lächelte, als er daran dachte – hatte er nach altem Brauch Knoten für Knoten des langen Lederriemens gelöst, mit denen ihr Korsett zusammengeschnürt war, ein langwieriger Vorgang, der das fieberhafte Verlangen steigern und die Selbstbeherrschung des Bräutigams beweisen sollte. Diesen Beweis hatte er bestanden – im Gegensatz zu so manchem Liebhaber, der durch Ungeduld und Ungeschick bei seiner Braut und damit auch bei der Dorfgemeinde alle Achtung verloren hatte.
Noch war Schamil nicht an die Macht gekommen, ein junger Mann, dessen angeborene Würde und vornehme Kleidung ihm ein fürstliches Aussehen verliehen. Er trug, wenn er das Haus verließ, die klassische Tracht der Kaukasier, die Tscherkeßka, ein weites, in der Hüfte eng anliegendes, tunikartiges Gewand mit Doppelreihen silberner Patronentaschen auf der Brust, und in der rauhen Jahreszeit darüber die Burka, einen zottigen Mantel aus schwarzer Ziegenwolle. Die landesübliche schwere Lammfellmütze ersetzte Schamil erst später, als er zum Imam aufgestiegen war, durch einen riesigen Turban mit roten Quasten, der Kopfbedeckung eines religiösen Führers. Zu den elegantesten Teilen seiner Garderobe gehörten jedoch die geschmeidigen, hauchdünnen Lederschuhe, die wie angegossen um die Fußgelenke saßen.
»Ich liebe deine langen Zöpfe«, sagte er zärtlich, als Fatimat sich bückte, um den Katzen, die neben Schamil lagen, frisches Wasser hinzustellen, »wie du sie flichtst und mit Gold- und Silbermünzen schmückst. Bei nächster Gelegenheit werde ich dir noch mehr davon bringen und kostbare Seide, Brokat, vielleicht auch einen Zobelpelz.«

»Ich habe alles, was ich brauche«, antwortete sie zufrieden.
»Nun, wir werden sehen.«
Durch ständige, schon zur Gewohnheit gewordene Überfälle auf die Karawanen der Kaufleute, die durch den Darialpaß zogen, hatte sich unter den Adelsfamilien im Gebirge ein bescheidener Luxus breitgemacht. An dieser Engstelle zwischen den steil aufragenden Felsen hatte eine Handvoll Kaukasier leichtes Spiel mit einer gut bewaffneten Militärbegleitung. Aus dem Hinterhalt eröffneten sie das Feuer, fielen über die Soldaten her und rieben sie auf, um mit der Beute auf Kamelen und Packeseln in ihre nur schwer zugänglichen Bergdörfer zurückzukehren. Die Waren sowohl aus Tiflis und dem Westen als auch aus den Landstrichen und Ländern im Osten – Brokat und Seide, Tee und Gewürze, Jade und Pelze, Uhren und Porzellan, französische Spitzen und Tulasilber, Schnupftabak und Stoffe aus Manchester – fanden so ihren Weg in die wohlhabenden Auls, auch nach Gimri, solange dort der muridische Entsagungsglaube noch nicht Einzug gehalten hatte.
Wer weiß, was die Karawanen das nächste Mal mitbringen werden, dachte Schamil. Doch was immer es auch sein mag, das Schönste ist für Fatimat bestimmt.
»Ja«, sagte er dann leise und nickte Fatimat zufrieden zu, »so soll es sein.«
»Was?«
»Für die Mutter meines erstgeborenen Sohnes kann nichts schön genug sein.«
Fatimat schlug die Augen nieder und lächelte leicht verschämt.
Fragend blickte er sie an.
»Ist es vielleicht schon soweit?«
Sie schüttelte den Kopf.
»Noch nicht, glaube ich. Aber ich hoffe sehr, dir viele Söhne zu gebären.«
»Vor allem den ersten, denn von keiner Frau wünsche ich mir meinen Erben mehr als von dir.«
Wie immer, wenn er ihr seine Liebe zeigte, fühlte sie sich vor Glück wie berauscht und nichts wünschte sie in diesem Augenblick sehnlicher, als ihm, dem Mann, den sie liebte und achtete, den erstge-

borenen Sohn zu schenken, der größte Stolz einer orientalischen Frau.

Noch war sie Schamils einzige Ehefrau, aber sie war sich darüber im klaren, daß sie ihn bald mit anderen teilen mußte. Doch keine Frau, das ahnte sie jetzt schon, würde je mehr Einfluß auf ihn haben als der Muridismus. Wenn Schamil auch noch nicht zum Führer der Muriden aufgestiegen war, so wies dennoch schon jetzt alles darauf hin, daß er ein Auserwählter war, in dessen Leben selbst sie niemals so eingreifen konnte, wie Allahs Gebot es tat. Verglichen mit seinem Ziel, den Muridismus zu verbreiten und für die Freiheit des Kaukasus zu kämpfen, kam ihr nur wenig Bedeutung zu, auch wenn er sie anbetete. Sie lernte schon bald, sich selbst und alles Trachten nach persönlichem Glück in den Hintergrund zu drängen. Fatimat war seine Frau, die tagsüber das Haus versorgte und nachts als Geliebte sein Lager mit ihm teilte, und bald, so hoffte sie, würde sie die Mutter seines erstgeborenen Sohnes sein.

»Möchtest du eine Tasse Tee trinken?« fragte sie ihn.

»Ja, gern, wenn du dich zu mir setzt.«

Sie warf ihm einen liebevollen Blick zu und huschte hinaus.

Zufrieden streichelte er die junge Katze, die ihm auf die Brust krabbelte und sich schnurrend an ihn schmiegte.

Der Tigersprung über die Mauer

I

Ein Feuer ganz anderer Art als die Freuden der Liebe verzehrte Kasi Mullah, den ersten Imam von Daghestan. Weder Frau noch Kind vermochten ihn auch nur für kurze Zeit von seiner fanatischen Sendung abzulenken.

Das Gerücht, das bei den Russen umlief, Kasi Mullah sei bei Tschumkesskent gefallen, erwies sich als trügerisch. Denn im Frühling 1832 tauchte er wieder auf, bedrohlicher als je zuvor und von seiner wachsenden Anhängerschaft bedrängt, möglichst rasch loszuschlagen. Zunächst marschierte er mit seinen Muriden nach Norden auf die russische Grenze zu, lieferte sich einige Gefechte mit den Kosaken und entschloß sich danach, die Festung Nasran zu belagern, um damit auch die weiter südlich gelegene Garnisonstadt Wladikawkas am Oberlauf des Terek zu gefährden.

Beide Orte lagen in dem Gebiet, das Rußland erst kürzlich erworben hatte. Nasran, eine kleine Stadt mit wenigen Einwohnern, aber von großer strategischer Bedeutung, war das Tor zum Kaukasus, und die Russen fühlten sich dort als Herr der Lage sicher. Wer Nasran beherrschte, kontrollierte damit auch die einzige Straße nach Südosten, die berühmte Georgische Heerstraße, die von Wladikawkas durch Schluchten und Hohlwege, an Festungen und verfallenen Schlössern vorbei, entlang der reißenden Strömung des Terek und über die Paßhöhe von Krestowaja nach Tiflis führte, der Hauptstadt im reichen Flachland von Georgien. Ihren Bau hatte General Jermolow fünf Jahre lang selber geleitet, ohne Rücksicht auf die gewaltigen Kosten und hohen Verluste an Menschenleben, und an ihrem höchsten Punkt hatte er ein riesiges Kreuz aufstellen lassen als trotzige Herausforderung gegen den Halbmond der moslemischen Gebirgsstämme.

Wladikawkas, einst vom Fürsten Potemkin, dem Geliebten und Berater der Zarin Katharina II., als Militärstützpunkt und Handelsniederlassung auf dem Weg von Nordrußland über den Kaukasus zu den Provinzen jenseits des Kaspischen Meeres gegründet, war von einem

asiatischen Dorf zu einer Kleinstadt mit europäischem Anstrich aufgeblüht, mit einer erst jüngst gebauten Bank, einem Postamt und einem stilvollen Park, in dem abends eine Militärkapelle spielte. Im Basar hielten die Händler ihr reiches Angebot an Waren feil: Teppiche kaukasischer Nomadenstämme, Dolche und Säbel mit Einlegearbeiten aus Silber und Elfenbein, Felle von Bergschafen, Seide aus Persien, verzierte Sättel und eine Fülle von Gewürzen. Kamele und edle Kabardahengste drängten sich durch den Menschenstrom in den engen Gassen und auf den Straßen, die, von Bäumen beschattet, geometrisch genau in alle vier Himmelsrichtungen verliefen, vorbei an russischen und persischen Dampfbädern, an der orthodoxen Kirche und den Moscheen der Tataren, den einfachen Gaststätten und dem Klubhaus der Kaufleute. Unter den wohlhabenden Besuchern aus St. Petersburg, die sich mit ihrer Dienerschaft und Habe vorübergehend in den neuen einstöckigen Häusern niederließen und müßig in den Tag hineinlebten, gab es auch verblühende Schönheiten und ehrgeizige Mütter, die unter den jungen Offizieren, teils aus besten Adelsfamilien, eifrig Ausschau hielten, um sich selbst oder ihre Töchter an den Mann zu bringen. Denn in Wladikawkas glaubten sie die Konkurrenz weniger fürchten zu müssen, als in den vornehmeren Kurorten Piatigorsk und Kisslowodsk weiter nördlich an der Grenzlinie der Kubankosaken.
Mittelpunkt des gesellschaftlichen Lebens war das Haus des Gouverneurs oberhalb der Stadt. Hier wo auch die Militärs verkehrten, schürte jede neue Meldung über den Aufruhr der Bergstämme den Haß gegen die Moslems.
Dieser Haß schlug um in Angst, als eines Tages zwei Kosaken den Berghang hinauf zum Sitz des Gouverneurs galoppierten mit der Schreckensnachricht:
»Kasi Mullah marschiert mit einer großen Streitmacht auf Wladikawkas zu! Unterwegs haben die Aufständischen unsere Truppen bereits in Scharmützel verwickelt.«
»Was für eine Unverfrorenheit!« entrüstete sich der Gouverneur. »Schrecken diese Banditen denn vor nichts zurück?«
Von der Residenz des Statthalters fegte die Hiobsbotschaft schnell wie der Wind bergab durch die Straßen der Stadt und scheuchte die

Bewohner aus ihrem Müßiggang auf. Vorbei war es mit dem geruhsamen Leben in der romantischen Landschaft, den Ausflügen an die lieblichen Ufer des Terek, wo man sich bei georgischen Weinen und Früchten, bei Wild und Geflügel mit Klatsch und Geplauder die Zeit vertrieb. Von Unruhe erfaßt rüsteten sie sich eiligst zum Aufbruch, denn von der Garnison, die nur repräsentativen Zwecken diente und daher schwach besetzt und knapp an Vorräten war, erhofften sie sich keinen Schutz. Wenn »sie«, wie die Russen in einer Mischung aus Furcht und Bewunderung die Kaukasier zu nennen pflegten, auf Wladikawkas vorrückten, dann war es höchste Zeit, Kisten und Koffer zu packen, Hutschachteln und Bettzeug, Möbel und Samowar, ohne den kein Russe, ob arm ob reich, auf Reisen ging, auf Wagen zu laden, die Pferde einzuspannen oder zu satteln und sein Heil in der Flucht zu suchen.

Weitere Nachrichten trafen nicht mehr in der Stadt ein, und auch die ausgesandten Kundschafter wußten kaum Neues zu berichten, wenn sie überhaupt das Glück hatten, mit heiler Haut zurückzukehren. Erst am dritten Tag zerriß ferner Gefechtslärm die bedrückende Stille, doch nichts regte sich, nichts war zu sehen außer dem dichten weißen Dunst, der über die Vorgebirge kroch und die schneegekrönten Gipfel verhüllte.

»Wer weiß, was jetzt in Nasran los ist.«

»Ob die Garnison die Festung halten kann?«

»Sie haben weder genug Soldaten dort noch ausreichend Vorräte.«

»Ohne Verstärkung kann sich Nasran nicht halten.«

»Ob man überhaupt Entsatztruppen in Marsch gesetzt hat? Und wenn ja, sind sie dort angekommen oder schon unterwegs geschlagen worden?«

»Wenn Nasran fällt, sind auch wir hier verloren.«

Solch düstere Gedanken bewegten die wenigen Einwohner, die noch in Wladikawkas zurückgeblieben waren: die Bevölkerung aus der Nordstadt, die keine Pferde und Fuhrwerke mehr gefunden hatte, und die paar Stabsoffiziere sowie einige Kranke, die nicht transportfähig waren. Gerissene Bauern nutzten die Notlage aus und verkauften zu Wucherpreisen nicht zugerittene Pferde an verzweifelte Städter, die noch nie ein Pferd gesattelt und darauf gesessen hatten. Die

Wildpferde, nicht daran gewöhnt, im engen Stall eingepfercht zu sein, stießen mit den Hufen die Tür auf und sprengten zurück in die Freiheit.

2

»Was soll nur aus uns werden?«

Immer wieder stellten sich die Russen in der fast ausgestorbenen Stadt diese Frage. Ausharren und sich verteidigen oder fliehen? Was man ursprünglich nur als Andenken an den Aufenthalt im Kaukasus gekauft hatte, bereitete man nun als Waffe zu: die Schneiden kunstvoll geschmiedeter Dolche wurden geschliffen und mit Silber eingelegte Pistolen scharf geladen. Im übrigen konnte man nichts tun als warten und warten und hin und wieder die Furcht in Sekt und Wodka ertränken.

Die Geschichten über die Grausamkeit einzelner Stämme, die man sich früher genüßlich schaudernd erzählt hatte, erschienen nun, da sie zur Wirklichkeit an ihnen allen zu werden drohten, plötzlich in einem ganz anderen Licht.

»Wissen Sie, was die Lesghier mit ihren Gefangenen machen?«

»Sie lassen sie bei lebendigem Leib in Gruben verfaulen.«

»Nein, das machen die Tschetschenen. Die Lesghier dagegen ziehen den Gefangenen Pferdehaare durch die Fersen, damit den armen Teufeln jeder Schritt zur Qual wird.«

»Und wehe, wenn diesen Wilden eine Frau in die Hände fällt!«

»Man hört da so allerhand... unvorstellbar!«

»Besser, man denkt nicht darüber nach. Man könnte sonst noch den Verstand verlieren.«

»Vielleicht ist es gut so.«

»Was?«

»Daß wir nicht mehr rechtzeitig fliehen konnten. Jetzt ist es zu spät. Die Halsabschneider sind überall. Wer sich aus der Stadt heraus wagt, der läuft ihnen direkt in die Arme, und was ihm dann blüht, wissen wir alle nur zu gut. Hier aber können wir uns immer noch eine Zeitlang verteidigen, bis Hilfe kommt.«

»Wenn sie überhaupt rechtzeitig kommt.«

»Was wissen wir schon Genaues? Nichts, wenn wir ehrlich sind, nur das eine, daß Kasi Mullah noch nicht vor Wladikawkas steht. Wo ist er überhaupt?«

Das fragten sich nicht nur die wenigen Stabsoffiziere, die vergebens auf eine Nachricht von der Armeeführung warteten, sondern auch die »Gräfin«, wie sie allgemein genannt wurde, eine frühere Hofdame der Zarin, die, obwohl schon ein wenig in die Jahre gekommen, dem starken Geschlecht noch immer verfallen war.

»Wieso sind Sie hier, Gräfin?« wunderte sich der Statthalter, als sie zu seiner Überraschung in der Residenz auftauchte. »Was tun Sie noch in Wladikawkas?«

»Was ich immer getan habe: warten«, antwortete sie spitz.

»Auf was?«

»Sie sollten lieber fragen: auf wen?«

»Ich kann nicht glauben, daß das Ihr Ernst ist, Gräfin.«

»Mein voller Ernst sogar.«

»Da hätten Sie besser in Piatigorsk bleiben sollen, statt sich hierher zu wagen, so nahe an die Front.«

Die Gräfin lachte spöttisch auf.

»Piatigorsk! Was heißt das schon anderes als Langeweile von morgens bis abends – und vor allem nachts.«

»Die Petersburger Gesellschaft, die sich im Kurbad dem Müßiggang hingibt, denkt genau das Gegenteil. Sie findet dort alles, was sie für exotisch und gewagt hält.«

»Ach, und was ist dort exotisch?«

»Der ewige Schnee auf den Bergen, die tropische Vegetation im Tal und die romantischen Ruinen.«

»Hm, und was hält man in Piatigorsk für gewagt?«

Der Statthalter räusperte sich verlegen.

»Nun, sprechen Sie es ruhig aus«, ermunterte ihn die Gräfin.

»Ich meine die verwegenen, gut aussehenden Offiziere und Fürsten.«

»Gewiß doch, gewiß, Offiziere und Fürsten sind dort reichlich vorhanden, und keiner von diesen Möchtegern-Don-Juans läßt auch nur eine Gelegenheit aus, sich einer Dame von Welt zu nähern.«

»Das sage ich doch!« beeilte sich der Statthalter zu bestätigen.

»Zugegeben, die russischen Offiziere, die sich dort von ihren Verwundungen erholen und bleich und unwiderstehlich verführerisch in ihrer Männlichkeit durch die Eukalyptusalleen schlendern, stehen bei gewissen Damen hoch im Kurs.«

»Das sage ich doch!« bekräftigte der Gouverneur erneut.

»Bei gewissen Damen, habe ich gesagt, das heißt bei solchen, die gezwungen sind, sich zu begnügen.«

»Aber die Fürsten, was ist mit denen?«

»Die Schwefelquellen in Piatigorsk und anderswo gelten als besonders wirksam gegen die Verheerungen der Syphilis«, sagte die Gräfin und sah dem Statthalter dabei ironisch ins Gesicht. »Das müßten Sie als Kavalier doch wissen.«

»Natürlich«, stammelte er errötend und bedauerte zutiefst, sich auf ein Gespräch mit der als scharfzüngig gefürchteten Gräfin eingelassen zu haben. »Natürlich weiß ich das, aber doch nicht alle Fürsten halten sich deshalb in Piatigorsk oder Kisslowodsk auf.«

»Bei unserer degenerierten Aristokratie ist alles möglich. Vom Petersburger Sumpf ins kaukasische Schwefelbad, wie gefällt Ihnen das?«

»Jetzt gehen Sie aber entschieden zu weit, Gräfin!«

»Wie dem auch sei, ich stecke nicht in der Haut dieser Leute. Doch um auf Ihre verwegenen, gut aussehenden Offiziere und Fürsten zurückzukommen: Weswegen die Damen eigentlich nach Piatigorsk und Kisslowodsk gekommen sind, wonach es sie wirklich gelüstet, das ist ein einheimischer Adliger, ein Schamkal, Emir oder Khan; ja selbst ein einfacher Bergbewohner, ein rechtloser Lesghier oder auch ein Räuber würde ihnen schon genügen.«

»Das glaube ich nie und nimmer!« rief der Gouverneur abwehrend.

»Da kennen Sie aber die Frauenherzen schlecht. Ich weiß da besser Bescheid. Haben Sie noch nie von der russischen Dame gehört, die von den Lesghiern entführt und später unter großen Schwierigkeiten von unseren Truppen gerettet worden ist?«

»Es dürfte wohl der schönste Tag in ihrem Leben gewesen sein.«

»Im Gegenteil! Kaum weilte sie wieder bei ihrem müden Ehemann, als sie auch schon erneut ins Gebirge flüchtete, diesmal freiwillig – aus lauter Sehnsucht, weil sie unter den Männern in den Bergen so galante Liebhaber gefunden hatte.«

»Das ist mal wieder typisch für die Launenhaftigkeit und Maßlosigkeit unter unseren russischen Frauen.«
»Nur unter den Frauen?«
»Nehmen Sie etwa die Gräfin Saltikow, die ihren Lieblingsfriseur in einen Käfig einsperren ließ, damit er nicht in Versuchung kommen sollte, für andere zu arbeiten.«
»Da haben sich die Männer aber ganz andere Sachen geleistet, wie Iwan der Schreckliche, der den italienischen Architekten blenden ließ, nachdem er die Kirche Vassilij Balgennoje vollendet hatte; sie sollte einmalig bleiben. Oder die Grundbesitzer, die gelegentlich die Frauen ihrer Leibeigenen dazu zwangen, statt ihrer Säuglinge reinrassige Windhunde zu stillen.«
Unwirsch winkte der Statthalter ab. »Wir sind vom Thema abgekommen, Gräfin. Ich habe Sie vorhin gefragt, was Sie noch hier in Wladikawkas tun.«
»Und ich habe Ihnen geantwortet: ich warte.«
»Auf was?«
»Auf wen – müssen Sie fragen, das habe ich Ihnen auch schon gesagt.«
Im ersten Augenblick schien der Gouverneur sprachlos zu sein, doch dann faßte er sich wieder und fragte ungläubig:
»Sie wollen doch nicht etwa behaupten, daß Sie auf Kasi Mullah und seine Horden warten?«
»Was meinen Sie wohl, warum ich nach Wladikawkas gekommen bin? An Kasi Mullah habe ich zwar nicht gedacht, aber auch ich träume nun mal den heimlichen Traum einer jeden Frau.«
»Und was ist das?«
»Irgendwann, möglichst schon in der nächsten Nacht, von einem dunklen Kaukasier überwältigt, auf den Sattel eines reinrassigen Kabardahengstes gezerrt und gezwungen zu werden, sich dem Willen dieses Wilden zu beugen.«
»Ist das Ihr Ernst?«
»Mit der Leidenschaft scherzt man nicht.«
»Und wenn Sie dort sind, ich meine in den Bergen, in der Gewalt dieser Tataren, was dann?«
»Die Liebe genießen, was sonst?«

»Sie, eine Gräfin, mit einem Räuber! Als Frau haben Sie dort keine Rechte, und wenn Ihr Entführer fällt im Kampf gegen uns oder gegen verfeindete Stämme...«
»Dann bin ich Witwe«, fiel sie ein.
»Richtig! Wissen Sie auch, was das heißt? Bei einigen Stämmen ist es Brauch, daß sich jede unverheiratete oder verwitwete Frau nachts mit verschleiertem Gesicht auf ihre Schwelle legen kann, und der Mann, der dieser Einladung Folge leistet, erfüllt eine heilige Pflicht.«
»Einem solchen Brauch wären die russischen Männer sicherlich nicht abgeneigt. Sie sind doch nur neidisch – oder?«
»Um ein Kind aus einer solchen Verbindung hat sich das ganze Dorf zu kümmern, denn die Bergvölker brauchen nun mal Söhne, Söhne und nochmals Söhne. Wollen Sie ein solches Schicksal auch auf sich nehmen, Gräfin?«
»Was ich will und was nicht, überlassen Sie getrost mir. Um meine Tugend ist mir nicht bange. Ich bleibe hier in Wladikawkas und warte.«

Drei Tage waren bereits verstrichen, als man den Entschluß faßte, Kundschafter auszusenden. Unter den einheimischen Osseten, deren Stamm sich neutral verhielt, erklärten sich einige gegen eine beträchtliche Goldsumme zu diesem Wagnis bereit. In der Abenddämmerung ritten sie los und kehrten am nächsten Morgen mit der erfreulichen Meldung zurück:
»Nasran ist noch nicht gefallen.«
»Wie lange kann die Garnison dort nach eurer Meinung noch standhalten?« fragte ein Stabsoffizier die Kundschafter.
»Niemand weiß, was Kasi Mullah im Schilde führt, aber es sieht gut aus für Nasran. Kasi Mullah schien die Schlacht schon gewonnen zu haben, als ihm plötzlich der Feind in den Rücken fiel und schwere Verluste beibrachte.«
»Russen?«
»Nein, Inguschen. Sie haben die Muriden zum Rückzug gezwungen. Ob sie sich sammeln und erneut angreifen, bleibt abzuwarten.«
Doch Kasi Mullahs Streitmacht war so geschwächt, daß er keinen weiteren Angriff auf die Festung Nasran wagte. Die Inguschen, ein

ihm feindlich gesinnter Gebirgsstamm, hatte fürchterlich unter den Muriden gewütet und sogar die wehrlosen Verwundeten niedergemetzelt. Kasi Mullah hatte auf dem überhasteten Rückzug sogar seine Toten zurücklassen müssen und damit in den Augen der Kaukasier ein heiliges Gesetz verletzt.

3

»Nie zum Rückzug blasen! Nie! Man muß den Mannschaften klarmachen, daß dieses Signal, wann immer sie es hören, nur eine List des Feindes ist.« So hatte es einst Dragomirow, der erste Taktiker der russischen Armee, auf der Militärakademie von seinem Lehrer Suworow immer wieder zu hören bekommen.
Für die Kaukasier dagegen waren Rückzug und Angriff wie Ebbe und Flut. An Zahl und Waffen der wohlausgerüsteten Armee des Zaren unterlegen fochten sie elastisch, griffen an und zogen sich zurück in die Wälder und Berge, wo sie jeden Weg und Steg kannten. Mit diesem Kleinkrieg hielten ihre schwachen und darum so beweglichen Partisanengruppen die starken und schwerfälligen Truppenverbände der Russen dauernd in Unruhe. Im Gegensatz zur regulären Armee stand bei den Muriden nicht die Bewaffnung im Vordergrund, sondern der Mensch; das Gewehr war nur ein vorbereitendes Hilfsmittel für sie, die Auserwählten Gottes, die weder Furcht noch Trauer kennen, wie es im Koran heißt.
Doch im Herbst des Jahres 1832 nahmen die Rückschläge überhand, als Kasi Mullah und Schamil, der sich den Aufständischen wieder angeschlossen hatte, ständig zurückweichen mußten. General Baron Rosen, der neue Oberbefehlshaber der Südarmee, hatte den Plan gefaßt, den Widerstand der kaukasischen Stammeskrieger endgültig zu brechen und die aufsässige Bevölkerung in die Knie zu zwingen. Er begann den entscheidenden Schlag mit dem Einmarsch nach Tschetschnia, wo seine Truppen die Auls schleiften und niederbrannten, das Land verwüsteten, Gefangene machten, das Vieh forttrieben und die Festung Mjutlach im Sturm nahmen.
Wie tschetschenische Spione in Erfahrung brachten, traf General

Weljaminow bereits alle Vorbereitungen zu einem Großangriff auf Daghestan. Er wollte Kasi Mullah haben, tot oder lebendig, um damit dem Aufstand der Muriden den Todesstoß zu versetzen.
Die Gefahr war groß, das Ende schien nahe. Aber bevor sie selbst fielen, wollten sie möglichst viele Ungläubige vernichten. Deshalb kamen Kasi Mullah, der Imam, und Schamil, sein Freund, überein, sich dem Feind in Gimri zu stellen, dem Aul, wo sie geboren und aufgewachsen waren.
Dieses Bergnest, tausendfünfhundert Meter über dem Tal auf den fast unzugänglichen Felsen des Koisumassivs gelegen, galt als uneinnehmbare Festung, zu der nur ein einziger zwanzig Kilometer langer Zickzackweg hinaufführte. Von Temir-Chan-Schura aus, wo fünfunddreißig Kilometer ostwärts die Russen ihr Hauptquartier aufgeschlagen hatten, schlängelte er sich über die felsige Einöde, führte dann als schmale Gebirgssteige weiter bergauf und ging über in einen steilen Saumpfad, der sich in den Fels gehauen an einer senkrecht abfallenden Schlucht entlangzog. Unterhalb von Gimri mündete der ohnehin schon äußerst schwierige und gefährliche, immer wieder durch Steinschläge bedrohte Pfad in einen Engpaß. Durch diese natürliche Sperre mußte sich der Feind im Gänsemarsch, Mann hinter Mann, hindurchzwängen und konnte so, auch bei starker Überlegenheit, leicht von einer Handvoll Scharfschützen in Schach gehalten werden.
»Auf diesem Weg werden sie versuchen, nach Gimri zu kommen«, meinte Kasi Mullah zu Schamil, »aber dabei genauso scheitern wie alle früheren Angreifer.«
»Und was ist, wenn sie uns mit Kanonen beschießen?«
»Dazu müßten sie erst mal ihre Geschütze auf Schußweite heranbringen. Doch wie und wo sollten sie das?«
Kasi Mullah hatte mehrere starke Verteidigungsgürtel um Gimri ziehen lassen, von wo aus die Muriden die Schluchten und Täler ringsum beherrschten. Gewohnt, mit Gewehren von geringer Schußweite sowie im Nahkampf mit Säbel und Dolch zu kämpfen, erwarteten sie den Feind.

4

»Ohne Kanonen wird es schwer sein, die Festung zu nehmen«, meinte General Weljaminow, der Befehlshaber der russischen Streitkräfte, als er bei einer Stabsbesprechung seinen Angriffsplan erläuterte.
»Aber wie sollen wir sie durch den Engpaß bringen und wo aufstellen?« fragte ein Offizier.
»Nicht durch den Engpaß.«
»Der Weg führt nur dort hindurch!« beharrte ein anderer. »Der Saumpfad ist die einzige Verbindung nach Gimri.«
Lächelnd schüttelte Weljaminow den Kopf.
»Es gibt noch eine andere Möglichkeit. Schauen Sie hier auf die Karte.« Er fuhr mit dem Zeigefinger über eine roteingezeichnete Linie. »Das hier ist der zweite Weg, der sogenannte Ziegenpfad hoch oberhalb Gimris. Ich habe davon durch unsere verbündeten Bergstämme erfahren.«
»Ich auch«, fiel ein Stabsoffizier ein. »Er führt über zackige Gipfel hinweg, die fast das ganze Jahr über schneebedeckt sind, ohne einen Sonnenstrahl. Selbst die Dorfbewohner benutzen den Ziegenpfad nur selten.«
»Eben deshalb erwarten sie bestimmt nicht, daß wir ihn benutzen werden.«
»Von dort oben, so habe ich mir sagen lassen, soll selbst das auf hohen Felsen liegende Gimri geradezu zwergenhaft wirken. Der Ziegenpfad fällt so steil ab mit zahlreichen Kurven, daß nicht einmal ein Maultier da hinauf oder hinunter kann.«
»Und ein Hund?« fragte Weljaminow. »Kann ein Hund dort hinauf?«
»Ich glaube schon, was soll die Frage?«
»Nun, meine Herren, was ein Hund kann, kann auch ein russischer Soldat!«
»Soll das heißen, daß wir mit zehntausend Mann den –«
»Nicht mit zehntausend Mann«, unterbrach ihn Weljaminow. »Nur ein kleinerer Teil rückt über den Ziegenpfad auf die Höhen vor, um Gimri von oben zu überrumpeln. Die Hauptmacht aber greift von unten aus an.«
Weljaminow war ein kühler Rechner, dessen Kaltblütigkeit immer

wieder überraschte. Im Gegensatz zu dem alten Moskowiter Teufel Jermolow, der genauso brüllte und kämpfte wie die Kaukasier, verhielt er sich viel unauffälliger und war daher für Kasi Mullah schwer einzuschätzen. In der Meinung, mit vollem Magen lasse sich besser kämpfen, schob er oft ein Treffen auf, damit seine Soldaten sich erst noch den Bauch vollschlagen konnten, was die Erregung der heißblütigen Tschetschenen steigerte, die der Schlacht nervös entgegenfieberten.

Als die russischen Streitkräfte, unterstützt durch einheimische Verbündete, bis auf Sichtweite an die Bergfestung Gimri vorgerückt waren, setzte sich Weljaminow auf eine Trommel und beobachtete seelenruhig durch ein Fernrohr die Verteidigungsanlagen. Sobald die Muriden der ersten Linie ihn erblickten, richteten sie ihre Gewehre auf ihn und drückten ab. Der General verlor seine Fassung auch nicht, als die Geschosse dicht um ihn pfiffen, und zeigte sich nur leicht ungehalten über seine Stabsoffiziere, die um ihn standen und nun plötzlich gegen sein Fernrohr fielen.

»Aber, meine Herren«, beschwerte er sich, »darf ich vorschlagen, anderswo zu fallen!«

»Bitte, General, gehen Sie in Deckung!« bat ihn Dadiani, Fürst von Mingrelien und Kommandeur des Regiments Eriwanskij, mit beschwörender Geste. »Es ist zu gefährlich hier!«

»Jawohl, Fürst, ganz Ihrer Meinung«, pflichtete ihm Weljaminow in traditioneller militärischer Höflichkeit bei. »Das hier ist wirklich ein gefährlicher Ort. Würden Eure Hoheit die Güte haben, das Regiment gegen die rechte Befestigungslinie zu führen?«

Mehrere Tage lang leiteten Geplänkel an verschiedenen Stellen die Schlacht um Gimri ein, die am siebzehnten Oktober begann. Auf beiden Seiten wurde erbittert gekämpft. Nur äußerst mühsam, unter übermenschlicher Anstrengung, schleppten die Russen Artillerie und Nachschub über den verschneiten Saumpfad hinauf, bedroht von Lawinen und herabstürzendem Geröll. Obwohl viele Soldaten und Zugtiere bei diesem waghalsigen Aufstieg in die Tiefe stürzten, rückte das Heer immer näher an die Bergfestung heran. Einen entscheidenden Vorteil errangen Weljaminows Truppen, als es russischen Pionieren gelang, aus der Felswand eine Plattform für die Geschütze herauszusprengen. Zentimeterweise zogen die Kanoniere die schwere Artillerie in Stellung und bestrichen die Befestigungen, die Kasi Mullahs Krieger so mühsam errichtet hatten, mit einem vernichtenden Feuer. Immer wieder wurden die Russen dabei von verwegenen Scharen überrascht, die plötzlich, wie aus dem Boden gewachsen, von den Felsen auf sie herabsprangen und alle niedermachten, noch ehe sie zu den Waffen greifen konnten.

Nach harten Gefechten nahmen Weljaminows Truppen den sperrenden Engpaß von Erpeli, wobei die schwerfälligen russischen Soldaten nicht nur von den kampferprobten und geschickten Kosaken, sondern vor allem auch von den berggewohnten Grusiniern, Mingreliern, Guriern und Chewsuren kräftig unterstützt wurden. Sie gehörten zu den Stämmen, die sich auf die Seite der Russen geschlagen hatten, da sie von ihnen zuvorkommend behandelt worden waren und sich vom Zarenregime wirtschaftliche Vorteile erhofften.

Einige der russischen Offiziere fürchteten weder Tod noch Teufel, darunter auch so mancher, dessen Löwenmut in Wirklichkeit nur der Mut der Verzweiflung war. Es waren solche jungen Männer, die sich freiwillig zur Kaukasusarmee gemeldet hatten, weil sie aus irgendeinem Grunde dort den Tod auf dem Schlachtfeld suchten. Zu ihnen gehörte Hauptmann Allbrandt, der unter einer unglücklichen Liebe litt, die von seiner Angebeteten nicht erwidert wurde. Er war geradezu versessen darauf, sich immer wieder zu Selbstmordkommandos zu melden, um seinem Elend ein Ende zu machen. Aber sooft er auch sein Leben aufs Spiel setzte, er kam stets mit heiler Haut davon. Erst in der Schlacht um Gimri traf ihn eine Kugel oberhalb des Herzens, aber zu seinem Pech blieb sie in einer Ikone aus Messing stecken, die er auf der Brust trug. Der verschmähte junge Liebhaber überlebte nicht nur diesen Anschlag, sondern auch viele weitere verwegene Husarenstücke in den langen Jahren des Kaukasuskrieges. Als er schließlich genug Ruhm geerntet hatte, ließ sich seine Geliebte erweichen und wurde seine Frau. Doch damit begann für ihn nur ein neuer Leidensweg, denn das Glück, das er sich von dieser Ehe erträumt hatte, fand er nicht. Das gütige Geschick des Himmels hatte ihn verlassen, nun schmorte er in der Hölle.

5

Alle Tapferkeit im Kampf Mann gegen Mann half den Muriden nicht, ihre Verteidigungslinien zu halten. Das Granatfeuer der russischen Artillerie zwang sie, eine Stellung nach der anderen aufzugeben und sich immer weiter auf Gimri zurückzuziehen. Als dann noch eine feindliche Einheit, die über den Ziegenpfad das Gebirge überquert hatte, den Aul auch von den Höhen herab unter Beschuß nahm, mußte sich Kasi Mullah eingestehen, daß die Schlacht verloren war. Fünfhundert Muriden waren von zehntausend Russen umzingelt.

»Wo bleibt Hamsat Beg? Warum hat er sich nicht mit seinen Leuten den Russen in den Weg gestellt? Ich habe fest mit seiner Hilfe gerechnet. Was ist da geschehen?«

Sooft Kasi Mullah diese Frage auch stellte, eine Antwort wußte niemand. Hamsat Beg, einer der Nahibs, der Führer der Muriden, hatte sich zurückgezogen und den russischen Vormarsch nicht behindert. Hinter seinem Wahlspruch, List ist besser als Tapferkeit, versuchte er seine Feigheit zu verbergen und seinen eigenen Vorteil zu wahren; aber es sollte schon bald der Tag kommen, an dem er sogar als Verräter entlarvt wurde.

Gimri, wo ständig die Granaten der Artillerie einschlugen und viele Häuser in Schutt und Asche legten, war verloren. Den sicheren Untergang vor Augen wichen die Muriden von nun an keinen Schritt mehr zurück, stimmten ihre Totenlieder an und warteten gelassen auf den Ansturm des Feindes, um ihm im Nahkampf, Mann gegen Mann, mit Säbel und Dolch einen blutigen Empfang zu bereiten. Während die einen hinter Felsen geduckt den Angreifern auflauerten, um sie von oben herab anzuspringen, fesselten sich die anderen Bein an Bein mit ihren Säbelgurten aneinander und bildeten so eine lebendige Mauer, bereit, wie ein Mann zusammenzustehen und nach ihrem Brauch gemeinsam zu sterben, wo sie gemeinsam gekämpft hatten.

Als die Kanonen schwiegen, lag die Bergfestung so ruhig da wie ein Friedhof. Nichts regte sich im Aul, kein Laut drang aus den Trümmern. Verwirrt durch die unheimliche Stille näherte sich die Infanterie dem Dorf, doch kaum waren die Russen auf Reichweite herange-

kommen, als sich die Muriden mit unbändiger Wut auf sie stürzten und in ein wildes Handgemenge längs der Mauern verwickelten, bei dem keiner den anderen schonte. Tod dem Feind und kein Pardon!
So mancher glaubte schon, den betörenden Gesang der Huris im Paradies zu hören, die aus ihren Himmelsfenstern herab auf Allahs Kämpfer schauten. »Wem werden wir gehören?« fragten sie sich, und jede hoffte, sie werde vom Schicksal auserwählt sein, dem Tapfersten zu dienen.
In ihrem Verzweiflungskampf an den äußeren Befestigungsanlagen wurde eine Schar der Verteidiger von einem russischen Infanteriebataillon bis an den Rand einer Klippe getrieben, unter der sich ein tiefer Abgrund öffnete. Da keiner der Muriden den Ungläubigen lebend in die Hände fallen wollte, kämpften sie besonders verbissen, um vor ihrem eigenen Tod noch möglichst viele Feinde zu töten. Mehr als sechzig Krieger Kasi Mullahs wurden auf dieser Klippe niedergemacht, die übrigen sprangen selber in die Tiefe, wo sie an den Felsen zerschmetterten. Ebenso wild und entschlossen schlugen sich auch die Russen, stießen ihre verwundeten Gegner über die Felsplatte hinunter und stürzten sich im Kampf, Mann gegen Mann verkeilt, mit dem Feind zusammen in den Abgrund, wobei sie noch im Fallen einander unbarmherzig zusetzten.
Alle vorgeschobenen Verteidigungslinien waren gestürmt, nur das Dorf selbst hatten die Angreifer noch nicht genommen. Es dämmerte schon, als die Russen und ihre Verbündeten auf die ersten Häuser vorrückten und dabei unerwartet unter Beschuß gerieten. Von den beiden steinernen Wachttürmen am Dorfeingang wurden sie von Scharfschützen aufs Korn genommen und reihenweise wie Hasen abgeknallt.
»Macht sie dem Erdboden gleich!« befahl General Weljaminow den Kanonieren, entschlossen, die Schlacht noch an diesem Tag siegreich zu beenden.
Einige Artilleriesalven genügten, um die Türme und angrenzenden Mauern einstürzen zu lassen. Von den mehr als fünfzig Muriden, die dort im Hinterhalt gelegen und auf das letzte Gefecht mit dem verhaßten Feind gewartet hatten, wurden mehrere von den Trümmern verschüttet. Die meisten aber, darunter auch Schamil, kamen kampf-

bereit unter dem Schutt und brennenden Gebälk hervorgekrochen und gingen mit dem Säbel in der Hand langsam und vorsichtig auf ihre Gegner zu, die, unschlüssig, ob die Verteidiger sich ergeben wollten, die Muriden abwartend beobachteten. Plötzlich warfen sie sich mit wildem Geschrei auf die Ungläubigen und hieben so ungestüm um sich, daß jeder von ihnen zwei oder drei Russen mit in den Tod riß, bevor er selber fiel. Sie starben für Allah, dessen Schwert sie führten.

Einige wenige wurden gefangengenommen, und nur zwei Muriden entkamen. Einer dieser beiden war ein großer, kräftiger Mann, den die Russen aufstöberten, während sie den Aul nach Versprengten durchkämmten. Inzwischen war es schon dunkel geworden, als sie ihn, blutverschmiert, im Flammenschein eines brennenden Strohdaches erblickten. Völlig ruhig stand er da am Eingang einer Saklia, eines jener halbunterirdischen Häuser, die etwas erhöht über dem Suchtrupp lagen, so unbeweglich, als wolle er ihnen genügend Zeit geben, mit den Gewehren nach ihm zu zielen. Doch gerade als die Soldaten auf ihn anlegten, sprang er geschmeidig wie eine Raubkatze über ihre Köpfe hinweg, schwang, nun hinter ihrem Rücken, mit der linken Hand seinen Säbel und schlug drei von ihnen nieder, ehe ihm ein vierter sein Bajonett tief zwischen die Rippen bohrte. Ohne eine Miene zu verziehen, ergriff er das Seitengewehr, zog es aus seiner Brust, hieb den Soldaten nieder und schnellte, wie von übermenschlicher Kraft getrieben, mit einem weiteren gewaltigen Tigersprung über die Mauer, wo er in der Dunkelheit verschwand. Wütend schossen die Russen hinter ihm her, aber kein Schmerzensschrei bestätigte ihnen, daß sie den Flüchtigen getroffen hatten.

»Der kommt nicht weit«, meinte ein Offizier, »bei den Verwundungen! Unsere Säbel haben ihm schwer zugesetzt. Der ist erledigt.«

Er sollte sich irren!

Im Handumdrehen hatte sich der Vorfall abgespielt – von der Entdeckung des unbekannten Muriden bis zur Flucht. Noch ein weiteres Vierteljahrhundert lang sollte der Kaukasus, den Russen erbitterten Widerstand leisten, getrieben von der Willenskraft dieses einen Mannes, von Allahs auserwähltem Wortführer auf Erden: Schamil, Allahs Prophet und Krieger.

Wer da wie auf wunderbare Weise, gleichsam mit überirdischer Macht dem sicheren Tod entronnen war, ahnte zunächst weder Freund noch Feind.

Es war ein kalter, nebliger Oktobertag, als die Russen im Morgengrauen die Verluste in Gimri zählten. Da sie Schamil nicht unter den Gefallenen fanden, nahmen sie an, er sei unter den Trümmern verschüttet.
Viel wichtiger erschien ihnen unter den Toten der Leichnam Kasi Mullahs, der bis zuletzt wie ein Rasender gekämpft hatte. Man fand ihn, von Geschossen durchlöchert, vor einer Mauer auf den Knien liegend, wie in ritueller moslemischer Gebetshaltung erstarrt, die eine Hand mit ausgestrecktem Zeigefinger zum Himmel erhoben, die andere in dem dunklen Bart verfangen, der sein fanatisch verklärtes Gesicht umrahmte. Inmitten seiner Glaubensstreiter und Freiheitskämpfer hatte Kasi Mullah, der erste Imam von Daghestan, gefochten und den Tod gefunden.
Der Anblick des Toten machte auch auf die Russen einen tiefen Eindruck, der jedoch schon bald in überschwengliche Freude umschlug. Russische Kugeln hatten den Auserwählten Allahs niedergestreckt! Was das Selbstbewußtsein der christlichen Soldaten, ihr Gefühl der Überlegenheit stärkte, das mußte den Fanatismus der kaukasischen Bergstämme, ihren Willen zum Widerstand brechen.
»Nur die Nachricht von seinem Tod wird bei seinen Anhängern bei weitem nicht so viel Wirkung zeigen wie der Leichnam selbst«, meinte Weljaminow bei einer Besprechung mit seinen Stabsoffizieren. »Manche würden uns noch nicht mal glauben. Statt Kasi Mullahs Leiche unbeachtet hier in den Trümmern liegen zu lassen, wollen wir sie im Triumphzug nach Tarku überführen und dort zur Schau stellen. Das muß selbst den verbohrtesten Muriden zur Vernunft bringen!«
Mit der Übergabe des Leichnams an den Schamkal von Tarku bezeugten die Russen dem einheimischen Regenten, der in Treue zu ihnen stand, ihre besondere Hochachtung. Vor Jahren hatte er Freundschaft mit Rußland geschlossen und sein Land, das Tarkugebiet am Kaspischen Meer, abgetreten.

Mehrere Tage lang blieb die Leiche Kasi Mullahs auf dem Marktplatz von Tarku für das Volk ausgestellt, damit jedermann Gelegenheit haben sollte, sich vom Tod des rebellischen Imams von Daghestan zu überzeugen. Dann ließ ihn der Schamkal bei Burnaja in den nahe gelegenen Bergen bestatten.

Die abschreckende Wirkung, die sich die Russen von der öffentlichen Schaustellung des Toten auf die Kaukasier versprochen hatten, schlug in ihr Gegenteil um. Der zum Himmel gestreckte Arm, das verklärte Gesicht und die andachtsvolle Haltung Kasi Mullahs wühlten sie auf und hinterließen in ihrem Gemüt tiefe Spuren.

»Allah!« sollte sein letzter Ruf gewesen sein, so hieß es schon bald, bevor ihm der Tod die Lippen für immer schloß. »Allah, verfluche den Moskauer Teufel!«

War das nicht die Botschaft, die ihr Imam ihnen hinterlassen hatte, ein Befehl, ein heiliges Gebot?

Immer stärker regte sich in ihnen das Gefühl nach Rache, und überall im Land wuchs ihre Entschlossenheit, den Heiligen Krieg fortzuführen.

Liebesglück

I

Kasi Mullah war gefallen, und niemand zweifelte daran, daß auch Schamil im Kampf um Gimri den Tod gefunden hatte. Weder die Russen noch die Muriden hatten seine Leiche entdeckt, obwohl beide Kriegsparteien die Umgebung gründlich abgesucht hatten. Allgemein nahm man daher an, Schamil sei von einstürzendem Gemäuer erschlagen worden und liege irgendwo unter dem Schutt der zerstörten Bergfestung begraben.
Obwohl nun führungslos, begannen die Muriden in aller Heimlichkeit, neue Truppen aufzustellen. Aber niemand war da, der die zerschlagenen und versprengten Gruppen sammeln und zu einer schlagkräftigen Streitmacht vereinen konnte. Immer dringender wurde daher der Ruf laut nach einem neuen Führer, dem zweiten Imam von Daghestan. Nicht viele Namen wurden genannt; aber einer, den man immer wieder ins Spiel brachte, erst von wenigen, dann von der Mehrheit, war Hamsat Beg, ein Mann Mitte Vierzig. Einwände gegen ihn verstanden seine Fürsprecher, vor allem Aslan Khan, geschickt abzubiegen. Allen war entgangen, daß er in der Schlacht um Gimri aus Feigheit seine Bergstellung den russischen Truppen preisgegeben und damit die Niederlage der Muriden unter Kasi Mullah beschleunigt hatte.
In einem Land, in dem man keine Schwäche verzieh und Verrat mit dem Tod bestrafte, konnte Hamsat Beg es nur deshalb wieder wagen, zu den Muriden zurückzukehren, weil er sicher war, daß sie ihn nicht durchschaut hatten.
In Awarien geboren, hatte man ihn als Kind verhätschelt und verwöhnt, ihm aber auch eine ausgezeichnete Erziehung angedeihen lassen. Er sprach Georgisch, Arabisch und Persisch. Sein Vater hatte unter Achmet Khan am Hof in Chunsach gelebt und sich dort große Verdienste und Anerkennung erworben. Aus Dankbarkeit nahm Pachu-Bike, die Witwe des Khans, den jungen Hamsat in ihr Haus auf und hielt ihn wie ihren eigenen Sohn. Ihr Großmut sollte die Khanin

später noch teuer zu stehen kommen: statt ihr auf ewig verbunden zu sein, verriet er sie schändlich.

Nach einigen Jahren am Hof in Chunsach kehrte er in seinen Heimatort zurück, wo er das ausschweifende Leben eines Liederjans und Taugenichts führte, dem Alkohol und Laster verfallen. Über Nacht aber wandelte er sich vom Tunichtgut zum Tugendbold, so wie es überhaupt zu seinem Charakter paßte, Ansichten zu wechseln wie das Hemd. Statt länger im Lotterleben zu versumpfen, suchte er nun sein Seelenheil in religiösen Studien, denen er sich unter Kasi Mullah in Gimri eifrig widmete. Dank seiner Intelligenz und Hingabe stieg er rasch in der Hierarchie der Medrese, der Koranschule, auf und zählte schon bald zum engeren Kreis der Muriden.

Seine erste Bewährungsprobe im Heiligen Krieg bestand Hamsat Beg nicht. Schon zu Beginn des Feldzugs 1831/32 bei der Verteidigung der Djar-Provinzen gegen die russischen Truppen wurde er sofort geschlagen und das Gebiet dem Zarenreich einverleibt. Immer auf seinen eigenen Vorteil bedacht, glaubte er mit dem bei ihm besonders ausgeprägten Gespür zu wittern, daß auf der Seite des Siegers für ihn mehr herauszuholen sei. Hatte nicht der Khan von Chunsach, der verstorbene Gemahl seiner Gönnerin Pachu-Bike, von den Russen ein kleines Vermögen eingestrichen, nur weil er auf ihre Seite übergetreten war, statt gegen sie zu kämpfen? Und waren nicht auch die anderen Stammesfürsten und Khane mit einem Rubelsegen belohnt worden, wenn sie sich dem Zaren ergeben und vor allem offen gegen die Muriden gestellt hatten?

Hamsat Beg verlor keine Zeit. Er hängte seinen Mantel nach dem Wind, bot seine Unterwerfung an und ritt nach Tiflis, um im Hauptquartier der russischen Südarmee über die heikle Angelegenheit seiner finanziellen Bezüge, einer Art Leibrente, zu verhandeln.

Er hatte jedoch die Rechnung ohne den Wirt gemacht und seinen Wert falsch eingeschätzt. Die Russen durchschauten sein durchtriebenes Spiel und sahen in ihm keinen Freund und Verbündeten, sondern einen Verräter, Schlappschwanz, Raffer und Nichtsnutz. Statt ihn mit offenen Armen zu empfangen, straften sie ihn mit Verachtung. Sie warfen ihm nicht einmal den Judaslohn vor die Füße und nahmen ihn sogar in Haft.

Das kam einem Mann zupaß, mit dessen Hilfe Hamsat Beg am wenigsten gerechnet hatte: Aslan Khan, Fürst von Kasikumuch im südlichen Daghestan, der schon zu Jermolows Zeiten seine Treue zum Zarenreich bewiesen hatte; jedenfalls schien es den Russen so, die noch nicht dahintergekommen waren, daß der listige Herrscher auf zwei Hochzeiten tanzte.
Vor Jahren war ihm Sultanetta, die Tochter Pachu-Bikes, versprochen worden, doch völlig unerwartet hatte die strenge Khanin die Verlobung rückgängig gemacht, da sie eine Verbindung ihrer Tochter mit dem Sohn des Schamkal von Tarku vorzog. Aslan, der Sultanetta leidenschaftlich liebte, fühlte sich nun als abgewiesener Freier gedemütigt und verspottet. Diese Schmach erzeugte in ihm einen solchen Haß gegen Pachu-Bike, daß er sich schwor, sich grausam an ihr zu rächen. Sein Versuch, die Russen gegen sie aufzuhetzen, war fehlgeschlagen: es gab keinen Anlaß, die Khanin zu bekriegen, die ihren Verpflichtungen aus dem Vertrag ihres verstorbenen Mannes mit dem Zaren getreu nachkam, wie erst jüngst ihre unerschrockene Verteidigung Chunsachs gegen Kasi Mullahs Muriden bewiesen hatte. Auch ihre Söhne widersetzten sich der neuen Lehre und standen fest an der Seite Rußlands.
Wenn Aslan Khan auch mit seinem ersten Plan gescheitert war, aufgegeben hatte er ihn nicht. Kommt Zeit, kommt Rat, dachte er, und Zeit hatte er, viel Zeit, um neue Fäden zu ziehen. Er wollte sich nicht nur für seine verletzte Männlichkeit rächen, sondern seine Vergeltung auch noch genießerisch auskosten.
In Hamsat Beg glaubte er das Werkzeug für seinen Rachefeldzug endlich gefunden zu haben. Bei den Russen bestens angesehen, gelang es ihm durch seine Fürsprache, Hamsat Beg aus der Haft in Tiflis zu befreien, indem er sich für dessen gute Führung verbürgte.
Aslan ging behutsam vor und weihte den Freigelassenen keineswegs ganz in seine Pläne ein. Langsam begann er, Hamsats Herz gegen Pachu-Bike zu vergiften, damit auch dieser in ihr einen Feind sehe.
»Sie ist so reich, wie du es dir gar nicht vorzustellen vermagst, und mit diesem Reichtum glaubt sie sich alles leisten zu können. Die Russen wissen schon, was sie an ihr haben, und werfen ihr immer noch mehr in den Rachen. Sie mißbraucht ihre Macht; was das Volk

denkt und will, kümmert sie nicht. Nur allzu gern wäre die Bevölkerung mit fliehenden Fahnen zu Kasi Mullah übergelaufen, wenn diese Tyrannin, dieses ränkesüchtige Mannweib die Krieger nicht mit dem Säbel in der Hand in die Schlacht getrieben hätte. Nein, glaub mir, Hamsat, das Volk will nichts mit den Ungläubigen zu schaffen haben. Das hast du doch selbst erfahren, als du unter der Fuchtel von Pachu-Bike aufgewachsen bist. Die Bewohner von Chunsach sind Kaukasier wie du und ich, und lieber heute als morgen würden sie sich unter dem schwarzen Banner des Muridismus zusammenscharen, um für Allah und ihre Freiheit zu kämpfen. Pachu-Bike muß gestürzt, muß beseitigt werden. Nichts ist nötiger, nichts dringender. Wer diese Tat vollbringt, gewinnt die Gunst der Muriden, denn mit dem Sturz dieses heimtückischen Weibes ist der Weg frei für den Muridismus in ganz Awarien.«

Hamsat Beg horchte auf. Sein Ehrgeiz war geweckt. Ihm schien, als habe ihm der andere ein Tor weit aufgestoßen mit neuen, verlockenden Aussichten. Oder steckte vielleicht etwas ganz anderes dahinter? Stellte ihm Aslan Khan gar eine Falle?

»Sprichst du damit nicht gegen die Interessen der Russen?« fragte er vorsichtig.

Vertrauensvoll legte ihm Aslan die Hand auf den Unterarm. »Ich spreche ganz objektiv, als Freund... dein Freund, Hamsat. Ich selbst könnte einen solchen Feldzug gegen die Khanin natürlich nicht führen. Du kennst meine schwierige Lage. Im Herzen bin ich zwar ein überzeugter Muride, aber nach außen hin, den Russen gegenüber, trage ich eine Maske. Meine Untertanentreue zum Zaren verbietet mir das. Aber du... Du hast den Russen mit deiner Tatkraft dienen wollen, sie haben dir die kalte Schulter gezeigt, ja dich sogar schwer gekränkt.«

»Das werde ich ihnen heimzahlen!«

»Dafür habe ich volles Verständnis, das ist dein gutes Recht. Wenn du dich also jetzt von den Ungläubigen verschmäht fühlst, wo könntest du dann wohl einen besseren Platz finden als in Gimri, mitten unter Kasi Mullah und den Muriden?«

»Aber wie werden sie mich dort aufnehmen nach allem, was geschehen ist?«

»Ich werde mit ihnen reden, so wie ich mit den Russen geredet habe. Und außerdem, was für einen überzeugenderen Beweis für deine Ergebenheit können sie denn verlangen als dein Gelöbnis, Chunsach und damit ganz Awarien für unsere gute Sache zu gewinnen? Wer Pachu-Bike in die Knie zwingt, den heben die Muriden zu Recht auf ihren Schild, der ist ihr Held und steigt auf als hoher Würdenträger, ja er kann sogar bei ihnen seinen Führungsanspruch geltend machen. Die Stämme werden ihn als Befreier feiern, und die Russen als Strategen und ebenbürtigen Gegner achten und fürchten.«
Entgegen allen Gepflogenheiten im Kaukasus, nach denen eine so schmähliche Kapitulation vor den Russen mit Schimpf und Schande, ja sogar mit dem Tod geahndet wurde, nahmen die Muriden Hamsat Beg wieder in ihren Reihen auf.

2

Wie schändlich er dieses Vertrauen erneut mißbraucht hatte, als er bei der Schlacht um Gimri vor den Russen ausgewichen war, statt sich ihnen in den Weg zu stellen, war bei den geschlagenen und versprengten Muriden unbemerkt geblieben. Im Bewußtsein darauf, daß sie ihn im Führungskreis um Kasi Mullah und Schamil gesehen hatten, wagte er es wieder, sich bei ihnen blicken zu lassen.
Kasi Mullah, der erste Imam von Daghestan, war tot, Schamil ebenfalls oder wenigstens verschollen. Wo war der starke Mann, der die Geschlagenen vereinen und führen konnte?
Zu einer Zeit, in der die Russen schon den Endsieg im Kaukasuskrieg feierten, suchten die Muriden einen Nachfolger für Kasi Mullah, der Würden und Bürden eines zweiten Imam von Daghestan auf sich nehmen wollte. Nicht zuletzt durch Aslan Khan geschickt eingefädelt, zögerte Hamsat Beg nicht, als ihm die Muriden in dieser schwierigen Lage das Amt antrugen. Was er schon immer für sich wollte, Macht und Einfluß, hatte er endlich erreicht.
Zunächst stellte er eine Einheit auf, die sich aus russischen und polnischen Überläufern zusammensetzte und von ihren eigenen Offizieren befehligt wurde. Der Einsatz dieser gut gedrillten Soldaten an der

Seite der unabhängigen kaukasischen Guerillakrieger erwies sich jedoch schon bald als Fehlschlag. Besonders in die Polen setzte er so unbeschränktes Vertrauen, daß er sie zu seiner persönlichen Leibwache ernannte: in ihrem Haß auf die Russen, die sie nur als Kanonenfutter in die Schlacht geworfen hatten, schreckten sie vor nichts zurück.

Während der ersten anderthalb Jahre seit seiner Ernennung begnügte sich Hamsat Beg auf militärischem Gebiet hauptsächlich damit, seine Kampfgruppen zu mustern. Desto umtriebiger bemühte er sich um Sympathie bei den Stämmen. Um das Volk vor seinen Karren zu spannen, gab sich der zweite Imam von Daghestan als fanatischer Glaubenseiferer, der sich selbst für seine Niederlage in der Schlacht zu hundertundeins Stockschlägen verurteilte. Für den schlauen Fuchs war diese heuchlerische Selbstopferung nur ein Schachzug, mit dem er jeden Zweifel an seiner göttlichen Mission auslöschte und von allen Muriden unbedingten Gehorsam forderte.

Gegen Übeltäter, die sich seinen Anordnungen nicht fügten, ließ er keine Milde walten, obwohl er selbst in seiner Jugend ein Sünder gewesen war und deshalb wissen mußte, wie leicht der Mensch seinen Schwächen erliegt. Er stand jetzt so erhaben und unantastbar über ihnen, daß er sie nach Belieben tadeln und antreiben konnte. Hatte der Muridismus den Menschen ohnehin schon fast jedes Vergnügen genommen, so legte der neue Imam ihnen jetzt weitere Verzichte auf und verlangte noch mehr Gebetsübungen. Hohe Strafen standen sogar auf Rauchen und Trinken. Musik und Tanz waren ganz verboten, Reiterspiele und Hochzeitsgelage stark eingeschränkt. Um wenigstens noch einen Hauch von Abwechslung in den nüchternen Alltag zu bringen, wurden bei einigen Stämmen, so bei den Svanen, in den Bergtälern des oberen Inguri, Beisetzungsfeierlichkeiten im voraus bestellt und veranstaltet, bevor, so befürchtete man, auch sie noch untersagt würden.

Nachdem er so Macht und Ansehen gefestigt hatte und sich etwas Ruhe gönnen wollte, erinnerte ihn Aslan Khan daran, daß die wichtigste Aufgabe noch vor ihm liege:

»Jetzt ist die Zeit gekommen, Pachu-Bikes Sturz in die Wege zu leiten und damit ganz Awarien unter deine Herrschaft zu bringen.«

»Darüber habe ich mir schon Gedanken gemacht«, beteuerte Hamsat Beg, »und auch über das, was danach kommt.«
»Die Russen?«
»Ja, als Sieger über die Khanin und als Herrscher von Awarien werde ich mit einem starken Heer die Ungläubigen das Fürchten lehren.«
»Recht so, räche dich für die Schmach, die sie dir angetan haben.«
»Dein Rat war ausgezeichnet, Aslan.«
»Dann willst du ihn also befolgen?«
»Das verspreche ich dir, schon allein aus Dankbarkeit für deine guten Dienste. Ohne dich würden mich die Russen bestimmt noch in Tiflis gefangenhalten.«
»Wann marschierst du also nach Chunsach?«
»Den genauen Zeitpunkt habe ich noch nicht festgelegt.«
»Hast du Angst?«
»Angst?«
»Es gibt immer noch welche, die Pachu-Bike für unüberwindlich halten. Sie haben noch nicht vergessen, wie sie mit dem Säbel Kasi Mullah in die Flucht geschlagen hat.«
»Ich bin nicht Kasi Mullah!« erklärte Hamsat Beg stolz.
»Dann schlage endlich zu!«
»Noch immer steht die Khanin mit dem Schwert in der Hand zwischen ihrem Volk und dem Muridismus, nach dem sich die Bewohner von Chunsach genauso sehnen wie der gesamte Kaukasus.«
»Ich selbst werde ihr das Schwert aus der Hand schlagen.«
»Dann tu's doch – je eher, desto besser! Oder hast du etwa Gewissensbisse, weil dich Pachu-Bike in deiner Jugend so großmütig in ihrem Haus aufgenommen hat?«
»Nicht umsonst habe ich damals Chunsach verlassen. Ich wüßte nicht, warum ich diesem Weib dankbar sein sollte. Und selbst wenn – persönliche Gefühle müssen sich unserer großen Aufgabe unterordnen, den ganzen Kaukasus für den Muridismus zu gewinnen!«

3

Monate waren vergangen, seitdem Schamil mit einem gewaltigen Satz über die Mauer des zerstörten Gimri den Russen entkommen war.
Nach den Verwundungen, die er im Kampf erlitten hatte, dem Sprung in die Tiefe und dem Gewehrfeuer, das die Soldaten dem von der Dunkelheit verschluckten Feind hinterherjagten, schien sein Tod so gut wie sicher. Aber Schamil gab sich nicht auf. Zäh wie er war, schleppte er sich bis zu dem Pfad, der an den Steinhütten der Hirten vorbei steil zu den Berggipfeln um seinen Geburtsort Gimri führte. Niemand traute sich dort hinauf außer Schamil. Als Knabe war er oft den halsbrecherischen Pfad emporgestiegen, sogar bei Nacht, um in aller Frühe von irgendeiner Plattform, einem mit Geröll bedeckten Platz, über dem ständig Wolken und Nebelschwaden hingen, den Aufgang der Sonne zu beobachten.
An diesem Pfad fand ein Hirte den völlig Entkräfteten. Von weitem hatte er ihn dort liegen sehen und war sofort zu ihm geeilt.
»Du bist doch Schamil!« stieß er überrascht hervor, als er ihm ins Gesicht blickte. »Ich kenne dich noch von früher. Als Junge habe ich dich oft hier gesehen.«
»Ich dich auch«, antwortete der Verwundete mit schwacher Stimme.
»Du blutest ja! Bist du schwer verletzt?«
»Ich brauche Hilfe. Dringend! Lange halte ich es nicht mehr aus.«
»Wir sorgen schon für dich, ich und meine Kameraden. Aber iß erst mal was und trink!«
Aus seiner Schaffelltasche holte der Hirte ein Stück Ziegenkäse und reichte es Schamil zusammen mit einem ledernen Wasserbeutel. Gierig trank der Verwundete und biß dann ein Stück Käse ab, das er, erschöpft und kraftlos wie er war, nur mühsam kauen konnte.
»Bleib ruhig hier liegen«, sagte ihm der Hirte. »Ich hole einen Kameraden. Dann bringen wir dich in Sicherheit.«
Geraume Zeit verstrich, bis sie zu zweit zurückkamen und Schamil hinauf zu ihren Hütten auf den Bergkämmen oberhalb Gimris trugen. In einer dieser dürftigen Behausungen aus unbehauenen und lose übereinandergeschichteten Steinen, deren Fugen noch nicht einmal

mit Lehm ausgeschmiert waren, legten sie ihn auf ein Lager aus Schaffellen und pflegten ihn, so gut sie es mit ihren unzureichenden Mitteln vermochten. Doch da die Hirten erkannten, daß ihre geringen Kenntnisse in der Heilkunst nicht genügten, um Schamils Leben zu retten, holten sie seinen Schwiegervater, den berühmten Arzt Abdul Asis, und seine junge Frau Fatimat. Schamil hatte im Kampf um Gimri und beim Sprung in die Tiefe schwere Verletzungen erlitten: zwei Kugeln, die seine Lunge durchlöchert hatten, steckten noch im Körper, einige Rippen waren gebrochen, und mehrere Fleischwunden, von Säbelhieben geschlagen, eiterten.
Die Behandlung des Chirurgen verlief erfolgreich, und bald konnte Abdul Asis von der Berghütte wieder nach Hause zurückkehren und den Genesenden Fatimats Pflege überlassen. »Das Weib ist das Kamel, das dem Mann durch die Wüste des Lebens hindurchhilft«, so steht es im Koran geschrieben. In diesen Monaten, abgeschieden von jedem Aul und seinen Bewohnern, von Kämpfen mit den Russen und allen Verpflichtungen, die ihm als Murschide auferlegt waren, durfte Schamil mit seiner jungen Frau in Ruhe und Frieden das Liebesglück genießen. Es sollte die einzige Zeit bleiben, in der sie so lange ungestört nur füreinander da sein und leben konnten.

Schamils Schicksal blieb ebenso geheim wie sein Unterschlupf in der Steinhütte in den Bergen hoch über Gimri. Weder die Hirten noch sein Schwiegervater ließen darüber ein Wort verlauten.
Bei den Russen, die ihn anfangs für tot gehalten hatten, regten sich jedoch nach und nach Zweifel, ob Schamil tatsächlich unter den Trümmern des Auls verschüttet sei. Denn wie die Hirten erfuhren, hatten die Ungläubigen ein Kopfgeld von dreihundert Rubeln ausgesetzt. Bei diesem Betrag, so hofften sie, werde jeder schwach werden, der den Verschollenen versteckt hielte, falls Schamil tatsächlich noch lebte. Die Hirten aber verrieten ihn nicht, und die Suche, hier und da von anderen aufgenommen, wurde bald ergebnislos eingestellt.
»Was soll all die Mühe?« hieß es unter den Offizieren im russischen Heeresstab. »Eine Nadel im Heuhaufen ist leichter zu finden als einer von diesen Tatarenteufeln in seinen Bergen.«
»Er ist tot, wie ich schon immer gesagt habe«, meinte ein anderer,

»und inzwischen längst von den Geiern oder Bären gefressen worden.«

»Sollte er wirklich noch leben, dann werden wir das noch früh genug erfahren und kurzen Prozeß mit ihm machen. Vergessen wir das Ganze jetzt! Wir haben Wichtigeres zu tun, als einen Vermißten zu suchen: Dörfer stürmen, Widerstandsnester ausheben, Provinzen besetzen und Befestigungen anlegen.«

»Sehr richtig!«

An die paar armseligen Unterkünfte der Hirten auf den Bergkämmen oberhalb Gimris dachte niemand. Wer wollte auch schon den mühseligen Aufstieg zu den wackligen Steinhütten auf sich nehmen? In diesen Elendsquartieren, deren Dächer notdürftig mit Ruten und Zweigen gedeckt waren, mit Mauern, durch deren Ritzen der Wind pfiff und der Regen hineinsickerte, konnten zur Not höchstens ein paar wetterfeste Hirten mit ihren alten Frauen hausen. Wer je in die Nähe solcher Saklias gekommen war, der sah nachts den Schein der Feuerstelle durch die Spalten schimmern und den Rausch zwischen den Steinen hervorquillen.

Ratsamer aber war es, sich überhaupt nicht in diese verwunschene Gegend zu wagen und sich nicht darum zu kümmern, was dort oben vor sich ging. Wenn die Hirten etwas brauchten, kamen sie schon in die Auls hinunter. Doch das geschah selten, etwa um ihre Waffen wieder instand setzen zu lassen und Tabak, eine Flöte oder eine neue Burka, einen weiten Umhang aus Ziegenfell, zu erstehen. Solche Luxusartikel leisteten sie sich nur gelegentlich, denn was sie für ihr anspruchsloses Leben benötigten, fanden sie in ihrem kalten Hochland selbst vor, einer phantastischen Landschaft aus Felsen und Steinen, Geröll und Klippen, gekrönt von schneebedeckten Gipfeln und Gletschern, unter deren Eispanzer jedes Leben erstarrte. Nur wenige struppige Büsche duckten sich sturmzerzaust in der kargen Einöde, hier und da wie verloren zwischen Gesteinsbrocken und Gras, das der Wind kräuselte, doch kein Baum konnte sich dort noch festklammern. Aus der Schafwolle, die ihre Frauen spannen und zu rauhen Stoffen webten, stellten sie ihre Kleidung her, und ihre Schuhe nähten sie aus schlecht gegerbtem Wildleder. Ihre Hauptnahrung bestand aus grobem Hirsebrot sowie aus Sauermilch und Ziegenkäse, den sie

in großen radrunden Stücken auf den Dächern trockneten – genauso wie die flachen Fladen aus Kuhmist, Stroh und Wasser, die sie, lange genug gelagert und in Luft und Sonne gedörrt, als Brennmaterial verwendeten.
Wenn auch die schäbige, rauchgeschwärzte Saklia des Hirten außer Strohbündeln und ein paar Schaffellen keinerlei Bequemlichkeit zu bieten hatte, fühlten sich Schamil und Fatimat dennoch darin geborgen wie im Paradies.
»Ich war noch nie so glücklich«, gestand sie ihm eines Nachts, als sie beieinanderlagen.
»Gern würde ich dir mehr Bequemlichkeiten bieten, wie wir sie von unserem Haus in Gimri her gewohnt sind.«
Liebevoll schmiegte sie sich an ihn.
»Ich brauche keine Teppiche, Kissen und all die anderen Annehmlichkeiten, wenn ich nur dich habe.«
»Und ich dich!«
Eine Weile hielt er sie eng umschlungen. Dann glitt seine Hand zärtlich über ihre Brust hinunter zum Bauch.
»Wenn mich nicht alles täuscht«, flüsterte er erwartungsvoll, »dann hast du mir etwas zu sagen.«
»Ja«, bestätigte sie, »ja, es wird ein Junge.«
»Bist du ganz sicher?«
Sie nickte. »Ja, ich bin schwanger.«
»Dann kann es natürlich nur ein Junge sein«, rief er freudig und drückte sie zärtlich an sich. »Ich habe auch schon einen Namen für ihn. Er soll Dshemal-Edin heißen.«
Stundenlang lag Schamil wach und wagte sich kaum zu rühren, als er bemerkte, daß Fatimat schließlich eingeschlafen war.

Von dieser Zeit an vermißten sie beide in ihrer armseligen Behausung hoch oben in den Bergen die sonst gewohnte Einrichtung und Behaglichkeit noch weniger als zuvor: sie hatten sich selbst, Tag und Nacht, ein Rausch wie in den Flitterwochen. In dieser entlegenen Steinhütte durften sie sich endlich einmal nur sich selber und ihrer Liebe überlassen, und das war mehr Glück, als sie je zu hoffen gewagt hatten.

Doch dieses Glück zerbrach, als Schamils Schwester das Liebespaar bei einbrechender Dunkelheit in seinem Schlupfwinkel überraschte.
»Hier also habt ihr euch verkrochen und lebt zufrieden in den Tag hinein, als gäbe es ringsum nicht Not und Elend«, keifte sie.
Schamil, der mit einem Fieberanfall auf einem Bündel Stroh lag, blickte sie erstaunt an.
»Wie hast du uns gefunden?«
»Wenn du als Mann es nicht für nötig hältst, dich um mich und deine Familie zu kümmern, dann muß ich es wohl tun.«
»Haben dir die Hirten verraten, wo ich bin?«
»Nein. Ich habe mir viel Mühe geben müssen, bis mir ihr Vater endlich euer Versteck genannt hat.« Zorn sprühte aus ihren Augen, als sie dabei Fatimat ansah, die neben Schamils Lager hockte. »Und jetzt bin ich hier. Genügt das nicht?«
»Was willst du?« fragte er mit einer Stimme, die nur mühsam die Erregung unterdrückte.
»Alle Welt glaubt, du seist tot, gefallen für Allah und den Glauben. Aber was sehe ich hier wirklich? Du bist munter wie ein Fisch und genießt dein Leben in vollen Zügen.«
»Ich war schwer verwundet.«
»Tatsächlich?«
»Die Wunden sind jetzt noch nicht völlig verheilt.«
»Du spielst wohl gern den Kranken, nur um mit Fatimat zusammen zu sein.«
Neid sprach aus ihrem Blick, als sie auf seine schlanke und anmutige junge Frau hinabschaute, mit der sie sich an Schönheit nicht messen konnte. Auch ohne das enge Korsett, in das man nach altem Brauch die schmalen Körper der kaukasischen Mädchen im Alter von etwa acht Jahren bis zu ihrer Hochzeit einschnürte, hätte Fatimat durch ihren gazellenhaften Wuchs schon von Natur aus jede andere Frau an Liebreiz, Zauber und Geschmeidigkeit ausgestochen. Schamils Schwester malte sich aus, wie ihr Bruder damals in der Hochzeitsnacht fiebernd vor Verlangen die Nähte an Fatimats Korsett mit dem Dolch aufgeschlitzt hatte, ein Vorrecht, das dem Bräutigam zustand.
»Fatimat ist meine Frau. Sie hat mich gepflegt, wie kein anderer Mensch mich hätte pflegen können.«

»Und aus einem Krankenlager ein Liebesnest gemacht«, fügte sie giftig hinzu.
»Schweig!« herrschte Schamil seine Schwester an. »Du hast kein Recht, so zu sprechen.«
»Und ob ich das habe! Kasi Mullah hätte sich an deiner Stelle nicht den Freuden der Liebe hingegeben, um Allah nicht durch Fleischeslust zu erzürnen.«
»Entsagung kann nicht Gottes Wille sein. Wozu hätte er sonst Mann und Frau erschaffen? Steht nicht im Koran: ›Das Weib ist dein Feld, gehe hin und bestelle es?‹ Heißt es nicht so?«
»Wie kannst du es wagen, deine Begierden durch den Koran zu rechtfertigen! Hast du vergessen, daß ich, unsere ganze Familie und alle Überlebenden von Gimri im Elend schmachten, während du hier dein Leben genießt? Solange unser Aul in Schutt und Asche liegt und seine Bewohner in Erdlöchern und Höhlen hausen, solltest du nicht besser gebettet sein als sie. Muß ich, deine Schwester, dich an deine Pflicht erinnern?«
»Ich kenne meine Pflichten«, erklärte er mit versteinerter Miene, »und werde sie erfüllen, wenn die Zeit gekommen ist.«
»Wenn deine Frau genug hat von dir und deiner Liebe und dich endlich freigibt«, höhnte sie. »Das meinst du doch – oder?«
Trotz ihrer Raserei, bei der sie so wild mit den Armen fuchtelte, daß ihre Armbänder klirrten, und, wie es Brauch war, ihren Schleier zerriß, entging ihr nicht, daß Fatimats rechte Hand nach dem Dolch zuckte, den sie an ihrer Hüfte trug. Solch eine feingeschmiedete Klinge, deren Griff mit Gold und Elfenbein eingelegt war, galt bei den Frauen in dieser Gegend nicht nur als Schmuck, sondern auch als Waffe, die jede zu benutzen wußte, um sich zu verteidigen oder anzugreifen. Doch ohne den Dolch berührt zu haben, zog sie ihre Hand wieder zurück. Bis dahin hatte sie während des ganzen unwürdigen Auftritts ihrer Schwägerin geschwiegen, und auch jetzt hielt sie es für besser, sich nicht einzumischen oder gar zu einer unbedachten Tat hinreißen zu lassen. Sie war Schamils Frau, und ihr Mann war kein gewöhnlicher Mensch, sondern der Auserwählte Allahs. Was er auch entscheiden mochte, sie würde ihm gehorchen und folgen, wohin er befahl.

Erst der Widerschein des Herdfeuers, der sich im gehämmerten Gold und den geschliffenen Edelsteinen der Armringe spiegelte, ließ Schamil aufmerken, daß seine Schwester mit Geschmeide reichlich behangen war.
»Du sprichst vom Elend, in dem ihr lebt«, fuhr er sie an, »und dabei schämst du dich nicht, dich zu schmücken wie eine Braut.«
»Es sind die einzigen Schätze, die ich bei der Flucht aus Gimri gerettet habe, und ich finde es nicht unpassend, sie jetzt zu tragen. Warum auch nicht? Würde ich sie vor den Augen der anderen verbergen, könnte das die Not des Volkes lindern, das Ausmaß unserer Niederlage verringern und die Macht der Russen brechen? Nein«, rief sie beschwörend, »das kannst nur du! Du, Schamil, und die Muriden, Männer, die bereit sind für Allah und seinen Glauben zu kämpfen, statt bei ihren Weibern zu liegen!«
So redete die Schwester noch eine ganze Weile auf ihren Bruder ein, dessen Gesicht bei ihren Vorwürfen und Schmähungen immer mehr erstarrte. Er fühlte, wie das Fieber stieg und sein geschwächter Körper glühte.
Wie es um ihn stand, konnte auch die Schwester nicht länger übersehen, und so ließ sie sich schließlich überreden, die Hütte zu verlassen. Stunden später erlitt Schamil einen Rückfall, und seine Wunden brachen wieder auf.

Das Attentat

I

Als der Winter vor dem Frühling immer höher in die Berge zurückwich, stieg Schamil den Pfad hinab zu den Muriden. Groß war ihre Überraschung, den Totgeglaubten lebend wiederzusehen, und neugierig bedrängten sie ihn mit Fragen.

»Wie ist dir die Flucht gelungen?«

»Warst du verwundet?«

»Wo hast du dich die ganze Zeit über versteckt gehalten?«

»Was ist mit Fatimat? Niemand mehr hat sie gesehen, seit du verschwunden bist.«

»Fragt nicht soviel«, wich er ihnen aus. »Ich bin zurückgekommen, das muß euch genügen. Allah ist groß.«

Beharrlich schwieg er sich über die letzten Monate in der Hirtenhütte aus, teils weil er sich seiner Schwäche schämte, teils aus Berechnung. Je weniger die Tatsachen bekannt wurden, desto üppiger gediehen die Gerüchte. Wer, von allen für tot gehalten, plötzlich mitten unter die Lebenden tritt, war der nicht ein Auserwählter Allahs? Und wenn dieser Auserwählte von übernatürlichen Kräften und mit göttlicher Hilfe gerettet worden war, dann nur weil Allah Großes mit ihm plante. Auf einen Mann wie Schamil, der schon als Zwanzigjähriger für seine Heldentaten gerühmt wurde, traf das um so eher zu, da schon seit einiger Zeit Legenden über seine göttliche Sendung in Umlauf waren.

Genesen von seinen schweren Wunden stieß Schamil mit einigen Hundert Anhängern zur Streitmacht Hamsat Begs. Selbstlos, ohne persönlichen Ehrgeiz stellte er sich dem zweiten Imam von Daghestan für den Heiligen Krieg zur Verfügung. Gemeinsam zogen sie durchs Land, riefen die Stämme auf, sich zum wahren Glauben zu bekennen und dem schwarzen Banner des Muridismus zu folgen, und scharten überall kampfwillige Männer um sich, die sich verschworen, die russischen Eindringlinge mit Waffengewalt aus ihrer Heimat zu vertreiben.

Durch die wieder erstarkten Kräfte des Muridismus fühlte sich Pachu-Bike, die Khanin von Awarien, erneut bedroht, zumal die Bevölkerung ohnehin dazu neigte, sich Hamsat Beg anzuschließen. Bereits früher bei der Belagerung von Chunsach durch Kasi Mullah hatten die Awarier mit fliegenden Fahnen zu den Muriden überlaufen wollen und waren daran nur durch das energische Einschreiten der Khanin gehindert worden. Ob ihr als Frau das bei einem neuerlichen Ansturm nochmals gelingen würde, darauf wollte sich Pachu-Bike nicht ohne weiteres einlassen. Mit russischer Unterstützung konnte sie zweifellos dem Angriff der Fanatiker besser standhalten.
Die Zeit drängte, eine Entscheidung mußte fallen – so oder so. Zunächst setzte sie auf Widerstand und schickte ihren zweiten Sohn, den jungen Khan Omar, nach Tiflis, um von ihrem russischen Verbündeten Hilfe zu erbitten.
Als Omar, begleitet von seinem Milchbruder Hadschi Murat, nach einem zügigen Ritt im Hauptquartier des Oberbefehlshabers eintraf und ihn zu sprechen wünschte, wurden die beiden Abgesandten mit der Bemerkung abgespeist, Baron Rosen habe leider keine Zeit für sie.
»Wenn er uns heute nicht empfangen kann, wann dann?« fragte Khan Omar einen der geschniegelten Adjutanten, die der Oberbefehlshaber zu ihnen hinausgeschickt hatte.
»Das läßt sich im Augenblick schwer voraussagen. Wenn es soweit ist, werden Sie es schon erfahren. Bis dahin, meine Herren«, fuhr der Adjutant betont liebenswürdig fort, »werden wir, meine Kameraden und ich, Ihnen die Zeit schon vertreiben helfen.«
»Können Sie Karten spielen?« wandte sich ein anderer an die beiden Kaukasier.
Omar sah ihn verständnislos an. »Was meinen Sie damit?«
»Nun, macht nichts, wir bringen es Ihnen schon bei.«
»Aber Wein kennen Sie bestimmt«, fiel der erste Adjutant lachend ein. »Und gegen Frauen«, meinte er augenzwinkernd, »haben Sie ganz gewiß nichts einzuwenden.«
Nur allzu leicht ließ sich der junge Omar umgarnen und war bald, vom Wein benebelt, schon drauf und dran, sogar Pferd und Säbel zu verspielen, hätte ihm Hadschi Murat nicht ins Gewissen geredet.

»Merkst du denn nicht, daß die Russen uns zum Narren halten? Keine Zeit! Wer soll das glauben! Baron Rosen will uns nicht empfangen. Um uns hinzuhalten, schickt er uns diese Etappenhengste auf den Hals, und die machen sich einen Jux daraus, uns auszunehmen, das heißt dich, Bruder, nur dich allein. Denn ich habe die List des Generals längst durchschaut. Wach auf, Omar, komm endlich zur Besinnung! Warum läßt du dich von diesen Laffen so erniedrigen, warum wirst du plötzlich so windelweich, wenn sie dich mit Glücksspiel locken, mit Wein und Weibern, ausgerechnet du, Bruder, ein Mann, der sonst so stark ist wie ein Bulle und so mutig wie ein Löwe! Noch heute nacht reiten wir ab. Wenn du dich weigerst, laß ich dich allein zurück. Dann kannst du selbst sehen, wie du hier zurechtkommst.«

Nur noch den einen und den anderen schwachen Einwand brachte Omar vor, aber es war mehr ein Rückzugsgefecht als echter Widerstand, um vor dem Bruder das Gesicht zu wahren. Im Inneren sah er längst ein, daß er sich wie ein Dummkopf benommen hatte.

Verbittert über die Gleichgültigkeit, ja sogar Herablassung, mit der sie in Tiflis behandelt worden waren, rieten die beiden jungen Männer nach ihrer Rückkehr der Khanin, sich nicht länger den Muriden zu widersetzen.

»So springt man nicht mit seinem Verbündeten um«, äußerte Hadschi Murat immer noch aufgebracht. »Uns draußen vor der Tür stehen zu lassen, als seien wir Lakaien! Nein, von den Russen ist keine Hilfe zu erwarten. Die lassen uns im Stich, das haben sie uns deutlich genug gezeigt. Statt mit uns zu kämpfen, Seite an Seite, schauen sie lieber zu, wie wir Kaukasier uns gegenseitig die Köpfe einschlagen. Nutznießer sind sie in jedem Fall. Wir stehen allein da, und je eher wir das erkennen und danach handeln, desto besser!«

Inzwischen hatten sich weitere Stammesführer mit ihren Kriegern Hamsat Beg angeschlossen, der im Frühling 1834 mit zwölftausend Reitern vor dem awarischen Aul Gotsak haltmachte, wenige Kilometer vor Pachu-Bikes Residenzstadt Chunsach. Dort wartete er auf zusätzliche Verstärkungen, um dann endlich die Niederlage Kasi Mullahs »gegen das Weib« zu rächen. Was jedem drohte, der sich ihm in den Weg stellte, zeigten die Spuren, die Hamsat Beg schon auf seinem Zug dorthin hinterlassen hatte: die Felder waren verwüstet, die Weinberge kahlgeschlagen, die Dörfer niedergebrannt. Wer nicht rechtzeitig in die Bergwälder geflohen war, den hatten die »Rächer« erbarmungslos mit dem Dolch abgeschlachtet, Männer, Frauen und Kinder.

So wütete der zweite Imam von Daghestan auch, als er nach einer Marschpause weiter auf Chunsach vorrückte. Pachu-Bike, die nur allzu gut wußte, welches Schicksal der Stadt bevorstand, sandte ihm ihre Ältesten mit der Botschaft entgegen, der Imam möge ihnen einen Gelehrten schicken, der sie im Muridismus unterweise, damit sie dann aus eigener Überzeugung die neue Lehre übernehmen und sich sogar dem Heiligen Krieg anschließen könnten.

Hamsat Beg lachte höhnisch auf, als er das hörte.

»So, so, ihr wollt also erst noch überzeugt werden? Wie lange dürfte das wohl dauern, bis eure Khanin zur Überzeugung gelangt ist, daß Allah auf unserer Seite steht? Narren seid ihr, wenn ihr meint, ich würde darauf hereinfallen, Narren, die sich von einem Weib an der Nase herumführen lassen, und damit jedermann in Chunsach erkennt, was ihr für Narren seid, werde ich Narren aus euch machen.«

Auf seinen Befehl hin wurden die Ältesten von Soldaten gepackt und so festgehalten, daß sie sich nicht wehren konnten. Dann ließ er ihnen die Bärte abschneiden, die Nasenflügel durchbohren und Backwerk daran hängen. So sandte er sie nach Chunsach zurück mit der Antwort:

»Gut, ich werde euch einen Scheich schicken, der euch mit den Grundsätzen des Heiligen Krieges bekanntmacht. Aber vorher muß Pachu-Bike mir ihren jüngsten Sohn Bulatsch als Geisel stellen. Das ist meine Bedingung. Ist das klar?«

Die Ältesten nickten, wobei das Backwerk an ihren Nasen hin und her baumelte und sie zum Gespött von Hamsat Begs Leuten machte.

»Ich brauche eine Geisel, um sicher zu sein, daß Pachu-Bike nicht auf dumme Gedanken kommt«, fügte der Imam mit hinterhältiger Miene hinzu. »Ein Weib wie sie führt immer was im Schilde.«

Der Anblick ihrer so entwürdigend zugerichteten Boten empörte die Khanin; aber als klar denkende Frau erkannte sie auch die Gefahr, die von ihrem eigenen Volk ausging, wenn sie ihm noch länger verbieten würde, dem sich im ganzen Land immer weiter ausbreitenden Muridismus zu folgen. Also bekannte sie sich zur neuen Lehre, lehnte es jedoch ausdrücklich ab, sich am Heiligen Krieg zu beteiligen. Mochte Baron Rosen in Tiflis ihre beiden Bittsteller auch vor den Kopf gestoßen haben, so fühlte sie sich trotzdem immer noch an ihr Bündnis mit den Russen gebunden und wollte nicht die Waffen gegen sie erheben. An dieser Einstellung hielt sie unerschütterlich fest, sosehr Omar und Hadschi Murat auf sie einredeten.

Um Hamsat Beg von ihrer Aufrichtigkeit zu überzeugen, schickte sie ihm, wie gefordert, ihren achtjährigen Sohn Bulatsch als Geisel ins Lager. Doch nun erklärte der Imam, mit dem jungen Fürsten allein könne er sich nicht zufrieden geben. Er habe es sich inzwischen anders überlegt: die Khanin solle noch ihre älteren Söhne Abunnuzal Khan und Omar Khan zu ihm senden, mit denen er dann einen Vertrag aushandeln wolle.

»Warum gleich wir beide?« wandte Abunnuzal, der älteste ihrer Söhne ein, als Pachu-Bike ihnen die neue Forderung des Imam mitteilte. »Bulatsch ist schon bei ihm. Wenn Omar und ich auch noch gehen, dann hat er uns alle drei in der Hand.«

»Er will verhandeln, sagt er. Das kann er nur mit Männern. Bulatsch ist noch zu klein.«

»Verhandeln – ja, so sagt er; aber er meint etwas anderes. Hamsat Beg ist ein falscher Hund. Ich kenne ihn, und du, Mutter, kennst ihn auch.«

»Ich kenne dich, Abunnuzal!« tadelte ihn die Khanin. »Du witterst hinter allem eine Gefahr und willst dich nur drücken.«

»Verlange erst Geiseln von ihm, Männer, die für den Imam den gleichen Wert haben wie wir für dich, dann bin ich bereit, zu ihm ins Lager zu reiten.«

Fragend blickte Pachu-Bike ihren zweiten Sohn an.

»Und du, Omar, denkst du genauso wie dein Bruder?«

»Ich reite allein!« erklärte er entschlossen. »Ich glaube an den Muridismus, und daher glaube ich auch an den Imam.«

Das waren die letzten Worte, die Pachu-Bike von Omar hören sollte, der Abschied für immer. Weder die Mutter noch der Sohn ahnte,

welches Schicksal ihn erwartete. Der junge Omar Khan, der sich für seine Schwäche in Tiflis schämte, wollte die Scharte wieder auswetzen und sich als Mann bewähren.
So ritt Omar allein ins Lager des Imams.

2

Stunden verstrichen, ohne daß er nach Chunsach zurückkehrte oder eine Nachricht von ihm eintraf, so wie sie es vor seinem Aufbruch vereinbart hatten.
Beunruhigt wandte sich die Khanin an ihren ältesten Sohn:
»Da stimmt etwas nicht. Dein Bruder braucht Hilfe, und du bist der einzige, der sie ihm bringen kann.«
»Wieso soll ich der einzige sein?«
»Du hast deinen Bruder vorhin im Stich gelassen. Willst du ihn jetzt wieder im Stich lassen?«
Die Sorge um ihren Sohn hatte die Mutter verwirrt. Sie, die sonst gefaßt jeder Gefahr ins Auge schaute und dabei einen kühlen Kopf behielt, schien nicht mehr klar und logisch denken zu können.
»Hamsat Beg ist zwar der neue Imam von Daghestan, aber in erster Linie ist er ein Bandit. Das war er schon immer. Nur durch List und Betrug hat er sich dieses Amt erschlichen. Nicht der Muridismus liegt ihm am Herzen, sondern einzig und allein seine persönliche Macht. Und wir stehen ihm dabei im Wege, du, Mutter, als Khanin, und wir, deine Söhne als deine Nachfolger. Das heißt, jetzt bin ich von uns Brüdern nur noch der einzige. Die anderen sind schon so gut wie erledigt.«
»Du bist kein Mann, du bist ein Feigling!« rief Pachu-Bike außer sich vor Zorn.
»Weil ich nicht so dumm bin, in die Falle zu gehen?«
»Geh und hilf deinem Bruder! Kämpfe!«
»Hamsat Beg soll selber kommen, wenn er was von mir will. Ich kämpfe hier! Ich werde dich beschützen, solange ich noch den Säbel halten kann, und mein eigenes Leben so teuer wie möglich verkaufen.«

»Verflucht sei der Tag, an dem ich dich geboren habe!«
In der ersten Gefühlserregung schien Abunnuzal aufbrausen zu wollen, aber dann beherrschte er sich. Er kannte seine Mutter nur zu gut und wußte, daß ihr Haßausbruch eigentlich nicht ihm galt, sondern der Angst um das Schicksal ihrer beiden anderen Söhne entsprang und der Ohnmacht, dagegen selbst nichts unternehmen zu können.
»Zwei Söhne hast du schon verloren«, sagte der junge Fürst. »Du bist also bereit, auch noch deinen letzten Sohn zu verlieren. Ich weiß, was mir droht. Aber ich reite trotzdem.«
Begleitet von zweihundert Reitern brach Abunnuzal Khan von Chunsach auf, ließ sie aber auf halber Wegstrecke zurück und galoppierte nur mit acht auserwählten Gefolgsleuten, darunter auch Hadschi Murat, weiter auf das Lager der Muriden zu.
Hamsat Beg empfing ihn mit allen Ehren und gab sich äußerst liebenswürdig:
»Willkommen, Fürst, und hab Dank, daß du meiner Einladung gefolgt bist. Sicherlich werden wir die Angelegenheit rasch zu einem guten Abschluß bringen. Wenn du dich vorher noch mit deinen Brüdern beraten willst, dann bitte ich dich, sie im Zelt dort drüben aufzusuchen. Meine Leute führen dich gern dorthin.«
Abunnuzal schwankte noch in seiner Meinung, ob das unerwartete Wohlwollen des Imams echt sei oder geheuchelt. Aber als er in das Zelt trat, wo ihm seine Brüder fragend entgegenblickten, stürzten sich Hamsat Begs Anhänger auf die Begleiter des jungen Fürsten und begannen sie niederzumetzeln. Durch die Schüsse und Schreie aufgeschreckt, stürmte Omar als erster ins Freie hinaus, wurde aber sofort von mehreren angegriffen und erschlagen. Mit Säbel und Dolch bewaffnet warf sich Abunnuzal auf die Mörder, um den Tod seines Bruders zu rächen. Seine Wut über den Verrat steigerte seine Kräfte. Die ersten Muriden, die es mit ihm aufzunehmen wagten, streckte er mit dem Säbel nieder, doch als ihm selbst ein Hieb die Wange aufschlitzte und ein anderer seinen Arm traf, ließ er die Klinge fallen. Hadschi Murat, einer der wenigen noch Überlebenden, versuchte ihm zu Hilfe zu kommen, wurde aber durch seine Gegner, die ihm selbst schwer zusetzten, abgedrängt. Er sah, wie Abunnuzal die eine Hand gegen die herunterhängende Backe drückte und sich mit dem

Dolch in der anderen gegen seine Angreifer verteidigte, bis er schließlich seinen Wunden erlag.
Gleich darauf schleifte Hamsat Beg den kleinen achtjährigen Bulatsch aus dem Zelt. Das Geschrei des Jungen, der befürchtete, genauso abgeschlachtet zu werden wie die anderen, fuhr Hadschi Murat so sehr in die Glieder, daß er plötzlich von Grauen gepackt wurde. Die kurze Unaufmerksamkeit seiner Gegner zur Flucht nutzend, schwang er sich aufs Pferd und sprengte davon, verfolgt von einem Hagel von Speeren, den die Muriden hinter ihm her schleuderten. Er war der einzige aus Abunnuzals Gefolge, der dem Gemetzel entkam.
Keiner der Muridenführer hatte sich gegen das Blutbad gestellt, auch nicht Schamil, der darin nichts anderes als eine notwendige, wenn auch harte Kampfhandlung zur Eroberung Awariens sah. Im Kaukasus war man nie zimperlich mit seinen Feinden umgesprungen, und ein Verbündeter der Russen war ein Todfeind.
Hamsat Beg selbst hatte mit diesem Anschlag seinen lange vorbereiteten Plan durchgeführt und damit das Versprechen eingelöst, das er Aslan Khan gegeben hatte. Der Widerstand der Bewohner von Chunsach war gebrochen, und Panik brach in der Stadt aus, als der Imam der Khanin die zerhauenen Leichen ihrer beiden Söhne schickte. Fast kampflos zogen die Muriden ein.
Pachu-Bike aber wehrte sich bis zuletzt. In die Enge getrieben, entwanden ihr die Feinde schließlich den Säbel und enthaupteten sie.
Hamsat Beg ließ sich nun selbst zum Khan von ganz Awarien ausrufen und zog, sich über sein Muridengelübde der Enthaltsamkeit und Selbstverleugnung hinwegsetzend, in den Palast von Chunsach mit all seinem gottlosen Luxus ein.

Mit großer Genugtuung nahm Aslan Khan in Tarku den Sieg Hamsat Begs zur Kenntnis. Besonders freute er sich über den Tod Pachu-Bikes, der Frau, die einst seine Verlobung mit ihrer Tochter Sultanetta wieder rückgängig gemacht und ihn in seinem Mannesstolz tief verletzt hatte. Seine lange Geduld war endlich belohnt, sein listig ausgeheckter Plan verwirklicht worden. Hamsat Beg hatte ihn gerächt. Wie klug war es von ihm gewesen, diesen gewissenlosen Ehrgeizling damals aus der Haft bei den Russen freizubitten und ihn zum

willfährigen Werkzeug seiner Abrechnung mit der Khanin von Chunsach zu machen.
Im Überschwang seiner Dankbarkeit schickte er unverzüglich einen Läufer nach Chunsach zu Hamsat Beg mit einer Botschaft, die in einer kostbaren goldenen Uhr aus der Werkstatt eines Goldschmieds in Tiflis steckte: »O treuer Hamsat!« hieß es darin in schwärmerischen Tönen. »Von jetzt an bist du mein Sohn. Zusammen werden wir das Land von den Ungläubigen reinigen.«
Als Seiltänzer zwischen den Fronten vergaß Aslan Khan jedoch nicht, dem Läufer noch einen zweiten Brief mitzugeben, in dem er Hamsat Begs Grausamkeit anprangerte und mit Rache drohte. Gerissen wie er war, wollte er sein Gesicht vor den Russen wahren; man konnte nie wissen, wie sich der Wind drehte.

3

Schneller als erwartet blies der Wind Hamsat Beg ins Gesicht. Nicht die Russen setzten ihm zu, die Blutrache seiner Landsleute sollte ihm zum Verhängnis werden.
Mord an einem Angehörigen wurde blutig gerächt, und wer der Blutrache zum Opfer gefallen war, durfte sicher sein, daß auch sein Tod wiederum gesühnt wurde. Generationen lang herrschte zwischen den verfeindeten Sippen dieses Gesetz, manchmal aber auch wurden in Kämpfen von nur wenigen Tagen und Nächten sämtliche Männer und Knaben niedergemacht und damit ganze Familien ausgerottet.
Im Kaukasus, dessen Bewohner sich alle zur Blutrache bekannten, durfte der Mord an Pachu-Bike und ihren Söhnen nicht ungesühnt bleiben. Als Vollstrecker fühlten sich Hadschi Murat, der bei der Ermordung der Fürstensöhne Zeuge gewesen war, und sein älterer Bruder Osman aufgerufen. Beide hatten in ihrer Jugend eine Zeitlang im Palast des Khans von Chunsach gelebt und den Söhnen Pachu-Bikes sehr nahegestanden. Als Kinder hatten sie oft miteinander gespielt. Außerdem war ihr eigener Vater nach dem Tode von Achmet Khan zum Stiefvater des jungen Fürsten Omar gewählt worden, ein

Brauch, wie er bei den Kaukasiern üblich war. Darüber hinaus bestand zwischen ihnen noch eine engere, familienähnliche Bindung: Der ermordete Omar war ein Milchbruder von Osman und Hadschi Murat, da deren Mutter auch ihn genährt hatte. Das rührte von einer Gepflogenheit her, nach der Söhne kaukasischer Fürsten meist, außer von ihrer leiblichen Mutter, auch noch von Frauen der Edelleute gestillt wurden, um so eine symbolische Verwandtschaft herzustellen. Seine enge Verbundenheit mit der Fürstenfamilie von Chunsach bestimmte von nun an Hadschi Murats Weg. Er und Osman zettelten eine Verschwörung an. Einige Dutzend Muriden, die schon seit einiger Zeit mit ihrem Imam unzufrieden waren, da Hamsat Beg nicht die geheiligte Persönlichkeit war, wie sie einst erhofft hatten, schlossen sich ihnen an. Um der Sache des Muridismus durch sein Verhalten nicht länger zu schaden, hielten sie es für ratsam, ihn möglichst bald loszuwerden, am besten durch einen Märtyrertod.
Der Plan der Verschwörer blieb nicht geheim. Einer von ihnen, ein Vetter Osmans und Hadschi Murats, warnte Hamsat Beg vor dem Anschlag. Doch der Imam unternahm keinen Gegenzug.
»Wer kann die Todesengel abwenden, wenn sie kommen, um meine Seele zu holen?« meinte er schicksalergeben. »Was Allah beschlossen hat, muß sich vollziehen.«
Tags darauf um die Mittagszeit, es war ein Freitag, rief der Muezzin vom Turm der Moschee die Gläubigen zum Gebet. Wie immer an diesem Wochentag, dem Gebetstag der Moslems, nahm auch Hamsat Beg, der Imam, mit seinem Gefolge an diesem Gottesdienst teil. Von Kopf bis Fuß in ihre Burkas gehüllt, die zottigen Schaffellkappen tief in die Stirn gezogen, gingen sie gemächlichen Schrittes auf die Moschee von Chunsach zu, einem niedrigen Gebäude aus grauen Steinen, das in seiner Schlichtheit und Anspruchslosigkeit das harte, karge Leben im Kaukasus widerspiegelte. An diesem Freitag im September, an dem sich die Berggipfel hinter tiefhängenden Wolken verbargen, lastete eine ungewöhnliche Stille in den verlassenen Straßen der Stadt.
Lautlos wie sie auf ihren weichen Lederschuhen über das Kopfsteinpflaster geschritten waren, trat der Imam mit seinen Muriden in die Moschee, wo erst wenige Gläubige auf den Teppichen knieten. Ham-

sat Beg ging durch den kahlen und nur spärlich beleuchteten Raum zu seinem Platz und begann zu beten, umringt von seinem Gefolge.
Plötzlich entstand Unruhe im Hintergrund der Moschee. Die Männer, die dort im Schummerlicht wie im Gebet versunken auf den Teppichen gekauert hatten, schnellten plötzlich auf ein Zeichen hoch und huschten, Schatten gleich, zwischen den Säulen auf den Imam zu, angeführt von Osman und Hadschi Murat. Noch im Lauf schlugen die beiden Brüder ihre Burkas zurück, zogen ihre Pistolen, die sie darunter versteckt hatten, schossen auf den aufspringenden Hamsat Beg und stießen ihm zudem ihre Dolche in die Brust, als er schon getroffen zu Boden sank.
In der ersten Überraschung hatte sich keiner vom Gefolge schützend vor den Imam werfen können, doch dann stürzte sich einer von ihnen auf Osman und tötete ihn. Hamsat Begs Anhänger feuerten nun aus Flinten und Pistolen und schlugen mit ihren Säbeln auf die Verschwörer ein. In den erbitterten Kampf, in den beide Parteien sich rasch verwickelten, griff nun auch die Bevölkerung ein, die plötzlich scharenweise von draußen in die Moschee drängte, um an dem Gemetzel teilzunehmen. Der Mord an Pachu-Bike und ihren Söhnen forderte ganz Chunsach zur Rache auf.
Durch den Waffenlärm alarmiert, stürmten weitere Muriden zur Moschee und stürzten sich ins Kampfgetümmel. So verzweifelt sie sich auch schlugen, der Übermacht der Awaren waren sie nicht gewachsen. Die meisten wurden niedergemacht, nur eine Schar von dreißig Mann rettete sich in eine hölzerne Befestigung, die bald in Flammen aufging.
Die Verschwörer hatten gründlich abgerechnet. Tote bedeckten den Boden der Moschee, die Gebetsteppiche waren blutdurchtränkt und die Mauern und Säulen von Einschüssen durchlöchert.
Hadschi Murat, einer der beiden Anführer der Verschwörung, hatte das Blutbad überlebt. Mit einem Sprung aus dem Fenster war er entkommen.

Unter dem schwarzen Banner

I

Als Hamsat Beg im September 1834 dem Attentat zum Opfer fiel, hielt Schamil sich nicht in Chunsach auf. Erst Tage später erfuhr er vom Anschlag der Verschwörer.

Ohne Imam waren die Bergvölker führerlos, der russischen Armee gegenüber geschwächt. Schamil verlor keine Zeit. Er wußte, seine Stunde hatte geschlagen.

»Schluß jetzt mit Blutrache und Vergeltung!« sagte er zu seinen Vertrauten. »Wir dürfen uns nicht länger gegenseitig zerfleischen. Alle persönlichen Streitigkeiten sind ein Nichts gegen Allahs Willen. Jetzt müssen wir zusammenhalten, uns zu einer großen Macht vereinen. Nur gemeinsam können wir die Ungläubigen vertreiben.«

Seine Anhänger teilten diese Ansicht.

»Was unternehmen wir zuerst?« fragten sie.

»Wir holen uns Hamsat Begs Schatz aus Gotsak. Krieg führen kostet Geld.« So scharte Schamil seine Leute um sich und marschierte zum Aul von Gotsak, wo er den umfangreichen Schatz, Beutegut aus den Plünderungen Hamsat Begs, beschlagnahmen und auf Maulesel laden ließ.

»Was geschieht mit dem Jungen?« fragte ihn einer der Murschiden.

Im Aul hatten sie auch den kleinen Fürsten Bulatsch gefunden, den Hamsat Beg seinerzeit von Pachu-Bike als Geisel gefordert und nach der Ermordung seiner Brüder aus dem Zelt geschleift hatte. Seitdem schmachtete er im Gefängnis von Gotsak.

Dieselbe Frage, die der Murschide nun an ihn richtete, hatte sich Schamil schon selbst gestellt, und auch die Antwort darauf stand für ihn bereits fest. Es gab keinen anderen Ausweg.

»›Chasavat!‹ heißt die Parole. Wir führen einen Heiligen Krieg gegen die ungläubigen Eindringlinge. Das ist Allahs Wille. Wer uns dabei im Wege steht, wird vernichtet. Bulatsch, so jung er auch ist, könnte zur Gefahr für unsere heilige Sache werden. Er ist der letzte Fürst von Awarien. Fiele er in Feindeshand, so würden ihn die Russen als Khan

von Chunsach anerkennen und damit ihr Bündnis erneut festigen. Ein Russenfreund ist ein Muridenfeind. Tod unseren Feinden!«
Wenn es die Pflicht von ihm forderte, kannte Schamil keine Bedenken, kein Erbarmen. Nichts durfte ihn von seinem Ziel abhalten. Bulatsch wurde erwürgt, seine Leiche in eine Schlucht geworfen. Es gab keinen erblichen Anwärter mehr für das Khanat von Chunsach.

Diesmal fiel den Muriden die Wahl eines neuen Führers leicht. Wäre Schamil nach dem Tod Kasi Mullahs nicht verschollen gewesen, hätten sie ihn damals schon anstelle von Hamsat Beg ernannt. Jetzt aber, da sie eine starke Hand mehr denn je brauchten, war er der einzige, dem sie ihr Vertrauen schenkten. Schon damals, als er Monate nach der Niederlage bei Gimri wieder aufgetaucht war, wie von den Toten auferstanden, hatten die Bewohner Daghestans klar erkannt, daß er tatsächlich der von Allah Auserwählte war.
»Mohammed ist Allahs erster Prophet und Schamil sein zweiter!« riefen sie begeistert und scharten sich um den auf so wunderbare Weise Zurückgekehrten.
Schamil nutzte die Gunst der Stunde. Er ließ sich nun, im Herbst 1834, zum dritten Imam von Daghestan ausrufen und in der Moschee von Aschilta, einem Aul mit fünfhundert Häusern, weihen. Der Mord an Bulatsch war ein schrecklicher Auftakt seiner Herrschaft, die kein Opfer scheute, wenn es um die Freiheit des Kaukasus ging. Zunächst ritt Schamil nach Gimri, seinem Geburtsort im nordöstlichen Daghestan, um von hier aus, dem vertrauten Aul, der mehr einer Felsenfestung glich als einem Dorf, mit hohen Wachttürmen aus groben Steinen, abschreckend und rauh wie die Landschaft ringsum, seine umfangreichen Pläne in Gang zu setzen.

2

Es war im Spätherbst 1834, als Schamil daranging, alle Vorbereitungen einzuleiten, die notwendig waren, seine Lebensaufgabe zu erfüllen: die Befreiung des Kaukasus. An erster Stelle stand, wie er schon früher gegenüber Kasi Mullah, dem ersten Imam, wiederholt betont

hatte, die Einigung aller Kaukasier vom Schwarzen bis zum Kaspischen Meer.
»Nur vereint sind wir stark genug, die Ungläubigen zu schlagen.«
Schamil wurde nicht müde, die Stämme immer wieder von dieser Notwendigkeit zu überzeugen, mußte aber nach und nach einsehen, daß er nur allzu oft auf taube Ohren stieß. Zwar empfingen die tscherkessischen Anführer der Ebene den neuen Imam mit allen Ehren, weigerten sich jedoch, sich ihm im Heiligen Krieg unterzuordnen. Sie führten lieber, ebenso wie andere kleine Völker des Westens, auf eigene Faust einen Kleinkrieg gegen den rechten Flügel der russischen Nordfront, die sich vom Flußgebiet des Terek und Kuban bis zum Schwarzen Meer hin erstreckte. Außerdem hatte die zaristische Streitmacht mit der Südfront noch eine zweite Linie aufgebaut, die zum Teil in Abchasien gegen die Kabardiner und Adighé-Tscherkessen stand, zum Teil aber auch gegen die Stämme in Daghestan. Eingekeilt zwischen diesen beiden Armeen befanden sich die Bergvölker in einer schwierigen Lage, besonders da die Städte Kuba, Derbent und Petrowsk am Kaspischen Meer von den Russen besetzt waren. Außerdem stellten die Awaren, nur wenige Stämme ausgenommen, sowie die Tuschen, Pschawen, Chewsuren, Georgier, Mingrelier, Imeretier und Gurier, die alle auf russischer Seite standen, schlagkräftige Scharen von Freiwilligen zum Kampf gegen die Muriden zur Verfügung.
Die Lesghier, Tschetschenen, Inguschen und andere Völker der Mitte und des Ostens kämpften unter Schamil gegen zwei Fronten. Ihr Vorteil gegenüber den weniger beweglichen Russen war ihre genaue Kenntnis des Landes. Die Russen dagegen waren ihnen nicht nur an Zahl weitaus überlegen, sondern auch an Bewaffnung. Außerdem galten sie als disziplinierter, während die Bergvölker mitunter aufsässig und wankelmütig wurden.
Was Schamils Versuch, die Bergvölker zu einigen, so sehr erschwerte, oft auch vereitelte, waren die ständig schwelenden Fehden, die immer wieder zwischen den Stämmen aufflammten, Menschenleben forderten und die Kaukasier von ihrem wahren Ziel ablenkten, ihre Heimat von den Ungläubigen zu befreien.
Nach der Abfuhr durch die Anführer der Tscherkessen, die jede

Bindung an ihn verweigerten, mußte Schamil die bittere Erfahrung machen, daß seine Aufrufe auch beim Volk kein Gehör fanden. Da es keine gemeinsame Sprache gab und nur die Führer und Mullahs Arabisch verstanden, mußte er sich auf türkisch-tatarisch an die Masse wenden, doch in dieser Umgangssprache fehlte ihm die feurige Beredsamkeit, mit der er sonst in Daghestan seine Zuhörer mitriß. Enttäuscht vom Verhalten der Tscherkessen gelangte Schamil schließlich zu der Überzeugung, daß die Einigung mehr Zeit in Anspruch nehmen werde, als er gedacht hatte. Bis seine eigene Streitmacht stark und erfahren genug sein würde, in offener Feldschlacht anzutreten, mußte er sich darauf beschränken, die russischen Truppen immer wieder durch Scharzmützel zu belästigen und ständig in Unruhe zu halten.

In den Bergen seiner daghestanischen Heimat fühlte er sich vor der Übermacht der zaristischen Armee am sichersten. Als Hauptquartier wählte er Achulgo, einen Aul in der Nähe seines Geburtsorts Gimri. Wie ein Adlerhorst auf einem kegelförmigen Berggipfel beherrschte dieser »Sammelplatz in Zeiten der Gefahr«, so die Bedeutung Achulgos in tatarischer Sprache, die Einöden, Schroffen und Abgründe ringsum sowie unten, tausendachthundert Meter tiefer, die Schlucht, durch die sich der Koisu tobend und schäumend um den Felsen schlängelte. Schmal wie ein Messerrücken wand sich ein Pfad im Zickzack zum Gipfel hinauf, der einzige Zugang zum Aul, den der Teufel selbst gebaut und mit Allahs Erlaubnis zu seinem Schlupfwinkel erwählt hatte, wie die Einheimischen erzählten.

Von dieser Naturfestung aus begann Schamil, das Heer zu reorganisieren, die Verwaltung zu erneuern und eine neue Gesetzgebung im Lande einzuführen, indem er die überlieferten Gesetze durch neue ergänzte.

Den Hauptanteil seiner Armee stellten die Muriden, die in Gruppenstärke von zehn, hundert und fünfhundert Mann Vorgesetzten mit entsprechenden Dienstgraden und Machtbefugnissen unterstanden. Die hundert Nahibs an der Spitze waren seine höchsten Offiziere, denen rund tausend Murschiden, Nahibs niedrigeren Ranges, folgten. Sie mußten ledig sein, oder, falls sie schon verheiratet waren, das Gelübde ablegen, sich für die Dauer ihrer Dienstzeit von Heim und

Frauen zu trennen. Mäßigung im Essen und in ihren sonstigen Lebensansprüchen gehörte ebenso zu den Opfern, die sie auf sich zu nehmen hatten. War ein Nahib zum Befehlshaber eines Gebietes ernannt worden, so lebte er auf Kosten der dortigen Einwohner, über die er auch die Gerichtsbarkeit ausübte. Schon die geringste Widersetzlichkeit wurde mit dem Tod bestraft genau wie bei den muridischen Soldaten. Nur Schamil gegenüber war er verantwortlich.
Wenn der Nahib dazu aufrief, hatte ihm jeder Haushalt einen Mann zu stellen, in Notfällen mußten sogar alle männlichen Einwohner seines Gebiets zu den Waffen greifen. Bis zur Selbstverleugnung ergeben, waren die Nahibs durch ihren zehnfachen muridischen Eid an ihren Imam gebunden, im Krieg wie im Frieden für ihn zu leben und zu sterben. Aber sie waren nicht nur unerschrockene Kämpfer, sondern auch fanatische Anhänger der neuen Lehre. Hatten die Treue und Widerstandskraft der Murschiden den härtesten Prüfungen standgehalten, so ehrte Schamil sie, indem er sie in seine Leibwache aufnahm. Ein Russe, der die Tätigkeit der Nahibs während seiner Kriegsgefangenschaft kennengelernt hatte, nannte sie den »Mörtel, der die Steine zusammenhielt, aus denen Schamil seine Machtfestung aufbaute«.
Die Uniform für alle Dienstgrade war die Tscherkeßka, der lange enganliegende kaukasische Waffenrock mit Gürtel und aufgenähten Patronentaschen. Am grünen Turban erkannte man die Hadschis, die Mekkapilger. In ihre zottigen schwarzen Burkas gehüllt, den weiten Umhängen aus Ziegenwolle, die wie ein Zelt geschnitten waren und ausgebreitet Pferd und Reiter zugleich schützten, sahen sie von ferne aus wie riesige Raben, und Angst befiel die Feinde, wenn eine muridische Reiterschar, ganz in Schwarz und mit dem schwarzen Banner voran, im Galopp heransprengte.
Eifrig darauf bedacht, als Verkünder und Verfechter von Allahs Willen auf Erden anerkannt zu werden, verlangte Schamil von jedem bedingungslose Unterwerfung. In vielen Fällen bestrafte er Verstöße gegen sein Gehorsamsgebot genauso mit dem Tod wie Mord und Verrat. Wer während eines Kampfes geflohen war, dem wurde zur Schande ein Stück Filz auf den Rücken genäht. Ein Feigling wurde von allen verachtet und gemieden. Niemand durfte mit ihm reden,

keiner von seiner Familie, auch nicht seine Frau, Verbindung mit ihm aufnehmen. In der nächsten Schlacht mußte er zur Sühne für seine Feigheit in vorderster Linie kämpfen.
Wer sich dagegen tapfer geschlagen hatte und verwundet worden war, erhielt für sich und seine Familie eine Pension. Die Mittel dazu zweigte Schamil aus den Geldbußen ab, die er aus Gesetzesverletzungen erlangte sowie durch Raubzüge. Um Kriegsmaterial zu kaufen, hielt er immer einen Teil der Beute in Reserve, denn im Gegensatz zu den stets gut gefüllten Goldtruhen des Zaren waren seine staatlichen Einkünfte gering, der Krieg aber verschlang Unsummen.
Zu den wichtigen Neuerungen im Heereswesen gehörte auch die Einrichtung eines Nachrichtendienstes durch Eilboten, die auf ihren abgehärteten kaukasischen Pferden Meldungen durch Sümpfe und Wälder, über Berge und selbst über Gletscher mit unglaublicher Schnelligkeit weitergaben. Schamil hatte dabei das von ihm bewunderte System der Expreßkuriere, das die Russen auf ihren Militärstraßen unterhielten, nicht nur übernommen, sondern noch durch einen Stafettendienst verbessert. Seine Reiter waren an keine Hauptstraße, kein öffentliches Verkehrsnetz gebunden, sie kannten im Kaukasus Weg und Steg und nutzten Geheimpfade, die den Blicken des Feindes verborgen blieben. In jedem Aul mußten allzeit die schnellsten Hengste und Stuten gesattelt bereitstehen, damit ein Eilbote, mit dessen Eintreffen man jederzeit zu rechnen hatte, unverzüglich sein abgehetztes Pferd gegen ein frisches wechseln konnte. Die Dorfbewohner pflegten und versorgten auch einen unterwegs erkrankten oder verwundeten Reiter und stellten einen Ersatzmann, der die Nachricht zu Schamil weiterbeförderte: bei Tag und Nacht, ob der Schneesturm tobte oder ein Wolkenbruch niederprasselte, ob Mensch und Tier unter der Hitze stöhnten oder reißende Ströme nur unter Lebensgefahr zu durchqueren waren.
Durch seine kaukasischen Eilboten, die so tollkühn ritten wie sie kämpften, war der Imam immer bestens unterrichtet über alles, was bei den Russen vor sich ging. Er wußte ebenso über Änderungen im Stab des Hauptquartiers und Truppenbewegungen Bescheid wie über Kosakenangriffe und Verstärkungen, Lieferungen von Proviant und Nachschub an Waffen und Munition, über Gespräche mit einem

Khan, einen Ball beim Kommandanten oder über einen Artillerieoffizier, der von einer Tänzerin aus Schemacha erstochen worden war.
Fast immer war Schamil so den Russen einen Zug voraus, deren Kuriere die Hauptstraßen benutzen mußten. Ihre Botschaften trafen daher alle erst spät ein, und wenn die Verbindungslinien unterbrochen waren, blieben die Befehlshaber von allen Nachrichtendiensten abgeschnitten. Oft auch wurden sie durch Falschmeldungen getäuscht, die ihnen abtrünnige Verbündete und bestochene Spione hinterbrachten.

3

Drei Jahre waren bereits vergangen, seit die Muriden Schamil zum dritten Imam von Daghestan gewählt hatten. Nach einer Reihe blutiger Kämpfe war seine Lage nicht beneidenswert. Eine Zeitlang hatte das Kriegsglück geschwankt. War den Russen das wiederaufgebaute Bergdorf Gimri zunächst leicht in die Hand gefallen, so hatten sie es nach einem plötzlichen Überfall von Schamils neugesammelter Streitmacht wieder räumen müssen. Wenn nicht General Klugenau der bedrängten Abteilung zu Hilfe geeilt wäre, so hätten die Muriden die geschlagenen Russen völlig vernichtet.
Für die schweren Verluste nahm Klugenau fürchterliche Rache. Er ließ an die zwanzig Dörfer in Schutt und Asche legen, setzte Mohammed-Mirza, den Sohn Aslan Khans, zum Herrscher von Kasikumuch ein und zog brennend und mordend durch Daghestan.
Zwar gelang es Schamil, den vorübergehend verlorengegangenen Aul Gotsak wieder zurückzuerobern, doch scheiterte er bei dem Versuch, Chunsach zu nehmen, als die Russen und eine Streitmacht unter Hadschi Murat, der sich auf ihre Seite geschlagen hatte, heranrückten und ihm Widerstand leisteten.
Überhaupt war ihm in Hadschi Murat, der drei Jahre zuvor mit seinem Bruder Osman in der Moschee von Chunsach den Anschlag auf Hamsat Beg verübt hatte und dem es gelungen war, dem Blutbad zu entkommen, ein mächtiger Widersacher erwachsen, der ihm seitdem überall schwer zu schaffen machte. Er wollte nicht nur seinen

Bruder rächen, den die Leibwächter des verhaßten Hamsat Beg sofort nach dem Attentat neben der Leiche des Imams niedergestreckt hatten, er konnte auch nicht die Verbrechen und Greueltaten vergessen, mit denen der Muridismus seinen Aufstieg erzwungen hatte: allen voran die Enthauptung von Pachu-Bike, der Khanin von Chunsach, und die Ermordung ihrer drei Söhne. Zahlreich waren die namenlosen Opfer, die sich der neuen Lehre nicht beugen wollten. Die Abneigung gegen den Muridismus, die nach dem Wüten Hamsat Begs in weiten Bevölkerungskreisen erneut schwelte, verstand Hadschi Murat zum Haß zu schüren. Er rief zur Rache auf und redete auf die Massen ein, es sei besser, sich Rußland anzuschließen, denn nur an der Seite eines so starken Verbündeten könnten sie die Flut des Muridismus aufhalten. Statt das Land noch weiter durch Kriege verwüsten zu lassen, verhieß er ihnen Frieden, Wohlstand und blühenden Handel, wenn sie zu den Russen überliefen. Als Vorbild stellte er ihnen den Schamkal von Tarku hin, dessen Land und Volk unter dem Schutz des Zaren prächtig gedeihe.
Auch andernorts, wohin Hadschi Murats Einfluß nicht reichte, gab es noch viele hartnäckige Widerstandsnester. Dauernd war Schamil unterwegs, um sich persönlich um die Abtrünnigen zu kümmern, sie zu strafen oder erneut für sich gewinnen. Diese Bemühungen beanspruchten jedoch so viel Zeit, daß er sich nicht genug um seinen eigentlichen Kampf mit dem Feind, den »Langhaarigen«, wie man die Russen im Kaukasus nannte, kümmern konnte.
Beide Seiten, Russen wie Muriden, versuchten der Bevölkerung ihren Willen aufzuzwingen, und die Bewohner vieler Dörfer sahen kaum einen Unterschied darin, ob die einen oder die anderen sie bedrohten und ihre Unterwerfung verlangten. Manchmal schien Schamil ihnen mehr ein Eroberer zu sein als ein Führer, wenn er plötzlich wie ein Ungewitter über einen Aul hereinbrach, der ihm die Gefolgschaft versagte.

Wieder einmal war der Imam im Tiefland unterwegs, um in den Dörfern die Scharia zu predigen, als der russische Befehlshaber General Fesé die günstige Gelegenheit wahrnahm, Schamils Hauptquartier Achulgo anzugreifen. Bisher hatte dieses Bollwek für uneinnehmbar gegolten, doch als die Russen ihre schwere Artillerie einsetzten, stürzten die äußeren Wälle und Wachttürme zusammen und begruben die Verteidiger unter den Trümmern. Achulgo, das bei Schamils Abwesenheit nur schwach besetzt war, wurde gestürmt und zerstört. General Fesé, ein besonders grausamer und eitler Mann, hatte sich für die vorangegangenen verlustreichen Niederlagen durch den Imam gerächt. Der Fall Achulgos bestärkte Schamil in der Erkenntnis, daß die Einigung des Kaukasus doch länger dauern werde als ursprünglich veranschlagt.

»Wir brauchen mehr Zeit, um unsere Streitkräfte zu verstärken, besser auszurüsten und für den Einsatz gegen eine reguläre Armee auszubilden«, erklärte er seinen Nahibs bei einer Lagebesprechung.

»Die Zeit arbeitet ohnehin für uns und gegen die Ungläubigen«, versicherte Surkai Khan, einer der unerbittlichsten Gefolgsmänner. »Allah straft sie durch Ruhr und Typhus. Diese Krankheiten raffen mehr Feinde dahin als unsere Waffen. Wenn es stimmt, was unsere Kundschafter berichten, dann überlebt ein Soldat der Südarmee im allgemeinen nicht mehr als drei Jahre an der Front.«

»Sie vertragen unser Klima nicht«, bestätigte Schamil. »Deshalb müssen wir sie erst recht in Sümpfe und Wälder locken, wo sie nicht ein noch aus wissen und wir sie niedermachen können.«

»Sümpfe und Wälder bringen ihnen den Tod«, meinte ein Nahib, »da helfen ihnen auch keine Kanonen.«

»Aber das Wichtigste ist und bleibt die Einigung des ganzen Kaukasus unter dem Banner des Muridismus!« bekräftigte der Imam. »Alle Stämme, alle Völker müssen wir darauf einschwören, damit alle sich um unsere Fahne scharen.«

»Was schlägst du vor?« fragte ihn Surkai Khan.

»Einen Waffenstillstand.«

»Ist das dein Ernst?« Hast du nicht immer die Losung ausgegeben: ›Sieg oder Tod‹?«

Schamil nickte. »So lautet die Losung noch immer. Aber um den Sieg zu erringen, brauchen wir erst einen Waffenstillstand. Auf dem Papier, versteht ihr«, fügte er hinzu, als er Erstaunen, ja sogar Unmut in ihren Gesichtern las. »Durch einen Waffenstillstand gewinnen wir das, was wir zunächst brauchen: Zeit.«

»Und verlieren das Gesicht gegenüber den Stämmen, die auf unserer Seite stehen!« brauste Surkai Khan auf.
»Nein, für mich ist ein solcher Vertrag keine Frage der Ehre, sondern nur ein Zweckbündnis auf Zeit. Wir brauchen eine Pause, um unsere Positionen zu stärken und jene Auls wieder aufzubauen, die unter den letzten Kämpfen am schwersten gelitten haben.«
»Und wie lange willst du dich an ein solches Bündnis halten?« fragte ihn Taschow Hadschi.
»So lange wie die Russen auch.«
»Es dürfte schwer sein, diese oder jene Handlung der Ungläubigen als Verstoß hinzustellen, wenn sie selbst darin keinen Bruch sehen.«
»Kein wahrer Gläubiger fühlt sich einem Ungläubigen gegenüber je verpflichtet«, erklärte der Imam. »Ein Eid, auf den Koran geleistet, ist für den Moslem eine Frage der Ehre. Doch gegenüber diesen ungläubigen Langhaarigen braucht niemand von uns einen Schwur zu halten. Wir können unser Wort geben und es wieder brechen, denn wir kämpfen für unseren Glauben, unsere Freiheit, unsere Heimat!«
Schamils Worte überzeugten die Nahibs, und nachdem er sich mit ihnen abgesprochen hatte, schickte er folgenden Brief ins russische Hauptquartier:

Von Schamil Imam, Taschow Hadschi, Kibit Mahoma, Mahommed-Omar-Ogli und anderen ehrenwerten und gelehrten Männern von Daghestan. Wir stellen Geiseln und schließen Frieden mit dem russischen Zaren, einen Frieden, den keiner von uns brechen wird, vorausgesetzt, daß keine Seite der anderen das geringste Unrecht zufügt. Ein Bruch dieses Versprechens wird als Verrat betrachtet, und Verräter gelten als verflucht vor Gott und den Menschen. Dieser Brief drückt mit aller Genauigkeit die Lauterkeit unserer Absicht aus.

Als General Fesé, der russische Befehlshaber, diese Erklärung erhielt, beeilte er sich, dem Oberkommandierenden der Südarmee zu melden, er habe einen großen Sieg errungen, Achulgo zerstört und die Muriden so vernichtend in die Flucht geschlagen, daß jeder organisierte Widerstand zerbrochen sei. Schamil sei daher gezwungen worden, sich zu unterwerfen und um Frieden zu bitten, und er, Fesé, habe sich mit diesem Waffenstillstand einverstanden erklärt. Auf Ruhm und Rang bedacht, hatte der General zwar im wesentlichen die Wahrheit berichtet, in seiner Überheblichkeit jedoch reichlich übertrieben. Was jede Seite dachte, aber verschwieg, war der Umstand, daß Russen wie Muriden diesen Waffenstillstand nur als vorübergehenden Zustand betrachteten. Ganz ehrlich meinte es niemand. So wie die Muriden sich auf die bequeme Ausrede beriefen, ein Gläubiger brauche einem Ungläubigen keinen Schwur zu halten, genauso rechtfertigten sich die Russen mit der Behauptung, ein Versprechen, das man diesen wilden Tataren gegeben habe, sei weniger verpflichtend als ein Vertrag mit einer Großmacht.

General Fesé lieferte dafür gleich ein niederträchtiges Beispiel. Um aller Welt vor Augen zu führen, wer jetzt Herr in Daghestan war, hatte er keine Bedenken, auf dem Rückmarsch nach Temir-Chan-Schura einen Umweg über Aschilta, dem Aul westlich von Achulgo, zu machen und das Dorf niederzubrennen. Diese Strafexpedition sollte den anderen Auls eine Lehre sein. Er besaß hier die Macht, und niemand sollte es wagen, sich seinem Willen zu widersetzen.

Nach Abschluß des Vertrages befand sich Schamil auf dem Heimweg vom Tiefland, als ihm in den Bergen nahe bei Achulgo ein Bote die Nachricht von Fesés heimtükischem Überfall brachte. Wut packte ihn, und der aufgestaute Haß, den er eben noch glaubte, zurückgedrängt zu haben, brach nun verstärkt hervor. Es konnte ihm nicht schnell genug gehen, die Steilhänge und Felspässe hinaufzureiten, um sich mit eigenen Augen vom Untergang Aschiltas zu überzeugen.

Was er und seine Begleiter dann sahen, war noch schlimmer, als er befürchtet hatte. Das ganze Dorf lag in Schutt und Asche, fünfhundert Häuser waren dem Erdboden gleichgemacht, auch die Moschee, in der Schamil drei Jahre zuvor zum Imam geweiht worden war. Die Eroberer hatten die Brunnen verschüttet, die Gärten verwüstet, die Reben niedergetrampelt, die Ernten vernichtet, das Vieh abgeschlachtet, und zwischen den Trümmern und schwelenden Ruinen lagen die Toten mit furchtgeweiteten Augen, verstümmelt, teils verkohlt, darunter auch Frauen und Kinder. Wer der Metzelei entgangen war, den hatten die Russen gefangengenommen und verschleppt.

Kein Wort kam über Schamils Lippen, als er wie versteinert durch den verwüsteten Aul ritt. War das der Frieden, den die Russen versprochen hatten? Vor dem Steinhaufen der Moschee hielt er an, blickte noch einmal über die Trümmer ringsum, riß sein Pferd herum und sprengte ostwärts nach Achulgo.

4

In Achulgo fand der Imam das kleine Haus, das er für sich und seine Familie gebaut hatte, zwar beschädigt vor, aber es war zum Glück nicht so stark zerstört worden wie die meisten anderen Häuser, als General Fesé das Bergdorf in Schamils Abwesenheit überfallen hatte. Es war ein einfaches Haus, aber es besaß, was im Kaukasus nur selten vorkam, zwei Stockwerke. Der Imam, der es stolz seinen Palast nannte, hatte es von russischen Gefangenen errichten lassen, als er Achulgo zu seinem Hauptquartier gewählt hatte.
Hier wohnte seine kleine Familie: seine junge Frau Fatimat mit Dshemal-Edin, dem Erstgeborenen, und seinem zweiten Sohn Kasi Mahommed, nach Schamils Freund Kasi Mullah, dem ersten Imam, genannt. Auch Bahu-Messadu, seine jüngst verwitwete Mutter, war zu ihnen gezogen. Sie alle hatten die Zerstörung Achulgos überlebt: der Trost war ihm geblieben.
Schamil hatte sich entschieden.
Das wurde gleich nach seiner Rückkehr allen Bewohnern Achulgos klar. Das Artilleriefeuer der Russen hatte bewiesen, daß selbst eine solche Felsenfestung, die bisher für uneinnehmbar gegolten hatte, mit diesen neuen, von den Bergstämmen des Kaukasus bis dahin nicht verwendeten Waffen zu bezwingen war. Um künftigen Angriffen mit schweren Kanonen besser widerstehen zu können, mußten die Befestigungsanlagen von Grund auf geändert werden. Mit Hilfe der Polen, die zwangsweise zur russischen Armee eingezogen worden und bei erster Gelegenheit zu den Muriden übergelaufen waren, verlegte Schamil die Verteidigungslinien in die Erde. Er ließ Laufgräben, Unterstände und gedeckte Wege ausheben und in die Felsen Brustwehre, unterirdische Ställe und Kasernen sprengen, um so gegen das

Geschützfeuer besser gewappnet zu sein. Die Saklias, die ohnehin schon halb in die Hänge gebauten Hütten, wurden zu Wachhäusern, Beobachtungsständen und kleinen Festungswerken, in denen reichlich Vorräte an Proviant und Munition gelagert wurden. In einem Teil dieser Erdhütten nahmen auch die Familien einiger auserwählter Nahibs und Muriden ihr Quartier, und in einigen abgesonderten Saklias waren die Geiseln untergebracht, die sich jede Kriegspartei zu halten pflegte.
Achulgo verwandelte sich so in den kommenden Monaten in eine einzige Festung. Von diesem Bollwerk aus plante Schamil einen Großangriff auf die Russen.
Um die Unterstützung anderer Stämme und mehr Krieger für seine Streitmacht zu gewinnen, schickte er Boten mit einem Aufruf an die Bergvölker Mittel- und Nordkaukasiens.

Lob sei Allah, der uns Licht gibt, der uns schützt und unsere Seelen stärkt, der unsere Zungen beredt macht, der gnädig ist seinen Gläubigen!
Mit diesem Satz aus dem Koran begann sein Sendschreiben, und auch im folgenden Wortlaut brachte er viele Wendungen aus der heiligen Schrift des Islam unter, die allen Moslems geläufig waren:

Ihr waffentragenden Männer von Daghestan! Als der Herr der Russen im Monat Schewal einen Aufruf an euch erließ, wollten viele von euch abtrünnig werden, denn es war Zweifel unter euch. »Allah zeigt euch seine Wunder, auf daß ihr weise werdet. Hütet euch, denn Allah sind eure Gedanken nicht unbekannt, und Er sieht in eure Seelen.«
Wenige blieben bei mir. Mit diesen Wenigen schlug ich die Feinde, ich tötete ihren Anführer, General Iwelitsch, und schlug sie kläglich in die Flucht. Da kehrtet ihr reumütig um und kamt zu mir; ich aber habe euch verziehen und euch aufgenommen in die Reihe der Streiter Allahs.
»Die umkehren und kämpfen für die Religion Allahs, die dürfen seiner Gnade gewärtig sein. Allah ist versöhnlich und barmherzig. Aber Allah, der Herr, straft diejenigen, die nicht auf seinen Wegen sind! Wer für ihn einen Heiligen Krieg führt, den will er auf allen Wegen führen. Ihr habt gesehen, daß die Feinde sind wie der Sand am Meer. Aber die Wellen des Meeres seid ihr, und ihr werdet den Sand fortspülen.«
Allah spricht: »Wer für meinen Glauben streitet und ausharrt, dem bin ich

Erbarmer und Erhalter! Sagt nicht von denen, die im Heiligen Kampf fallen, klagt nicht: ›Sie sind tot‹, sondern jubelt: ›Sie leben‹«, auch wenn ihr das noch nicht versteht. »Tötet für den Weg Allahs!« Vertreibt sie! »Und die Versuchung sei euch fern, denn sie ist böser als Mord.«
Haltet aus im Heiligen Kampf, Allah stehe euch bei und segne unsere Waffen. Amen!

Dieser Aufruf mit den Worten des Propheten verfehlte nicht seine Wirkung. Von überall her strömten nun Soldaten, beritten oder zu Fuß, nach Achulgo, dessen Surkhaiz-Turm die letzten Eroberungsstürme überstanden hatte. Als weithin sichtbares Wahrzeichen beherrschte dieser alte Wachtturm, der den Freiwilligen den Weg wies, die in Alt- und Neu-Achulgo unterteilten Hälften des Auls sowie die karge Gebirgslandschaft ringsum. Hier sammelte sich nicht nur die Elite der muridischen Streitmacht unter Schamils Befehl, auch beträchtliche Vorräte an Waffen, Munition und Verpflegung wurden herbeigeschafft und in dem Militärlager gestapelt, das in den Felsen gesprengt worden war.
Auch andere Bergdörfer wie Gimri und Arguany ließ der Imam zu Festungen in steilen Felsen ausbauen und die Pässe und Zugänge verrammeln und durch Scharfschützen sichern.

5

Monatelang blieb Schamil merkwürdig ruhig. Nirgendwo unternahm er einen Überfall aus dem Hinterhalt, wagte ein Scharmützel oder stellte sich gar zur offenen Schlacht. Den Russen schien es, als habe er seinen Befreiungskampf aufgegeben. General Fesé beglückwünschte sich zu seinem Erfolg: die Zerstörung und Plünderung Aschiltas mußte dem Imam so gehörig in die Knochen gefahren sein, daß er jeden weiteren Widerstand für zwecklos hielt.
An diese heilsame Wirkung glaubte auch der Zar im fernen Petersburg. Er hatte den Eindruck gewonnen, jetzt sei endlich die Zeit reif für seinen längst geplanten Triumphzug durch den Kaukasus, um Schamils Unterwerfung entgegenzunehmen. Dieses historische Er-

eignis, vielleicht während seines Aufenthalts in der georgischen Hauptstadt Tiflis, malte er sich in seiner Selbstgefälligkeit besonders glanzvoll aus, und schrieb im grünen Studierzimmer des Winterpalastes seine Anweisungen an General Fesé, alles nach seinen Vorstellungen in die Wege zu leiten.
Die Ungeduld des Zaren war verständlich nach den allzu optimistischen Hoffnungen, die Fesé ihm übereilt gemacht hatte. Der Kaiser befand sich bereits auf seiner Reise nach Süden und wurde für Oktober in Tiflis erwartet, als Tatarenspione in russischen Diensten im Armeequartier in Temir-Chan-Schura mit der Nachricht eintrafen, Schamil ziehe in den Bergen, vor allem in Achulgo, ein starkes Heer zusammen. Beunruhigt über die unerwartete Wendung, berieten sich die Stabsoffiziere, was jetzt zu tun sei.
»Wie bringen wir es nur dem Zaren bei?«
»In weniger als einem Monat soll die feierliche Unterwerfung des Kaukasus stattfinden!«
»Die Reise ist nicht mehr aufzuhalten.«
»Aber vielleicht noch Schamil. Jemand muß ihn überreden, alle Feindseligkeiten einzustellen und seine Kapitulation anzubieten.«
»Aber wer könnte das schaffen?«
»Ja, wer?«
Fesé glaubte in General von Klugenau den richtigen Unterhändler gefunden zu haben, denn dieser schwerfällig aussehende Mann deutscher Herkunft kannte die Gebirgsbewohner gut und galt bei ihnen als tapferer und ehrenhafter Soldat. Selten sah man ihn ohne Zigarre, auch nicht in höchster Gefahr. Als er einmal während eines Gefechts von zweitausend Aufständischen aus dem Hinterhalt überfallen und umzingelt wurde, schlug er sich kaltblütig den Weg frei, ohne dabei auch nur ein einziges Mal seine Zigarre aus dem Mund zu nehmen.
»Wenn jemand bei Schamil Erfolg haben wird, dann nur Sie.«
Diese Ansicht Fesés teilte Klugenau nicht. Bekannt als kühler Rechner gab er sich keiner Selbsttäuschung hin.
»Für mich ist der Auftrag jetzt schon fehlgeschlagen, noch bevor überhaupt eine Unterredung stattgefunden hat«, erklärte er. »Trotzdem nehme ich an. Niemand soll mir vorwerfen, ich hätte nicht wenigstens den Versuch gemacht.«

In einem Schreiben, das er dem Beg von Karani, dem Führer eines neutralen Nachbarstammes, übergab, bat er Schamil um ein Gespräch, in das dieser einwilligte.

Als Verhandlungsort bestimmte der Imam eine Felsschlucht im Hochland, wo zwischen zwei steilen Klippen eine Quelle entsprang. Nur spärlich drang ein Streifen Tageslicht in diese Düsternis, durch die unaufhörlich der Wind heulte. An jenem kühlen Herbstmorgen des achtzehnten September, an dem der Himmel mit schweren Regenwolken verhangen war, wich das Grau der Dämmerung überhaupt nicht aus der Schlucht.

Schon immer hatte Schamil bei seinen Auftritten und Handlungen, in seiner Kleidung und der Wahl seiner Worte einen Instinkt für dramatische Wirkungen bewiesen. Das zeigte auch die Wahl dieses Treffpunkts.

In die Burka gehüllt, erwartete der Imam auf seinem schwarzen Hengst in der Schlucht die russische Abordnung. Dumpf hallten von den Felshängen die Klagelieder der dreihundert Leibwachen und Nahibs wider, die ihn im Halbkreis umgaben. Über den schwarz gekleideten Kriegern flatterte das schwarze Banner.

Als Klugenau, nur von seinem Adjutanten Jewdokimow, fünfzehn Donkosaken und einem Dutzend karanischen Einwohnern begleitet, in die Schlucht ritt, gingen die Klagelieder der Muriden in markerschütternde Schreie über, die, halb Gebet, halb Schlachtruf, wie Wolfsgeheul klangen. Auf den General machte das jedoch nicht den geringsten Eindruck, in den zwanzig Jahren seiner Dienstzeit im Kaukasus konnte ihn nichts mehr erschüttern. Ohne eine Miene zu verziehen, ritt er weiter und warf nur einen kurzen Blick zum Himmel, wo Raben aufgescheucht über ihren Köpfen kreisten und verärgert über die Störenfriede krächzten.

Klugenau lenkte sein Pferd auf einen kleinen Geröllhaufen in der Mitte der Schlucht zu. Nur der Dolmetscher folgte ihm, während die übrigen Begleiter auf eine Handbewegung ihres Generals zurückblieben.

Auch Schamil verzichtete auf den Schutz seiner Leibwache und ritt dem Unterhändler allein entgegen. Unbewegt näherten sich die beiden Männer, keiner sprach ein Wort, aber jeder belauerte den anderen

wie mit Adleraugen. Schweigend stiegen sie aus dem Sattel und setzten sich auf die Burka, die der Dolmetscher auf dem Geröllhaufen ausbreitete.
Klugenau eröffnete die Verhandlung damit, daß er aus der Brusttasche die kleine Ledermappe nahm, in der er stets seinen Vorrat an Zigarren mit sich führte, sie Schamil anbot, der dankend ablehnte, sich dann selbst eine anzündete und genüßlich zu rauchen begann.
Mehrere Stunden lang dauerte ihr Gespräch, ständig beobachtet von den Gefolgsleuten auf beiden Seiten, die aus den Gebärden ihrer Verhandlungsführer Verlauf und Stimmung herauszulesen suchten. Während Schamil Zeit im Überfluß zu haben schien und, wie gewohnt, mit Gleichmut zuhörte, fiel es Klugenau, sonst kurz angebunden, offensichtlich schwer, seine Ungeduld zu zügeln und den Imam zu überzeugen.
»Wie wollen Sie uns widerstehen?« hielt der General dem Imam vor. »Ein Land, in dem ein Stamm den anderen bekriegt. Ein Land, das so rückständig ist, militärisch, politisch. Ein Land so unwegsam, fast ohne Straßen, und wo es Straßen gibt, da sind sie in einem höchst bejammernswerten Zustand, voller Löcher, kaum zu gebrauchen, Schlamm und Morast, in dem jeder Wagen versinkt. Kurz, ein Land voller Chaos. Ein Chaos, das wir, nur wir allein in Ordnung umwandeln können, wenn Sie mit uns sind, nicht gegen uns!«
Diese Vorhaltungen machten den Imam nicht verlegen, er wußte auch darauf eine Antwort, die er, wie es seine Art war, bildhaft ausschmückte:
»Sie haben recht, General, wenn Sie sagen, meine Straßen seien schlecht und mein Land unwegsam. Doch das ist gut so. Denn das ist der Grund, weshalb der mächtige Weiße Zar und seine Armeen, die unablässig gegen mich zu Felde ziehen, nichts ausrichten können. Ich gehe nicht so weit, mich mit den großen Herrschern zu vergleichen. Ich bin Schamil, ein gewöhnlicher Aware. Aber meine schlechten Straßen, meine Wälder und Gebirge machen mich stärker als manchen Monarchen. Ich sollte meine Bäume mit Öl salben, meinen Schlamm mit duftendem Honig mischen und meine Felsen mit Lorbeer bekränzen, denn so sehr helfen sie mir in meinem Kampf um die Freiheit des Kaukasus.«

»Was verstehen Sie denn unter Freiheit? Sind die Völker, die mit dem Zaren verbündet sind, weniger frei als die Stämme, die Sie beherrschen? Warum wollen Sie ihn nicht als Schutzherrn anerkennen?«
»Was Sie Schutzherrschaft nennen, ist in Wirklichkeit Unterdrükkung. Wir wollen selbst bestimmen, wie wir leben, nach unseren Sitten und Gesetzen, nach unserem Glauben. Deshalb führen wir Krieg, einen Heiligen Krieg, und die Schwerter meiner Krieger sind die Säbel des Paradieses!«
In seiner Erwiderung blieb ihm der General mit einem ebenso anschaulichen Gleichnis nichts schuldig:
»Gegen den Willen des Zaren ist jeder Widerstand vergeblich. Selbst wenn der Himmel einstürzen sollte, so werden russische Bajonette ihn wieder stützen. Unsere Armeen sind zahlreicher als die Sandkörner an den Ufern der Meere.«
»Und diesen Sand werden die Heerscharen meiner Muriden fortschwemmen wie die Wogen des Ozeans.«
Das waren starke Worte, wie man sie damals im Kaukasus liebte und jeder sie dort verstand. Immer wieder unternahm General von Klugenau einen neuen Anlauf, das Vertrauen des Imams zu gewinnen, doch stets wich Schamil ihm aus.
»Sie persönlich meinen es aufrichtig«, versicherte der Imam, »davon bin ich überzeugt. Aber Sie sind nur der Unterhändler für den Zaren, für die Russen, und die Russen sind giftig wie die Schlangen, die in der Steppe von Mugan kriechen.«
Schon seit den Zeiten der Antike war dieser Landstrich im Küstengebiet zwischen Persien und dem Kaukasus wegen der unzähligen Schlangen gefürchtet, die jedes Frühjahr zu Tausenden von Persien her über den Aras in die Mugansteppe wanderten, wo sie sich paarten. Niemand wagte sich in ihre Nähe, und Pompejus soll einst seinen Plan, in den Kaukasus zu marschieren, wegen der Unmengen an Schlangen aufgegeben haben.
So verging Stunde um Stunde, und je länger das Wortgefecht dauerte, desto unnützer erschien es Klugenau, noch mehr Zeit zu verschwenden. Er fand sich in seinem Vorurteil bestätigt, das er schon General Fesé gegenüber geäußert hatte. Als nun Schamil sich zum wiederholten Male weigerte, sich irgendwie festzulegen, ohne vorher

mit seinen Nahibs alles erörtert zu haben, verlor schließlich auch Klugenau die Fassung. Seine Stimmung wurde noch mehr gereizt, weil ihm schon seit einiger Zeit der Magen knurrte und er inzwischen auch die letzte seiner vielen Zigarren aufgeraucht hatte, ohne die er weder kämpfen noch verhandeln konnte. Mürrisch griff er nach seiner Krücke, die er brauchte, seit ihm in einer Schlacht ein Fuß zerschmettert worden war.

»Ein schwarzer Tag heute«, grollte er und erhob sich mühsam. »Wozu noch länger reden? Sie wollen den Zaren nicht anerkennen, und das heißt weiter Krieg. Tausende werden dafür sterben müssen – Blut und Tränen auf beiden Seiten.«

Im Gegensatz zu den schwerfälligen Bewegungen des hünenhaften Generals schnellte Schamil wie eine Stahlfeder hoch.

»Der Zar braucht nur seine Truppen aus unserer Heimat abzuziehen«, widersprach er, »dann gibt es weder Krieg noch Tote. Aber Rußland will haben, was ihm nicht gehört.«

»Beenden wir die Unterredung«, erklärte Klugenau und streckte dem Imam die Hand entgegen, obwohl es ihm sichtlich schwerfiel, seinen Ärger über den Mißerfolg zu unterdrücken. »Leben Sie wohl, auch wenn wir weiter Feinde bleiben.«

Schamil reichte dem General gleichfalls die Hand zum Abschied.

»Ich wünsche Ihnen persönlich alles Gute.«

Noch hatten sich ihre beiden Hände nicht berührt, als plötzlich die verhaltene Feindseligkeit, mit der das Gefolge beider Parteien die Verhandlungen beobachtet hatte, offen zum Ausbruch kam. Surkai Khan, einer der fanatischsten Nahibs aus Schamils Begleitung, stürzte aus den Reihen der Wartenden nach vorn und schrie:

»Nicht, Schamil! Gib ihm nicht die Hand!« Und als er die verdutzten Mienen der beiden Verhandlungsführer sah, fügte er wütend hinzu: »Du bist unser Imam, und niemals darf Allahs Prophet die Hand eines Ungläubigen berühren!« Als sei das noch nicht deutlich genug, zeigte er Klugenau seine Verachtung, indem er ihm die Beleidigung »Giaur!« ins Gesicht schrie.

Außer sich vor Wut riß Klugenau seine Krücke hoch und versuchte, Surkai Khan den Turban vom Kopf zu schlagen, für einen Moslem eine tödliche Schmähung. In diesem Augenblick, als das Leben des

Generals und seiner Soldaten auf des Messers Schneide stand, griff Schamil entschlossen ein, packte mit der einen Hand die Krücke und hielt mit der anderen Surkai Khan zurück, der gerade seinen Dolch in Klugenaus Kehle stoßen wollte.

»Zurück!« schrie er seinen Leuten zu, die mit blanker Klinge vorpreschten, um über Klugenau und seine Begleiter herzufallen. »Steckt die Säbel ein! Und keinen Schritt weiter!«

Sie gehorchten seinem Befehl, aber die Erregung blieb. Über den Lärm der dreihundert Reiter hinweg ersuchte Schamil den Russen:

»Bitte, General, lassen Sie es nicht zum Kampf kommen. Versuchen Sie den Vorfall zu vergessen und reiten Sie ruhig fort.«

Doch Klugenau ließ seiner Wut freien Lauf und überschüttete Schamil und seine Muriden mit einem Schwall russischer Flüche.

»Ich bitte Sie, in aller Ruhe abzuziehen. Vermeiden wir alles, was zum Blutvergießen führt. Kein Wort mehr, General, keine Beleidigung, sonst kann ich meine Männer nicht länger zurückhalten!«

Als Klugenau auch jetzt seinen Zorn nicht zähmen konnte, stürzte sein Adjutant Jewdokimow auf ihn zu und zerrte ihn gewaltsam weg.

»Kommen Sie, General, ich bitte Sie! Das hier ist nicht der Ort, sich gegenseitig umzubringen.«

»Ein Russe läßt sich nicht beleidigen!« schnaubte Klugenau.

»Sie haben den anderen auch beleidigt.«

»Er hat angefangen – nicht ich.«

»Das ist jetzt gleich. Die Verhandlung ist gescheitert. Lassen Sie es gut sein, General. Freies Geleit für beide Seiten. So war es vereinbart, so wollen wir es halten. Keim Kampf, kein Blutvergießen. Kommen Sie! Steigen Sie aufs Pferd. Reiten wir ins Hauptquartier zurück!«

Vor sich hinpolternd ließ sich der General von seinem Adjutanten in den Sattel helfen und ritt dann, immer noch erzürnt, mit hochrotem Kopf davon, ohne einen Blick nach links oder rechts zu werfen.

Lange sahen Schamil und seine Muriden ihnen nach, bis die Russen hinter einer Wegbiegung verschwunden waren. Dann bestiegen auch sie ihre Pferde und verließen die Schlucht, in die träge der Nebel kroch. Es hatte zu regnen begonnen, von den Burkas und Lammfellmützen perlten die feinen Tropfen ab. Die Muriden ritten zu ihrem Aul. Sie sangen.

Der Zar in Tiflis

I

»Der Zar kommt!«

Schon einen Monat vor der Ankunft des »Herrschers aller Reußen« beherrschte diese Nachricht die Gespräche der ganzen Stadt.

»Zar Nikolaus wird Tiflis mit einem Staatsbesuch beehren!«

Die erst kürzlich erschienene erste Tageszeitung, »Der Abend«, ein Meilenstein auf dem Weg zur Aufklärung, überschlug sich in ihren Beiträgen über die bevorstehende hohe Auszeichnung, die damit der georgischen Hauptstadt zuteil wurde.

»Jetzt wird endlich alles besser werden«, sagten sich die Georgier, und jeder malte sich in Gedanken aus, was er sich für seine Zukunft erhoffte.

Immer wieder neue Gerüchte durcheilten das Gewirr der engen Gassen, durch die sich die Kura schlängelte. Die Altstadt, die aus mehreren Dörfern, Zitadellen und Basaren bestand, drängte sich oben auf den Klippen oder unten am Fuß der Berge dicht zusammen. Auf der einen Flußseite lagen die persische Zitadelle und das armenische Viertel, auf der anderen die georgische Stadt Avlabar mit der Festung und der Kirche, die Vaktang Gurgastan, der Gründer von Tiflis, hatte erbauen lassen.

Das Zentrum in der Niederung bildete der neuangelegte russische und europäische Stadtteil mit dem Theater und Adelsklub, den Verwaltungsbehörden, öffentlichen Parks und den wenigen Geschäften, die Kölnisch Wasser, Fächer, Glacéhandschuhe, Korsetts und andere westeuropäische Luxuswaren anboten sowie französische Romane, eine beliebte Lektüre bei Damen der Gesellschaft, wenngleich man dies wegen der darin geschilderten Amouren und anderer Freizügigkeiten nicht gern an die große Glocke hängte.

Weiter nördlich, wo sich die Außenbezirke von Tiflis in der staubigen Einöde verloren, hausten die Zigeuner in ihrem eigenen Viertel, und außerhalb der Stadt hatten die russischen Truppen nicht nur Zelte aufgeschlagen, hier befanden sich auch, durch ihren roten An-

strich als Eigentum des Zaren erkennbar, die neuerbauten Kasernen, Pferdeställe, ein Krankenhaus sowie die Quartiere der Stabsoffiziere.
Seit der erste Meldereiter die Nachricht vom Staatsbesuch des Zaren gebracht hatte, fieberte Tiflis in reger Betriebsamkeit dem großen Ereignis entgegen. Durch den Zustrom von Schaulustigen aus der weiten Umgebung erhofften sich die Kaufleute in den Basaren glänzende Geschäfte: die Obsthändler mit ihren Ständen, auf denen sich Berge von Melonen und Trauben häuften; die persischen Juweliere, die ihre Türkise pfundweise auswogen; die armenischen Waffenschmiede, die in ihren dunklen Werkstätten Damaszenerklingen hämmerten.
Dem ersten Meldereiter folgten weitere in rascher Folge, und alle kamen und verschwanden wieder in höchster Eile. Mit jedem neuen Tag und Boten rückte der Besuch des Zaren immer näher. Die Zeit drängte, und die Generale, in deren Arbeitszimmern von nun an keine Nacht mehr das Licht verlosch, entwarfen immer neue Pläne für den feierlichen Empfang.
Nur noch drei Wochen ... nur noch zwei ... in sieben Tagen würde der Kaiser in der Stadt eintreffen!
Auffallend war die Unruhe, die alle jungen Damen der Gesellschaft befallen hatte. Jede schien es darauf anzulegen, alle anderen vor dem Zaren auszustechen und seine zärtlichen Gefühle zu wecken, die angeblich hinter seinem kühlen Gehabe schlummerten. Stundenlang probierten sie hinter verschlossenen Türen ihre eigens für diesen Anlaß neugefertigten Garderoben an, berieten sich mit ihren Schneidern und Näherinnen, besprachen mit den besten Haarkünstlern, welche Frisuren ihre Schönheit besonders vorteilhaft unterstreichen und welche Parfüms und Schminken sie noch verführerischer machen würden, und jagten, um ihre Wespentaillen noch fester zu schnüren, bei Tag und Nacht Kuriere nach Wien, damit sie von dort noch rechtzeitig die engsten Fischbeinkorsetts herbeischafften.
Für jene schlurfenden alten Frauen, die durch die Gassen hinkten, so eigentümlich gleichartig, eine wie die andere, kam der Besuch des Zaren über vier Jahrzehnte zu spät. Ihre Schönheit war verblüht, und ihr Gebrechen entstellte sie nicht nur, sie fühlten sich dadurch auch wie gebrandmarkt. Genau zweiundvierzig Jahre war es her, als 1795

Aga Mahommed, der »Persische Eunuch«, Tiflis eingenommen und sein Heer hemmungslos alle Mädchen und Frauen vergewaltigt hatte. Zum Andenken an ihren Sieg hatten die Soldaten damals jeder Jungfrau, die ihnen in die Hände gefallen war, die Sehnen des rechten Beines durchgeschnitten. Hätte der christliche Zar damals schon das christliche Georgien vor dem moslemischen Wüterich geschützt, so dachten jetzt viele, dann wäre den Mädchen und Frauen diese Schande erspart geblieben.
Ihre Väter und Brüder vergaßen das Verbrechen nicht. Die Vergewaltigung und Verstümmelung ihrer Töchter und Schwestern durch die Perser führte später dazu, daß sich die Georgier unter russischen Schutz stellten.

2

Es hatte im Jahr 1800 begonnen, als Georg XII., der letzte Monarch Georgiens und Haupt des königlichen Hauses der Bagratiden, an Wassersucht dahinsiechte. Besorgt über die ständige Bedrohung durch den Schah von Persien und die vielen anderen moslemischen Nachbarvölker in den verschiedenen Khanaten und Schamkalen glaubte er, sein wankelmütiges Volk, Christen wie die Russen, sei vor dem Zugriff der Fanatiker besser geschützt, wenn er es der Herrschaft des Zaren anvertraue. Deshalb sandte der Todkranke von seinem Palast in Tiflis aus eine Abordnung nach St. Petersburg mit dem Auftrag, dem Zaren Paul I. die Krone von Georgien anzubieten. Der Zar willigte ein. Kaum zehn Tage später starb der letzte georgische König.
Nach der Ermordung seines Vaters durch Verschwörer im März 1801 erklärte sich Kaiser Alexander I. zum Fürsten von Georgien und nahm »aus christlicher Liebe und Mitleid« die Krone an. Die meisten Fürsten huldigten ihm, müde des Kampfes und der ewigen Angst.
Doch nicht alle waren mit der Abdankung Georgs XII. einverstanden. So bezichtigte ihn sein Bruder, Fürst Alexander Batonischwili, des Verrats. Von Daghestan, wohin er sich zunächst flüchtete, und dann von Persien aus trieb er sein hoffnungsloses Ränkespiel gegen

Rußland, ohne jedoch mehr zu erreichen als dann und wann einen örtlichen Aufruhr.

Ebenso wie er dachte auch seine Schwägerin, die Witwe Georgs XII. Schon bald erkannte sie die Verwicklungen, die mit der Annahme der georgischen Krone durch den Zaren von Rußland entstanden waren. Entschlossen, nichts herzugeben, was ihre eigenen Rechte oder die ihrer Kinder schmälerte, leistete sie erbitterten Widerstand gegen die russische Schutzherrschaft. Entweder wollte sie selbst als Königin Maria im Palast wohnen und das Land regieren oder eines ihrer Kinder. Ungeachtet der Gefahr, daß Persien jederzeit wieder seine Herrschaftsansprüche geltend machen würde, sobald die Macht des Zaren in Georgien geschwächt werde, gelang es ihr, die Wirksamkeit der erst kürzlich aufgebauten russischen Verwaltung zu untergraben.

Vergebens versuchte General Tsitsianow, der zum Generalgouverneur ernannt worden war, einen Ausgleich herbeizuführen. Von Geburt her ein Georgier und ein entfernter Verwandter der Königin, doch seiner Erziehung und Anschauung nach ein Russe, kannte er Land und Leute bestens. Aber als Königin Maria ihren Widerstand fortsetzte, schickte er eines frühen Morgens General Lasarew in den Palast, um sie verhaften und fortbringen zu lassen.

Überraschend drang Lasarew in das Schlafgemach ein, wo er die Königin in ihrem mit vergoldeten Schnitzereien verzierten Bett fand. Unter dem Vorwand, sie sei krank, weigerte sie sich aufzustehen und wehrte sich energisch, als er sie dazu zwingen wollte.

»Wenn Sie nicht freiwillig mitkommen, dann lasse ich Sie zwangsweise fortschaffen«, drohte er, »notfalls mitsamt ihrem Bett!«

Da sie auch jetzt nicht nachgab, verließ der General das Schlafgemach, um Verstärkung zu holen.

Diese Gelegenheit benutzten die Kinder der Königin, ein Sohn und eine Tochter, die im gleichen Zimmer geschlafen hatten, um mit ihren Dolchen über den Offizier herzufallen, der zur Bewachung der königlichen Gefangenen zurückgeblieben war. Durch den Kampfeslärm aufgeschreckt, machte Lasarew kehrt und stürmte ins Zimmer: Zu spät, der Offizier lag bereits in einer Blutlache auf dem Boden, und obwohl er schon tot war, stießen die Kinder noch immer mit ihren Dolchen auf ihn ein.

»Sie sollen aufhören!« schrie der General. »Sagen Sie ihnen, daß sie aufhören sollen! Sofort!«
Doch Königin Maria sah Lasarew nur haßerfüllt an, ohne ihrem Sohn und ihrer Tochter Einhalt zu gebieten. Aufgebracht stürzte der General auf ihr Bett zu und packte sie am Bein, um sie vom Lager zu zerren, als ihm die Königin, wendig wie eine Schlange, einen Tritt versetzte, ihren Dolch unter der bestickten Seidendecke hervorzog und ihm bis ans Heft in die Brust stieß.
Zusammen mit gemeinen Verbrechern, einer angekettet an den anderen, wurde die Königin, wochenlang durch die endlosen Steppen marschierend, nach Rußland verschleppt, wo sie zunächst viele Jahre lang in einem Kloster für den Mord büßen mußte und später unter etwas erträglicheren Bedingungen als Gefangene in Moskau ihr Dasein fristen durfte. Im Bestreben, möglichst gute Beziehungen zu ihrem Heimatland Georgien zu pflegen, hielt Zar Nikolaus I. Großzügigkeit gegenüber der Fürstin für zweckmäßiger. Erst an ihrem Lebensabend wurde sie begnadigt und nach St. Petersburg gebracht, wo sie noch 1850 als Achtzigjährige an Hoffeierlichkeiten teilnahm. Ihre Kinder, die man ihr genommen hatte, wurden russisch erzogen. Sie haben die Heimat nie wiedergesehen.

3

Für die georgischen Aristokraten war der angekündigte Besuch des Zaren im Herbst 1837 in Tiflis ein freudiges Ereignis, denn im Gegensatz zu den Mitgliedern ihres Königshauses, die man nach Moskau geschickt und als Gewähr gegen etwaige Intrigen zurückgehalten hatte, fühlten sie sich der Zarenfamilie eng verbunden. Sie glaubten, als Schutzherr Georgiens wache er höchstpersönlich über sie und behalte stets ihr Wohlergehen im Auge. Schon allzu lange hatten sie den Hof als Mittelpunkt des gesellschaftlichen Lebens vermißt, jetzt endlich würde der Staatsbesuch ihre Sehnsucht nach Prunk und Etikette stillen.
In den Militärschulen und Kadettenkorps von St. Petersburg waren schon ganze Scharen junger Adliger aufgewachsen und erzogen wor-

den, und der Hof gab sich alle Mühe, die georgischen Fürsten zu umschmeicheln und wie Schützlinge und Patenkinder des Zaren zu behandeln. Mit Vorliebe wählte der Zar georgische Fürstensöhne zu Pagen und Adjutanten und bezeugte ihnen gegenüber ein geradezu väterliches Wohlwollen.

Nicht weniger lag der Zarin die Erziehung der jungen Mädchen aus den georgischen Adelskreisen am Herzen. Die einen schickte man in Klöster oder in Schulen, die nach dem Willen der Kaiserin im Kaukasus errichtet worden waren; die anderen wurden sogar ins hochangesehene Petersburger Smolny-Institut aufgenommen, einem palastähnlichen Kloster, das einst die große Zarin Elisabeth für die Töchter der Aristokratie gegründet hatte. Einige von ihnen genossen sogar das Glück, in den Rang von Ehrendamen der Zarin oder älterer Großherzoginnen aufzusteigen.

Da die Georgier als Christen in den Moslems ihre Feinde sahen, hatten sie all die Jahre besorgt die Aufstände der Bergstämme verfolgt, die in ihren Augen nichts als Wilde und Räuber waren, die man wie Geschmeiß vertilgen mußte, je eher, desto besser. Obwohl Tiflis außerhalb des Schauplatzes der Muridenkriege lag, rief Schamils Aufstieg in der Hauptstadt die schlimmsten Befürchtungen wach. Denn wenn es ihm gelänge, den russischen Einfluß im Kaukasus zu verdrängen, dann drohte ihnen allen die Herrschaft der fanatischen Muriden, und was das bedeutete, wurde ihnen täglich durch den Anblick der schlurfenden alten Frauen ins Gedächtnis gerufen. So betrachtet war das Protektorat Rußlands als weitaus kleineres Übel leichter zu ertragen als das Joch der Sklaverei durch die Moslems. In ihrer Hochstimmung werteten die Georgier daher den baldigen Staatsbesuch des Zaren als sicheres Zeichen für die endgültige Unterwerfung des Muridismus.

Doch in die Freude über das bevorstehende große Ereignis mischte sich die Sorge ein, ob man auch alle Vorsichtsmaßnahmen getroffen habe, um sich nicht vor dem Zaren bloßzustellen und als unzivilisiert oder gar barbarisch dazustehen wie damals, als vor nicht allzu langer Zeit ein Großherzog Tiflis beehrte. Nach einem Festsouper und Ball hatte man auf einer Bank unter Schals und Damenumhängen den abgeschnittenen Kopf eines Tataren gefunden, was bei den Petersburger Gästen verständliches Aufsehen erregte und einige Damen ohnmächtig werden und nur mit Riechsalz und Branntwein, in der vornehmen Welt »Eau de vie« genannt, wieder ins Leben zurückrufen ließ.

An sich waren Köpfe oder Hände von Tataren, die am Sattel oder von der Lanze eines jungen Fürsten baumelten, kein ungewohnter Anblick. Denn wenn die Georgier nicht in der russischen Armee dienten, führten die Fürsten und Grundbesitzer Krieg auf eigene Faust mit Soldaten, die sie selber ausgebildet und ausgerüstet hatten. Der Zar höchstpersönlich hatte den Erbeuter von zweiundzwanzig Tatarenköpfen gelobt und mit einem Diamantring mit den kaiserlichen Initialen belohnt.

Was aber hatte ein blutbeschmierter Tatarenkopf unter Schals und Damenmänteln einer erlauchten Ballgesellschaft zu suchen?

Nun, ganz einfach, weil der Bursche des Fürsten Badris, eines schneidigen jungen Georgiers, beim Anblick der berückenden walzertanzenden Damen in ihren luftigen Kleidern aus Tüll und Satin den Kopf verloren hatte.

Vorausgegangen war sozusagen eine Privatschlacht, die sich sein Herr in den Bergen vor Gori mit den Rebellen geliefert hatte. Aus einem anfänglichen Geplänkel hatte sich ein heftiger Kampf entwikkelt, der länger dauerte, als es Fürst Badris paßte. Denn als er endlich den Feind unter Verlusten in die Flucht geschlagen hatte und auf schweißbedecktem Pferd in Tiflis eintraf, war bedauerlicherweise die Polonäse schon verklungen, mit der die Gesellschaft den Ball zu Ehren des Großherzogs eröffnet hatte. Um nicht noch weitere Tänze mit den anmutigen jungen Damen zu versäumen, wechselte der Fürst rasch seine vom Kampfgetümmel beschmutzte Kleidung, während sein Bursche, der die Siegestrophäe trug, vom Glanz des hellerleuchteten Ballsaals und vom Zauber der wie Federn dahinschwebenden weiblichen Wesen so geblendet war, daß er kopflos den Tatarenkopf in eine dunkle Ecke fallen ließ, wo er, von niemandem beachtet, schon bald unter den Umhängen und Schals der Damen schlummerte, die dort abgelegt wurden. Das Erstaunen war groß, als man ihn schließlich dennoch fand, und bestürzt wurde der festliche Abend abgebrochen.

Peinlichkeiten dieser Art durften beim Besuch des Zaren nicht wieder vorkommen! Etikette um jeden Preis hieß die Parole.

Der hohe Staatsbesuch verursachte auch im Hauptquartier der Armee arges Kopfzerbrechen. Wochenlanges Exerzieren der Truppen, auch dem dümmsten Soldaten den nötigen Schliff beibringen, Uniformen und Ausrüstung auf Hochglanz zu bringen, um dem Zaren nicht den geringsten Grund zum Tadel zu bieten: das alles ließ zwar den einen oder anderen Offizier nachts nicht ruhig schlafen, war aber, da es sozusagen zum militärischen Handwerk gehörte, bei weitem nicht so drückend wie das Problem:
»Was sagen wir Seiner Majestät?«
»Vor allem wie?«
»Und wer?«
Besonders die letzte Frage wurde unter den Stabsoffizieren lebhaft erörtert, denn irgend jemand mußte dem Zaren beibringen, daß Schamils feierliche Kapitulation nicht gefeiert werden konnte. Und diese Unterwerfung, das Ende des Kaukasuskrieges, war doch der eigentliche Anlaß für die weite Reise des Kaisers gewesen.
»Daß der Krieg noch in Gang ist, läßt sich nicht leugnen.«
Darin waren sich alle einig, und wer die Lage vor Ort kannte, verstand auch warum. Aber der Zar im fernen Winterpalast hatte sicher andere Vorstellungen. Man mußte ihn aufklären, ohne ihn zu erzürnen, und das war die Pflicht der höheren Stabsoffiziere, die Erklärungen, ja sogar Entschuldigungen einübten, warum der Feldzug noch nicht siegreich beendet war, Schamil sich nicht beugen wollte und überhaupt die Welt sich nicht nur nach dem Willen des Zaren drehte.
Einige unter den Offizieren sahen der Ankunft des Kaisers mit einem Gefühl des Unbehagens entgegen. Wegen irgendeines Fehltritts waren sie zu gemeinen Soldaten degradiert und in den Kaukasus verbannt worden, wo sie auf unbestimmte Zeit in der Südarmee dienen mußten. Solche Strafen hatte der Zar oft selbst verhängt, wie beispielsweise in dem Fall des jungen Mannes, der in einer kalten Winternacht in St. Petersburg als Offizier vom Dienst das Kommando einem Unteroffizier übergeben und sich schlafen gelegt hatte. Der Zufall wollte es, daß der Kaiser auf einer Fahrt durch die Stadt den

wachhabenden Offizier vermißte, als er ausgerechnet bei diesem Posten anhielt. Entsetzt wachte der junge Mann auf, der so plötzlich neben seinem Bett die Stimme des Zaren hörte:
»Kommen Sie mit! Kommen Sie so mit, wie Sie sind.«
Nur mit dem Nachthemd bekleidet, mußte sich der Ertappte in den offenen Schlitten neben den Zaren setzen, auf dessen Befehl er am nächsten Tag in den Kaukasus geschickt wurde, gleichfalls nur im Nachthemd, eine wochenlange Reise, die er wider Erwarten überlebte.
Seit Jahren schon diente er als gemeiner Soldat in der Südarmee und fürchtete nun, wie so manch anderer Leidensgenosse auch, der Kaiser werde sich, wenn er sein Gesicht sehe, an seine Verfehlung erinnern.

4

Inzwischen hetzte der Zar, wie es seine Gewohnheit war, in einem schnellen kleinen Wagen mit halsbrecherischer Geschwindigkeit, eine Generalstabskarte auf den Knien, durch sein Riesenreich. Selbst die kleinste Verzögerung reizte ihn, ohne Rücksicht auf die Klagen seines Stabs, dem weder Zeit zum Essen noch zum Schlafen blieb. Im Rausch der Schnelligkeit hastete er, in seinen grauen Militärmantel gehüllt und eine Bärenfelldecke über die Oberschenkel gebreitet, bei Wind und Regen schon wieder weiter und immer weiter über Straßen, die kaum mehr waren als Fahrspuren anderer Kutschen, voller Pfützen und Schlaglöcher.
Am einundzwanzigsten Oktober 1837 traf Zar Nikolaus in Tiflis ein. Wie schon seit Tagen regnete es auch bei seiner Ankunft in Strömen, und was als Einzug mit Glanz und Gloria geplant war, versank in Sturzbächen und Schlamm. Mit Dreck bespritzt waren die Pferde, die Wagen, die Prachtgewänder der vierundzwanzig georgischen Fürsten in der Begleitung des Kaisers, der nicht wie erwartet durch seinen Charme bestach, sondern alle Welt durch sein mißgelauntes Gesicht enttäuschte, das der eisige Herbstwind auf der wochenlangen Fahrt entzündet hatte. Nicht nur die Hetze und Beschwerden der Reise hatten ihm mehr zugesetzt, als er zugeben wollte, auch die

Flöhe in Mingrelien hatten die wohl einmalige historische Gelegenheit wahrgenommen, sich am blauen Blut Seiner Majestät gütlich zu tun, ohne Rücksicht darauf, daß sie sich damit ganz und gar gegen den Willen des absoluten Herrschers aller Reußen labten.
Seine Übellaunigkeit schien auch die Schaulustigen angesteckt zu haben, die erst zuhauf herbeigeströmt waren, sich dann aber bei dem Hundewetter nach und nach verloren bis auf die paar Unentwegten, die, bis zu den Knöcheln im Schlamm stehend, die Straßen in Tiflis säumten und deren Hochrufe so dünn klangen, wie der kaiserliche Zug durch Kot und Nässe an Wirkung eingebüßt hatte.
Bis auf die Haut durchnäßt, machte eine vollbusige Zuschauerin ihrer Ernüchterung Luft:
»Soll das tatsächlich der Mann gewesen sein, dessen ›feuriger Jupiterblick‹, wie es so schön heißt, die Frauen verwirrt?«
»Er wird müde sein von der langen Reise«, wandte ihre Nachbarin ein.
»Ist das ein Grund, so mürrisch auf uns herabzuschauen? Wir hätten bestimmt mehr Grund dazu.«
»Er ist der Zar!«
»Alle Welt schwärmt von seinem Charme.«
»Nichts als Maskerade«, warf ein Mann ein, der hinter ihnen stand. »Wie man sagt, erprobt er seinen berühmten Charme gern bei den Kindern seiner Höflinge, um die Wirkung auf sie festzustellen. In Wirklichkeit jedoch ist er streng und finster, und nichts auf der Welt kann seine Grundsätze ins Wanken bringen.«
»Für mich ist und bleibt er ein eleganter Mann«, verteidigte ihn die Verehrerin, an der diese abfälligen Worte abprallten wie Regentropfen von einem Schirm. »Nehmen Sie nur seine stattliche Größe und seine klassischen Züge. Ich kann mir gut vorstellen, wie unwiderstehlich sein Charme ist, wenn er nur will, und daß er auf die vornehmen Damen einen starken Eindruck macht.«
Dabei hatte man sich in Tiflis doch alle Mühe gegeben, den Zaren würdig zu empfangen. In den Gassen der Altstadt spannten sich von Balkon zu Balkon Girlanden aus Jasmin und Lorbeer, Teppiche hingen aus allen Fenstern, auf den Prachtboulevards begrüßten Ehrengarden der Armee mit präsentierten Gewehren ihren obersten Be-

fehlshaber, und die Glocken aller Kirchen läuteten ihr Willkommen für den Verteidiger und Beschützer des christlichen Glaubens.
Als die Nacht sich über Tiflis senkte, flammten überall Lichter auf, Tausende von Wachskerzen ließen die Kathedrale feierlich erstrahlen, und in den Akazien und Eukalyptusbäumen der Parks leuchteten die Lampions wie bunte Sterne.
Die Leuchtfeuer auf den Hügeln über der Stadt loderten dagegen nicht zu Ehren des Kaisers. Die Kundschafter Schamils, die, alles sehend und hörend, die Vorgänge in und außerhalb von Tiflis verfolgten, hatten sie angezündet, um ihrem Imam über die von ihm noch besetzten Berge hinweg, ihre Beobachtungen und Nachrichten zu vermitteln. Auf sie, so meldeten sie, hatte der Weiße Zar mit seinen hölzernen Bewegungen und den aufgedunsenen Zügen keinen sympathischen Eindruck gemacht.
Der Zar war da.
Doch wo blieb Schamil?
Jeder Blick, jede Regung in der Miene des Kaisers schien diese Frage zu stellen, und ungeduldig wartete er auf die Antwort seiner Generale, eine höchst unangenehme Pflicht, die man zwar erfüllen mußte, deren Folgen man aber fürchtete. Nicht nur die Unterredung mit Klugenau war erfolglos verlaufen, Schamil war auch nicht auf einen späteren Brief eingegangen, in dem ihn die russische Armeeführung erneut zur Kapitulation unter großzügigen Bedingungen aufgefordert hatte. Erst zwei Tage vor der Ankunft des Kaisers hatte ein Läufer der Tschetschenen einen Brief überbracht, in dem der Imam kurz aber klar seine Haltung darlegte:

Von dem demütigen Schreiber dieses Briefes, Schamil, der alle Dinge in Allahs Hände legt. Hiermit benachrichtige ich Sie, daß ich entschlossen bin, nicht nach Tiflis zu kommen, auch wenn man mich dieser Weigerung wegen in Stücke schnitte, denn ich bin oft von Ihnen verraten worden, und das ist allen bekannt.

Als man die Erklärung, auf die der Zar schon so lange wartete, nicht mehr länger hinausschieben konnte und ihm diesen Brief zeigte, wuchs sein Unmut, der sich bereits unterwegs auf der Reise angestaut hatte, während der er, einige Heeresangelegenheiten prüfend, immer mehr zu einem negativen Urteil über die Kriegsführung gekommen war.

»Das also, meine Herren, verstehen Sie unter der endgültigen Niederwerfung der Tataren, der Befriedung des gesamten Kaukasus!« fuhr er den Generalstab an. »Was haben Sie sich eigentlich dabei gedacht, als Sie mir nach Petersburg die Unterwerfung dieses Schamils melden ließen? Statt Demut finde ich Hochmut, statt Frieden Krieg. Warum nur, so frage ich Sie, meine Herren, zieht sich dieser Krieg schon jahrelang hin, und wie viele Jahre wird er noch dauern? Warum nur fordern Sie immer weitere Soldaten an? Warum nur müssen wir immer mehr Material in diese Auseinandersetzung mit ein paar Bergstämmen hineinstecken? Diese Asiaten sind viel zu anmaßend geworden. Wie konnten Sie das nur so lange dulden, statt energisch einzugreifen? Haben Sie wenigstens eine einleuchtende Erklärung für die ganze Situation? Nein, meine Herren, keine einzige habe ich bisher von Ihnen gehört. Nein und nochmals nein! So geht es nicht weiter, auf keinen Fall. Ab heute muß alles anders werden, alles!«

Kaum hatte Zar Nikolaus seinen Stab abgekanzelt, als er auch schon zum nächsten Schlag ausholte: Baron Rosen, der seiner Meinung nach als Oberbefehlshaber an allem schuld war, wurde entlassen und durch General Golowin ersetzt.

Aber noch immer nicht hatte sich seine Wut Luft gemacht. Kurz nach seiner Ankunft war Nikolaus zu Ohren gekommen, der mingrelische Fürst Dadiani, Schwiegersohn des Gouverneurs und Adjutant des Zaren, habe sich bestechen lassen und als Oberst eines georgischen Grenadierregiments Soldaten zu privaten Dienstleistungen herangezogen. Bei einer Parade, als nicht nur die Truppen versammelt, sondern auch die führende Gesellschaft Georgiens zugegen war, darunter die junge Frau des Fürsten, seine Familie und Verwandten, riß der Zar plötzlich dem Fürsten von Mingrelien die Schulterstücke ab, degradierte ihn zum gemeinen Soldaten und ordnete ein Verfahren vor dem Kriegsgericht an. Diese ehrenrührige Erniedrigung vor den Augen der Öffentlichkeit nahm sich Dadiani so sehr zu Herzen, daß er schon bald danach Selbstmord beging.

Nachdem Nikolaus durch diese peinliche Bestrafung endlich sein

Mütchen gekühlt hatte, wandte er sich internationalen Problemen zu und gewährte Emir-i-Nizam, einem Perser aus vornehmer Familie, eine Audienz. Eigentlich war Emir-i-Nizam nach Tiflis gekommen, um dem Zaren seine Ehrerbietung zu erweisen, aber Nikolaus nutzte die Gelegenheit, erneut seine Macht zu demonstrieren. Entgegen aller Gepflogenheiten orientalischer Diplomatie forderte er schroff, alle russischen Bataillone, die während des Russisch-Persischen Krieges zum Feind übergelaufen waren, müßten sofort ausgeliefert werden. Jeder Tag länger, den Russen, also Christen, mit Moslems in Persien zusammenlebten, sei jeden Tag eine Beleidigung mehr für Kreuz und Krone zugleich.

Während alle früheren Versuche, die Deserteure zur Rückkehr zu bewegen, fehlgeschlagen waren, gelang es diesmal Hauptmann Allbrandt nach fast einjährigen Bemühungen, sie zu überreden und sie schließlich im Triumph mit flatternden Fahnen und Regimentsmusik heimzuholen.

Doch diesen künftigen Erfolg konnte der Zar bei seinem Aufenthalt in Tiflis noch nicht voraussehen, erst recht nicht feiern, und so gab er sich bei so viel Ungemach weiterhin verdrießlich, obwohl das Empfangskomitee in Tiflis sich geradezu überschlug, ihn durch eine Vielfalt von Darbietungen abzulenken. Alles, aber auch alles blieb vergebliche Liebesmüh: der Dankgottesdienst in der Zionskathedrale, zu dem ihn der Patriarch der georgischen Kirche persönlich geleitete; das rauschende Fest im Ballsaal des Gouverneurs; die üppigen Gastmahle, die glanzvollen Empfänge und Bälle, die ihm zu Ehren der Adel bot; die Possenreißer und Gaukler auf den Plätzen und Straßen, die den hohen Herrn mit ihren Späßen und Zaubereien aufzuheitern versuchten; die georgischen Schönheiten, die, in ihren pelzbesetzten Umhängen, mit wallenden Schleiern und mit klirrenden Münzen auf ihren runden Käppchen, ihre Nationaltänze vorführten; der Besuch in einem der berühmten türkischen Dampfbäder; die Aufwartung, die ihm die Lokalgrößen machten, darunter auch der bekannteste Zecher, der seine ohnehin schon trinkfesten Landsleute an ungeheuren Mengen Wein noch übertraf; die Einladung durch die Fürstenfamilie Tschawtschawadse auf ihre Güter nach Zinondali. Selbst die Kinder des neugegründeten Waisenhauses, die ihrem Schirmherrn das nicht endenwollende Epos vom »Ritter in der Tigerhaut« vortrugen, vor siebenhundert Jahren von Schota Rustaveli, dem größten Dichter Georgiens verfaßt, konnten den flammenden Jupiterblick Seiner Majestät, vor dem alle Welt bebte, nicht besänftigen und wenigstens dieses eine Mal ein wenig Wärme und Wohlwollen verströmen lassen. Der Monarch blieb zerstreut, und manchmal wirkte er sogar unangenehm berührt. »Ich habe nur Augen für meine Armee«, ließ er verlauten.

Gesellschaftlich war der Staatsbesuch ein Reinfall, in militärischer Hinsicht dagegen zahlte er sich aus, wenigstens teilweise. Denn immerhin hatte sich der Zar endlich zu der Einsicht durchgerungen, daß er vom Winterpalast in Petersburg aus den Feldzug im Kaukasus nicht mit allen taktischen Einzelheiten leiten konnte. So schwer es ihm fiel, sah er dennoch ein, daß er dem neuernannten Oberbefehlshaber Golowin mehr Machtbefugnisse und Entscheidungsfreiheit einräumen mußte als seinem Vorgänger.

»Was ich im Laufe des nächsten Jahres von Ihnen erwarte«, legte er dem General dar, »ist folgendes: erstens ein Vormarsch auf die Festungen am Schwarzen Meer, die von feindlichen Stämmen besetzt sind; zweitens eine Säuberungsaktion im oberen Samurbereich; drittens, und das ist das Wichtigste, sind die Gebiete von Tschetschnia und Daghestan zu erobern, doch, wohlgemerkt, mit der Auflage, Schamil dabei gefangenzunehmen oder zu töten.«

»Ein gewaltiges Programm, Majestät!«

»Ich habe volles Vertrauen zu Ihnen, General!«

»Das sind drei Feldzüge, die ich mit drei verschiedenen Armeekorps bestreiten muß.«

»Wobei das dritte Vorhaben, der Sieg über Schamil und die Niederwerfung der Tschetschenen und Daghestaner, der Schlüssel für alles übrige ist. Vom Erfolg dieses Feldzugs hängt die Eroberung des gesamten Kaukasus ab.

»Verstehe, Majestät.«

»Wen schlagen Sie als Oberkommandierenden vor?«

»Mit Ihrer Erlaubnis General Grabbé.«

Der Zar nickte zum Einverständnis, und wünschte General Grabbé, als er ihn bald darauf empfing, vollen Erfolg für diese wohl schwie-

rigste Aufgabe im kaukasischen Krieg. Auch fand er, schon im Mantel unter seinen Generalen und Stabsoffizieren stehend, beim Abschied von seinen Truppen ein paar lobende Worte, setzte sogar, an den Oberbefehlshaber, den Gouverneur und den Bürgermeister von Tiflis gewandt, wandlungsfähig und gekonnt wie ein Schauspieler seine Maske des Lächelns auf und sagte, mit einer gnädigen Geste seiner behandschuhten Rechten auf den Gouverneurspalast und die Verwaltungsgebäude deutend, Bauten, die das Gewirr der alten asiatischen Häuser der vor ihm so malerisch daliegenden Stadt überragten und beherrschten:
»Jetzt verstehe ich die Bedeutung der Worte aus der Schöpfungsgeschichte: ›Es werde Licht, und es ward Licht.‹«
Überzeugt von seiner göttlichen Sendung, von der Gottähnlichkeit der Könige, stellte sich Nikolaus wie selbstverständlich auf eine Stufe mit dem Allmächtigen, so wie er seine Person gleichsetzte mit seinem Land und dessen Geschichte und vom Wetter als von »meinem Klima« sprach.
Vom Charme Seiner Majestät verzaubert, schauten sie zu, wie er in seinen Wagen stieg und in rascher Fahrt nach Norden entschwand.

ZWEITER TEIL

Den Sohn als Faustpfand ausgeliefert

I

»Alles liegt in Allahs Hand.«
Oft wies Schamil in jenen Tagen, seit er sich nach Achulgo zurückgezogen hatte, mit diesem Ausspruch die Kleinmütigen zurecht, die wegen der immer bedrohlicher werdenden Lage Bedenken äußerten oder gar eine vernichtende Niederlage heraufziehen sahen.
»Alles liegt in Allahs Hand.«
Mit dieser Einstellung erwartete er schicksalergeben den unausweichlichen Angriff der Russen. In der letzten Zeit hatte er alles Menschenmögliche getan, um den Aul, der schon von Natur aus als nahezu uneinnehmbar galt, zu einer Festung auszubauen. Zwischen steil abfallenden Bergen und Schluchten in einer Flußschleife des Andi Koisu lag dieses Bollwerk auf einem Felsmassiv, verstreut auf zwei Hochebenen, die das Dorf in Alt- und Neu-Achulgo trennte. Dazwischen gähnte ein Abgrund wie ein Höllenschlund, durch den sich tief unten die Aschilta, ein kleinerer Nebenlauf des Koisu, schlängelte wie der Totenfluß der Unterwelt. Eine Brücke aus schmalen Planken, zwanzig Meter hoch über dem Gebirgsstrom, bildete den einzigen Verbindungsweg zwischen den beiden Teilen des Auls. Die Russen würden sich blutige Köpfe holen, sollten sie es wagen, gegen diese Festung anzurennen. Nur wenn es ihnen gelang, schwere Artillerie nahe genug heranzubringen, konnten ihre Angriffe Wirkung zeigen. Doch soweit durften die Verteidiger es nicht kommen lassen.
Immer wieder besichtigte Schamil die Verteidigungsanlagen, gab hier eine Anweisung zu ihrer Verstärkung und sprach dort ein aufmunterndes Wort, stets begleitet von seinem ältesten Sohn Dshemal-

Edin, einem achtjährigen Jungen, blaß und schmächtig. Mit den großen schwarzen Augen, die wie bei seiner Mutter leicht schräg standen, schaute er manchmal nachdenklich in die Ferne, und er glich ihr noch mehr, wenn in seinen Zügen ihr sanftes Lächeln aufleuchtete. Den Stolz wie auch den Löwenmut hatte er vom Vater geerbt, mit dem er bereits zu mehreren Raubzügen ausgezogen war. Trotz seiner Jugend galt er, ihm auch darin nacheifernd, als vollendeter Reiter und Schütze, und furchterregend wußte er den noch viel zu schweren Kindjal zu schwingen.

Zusammen mit Dshemal-Edin hatte Schamil die gesamte Familie in Achulgo versammelt: seine Mutter Bahu-Messadu, seine Schwester sowie seine beiden Frauen Fatimat, Dshemal-Edins Mutter, und Dshavarat mit ihrem zwei Monate alten Säugling Said. Nicht aus Liebe oder aus politischen Gründen hatte er inzwischen Dshavarat als zweite Frau geheiratet, sondern nur mit dem Wunsch des Kriegers nach Söhnen, die seine Schlachten weiterführen sollten.

Auch sonst drängten sich ungewöhnlich viele Frauen und Kinder in den engen Gassen des Bergdorfs zusammen, wohin sie vor den anrückenden Truppen des Zaren geflohen waren. Mit diesem Zustrom von Flüchtlingen hatte niemand gerechnet, seit Schamil das Felsennest zur Festung erwählt hatte, und Sorge erfüllte die Nahibs, als sie sahen, wie die Zahl weiter wuchs.

»Wie sollen wir nur so viele Menschen ernähren – die Einwohner Achulgos, unsere Krieger und mehr als tausend Frauen und Kinder dazu? Wenn die Belagerung lange dauert, sind unsere Vorräte bald verbraucht.«

Mit solchen Einwänden lagen sie ihm manchmal in den Ohren, aber Schamil ließ sich von ihren Sorgen nicht anstecken und wiederholte einmal mehr seine Überzeugung:

»Alles liegt in Allahs Hand.«

Kraft und Zuversicht holte er sich, wenn er sich in die Moschee zurückzog, um zu beten und Allahs Wille zu ergründen. Die ganze Zeit über blieb dann Dshemal-Edin achtungsvoll einen Schritt hinter ihm stehen.

In der gleichen aufrechten Stellung im Rücken des Vaters hielt sich der Sohn auch während der langwierigen Besprechungen des Kriegs-

rats auf, und bald sollte auch die Stunde kommen, da man ihn während der Kämpfe auf der Festungsmauer wie der Schatten hinter dem Feldherrn sah.
Noch blieben die Russen außer Sichtweite, kein Schuß war zu hören, kein Kriegsgeschrei. Nur manchmal, wenn der Abend dämmerte, hallte des Imams Stimme vom flachen Dach seines Hauses über den Aul hin. Er sang dann »Schamils Psalm«, den er als Ersatz für die überlieferten Gesänge der Daghestaner verfaßt hatte, ein düsteres Lied, das Allah um die innere Stärke bat, nicht abtrünnig zu werden und bald das ersehnte Ende zu bringen.
Sorglos wartete Schamil nicht auf den Ansturm des Feindes, doch gefaßt blickte er von seinem Adlerhorst herab in die Zukunft.
Alles lag in Allahs Hand.

2

Jäh wurden die Einwohner Achulgos aus ihrem Schlaf geschreckt, als in der Morgendämmerung des neunundzwanzigsten Juni 1839 die russischen Kanonen im Tal das Feuer eröffneten und die ersten Granaten dicht am Dorfrand einschlugen. Von dieser Stunde an erzitterte die Luft unter dem Donner der Geschütze, dem Zischen der Geschosse und dem Knall, mit dem sie zerbarsten. Vielfach verstärkt hallte der Kriegslärm von den Felswänden zurück.
Als die Sommersonne über den schneebedeckten Gipfel aufzog, hing der Himmel voller Rauchwölkchen und Pulverdampf. Einige Holzpfähle der Verteidigungsanlagen brannten wie Feuersäulen. Doch bald waren die Flammen gelöscht, der Schaden blieb gering.
Im Laufe des Vormittags bezogen zwei russische Einheiten neue Stellungen am Fuß der steil aufragenden Felsen. Mit einem Stoßtrupp von Freiwilligen hofften die Offiziere dort hinaufklettern und eine Bresche in die Befestigungsmauer schlagen zu können.
Das Unternehmen endete als Fehlschlag. Ein Hagel von Steinen und brennenden Holzscheiten prasselte auf die Soldaten nieder, die sich schützend gegen die Felswände preßten. Dennoch wurde mancher getroffen und stürzte mit einem Todesschrei in die Tiefe.

Wen diesmal noch das Schicksal verschont hatte, den erwartete das Verhängnis an anderer Stelle. Denn jedesmal, wenn einer der Kletterer versuchte, an dem glatten Steilhang Halt zu gewinnen, oder wenn es einem anderen gelang, auf den Schultern eines Kameraden stehend, sich an einen Felsvorsprung zu klammern, gerieten sie in die Schußlinie der Muriden.

Als die Gletscher im Abendrot leuchteten, lagen dreihundertfünfzig Russen in ihrem Blut. Es hatte die Klippen gefärbt, auf denen ihre Leiber beim Absturz zerschmettert worden waren.

Der Rest zog sich im Schutz der Dunkelheit zurück.

Auch in die Festung der Muriden war der Tod eingekehrt, Schamil hatte einige seiner besten Krieger verloren.

Der erste Angriff war abgeschlagen, der zweite folgte vier Tage später, nachdem im russischen Lager Feldartillerie und Nachschub an Munition von Temir-Chan-Schura eingetroffen war. Zu den Felsen östlich der Bergfestung hatten die Belagerer eine zweite Batterie hinaufgezogen, wo sie außerhalb der Reichweite von Schamils Gewehren in Stellung ging. Ungestört nahmen die Geschütze von dort aus das Bollwerk unter Beschuß und schleiften die Hauptmauern, unter deren Trümmer viele Muriden begraben wurden.

Trotzdem blieb der Widerstandswille der Verteidiger ungebrochen. Wann immer die zaristischen Generale glaubten, die vermeintlichen Ruinen von Achulgo im Handstreich nehmen zu können, erlitten sie eine Niederlage. Wie aus dem Nichts tauchten plötzlich Schamils Krieger vor den russischen Soldaten auf und machten sie in erbittertem Nahkampf nieder. Wer mit dem Leben davonkam, wußte zu berichten, daß nur die äußeren Schanzwerke unter der Kanonade gelitten hatten, die eigentliche Festung dagegen so gut wie unversehrt geblieben war.

Immer mehr dämmerte bei den Offizieren im zaristischen Stabsquartier die Einsicht, daß mit der bisherigen Taktik und ohne Verstärkungen die Besatzung des Felsennestes nicht zu übermannen war.

Mit jedem neuen Sieg wuchs im Lager der Muriden die Zuversicht, auch weiterhin dem Ansturm des Feindes standzuhalten.

»Wir stehen die Belagerung noch lange durch«, erklärte Schamil seinen Nahibs. »Aushungern können sie uns nicht.«

»Und all die Frauen und Kinder, die sich vor dem Feind hierher geflüchtet haben?« wandte ein Nahib ein. »Es sind jetzt über tausend Menschen mehr zu versorgen.«
»Wir haben genug Vorräte an Lebensmitteln angelegt«, erwiderte Schamil zuversichtlich.
»Und verdursten werden wir auch nicht«, fügte Junuss hinzu. »Es gibt hier oben genug Brunnen.«
Mochten die Russen auch immer wieder versuchen, die Steilfelsen hinaufzuklimmen – die Muriden warteten hinter ihren Steinblöcken seelenruhig den günstigsten Zeitpunkt ab, um einen nach dem anderen abzuschießen.
Das Blatt schien sich zu wenden, als am zwölften Juli russische Verstärkungen eintrafen. Doch der Gewaltmarsch aus dem südlichen Daghestan bis in die Berge von Achulgo hatte die Truppen so geschwächt, daß sie zum Unmut des Generalstabs nicht sofort in die Schlacht geworfen werden konnten. Erst nach längerer Ruhepause rückten sie in ihre Frontstellungen ein.
Aber auch jetzt wurde die Geduld der Armeeführung auf eine harte Probe gestellt. Denn weder der Übermacht ihrer Verbände noch den Scharfschützen, die sich im Schutz der Dunkelheit nahe an die Eingeschlossenen heranschlichen, gelang es, in die Felsenfestung einzudringen.
Bei einer Besprechung im russischen Hauptquartier beschloß man daraufhin, Sturmleitern und Taue zu beschaffen sowie Körbe, die an Flaschenzügen hingen. Mit ihrer Hilfe wurden unter wütendem Kugelhagel Soldaten und Kanonen über die tiefe Schlucht gebracht, die trennend zwischen der eigenen Stellung und dem weniger schroffen Zugang zur Festung lag. Unter hohen Verlusten bauten die Angreifer so einen festen Brückenkopf aus, von wo sie ungestüm gegen das Bollwerk der Verteidiger anrannten.
Aber auch dieser Weg erwies sich als Irrweg. Wer die Bergfestung stürmen wollte, mußte sie erst sturmreif schießen.

Eine Woche lang lag Achulgo nun schon im Trommelfeuer der russischen Kanonen, als sich im Stabsquartier die Meldungen häuften, die ein nahes Ende der Muriden voraussagten. Die abtrünnigen Stammesmitglieder, die General Grabbé als Kundschafter aussandte, berichteten übereinstimmend, Schamils Verluste seien durch den anhaltenden Artilleriebeschuß schwerer gewesen, als man bis dahin vermutet habe.

»Nicht nur die äußeren Bollwerke sind geschleift, auch die Befestigungsanlagen im Inneren des Auls sind zerstört. Durch die Vernichtung der größten Lebensmittellager haben die Leute nicht mehr genug zu essen. Auch haben sie bereits ihre letzten Schafe und Ziegen geschlachtet, da es kein Futter mehr für das Vieh gibt. Körperlich und seelisch sind die Einwohner von Achulgo durch das tagelange Trommelfeuer erschöpft. Überall liegen die Toten massenweise herum und verseuchen das Wasser in den Brunnen. Kurz, die Bergfestung ist reif zum Sturmangriff.«

Immer mehr neigte General Grabbé dazu, solchen Worten Glauben zu schenken, zumal er mit eigenen Augen die Geier erkannte, die scharenweise von weither aus dem Gebirge heranschwebten und lauernd über dem sterbenden Dorf kreisten oder geduldig auf den Ruinen hockten. Diese Totengräber kamen nur, wenn der Tod sie rief. Also mußten Berge von Leichen sich dort oben in der Felsenfestung türmen. Wenn die Russen sie auch nicht sahen, so rochen sie doch den Verwesungsgestank, der in Schwaden bis zu ihnen hinunterdrang und sie anekelte.

Die überlebenden Bergbewohner litten ebenfalls darunter. Hatten sie die ersten Gefallenen noch bestattet, so fanden sie bald keinen Platz mehr für ein Grab. Schwärme von Fliegen umschwirrten die Leichen, und die Sommerglut verstärkte den Pesthauch. Leicht wäre es gewesen, die Toten über den Schutzwall hinunterzuwerfen, doch die Muriden, die so gleichmütig und schicksalergeben starben, scheuten davor zurück. Ohne zu zögern, hätten sie sich selbst im Kampf in die Tiefe gestürzt, aber niemand wagte es, sich auf diese Weise an den Gefallenen des Schlachtfeldes zu vergreifen.

Unter den Toten befanden sich auch viele Frauen und Kinder, Einwohner von Achulgo sowie Flüchtlinge, die gehofft hatten, dort oben vor den anrückenden Russen sicher zu sein. Wo immer sie sich trafen, im Haus, auf der Straße oder beim Wasserholen am Brunnen, sprachen sie über die Lage.

»Möge Allah uns beistehen«, sagte eine. »Es sieht nicht gut aus.«
»Es ist nicht das erste Mal, daß die Ungläubigen sich am Ende doch noch blutige Köpfe geholt haben«, meinte eine andere. »Warum nicht auch diesmal.«
»So schlimm wie jetzt war es noch nie.«
»Wenn's sein muß, werden auch wir kämpfen wie die Männer. Sind wir vor den Hunden geflohen, um ihnen schließlich doch noch in die Hände zu fallen? Nein, eher bringe ich mich selbst um, mich und meine Kinder.«
»Aber nicht ohne vorher möglichst viele dieser Giaurs mit ins Verderben zu stürzen.«
Sie waren Frauen, die gelernt hatten zu kämpfen, denn zu allen Zeiten war das Leben in den Bergen ein ständiger Kampf gewesen.

3

»Schamil rüstet sich zur Flucht!«
Auf diese Nachricht hatte General Grabbé nur gewartet, und allzu leichtgläubig vertraute er ihr. Entschlossen ließ er zum letzten Sturmangriff blasen. Drei Heeresgruppen sollten endlich den Sieg für den Zaren erringen.
Der erste Trupp, mit Sturmleitern ausgerüstet und von Batterien auf den gegenüberliegenden Hügeln gedeckt, schlängelte sich in einer langen Reihe, einer hinter dem anderen, über eine schmale Klippe bergauf. Doch kaum hatten sie den Kamm der Klippe erreicht, als die dort verborgenen Muriden sie unter mörderisches Feuer nahmen. Die einzige Rettung schien eine Plattform zu bieten, von der aus sie über die nun zerschossenen Schutzmauern klettern und die Festung stürmen konnten. Etwa sechshundert Mann gelang es, dem Kugelhagel zu entkommen und sich auf diesen breiten Vorsprung zu flüchten.
Ihr Sprungbrett zum Angriff wurde ihnen jedoch zur Todesfalle. Denn plötzlich gerieten sie in die Zange von zwei Felsennestern, die außerhalb des Blickwinkels der russischen Stellungen lagen. Kopflos suchten die Überrumpelten nach einem Fluchtweg, doch vor ihnen türmte sich steil ein Felsen auf, links und rechts gähnte der Abgrund, und wütendes

Kreuzfeuer schnitt ihnen den Rückzug nach hinten ab. In wenigen Augenblicken waren alle Offiziere gefallen, da die Muriden zunächst auf sie gezielt hatten, ehe sie die Mannschaft wie eine hirtenlose Herde zusammentrieben und niederschossen. Mancher, der zurückwich, stieß den Hintermann in die Tiefe, und wer stürzte, riß den Kameraden, an dem er sich zu halten suchte, mit in den Tod.
Als das Echo des letzten Schusses verhallte, war über die Hälfte der sechshundert Russen gefallen oder verwundet. Schaurig klang das Stöhnen und Schreien der Sterbenden. Die Überlebenden dieses Gemetzels klammerten sich an den Felsvorsprung wie Schiffbrüchige an eine Planke, zitternd vor der nächsten Woge, die sie alle verschlingen würde. Doch kein Schuß fiel mehr, Schamils Krieger mußten an Munition sparen. Hunger und Durst sowie die Kälte der Nacht würden für sie den Rest besorgen.
Die zweite Abteilung der Angreifer erlitt ein ebenso grausiges Schicksal. Als sie auf dem Pfad in einer engen Schlucht vorrückten, rollten und polterten plötzlich Steine und Felsblöcke auf sie herab. Viele Soldaten wurden erschlagen und zerquetscht, und mancher blieb, noch stundenlang jammernd und vergeblich um Hilfe flehend, mit gebrochenen Knochen unter dem Geröll eingeklemmt, bis ihn endlich der Tod erlöste. Zusammen mit den Gesteinsmassen versperrten die Erschlagenen nun diesen schmalen Aufstieg zur Bergfestung, der von dieser Seite keine Gefahr mehr drohte.
Ein glücklicheres Los schien die dritte Gruppe gezogen zu haben, die ohne jeden Widerstand bis zum äußeren Verteidigungsgürtel vordrang. Dann aber brach auch über sie das Unheil herein. Kaum hatten sie eine Klippe erklommen, die schwindelerregend über einem Abgrund hing, als mit wildem Geschrei eine Schar von Verteidigern von den Ruinen herabsprang und wie ein Bienenschwarm über sie herfiel. Es waren Mütter, die sich mit ihren Kindern dem Feind entgegenwarfen. Die Frauen, als Männer verkleidet, um die Russen über die Truppenstärke zu täuschen, stürmten mit gezücktem Schwert den Ungläubigen entgegen, während die Kinder, in jeder Hand einen Dolch, gebückt die russischen Bajonette unterliefen und den Soldaten den Bauch aufschlitzten. Die Mütter wichen auch nicht zurück, als die ersten Kinder vor ihren Augen fielen. Im Gegenteil, ergrimmt

wie Rachegöttinnen packten sie die kleinen Leichen und schleuderten sie dem anrennenden Feind entgegen. Wie ein Tiger sein Opfer so sprangen sie die Soldaten an, entrissen ihnen die Gewehre und stürzten sich mit der Beute über die Klippen. Kein Giaur würde je wieder diese Flinten auf einen Gläubigen richten. Mit dieser Gewißheit starben sie.

Durch den Todesmut dieser Frauen und Kinder wurden die Russen erneut zum Rückzug gezwungen.

Spätestens nach dieser Niederlage erkannte General Grabbé, daß ihm die tatarischen Spione die Lage in Achulgo zu schwarz gemalt hatten. Wer so entschlossen einer erdrückenden Übermacht die Stirn bot, war noch lange nicht am Ende. Zu früh hatte er den Sturmangriff befohlen. Viele seiner Soldaten waren gefallen, der General hatte sich verrechnet.

Trotz aller Bedrängnis blieb die Stimmung in der Bergfestung immer noch zuversichtlich. Die Muriden waren keineswegs von der Außenwelt so abgeschnitten, wie die Russen glaubten. Anders als die fremden Eroberer kannten sie in den Bergen des Kaukasus jeden Weg und Steg. Bei Nacht war es Schamil gelungen, den größten Teil seiner Verwundeten über den Koisu in Sicherheit zu bringen und gleichzeitig die Verluste durch Verstärkungen aus den umliegenden Auls auszugleichen. Trotz russischer Scharfschützen traf auch der Nachschub an Munition und Lebensmitteln in Achulgo ein. Obwohl die Brunnen verseucht waren, litt niemand unter Durst, da sich die Verteidiger nachts an Seilen zum Fluß hinabließen, um für alle Trinkwasser zu holen.

»Alles liegt in Allahs Hand.«

Im Vertrauen auf Gott und die eigenen Kräfte konnten die Menschen in Achulgo die Belagerung noch lange durchstehen.

»Liegt erst mal der Sommer hinter uns, dann wird der Winter mit seinen Eisstürmen unser Verbündeter sein.«

»Und die Schneeverwehungen werden zum Massengrab für die ungläubigen Eindringlinge.«

»Bis dahin gilt es, die Zeit abzuwarten.« So sprachen sie sich gegenseitig Trost zu.

Noch kam keine Untergangsstimmung unter den Muriden auf. Schwiegen die Kanonen, dann krochen die Einwohner aus den Höhlen, in denen sie Schutz gesucht hatten, räumten die Trümmer beiseite und bauten kleine Lehmöfen, um darin ihr Brot zu backen. Die Frauen flickten die Schuhe der Krieger, nähten die zerrissenen Hosen und Tscherkeßkas und putzten die Messinglampen der Moschee, deren Minarett durch Mörserfeuer zerstört worden war. Kein Stäubchen beschmutzte die handgewebten Gebetsteppiche, wenn in einer Gefechtspause die Nahibs oder Schamil und sein Sohn sich dorthin zur Meditation zurückzogen. Auch zwischen den verwüsteten Häusern tollten die Kinder ausgelassen und unbekümmert wie früher, und die Jungen, die älter als fünf oder sechs Jahre waren, wetteiferten im Speerwerfen oder schärften ihre Dolche wie Krieger, die sich zum Kampf rüsten.

Zu ihnen gehörte auch Dshemal-Edin, Schamils achtjähriger Sohn. Noch spielte er mit den anderen, und niemand ahnte, welche entscheidende Rolle diesem Kind bald zugeteilt werden sollte.

Alles lag in Allahs Hand.

4

Zur Ehre Gottes und des Zaren!

Alles, was dazu diente, war gut und gerecht. So sah man es auf russischer Seite, wo General Grabbé mit seinem Stab die Lage eingehend erörterte. Vor ihnen lag die Landkarte ausgebreitet, auf der sie kühl wie Schachspieler jeden Zug abwägten. Viel war die Rede von Tod und Zerstörung, Hunger und Seuchen, während die Herren ihre Meerschaumpfeifen oder Papirossys rauchten und die Messingsamoware im Kriegszelt so anheimelnd summten wie auf dem Gutshof in der Heimat. Behaglich genossen sie den Tee, den ihnen die Ordonnanzen laufend nachschenkten.

Sie alle waren sich einig, daß sie noch vor Einbruch des Winters die Rebellen in die Knie zwingen mußten.

»So will es der Zar. Allzu lange schon dauert der Kampf gegen die aufsässigen Stämme. Wir werden ihm endlich die Eroberung des Kaukasus melden, den Sieg über Schamils Horden!«

Wie die Armee dabei vorzugehen habe, faßte General Grabbé kurz und bündig zusammen:
»Achulgo wird erst dann fallen, wenn wir unsere Taktik ändern. Das heißt, wir müssen dem Feind die Nachschubwege abschneiden und die Festung von allen Seiten umzingeln. Dazu sind zunächst einmal die zerstörten Brücken über den Koisu wiederherzustellen. Nur so können wir das Hinterland, aus dem Schamil Nachschub und Verstärkungen bezieht, fest in die eigene Hand bekommen.«
Einen Monat lang dauerte es, bis es den Russen gelang, wenigstens eine Brücke über den Koisu zu schlagen. Wenn auch die Muriden immer wieder verbissen versuchten, die Bauarbeiten zu verhindern, so mußten sie schließlich einsehen, daß sie im offenen Gelände gegen die russische Artillerie machtlos waren.
Unruhe brachte in Schamils Lager auch die Nachricht, die Belagerer hätten über Gimri weitere Verstärkungen herangeführt.
»Ausgerechnet über Gimri, wo ich geboren bin!« knirschte der Imam, als der Kundschafter ihm die Hiobsbotschaft meldete.
Die Enttäuschung traf ihn um so härter, da er bisher darauf vertraut hatte, seine Geburtsstadt werde treu zu ihm halten und mit allen Mitteln dem gemeinsamen Feind den Durchzug verwehren. Diesen Verrat vergab er Gimri nie.
Durch zwei Bataillione ließ General Grabbé die Umgebung rings um Achulgo abriegeln. Flucht war ebenso unmöglich wie Entsatz: Niemand konnte hinein, niemand hinaus. Außerdem bezog schwere Feldartillerie neue Stellungen, wobei es manchmal eine volle Woche dauerte, bis ein Geschütz an seinem Platz stand. Teil für Teil auseinandergenommen hatten die Kanoniere es auf ihren eigenen Schultern die halsbrecherischen Pfade hinaufgeschleppt, die weder von Pferden noch von Mauleseln begangen werden konnten, und dann oben in der Stellung wieder zusammengesetzt.
Während General Grabbé den Belagerungsring immer dichter zusammenzog, zeichnete sich Graf Nirod, einer seiner Offiziere durch eine Glanztat besonders aus. Ruhm genoß dieser gutaussehende junge Mann schon seit einiger Zeit im Stabsquartier, allerdings nicht als Soldat, sondern als Pascha eines Harems. Reich und verführerisch wie er war, konnte es sich dieser Don Juan leisten, sich zu seinem

Vergnügen fünf persische Huris zu halten, die ihn über die Widrigkeiten des Krieges hinwegtrösteten. Um so mehr überraschte es, daß dieser durch die Freuden des süßen Lebens verwöhnte Kavalier aus härterem Holz geschnitzt war, als man erwartete.
Was er selbst entworfen hatte, führte er mit seinen Soldaten in langwieriger Arbeit aus. Unter seiner Anleitung zimmerten sie aus Baumstämmen und Brettern einen langen Laufgang, dessen kugelsicheres Dach die Soldaten vor den Gewehren der Muriden schützte. An Seilen hängend sollte dieser hölzerne Gang einen steilen Abgrund überbrücken und Stoßtrupps ermöglichen, gegenüberliegende Felsennester des Feindes zu stürmen. Wochenlang zog sich das Unternehmen hin, ständig unter Beschuß, der die Russen schwere Verluste kostete. Wer zu diesem Himmelfahrtskommando abgestellt wurde, schloß mit dem Leben ab. Obwohl Graf Nirod sich während der ganzen Zeit auf der gefährlichen Baustelle mitten unter seinen Pionieren aufhielt, kam er ohne den geringsten Kratzer davon, was seine fünf Paradiesjungfrauen ihren Gebeten an Allah zuschrieben.

Anfang August war Achulgo von seinen Hilfsquellen außerhalb völlig abgeschnürt. Es schien nur noch eine Frage der Zeit, bis die Festung zum Friedhof wurde. Tag und Nacht schlugen die Granaten der russischen Geschütze ein, zerstörten die Häuser und zersprengten allmählich auch die Höhlen und unterirdischen Verschanzungen, die Schamil mit viel Mühe hatte errichten lassen. Ständig waren neue Tote zu beklagen: Krieger, Frauen, Kinder, und auch die Verwundeten konnten nicht mehr ins Hinterland gebracht und gepflegt werden. Die Brunnen waren versiegt, kaum noch gab es etwas zu essen, und wenn sich ein paar kärgliche Nahrungsmittel auftreiben ließen, konnte niemand sie kochen. Holz fehlte nicht nur für den Herd, sondern auch für die Befestigungsanlagen. Der Aul lag im Gebirgsland oberhalb der Baumgrenze, und den Weg hinab zu den Wäldern hatten die Belagerer gesperrt.
Immer drückender lastete der Schatten des Unheils über Achulgo, so mancher schon sehnte das Ende herbei. Doch noch stand Schamil wie ein Fels in der Brandung, obwohl auch er die Vorboten des Untergangs nicht übersehen konnte.

Eine Lösung schien sich anzubahnen, als die Belagerten eines Morgens drei Männer den steilen Pfad zum Aul hinaufkommen sahen. Zwar trugen sie nicht die Uniform zaristischer Armeeangehöriger, schienen aber dennoch im Einverständnis der Russen zu handeln, da sie sich von ihnen völlig ungehindert der Bergfestung näherten. Es wäre leicht gewesen, sie wie Hasen abzuknallen, aber kein Schuß fiel, selbst das Artilleriefeuer war verstummt.

Von den Trümmern seines Bollwerks herab hatte Schamil sein Fernrohr auf die drei Männer gerichtet, und bald erkannte er unter ihnen den Häuptling eines nahegelegenen Auls. Seine Miene verfinsterte sich, als er, die Lippen kaum öffnend, aufbrauste:

»Ist der auch schon zum Verräter geworden?«

»Wer?« erkundigte sich Junuss, der mit anderen Nahibs neben ihm stand.

»Der Starschina von Tschirkei. Wer anders könnte ihn geschickt haben als die Giaurs?«

»Wir sollten uns erst einmal anhören, was sie uns zu sagen haben«, meinte Eski Nahib.

»Von den Ungläubigen kommt nie was Gutes.«

Der Imam war schon feindlich gestimmt, noch ehe er ein Wort vernommen hatte. Bis auf Reichweite seiner Flinten ließ er die Abordnung herankommen und gab dann einen Warnschuß ab.

»Sie sollen draußen bleiben, damit sie den Russen nicht berichten können, wie es bei uns im Aul aussieht.«

Die drei Männer blieben stehen und legten ihre Waffen auf den Boden. Dann trat der Starschina wenige Schritte vor, winkte zur Festung hinauf und setzte sich auf einem Felsblock nieder.

»Geh zu ihm hinunter, Junuss«, sagte der Imam, »er hat eine Botschaft für uns.«

Der Starschina stand auf, als Junuss auf ihn zukam, und begrüßte ihn. Was die beiden Männer miteinander besprachen, war auf der zerschossenen Festungsmauer nicht zu hören. Desto gespannter verfolgten die vielen Neugierigen von dort oben herab jede Geste.

Nur wenige Minuten dauerte die Unterredung, und nichts Gutes deutete sich an, als Junuss nachdenklich in die Bergfestung zurückkehrte.

»Nun?« fragte Schamil kurz.
»Er will uns helfen«, begann Junuss vorsichtig.
»Helfen?«
»Er war im russischen Stabsquartier, um seine Dienste als Unterhändler anzubieten.«
»Das hat er ja auch erreicht.«
»Aber er hat nicht erreicht, was er eigentlich wollte. Er hat einen ehrenvollen Waffenstillstand vorgeschlagen, doch General Grabbé besteht auf unserer bedingungslosen Kapitulation. Und außerdem – ich wage es kaum auszusprechen, o Imam – fordert er auch noch ein Unterpfand deiner guten Absichten während der Verhandlungen.«
»Was?«
»Du sollst ihm deinen Sohn Dshemal-Edin als Geisel ausliefern.«
Die Forderung traf Schamil schwerer als ein Säbelschlag. Im ersten Augenblick stand er wie versteinert da, raffte dann aber all seinen Stolz und Haß zusammen, als er den Nahib mit der hochmütigen Antwort wegschickte:
»Geh hinunter und sag dem Unterhändler der Russen, daß wir so lange kämpfen werden, bis Allah auch den letzten Ungläubigen aus dem Kaukasus verjagt hat.«
Junuss wagte nicht zu widersprechen, das Wort des Imams war ihm Befehl. Aber er machte sich seine eigenen Gedanken, als er den Pfad zum Starschina hinabstieg, der auf dem Felsblock wartete. Ein kurzer Wortwechsel genügte, dann wandte sich der Unterhändler ab und trat mit seinen Begleitern den Rückweg an.

5

Mit wütenden Angriffen versuchte General Grabbé Schamils Starrsinn zu brechen, ohne jedoch einen Meter an Boden zu gewinnen. Lag bisher schon die Hälfte seiner Truppen an Typhus darnieder, so mußte er nun noch weitere Verluste durch Fieber und Erschöpfung hinnehmen.
Am Ende ihrer Kräfte waren aber auch Schamils Krieger, von denen überhaupt nur noch wenige die blutigen Kämpfe überlebt hatten.

Viele siechten so geschwächt dahin, daß sie ganz offen um ihren Tod beteten. Auch die Hälfte der Frauen und Kinder war gefallen oder verhungert. Die zahlreichen Toten, die in der Sommerglut auf den Felsen verfaulten, genügten den Aasgeiern nicht mehr. Immer wieder versuchten sie auch schon über die Sterbenden herzufallen und konnten nur mit Mühe verscheucht werden.
Während die Russen mit Munition nur so um sich warfen, mußten die Muriden um jede Patrone geizen. Die lange Belagerung zeigte auch hier Wirkung.
Noch immer stemmte sich Schamil mit seiner Unbeugsamkeit und dem eisernen Willen zum Widerstand gegen die Einsicht, daß die Niederlage unabwendbar war. Eine Woche dauerten die Kämpfe nun schon an, seitdem die Bemühung des Starschinas von Tschirkei um einen Waffenstillstand gescheitert war. Zwar hatten die Russen Achulgo noch immer nicht erobert, aber die Muriden fühlten sich auch nicht mehr stark genug, weitere Angriffe abzuwehren.
Schamil saß in der Falle. Lange hatte er gebraucht, sich zu dieser Erkenntnis durchzuringen, doch dann handelte er entschlossen.

Am achtzehnten August hißte er die weiße Flagge, so demütigend und schmachvoll er es auch empfand, den Nacken vor den Ungläubigen zu beugen. Noch mehr aber als die Übergabe der Festung schmerzte ihn die Auslieferung seines Sohnes.
»Die Stunde des Abschieds ist gekommen«, sagte Schamil bewegt, »ich kann dich nicht mehr länger beschützen. Du mußt jetzt gehen und dich dem Feind unterwerfen. Durch deinen Opfergang bewahrst du Achulgo vor der völligen Vernichtung. Damit gibst du mir zugleich die Möglichkeit, den Kampf wiederaufzunehmen, sobald ich eine neue Streitmacht unter unserem Banner gesammelt habe. Ich weiß, es fällt dir schwer, dich von deinen Eltern trennen zu müssen; aber glaube mir, mein Sohn, auch mir und deiner Mutter blutet das Herz. Doch trösten wir uns damit, daß diese Trennung nicht für lange Zeit sein wird, sondern nur für die Dauer der Verhandlungen. Darum Kopf hoch, mein Sohn, weine nicht, zeige dem Feind Stolz statt Tränen.«
»Darf ich meinen Kindjal mitnehmen, Vater?«

»Ja, denn du bist einer der tapfersten meiner Krieger. Aber richte den Dolch nicht gegen deine Wächter. Harre geduldig aus, bis die Stunde der Rache gekommen ist und du wieder an meiner Seite mit Kindjal und Schaschka kämpfen wirst.«
Schamil wandte sich rasch ab und ließ Dshemal-Edin bei seiner Mutter zurück, die ihm wie zu einem Festtag die weiße Tscherkeßka anzog und eine hohe Mütze aus weißem Schaffell aufsetzte.
»Was auch geschieht«, schärfte sie ihm ein, »vergiß nie, wer du bist: der Sohn Schamils, des Awaren, des Imams von Daghestan und des Propheten Allahs auf Erden.«
Als er das Haus verließ, drückte sie ihn so fest und innig an die Brust, als ahnte sie, daß sie ihn nie wiedersehen werde.
Draußen wartete sein Vater mit Junuss, Talgik und Eski, den drei Nahibs, die der Imam am meisten schätzte.
»Sie werden dich ein Stück begleiten«, sagte Schamil und legte Dshemal-Edin zum Abschied die rechte Hand auf die Schulter. »Geh jetzt, mein Sohn, und noch einmal: weine nicht! Tränen sind Zeichen der Schwäche, und Schwäche kennt ein Aware nicht. Du bist zwar noch jung, aber von der Wiege an ist der Aware ein Mann.«
Unter den Blicken der letzten Überlebenden von Achulgo verließ der kleine Junge die Bergfestung, um sich dem Feind als Geisel zu stellen. Vor ihm trugen die drei Nahibs das Banner der Muriden. In den letzten Wochen hatte der gewundene Steilpfad ständig im Kreuzfeuer der russischen Truppen gelegen, jetzt schwiegen die Gewehre, und hinter Gesteinsblöcken und Felsvorsprüngen schauten die Soldaten neugierig hervor.
Von ihrem Kriegslager aus waren einige zaristische Stabsoffiziere ein Stück den Pfad hinaufgestiegen, wo sie auf halbem Wege Schamils Sohn erwarteten. Lächelnd streckten sie ihm die Hände entgegen wie einem lieben Gast, aber der kleine Junge wandte sich verschämt ab. Tränen verschleierten seine Augen – Tränen, gegen die er so lange und tapfer angekämpft hatte.
»Weine nicht, mein Sohn!« hatte sein Vater ihn zweimal gemahnt, doch daß jetzt der Schmerz dennoch so offen aus ihm hervorbrach, empfand er als Ungehorsam.
Vor Wochen, als die Belagerung begann und er sein Tatarenpony im

Tal zurücklassen mußte, hatte er schon einmal geweint. Damals war der Vater ärgerlich geworden.
»Tränen sind nichts für einen Awarenjungen«, hatte er ihn getadelt, »überhaupt für keinen Awaren – weder für Männer noch Frauen noch Kinder. Nur Schwächlinge weinen, und Schwächlinge gibt es nicht unter uns Awaren.«
Fast die gleichen Worte hatte ihm jetzt der Vater mit auf den Weg gegeben; aber im Gegensatz zu damals hatte seine Stimme diesmal nicht streng geklungen, sondern eher so, als müsse er selbst gewaltsam seine Tränen zurückhalten. Dennoch hatte der Vater trotz des Abschiedsschmerzes nicht geweint: er war ein Mann, ein echter Aware – und ein Mann und echter Aware wie sein Vater wollte jetzt auch der kleine Junge sein.
Verstohlen wischte er mit dem Ärmel über die Augen, und sein kindlicher Körper straffte sich, als er den russischen Offizieren sein Gesicht zeigte und sie trotzig aufforderte:
»Gehen wir!«
Keiner der Männer lächelte, sie alle fühlten, was in der Seele dieses kleinen Jungen vor sich ging. Feierlich senkten die Nahibs ihr Banner zum letzten Gruß. Mit einem stummen Blick nahm Dshemal-Edin Abschied und ging dann mit den Offizieren auf die russischen Stellungen zu. Nur einmal noch blieb er unterwegs stehen und blickte zu den Trümmern des Auls hinauf. Viele der Menschen, die dicht gedrängt wie Zinnen auf den zerfallenen Festungsmauern standen, konnte er erkennen, aber vergeblich hielt er Ausschau nach den wehenden Schleiern seiner Mutter. Sie hatte ihn nur bis zur Tür begleitet, als er das Haus verließ, und sich dann mit Tränen in den Augen zurückgezogen. Dort, so fühlte er, weinte sie noch immer.
Unter all den Zurückgebliebenen aber ragte ein wenig abseits eine Gestalt hervor: sein Vater, starr wie ein Denkmal aus Stein. Doch mit den Blicken verfolgte der Imam jeden Schritt seines Sohnes, bis er ihn weit unten im Gedränge der schaulustigen Soldaten, zwischen Pferden und Zelten, aus den Augen verlor.
Als die Nacht sich senkte, wartete Schamil noch immer an derselben Stelle auf dem Wall, diesmal weit und breit allein. Er hatte sich auf einen Felsblock gesetzt und schaute unbeweglich ins Tal hinab, von

wo aus rauhen Kehlen Lieder und Gelächter zu ihm hinaufschallten. An den Lagerfeuern, die in der Ferne wie Fackeln flackerten, feierten die Russen, aufgeputscht durch eine Sonderzuteilung Wodka, den Waffenstillstand und Besitz einer so bedeutenden Geisel.
Je ausgelassener sich die Siegesstimmung des Feindes steigerte, desto stärker wurde der Rachedurst des Imams. Zunächst einmal mußte er verhandeln, um zu retten, was noch zu retten war. Daran führte kein Weg vorbei. Aber zu einer bedingungslosen Kapitulation würde er sich nicht erniedrigen, mochte auch Achulgo fallen. Was er brauchte, war eine Atempause, um später zu gegebener Zeit das Verlorene zurückzugewinnen.
Alles lag in Allahs Hand, und Allah hielt seine Hand über die Gläubigen.
Die ganze Nacht hindurch grübelte Schamil. Doch was auch immer er sich in Gedanken ausmalte, nichts übertraf an Schmach und Härte die Schicksalsschläge, die ihn in Wirklichkeit erwarteten.

Wortbruch

I

Am Morgen kam General Pullo mit seiner Begleitung den Steilpfad zur Festung hinaufgestiegen. Schweigend wurden sie zu einer Höhle geführt, die der Imam als Verhandlungsort gewählt hatte. Mitten im Schutt und umgeben von den verwesenden Leichnamen seiner gefallenen Krieger empfing er die Abordnung, nicht in der Haltung eines Besiegten, sondern hochmütig und leidenschaftslos, wie es Allahs Propheten zustand.

»Ich habe die weiße Flagge gehißt, das ist wahr«, sagte er, »und ich habe euch für die Dauer der Verhandlungen meinen Sohn Dshemal-Edin als Geisel gestellt. Aber ich ergebe mich nur unter zwei Bedingungen: Erstens muß es mir erlaubt sein, künftig in meiner Heimat Daghestan zu leben; und zweitens soll mein Sohn, solange er noch als Geisel haftet, in meiner Nähe bleiben dürfen, zum Beispiel in Tschirkei unter der Obhut des Dorfältesten. Der Starschina genießt ja Ihr Vertrauen.«

»Ich werde General Grabbé über alles unterrichten und Ihnen dann seine Entscheidung überbringen.«

Mit dieser Zusicherung verließ General Pullo die Höhle und kehrte zum Stabsquartier zurück.

»Was!« brauste der Oberkommandierende auf, als er den Bericht entgegennahm. »Bedingungen stellt er auch noch, er, ein Besiegter, dicht am Abgrund. Dieser Mann ist noch anmaßender, als ich gedacht habe. Nur noch einige Tage länger Widerstand – und kein Leben hätte sich mehr in dem Bergnest gerührt. Nein, ich werde diesen Rebellen in die Knie zwingen, ein für allemal. Er hat da zu leben, wo es dem Zaren gefällt.«

»Und sein Sohn?« fragte General Pullo.

»Nun, *der* Fall ist bereits erledigt. Ich habe den Jungen nach Sankt Petersburg geschickt. Am Zarenhof wird man schon wissen, was mit ihm geschieht.«

»Soll ich noch heute nach Achulgo gehen und die Verhandlungen fortführen?«
»Morgen ist auch noch ein Tag«, entschied der Oberkommandierende barsch. »Und verhandelt wird nicht mehr. Nur noch bedingungslose Kapitulation – das ist ein Befehl!«
General Pullo fühlte sich nicht wohl in seiner Haut, als er sich zum zweiten Mal den Bergpfad hinaufmühte. Bei ihrer ersten Begegnung hatte er den Imam schon als einen Mann kennengelernt, der diesen Verstoß gegen alle Kriegsregeln nie und nimmer hinnehmen würde. Kaum hatte der Unterhändler die Hiobsbotschaft überbracht, als Schamil aufsprang und ihn anschrie:
»Halten Russen so ihr Wort? Das ist Vertrauensbruch, Verrat! Ihr habt meinen Sohn als Geisel gefordert – und jetzt habt ihr ihn entführt. Ihr seid keine Krieger, sondern Kindesentführer, und mit feigen Verbrechern verhandelt ein Muride nie! Gehen Sie und melden Sie das Ihrem Oberbefehlshaber!«
Schroff verließ er die Höhle, ohne die russische Abordnung noch eines weiteren Blickes zu würdigen.
Wenn er auch den Giaurs jede Schandtat zutraute, so wäre er doch nie auf den Gedanken gekommen, daß sie so schnell und unbarmherzig handeln und ein Kind in die Verbannung schicken würden, noch dazu ohne den Vater vorher zu verständigen. Wie hatte er nur so verblendet sein können, auf ihr Versprechen hereinzufallen. Einem Ungläubigen darf man nicht glauben. Die Hauptstadt des Zaren lag so unvorstellbar weit wie Sibirien, wohin so viele verschickt wurden und von wo keiner zurückkam. Wie sollte sich ein Kaukasier, ein Mensch der Berge, in dieser fremden Welt zurechtfinden, wie konnte er dort atmen und leben! Alle Hoffnungen waren geschwunden, den Sohn durch Verhandlungen zurückzubekommen. Die Russen hatten ihn nur deshalb so unerreichbar weit verschleppt, um ihn auch in Zukunft als stärkste Waffe gegen ihn, den Vater und Imam, zu benutzen.
Solche Überlegungen stürmten auf ihn ein und schürten die Rachgier. Töricht genug war er gewesen, Dshemal-Edin in die Hand des Feindes zu geben – sich selbst ausliefern auf Gnade und Ungnade durfte er auf keinen Fall. Der Wortbruch der Russen hatte ihn noch

rechtzeitig gewarnt. Mochte Achulgo auch verloren sein, er selbst mußte sein Leben retten, um weiter kämpfen zu können für den Muridismus, für die Unabhängigkeit der kaukasischen Stämme und damit auch für Dshemal-Edin, den er irgendwann und irgendwie wieder in die Berge zurückholen und zu seinem Nachfolger ernennen würde.
Kaum konnte Schamil abwarten, bis General Pullo und seine Begleiter die eigenen Stellungen erreicht hatten. Noch ehe sie im Kriegszelt des Oberbefehlshabers verschwanden, um Bericht zu erstatten, ließ der Imam ihn durch einen wütenden Feuerstoß seine Antwort wissen: Krieg statt Waffenstillstand.

General Grabbé nahm die Herausforderung an und befahl seinen Truppen am folgenden Tag erneut, die Befestigung zu stürmen. Wie schon bei allen früheren Versuchen rechnete er auch diesmal mit erbittertem Widerstand. Um so überraschter war er, als der erwartete Gegenangriff der Muriden ausblieb. Niemand ließ sich oben hinter den zerschossenen Verschanzungen blicken, kein Geräusch drang von dort herab. In dem Felsennest war es so ruhig wie in einem Totenhaus.
Doch diese unheimliche Stille beunruhigte die Russen mehr als das Knallen von Gewehren. Unheil lag in der Luft, und mit jedem Schritt näher steigerte sich ihre Erregung.
Ungehindert erkletterten sie die Festungsanlagen von Neu-Achulgo, ohne auch nur auf einen einzigen Krieger oder Dorfbewohner zu stoßen. Alles menschliche Leben schien erloschen. Überall lagen die Toten herum, teils verwest, teils zerfressen von Aasgeiern, die krächzend aufflatterten, als die eindringenden Soldaten sie aufscheuchten. Immer auf der Hut vor einem Überfall durchkämmten die Russen Gassen und Häuser, von denen nur noch wenige aus den Trümmern ragten. Alles lag öd und verlassen da, nichts regte sich, wie mit einem Leichentuch war das Bergdorf zugedeckt.
Erst als die Eroberer um eine Ecke des Auls bogen, erspähten sie fern in der gegenüberliegenden Klippenwand eine Gruppe von Menschen. Es waren Flüchtlinge, die eiligst den Steilhang hinaufkletterten und den Ziegenpfad zu der schmalen Brücke über die Schlucht ein-

schlugen. Erkennen konnten sie nicht, wer da auf diesem halsbrecherischen Weg durch ihren Belagerungsring geschlüpft war, und auch nicht mehr auf die Entkommenen schießen, so weit reichten ihre Gewehre nicht.

Noch während die Russen dastanden und die Flucht beobachteten, unschlüssig darüber, was dagegen zu unternehmen sei, brachen plötzlich die Dorfbewohner aus ihren Verstecken hervor und fielen über sie her. Ein verzweifelter Nahkampf entbrannte, bei dem die Frauen ebenso verbissen angriffen wie die Männer, aber all ihr Opfermut blieb vergebens, sie wurden überwältigt. Neu-Achulgo fiel in Feindes Hand.

Die Altstadt aber leistete noch immer zähen Widerstand. Die wenigen Muriden, die sich dort verschanzt hatten, wollten sich nicht ergeben. Gegen sie zog General Grabbé die Hauptmacht seiner Streitkräfte zusammen.

Über eine Woche lang dauerte die Schlacht. Jede Steinhütte, jede Saklia, jede Höhle mußte gewaltsam erstürmt werden. Frauen und Kinder rannten, mit Steinen oder Dolchen in der Faust, furchtlos gegen die russischen Bajonette an. Andere sprangen in ihrer Verzweiflung über die Klippen in den Tod. Mütter töteten mit eigenen Händen ihre Kinder, damit sie nicht in die Gefangenschaft der Ungläubigen gerieten. Ganze Familien wurden in den Trümmern ihrer Saklias ausgerottet. Mancher schwerverwundete Muride verkaufte sein Leben teuer, indem er zum Schein die Waffen streckte, dann aber blitzschnell den Gegner erstach, der sie ihm abnehmen wollte.

Außerordentlich schwierig und gefährlich war es, die kaukasischen Freiheitskämpfer aus den Felsenhöhlen über dem Koisu zu vertreiben, zu denen kein Pfad führte. Oft mußten die Russen ihre wagemutigen Kameraden an Tauen hinunterlassen, um die Widerstandsnester auszuheben.

Mehr als tausend Leichen lagen aufgedunsen auf den Felsen oder trieben im Fluß. Das Gebiet rings um Achulgo war zur Stätte des Todes geworden.

Neunhundert Menschen, meist Frauen, Kinder und Greise, wurden gefangengenommen. Das Weinen der Waisen, die im Gemetzel ihre Eltern verloren hatten, mischte sich mit den Klagelauten der Verwundeten und Sterbenden, die ihre Qualen hinausschrien. Mancher Kaukasier, der in die Hände des Feindes gefallen war, bäumte sich noch einmal auf, packte mit letzter Kraftanstrengung das Bajonett einer Wache und stieß es sich durchs Herz, weil er den Tod der Gefangenschaft vorzog.

Der neunundzwanzigste August brachte das Ende. Achtzig Tage lang hatte die Belagerung gedauert und General Grabbé die Hälfte seiner Truppen gekostet. Wieder einmal feierten die Russen einen Sieg, doch es war nur ein Scheinsieg wie schon so viele Male zuvor. Denn der Imam von Daghestan, der Führer der Widerstandskämpfer, schien entkommen zu sein. Jede Höhle wurde durchstöbert, jede Saklia und jeder Schutthaufen durchwühlt, immer und immer wieder überprüfte man die verwesenden Leichen – vergeblich, nirgends fand man auch nur die geringste Spur von ihm. Ergebnislos blieben auch die Verhöre seiner Anhänger, niemand konnte oder wollte Licht in das geheimnisvolle Dunkel bringen.

Rußland hatte unter schweren Verlusten einen kegelförmigen Felsen erobert – aber Schamil war wieder auf so wundersame Weise entflohen wie damals in Gimri, als er sich mit einem Sprung über die Köpfe seiner Feinde in die Freiheit gerettet hatte.

2

Bereits Tage vor dem Ende der Belagerung hatte Schamil seine verwegene Flucht ausgeführt. Der Gedanke daran war ihm noch am Abend des einundzwanzigsten August gekommen, nachdem er erfahren hatte, daß die Russen ihr Wort gebrochen und seinen Sohn Dshemal-Edin nach St. Petersburg entführt hatten.

Bei Nacht, als Regenwolken den Mond verdeckten, verließ Schamil das umzingelte Bergdorf Achulgo und schlüpfte unbemerkt vom Feind durch den Belagerungsring. Er führte eine kleine Gruppe an, zu der außer einigen ergebenen Nahibs auch seine erste Frau Fatimat mit ihrem jüngeren Sohn Kasi Mahommed gehörten sowie seine zweite Frau Dshavarat mit ihrem Säugling Said.

Allein wäre es ihm leichter gefallen zu entkommen, vor allem ohne

Frauen und Kinder. Die Flucht durch unwegsames Gelände, über Berge und Felsen, durch Schluchten und Flüsse, machte besonders Fatimat, die ihr drittes Kind erwartete, schwer zu schaffen.
Stunden waren seit ihrem Aufbruch inzwischen vergangen, als die Flüchtenden über steile Klippen krochen. Auf dieser schwierigen Wegstrecke versagten Fatimat die Kräfte. Schwer keuchend blieb sie liegen und stöhnte:
»Ich kann nicht mehr.«
»Wir sollten eine Pause machen«, schlug Junuss vor.
Schamil schüttelte den Kopf. »Nicht hier, wo wir von allen Seiten zu sehen sind, falls jemand sich in dieser Gegend herumtreibt.«
»Laßt mich hier liegen«, bat Fatimat. »In meinem Zustand bin ich für euch alle nur eine Last.«
»Nein, du kommst mit!« widersprach Schamil ihr. »Sobald du dich ausgeruht hast, folgst du uns. Aber mach ruhig langsam, so wie du kannst.«
»Ich bleibe bei ihr zurück und helfe ihr«, erklärte Junuss.
»Gut«, nickte Schamil. »Weiter unten am Fluß warten wir dann auf euch.«
Während Junuss bei Fatimat zurückblieb, zogen die anderen weiter. Sie wollten die Dunkelheit ausnutzen, um so weit wie möglich aus dem Umkreis von Achulgo herauszukommen. Sobald der Morgen dämmerte, versteckte sich die kleine Gruppe in einer Höhle, die in halber Höhe über den Klippen lag. Den ganzen Tag über wagte sich niemand ins Freie, auch nicht um nach den beiden Nachzüglern Ausschau zu halten: zu groß war die Gefahr, von Kundschaftern, Streifen und Suchtrupps entdeckt zu werden.
Erst nach Einbruch der Nacht setzten sie ihre Flucht fort. Im Schutz der Dunkelheit gelang es ihnen, unbemerkt ein gutes Stück zurückzulegen. Inzwischen war der Mond aufgegangen und warf sein fahles Licht auf die gespenstische Berglandschaft. Jetzt konnten sie zwar besser sehen, aber auch leichter gesehen werden.
Mitternacht war vorüber, als sie vor einem der gefahrvollsten Hindernisse auf ihrem Weg standen. Auf einem Baumstamm, der als Brücke diente und unter jedem Schritt bedrohlich schwankte, mußten sie der Reihe nach eine Schlucht überqueren, in der tief unten im

Abgrund ein Wildwasser über die Felsen stürzte. Schamil trug dabei seinen kleinen Sohn Kasi Mahommed auf dem Rücken.
Als er gerade auf der gegenüberliegenden Klippe angekommen war und sich nach den anderen umdrehte, sah er, daß Fatimat soeben bei der kleinen Gruppe eingetroffen war, früher als erwartet, und schon ihren Fuß auf den Baumstamm gesetzt hatte. Besorgt verfolgte Schamil jeden ihrer Schritte und atmete auf, als er kurz vor dem Ziel ihre ausgestreckte Hand ergreifen und sie dann endlich in die Arme schließen konnte.
»Allah sei Dank!« flüsterte er ihr zu. »Einen Augenblick lang, kurz vor der Mitte, hatte ich schon befürchtet, du würdest das Gleichgewicht verlieren.«
Junuss und zwei weitere Nahibs folgten ihr, während die übrigen noch unter einer überhängenden Felswand stehenblieben. Sie bildeten die Nachhut. Vor ihnen sollte erst noch Schamils zweite Frau den Abgrund überqueren. Gerade als Dshavarat mit ihrem Kind im Arm an den Baumstamm herantrat, peitschten Schüsse auf. Russische Scharfschützen hatten sie von der Felsspitze erspäht und auf sie geschossen. Mutter und Kind waren sofort tot.
Von ihrem Blickwinkel aus konnten die Soldaten keine weiteren Flüchtlinge sichten, denn die Nahibs blieben ihnen unter der überhängenden Felswand verborgen. Da aber die Scharfschützen vermuteten, daß die Frau nicht allein gewesen war, verließen sie ihre Stellung, um sich vorsichtig an die Klippe heranzuschleichen.
Die wenigen Minuten, die sie aus der Schußlinie waren, nutzten die letzten Nahibs dazu, in höchster Eile über den wippenden Baumstamm die gegenüberliegende Seite der Schlucht zu erreichen, wo Schamil sie schon ungeduldig erwartete.
»Rasch!« befahl er ihnen. »Wir müssen die Brücke zerstören, bevor die Russen drüben auftauchen.«
»Und die Toten drüben? Wie sollen wir Dshavarat und Said beerdigen, wenn wir nicht mehr hinüber können?« fragte einer der Nahibs.
»Sollen wir uns von den Ungläubigen einfach abknallen lassen?« sagte Schamil. »So schwer es mir auch fällt, die beiden dort liegenzulassen, es muß sein. Los, packt mit an, bevor uns die Scharfschützen hier entdecken.«

Gemeinsam lösten sie den Baumstamm aus seiner Verankerung und stießen ihn in die Tiefe, wo er mehrmals gegen die Felsen prallte und dann in den Fluß klatschte.
Nur wenige Augenblicke später hatten die Russen ihre neue Stellung bezogen, von der aus sie die Klippe auf ihrer Seite besser einsehen konnten. Doch so scharfäugig sie auch jeden Winkel mit ihren Blikken absuchten, erspähten sie keine Menschenseele. Nur die Frau, die sie erschossen hatten, lag am Felsenrand und dicht neben ihr der tote Säugling, der ihren Armen entglitten war. Da aber der Baumstamm fehlte, der eben noch die Schlucht überbrückt hatte, mußten auch noch andere Personen in der Nähe gewesen sein, wahrscheinlich Männer.
Doch wo waren sie jetzt?
Weiterhin in Deckung bleibend, beobachteten die Scharfschützen die jenseitige Klippe, wo sich die kleine Gruppe um Schamil die ganze Zeit über zwischen den Felsen versteckt hielt und sorgsam darauf bedacht war, jede Bewegung zu vermeiden, die vielleicht einen Stein gelöst und ins Rollen gebracht hätte, wodurch die Russen veranlaßt worden wären, in die Richtung zu schießen, aus der das Geräusch kam.
Erst nachdem die Scharfschützen sich enttäuscht zurückgezogen hatten, schlich sich Schamil mit seinen Leuten in die Schlucht hinunter zum Fluß, wo sie, noch in der Nacht, Baumstämme zu einem Floß zusammenbanden. Aus Zweigen, Ried und Gras bildeten sie nach Art von Strohpuppen oder Vogelscheuchen menschenähnliche Gestalten, die sie, mit einigen Kleidungsstücken behängt, auf das Floß setzten.
Bei Tagesanbruch stießen sie das Floß vom Ufer und ließen es mit den Puppen an Bord treiben. Lange schauten sie ihm hinterher, wie es von der Strömung fortgetragen wurde, und dann hörten sie plötzlich, wie es die russischen Wachtposten unter Beschuß nahmen, und beobachteten, wie sie es flußabwärts verfolgten.
»Sie sind darauf hereingefallen«, lachte Junuss.
Schamil nickte. »Während sie glauben, uns erwischt zu haben, werden wir ihnen entwischen.«
Dicht am Felsufer immer stromaufwärts, also entgegengesetzt zu den

russischen Wachtposten, die dem abwärts treibenden Floß folgten, wateten die Flüchtenden durchs Wasser und über Kiesbänke bis zu einer Schlucht.

»Wenn wir hier unentdeckt durchkommen, dann sind wir gerettet«, meinte Schamil. »Am Ende der Schlucht kenne ich einen Pfad, der uns in die Berge führt. Dort oben im Hochgebirge finden uns die Russen nie.«

Schon glaubten sie, allen Gefahren entronnen zu sein, als sie in der Nähe des Aufstiegs auf eine russische Feldwache stießen. Bei dem erbitterten Handgemenge, Mann gegen Mann, fiel ein Nahib im Nahkampf. Schamil selbst, der sich gleichzeitig mehrerer Feinde zu erwehren hatte, wurde durch einen Hieb von hinten verwundet, als er gerade den Gegner vor sich mit dem Säbel niederstreckte. Wütend wandte er sich um und blickte in das Gesicht des Leutnants, der ihn hinterrücks angegriffen hatte und nun zum Todesstoß ansetzte. In diesem Augenblick schrie der kleine Kasi Mahommed auf, als ihm ein Soldat sein Bajonett ins Bein stieß. Fast wäre Schamil dieser feige Angriff auf einen unbewaffneten Jungen zum Verhängnis geworden, denn, abgelenkt durch den Schmerzensschrei, wandte er rasch den Kopf zur Seite, wich dann aber noch rechtzeitig mit einer geschmeidigen Drehung dem Schwerthieb des Leutnants aus und stieß ihm mit voller Wucht seinen Säbel in die Brust. Als die Soldaten erkannten, daß ihr Führer tot war, glaubten sie sich verloren und flohen.

»Wir müssen die Richtung ändern«, sagte Schamil. »Wenn die Russen ihren Vorgesetzten melden, wo sie uns getroffen haben, werden sie uns bestimmt auf dem Weg geradeaus auflauern. Wir gehen ein Stück zurück und schlagen uns dann durch eine Seitenschlucht.«

Notdürftig verbanden sie ihre Wunden, ehe sie wieder aufbrachen und sich den ganzen Tag durch die dunklen Schluchten von Tschetschnia schleppten, wobei sie mehrmals den Fluß überquerten, über Geröllhalden und auf Sandsteinfelsen kletterten.

Der kleine Kasi Mahommed, der abwechselnd von den Nahibs getragen wurde, jammerte immer häufiger über die Schmerzen in seinem verletzten Bein, die er kaum noch ertrug, und bettelte um ein Stück Brot oder sonst etwas Eßbares. Aber niemand konnte seinen Hunger stillen, es war nichts da, kein Bissen. Auch Fatimats Widerstandskraft

war durch ihre Schwangerschaft stark geschwächt; manchmal blieb sie, totenblaß gegen eine Felsbrocken gelehnt, stehen oder sank erschöpft zu Boden und schien nicht mehr weitergehen zu können.
Als sie um die Mittagsstunde eine Rast einlegten, wurden sie von Kundschaftern aufgestöbert. Es waren Einwohner von Gimri, dem Geburtsort Schamils, die auch aus der Ferne den Imam und seine Angehörigen erkannten. Diese Männer, die zu den Russen übergelaufen waren und jetzt für die ehemaligen Feinde Späherdienste leisteten, eröffneten aus dem Hinterhalt das Feuer, zielten dabei aber so ungenau, daß ihre Geschosse ringsum auf das Geröll prallten.
Deckung suchend, sprangen die Muriden auf. Nur Schamil, der die Verräter erkannte, blieb noch auf dem Rastplatz stehen und schüttelte drohend die Faust.
»Allah verfluche euch!« schrie er ihnen zu. »Wir werden uns wieder begegnen, Männer von Gimri!«
Als Antwort schlug ihm eine wütende Gewehrsalve entgegen, aber Schamil war noch rechtzeitig hinter einen Steinblock gesprungen und zog mit seinen Nahibs weiter in die Berge. Die Männer von Gimri wagten nicht ihnen zu folgen, die Furcht vor Schamil, auch wenn er sich jetzt auf der Flucht befand, hielt sie davon ab.
Keine Hemmungen dagegen hatte der verräterische Achmet Khan, als er von den zurückkehrenden Kundschaftern erfuhr, wo sie mit Schamil zusammengestoßen waren. Er bat die Russen um die Erlaubnis, den Imam ausfindig zu machen, und brach sogleich mit einer Schar Abtrünniger auf.

In der Nacht suchten die Flüchtenden ein Versteck auf, wo sie sich zum Schlafen niederlegten. Sie waren zu erschöpft, um Wache zu halten. Ohnehin glaubten sie sich dort sicher.
In der Frühe schreckte Schamil auf. Ihm schien es, als habe er ganz nahe das Geräusch von klirrenden Steinen gehört. Junuss, der neben ihm schlief, hob auch den Kopf. Angespannt spähten sie in die Finsternis und erkannten mehrere Gestalten, die dicht an ihrem Versteck vorüberzogen. Die Hand am Säbelknauf warteten sie ab, jederzeit zum Einsatz bereits, falls ihnen Gefahr drohte. Doch bald verhallten die Schritte in der Ferne.

Es war Achmet Khan mit seinen Häschern gewesen, der so nahe darangewesen war, den Imam in seinem Versteck aufzustöbern. Ohne, wie erhofft, den großen Fang gemacht zu haben, kehrte er zum russischen Standort zurück.

3

Wieder einmal feierten die Russen das Ende des kaukasischen Feldzugs. Diesmal glaubten sie, Schamil sei tatsächlich für alle Zeiten besiegt, und rechneten nur noch mit kleineren Scharmützeln, bis auch die letzten aufsässigen Bergstämme unterworfen seien. Zwar war ihnen der Imam erneut entkommen, aber niemand nahm an, er könne ihnen je wieder gefährlich werden. Deshalb kümmerte sich General Grabbé auch nicht mehr um ihn und setzte nur einen geringen Preis auf Schamils Kopf aus. Voller Siegesfreude kehrte er nach Temir-Chan-Schura in sein Hauptquartier zurück, wo er in einem Bericht für den Zaren schrieb:

Schamils schändliche Flucht und die schreckliche Lehre, die allen auf seiner Seite kämpfenden Stämmen erteilt worden ist, haben ihn seines Einflusses ganz und gar beraubt und dahin gebracht, daß er jetzt allein im Gebirge umherirrt und nur an die Nahrungssuche und an seine persönliche Sicherheit denken kann. Die Sekte der Muriden mit ihren Anhängern und Mitgliedern ist vernichtet.

Zuversichtlich und selbstbewußt versicherte er dem Zaren weiter, Expeditionstruppen könnten in Zukunft ungehindert vordringen und Festungen errichten, ohne auf feindlichen Widerstand zu stoßen. *Unruhen und Aufstände brauchen wir nicht mehr zu befürchten.*

Voller Genugtuung las Zar Nikolaus Grabbés Bericht.
Ausgezeichnet, schrieb er an den Rand. *Soweit ist alles gut. Nur schade, daß Schamil entkommen ist. Ich fürchte neue Intrigen seinerseits, wenn er auch viel an Mitteln und Einfluß eingebüßt hat.*

Der Zar feierte nicht nur in Sankt Petersburg den Fall von Achulgo ausgiebig, er ließ auch eine Medaille prägen, mit der er die Soldaten seiner siegreichen Südarmee auszeichnete.

Die Russen irrten sich gewaltig, wenn sie glaubten, Schamil sei nichts weiter mehr als ein gehetzter Flüchtling, der seinen Einfluß auf die Kaukasier verloren habe. Jene Offiziere, die gehofft hatten, ihn zu fangen, bezeichneten seine Flucht als schmachvoll, ohne zu wissen, ob Schamil mit oder ohne Waffen entkommen war. Nie hatten die Russen die entscheidende Bedeutung erkannt, die man bei den Bergstämmen den Waffen zumaß. Um der Ehre willen ließ sich ein kaukasischer Krieger eher töten als entwaffnen, und solange jemand frei war und ein Schwert hatte, galt er als unbesiegt.
Schamil war mit seinen Waffen entkommen, das heißt mit allen Ehren! Er selbst war also unbesiegt, wenn er auch viel verloren hatte: seine Festung Achulgo war zerstört; mehr als neun Zehntel seiner Muriden waren gefallen; Dshavarat und ihren Säugling Said hatten die Russen auf der Flucht erschossen und seinen erstgeborenen Sohn Dshemal-Edin als Geisel entführt; der kleine Kasi Mahommed war durch einen Bajonettstich so schwer verwundet, daß sein Bein vielleicht für immer lahm blieb; auch glaubte Schamil nicht, Fatimat und ihr noch ungeborenes Kind würden die Flucht überleben.
Dennoch gab er nicht auf. Der Mensch ist unsterblich, bis sein Werk vollbracht ist, sagte er sich. Und mein Werk ist noch unvollendet.
Für die Bewohner Daghestans und für die Heeresreste der Muriden, die, in den Bergen versprengt, auf neue Befehle zum Kampf warteten, hatte sich nichts geändert. Immer noch war Schamil, der Imam und Prophet, ihr Führer.

Als Geisel in Sankt Petersburg

I

Nicht lange war Dshemal-Edin im zaristischen Kriegslager unterhalb der Felsen von Achulgo geblieben, dann hatten ihn die Russen in einen Wagen gesetzt und waren mit ihm nach Osten abgefahren. Wohin sie ihn brachten, wußte der Junge nicht. Niemand hatte es ihm gesagt – oder wenn doch, dann hatte er es nicht verstanden. Denn die beiden Stabsoffiziere, zwischen denen er saß und die genüßlich dicke Zigarren rauchten, unterhielten sich über seinen Kopf hinweg in einer ihm unverständlichen Sprache. Da sie spürten, wie bedrückt Schamils kleiner Sohn war, versuchten sie mehrmals ihn aufzumuntern. Doch obwohl sie ihm Äpfel und Süßigkeiten anboten und ihm ihre Pistolen zeigten, gelang es ihnen nicht, Dshemal-Edins Zutrauen zu gewinnen. Mit abweisender Miene blieb er steif zwischen ihnen sitzen.

Er rührte sich auch nicht vom Platz, als der Wagen schließlich in Temir-Chan-Schura vor dem Hauptquartier des Oberkommandierenden hielt und seine Begleiter ihn freundlich aufforderten auszusteigen. So gut sie ihm auch zuredeten, es half nichts. Dshemal-Edin weigerte sich, ihnen zu folgen, schlug um sich und stieß sie mit den Füßen zurück, als sie ihn aus dem Wagen heben wollten. Ein paar Soldaten, die das Gefährt neugierig umringt hatten, packten ihn lachend von hinten, aber flink wie ein Wiesel entwand sich der Junge ihrem Griff, sprang auf den Boden und stürmte ihnen davon.

Er kam nicht weit. Die Posten, lauter große, gutmütige Kerle, fingen ihn wieder ein, entrissen ihm den Dolch, mit dem er sich zu verteidigen versuchte, und trugen ihn in einen Raum des Hauptquartiers, wo gerade eine Gruppe von Generalen, Stabsoffizieren und einheimischen Dolmetschern um eine ausgebreitete Landkarte stand.

Überrascht blickten sie auf, und ihr Erstaunen wuchs, als die beiden Offiziere, die ihn vom Kriegslager hierher gebracht hatten, sie darüber aufklärten, daß der kleine Junge mit der weißen Tscherkeßka und der hohen Mütze aus weißem Schaffell, der Festtagskleidung der

Awaren, Schamils erstgeborener Sohn war. Einige versuchten ihn durch ein paar freundliche Worte zu beruhigen, aber Dshemal-Edin, der sie nicht verstand, warf ihnen ein paar Beleidigungen an den Kopf, die sie wiederum nicht verstanden, und sträubte sich wütend gegen die Wachtposten, die ihn immer noch festhielten.
Sie ließen ihn erst los, als ein großer schwarzbärtiger Mann in russischer Generalsuniform mit vielen Orden sie mit einem kurzen Befehl und Wink dazu aufforderte und dann unvermittelt von Russisch in Dshemal-Edins Murttersprache wechselte.
»Sei tapfer, Junge«, sagte er, »zeig ihnen nicht deine Wut. Du bist ein Aware, der Sohn Schamils. Füge dich in dein Schicksal so wie dein Vater sich fügt. Er hat dich den Russen übergeben, weil es besser ist für sein Land, für sein Volk, das eines Tages dein Land und dein Volk sein wird, so Allah es will.«
Es waren die ersten Worte, die Dshemal-Edin verstand, seit er seine Eltern in Achulgo verlassen hatte. Doch so angenehm er auch den Klang der ihm vertrauten Sprache empfand, so wenig Zuneigung faßte er zu dem schwarzbärtigen Mann, der, obwohl er einen Turban trug statt einer Militärmütze wie die anderen, dennoch ein russischer Offizier zu sein schien.
»Die Russen sind die Feinde meines Vaters«, entgegnete er trotzig, »und die Feinde meines Vaters sind auch meine Feinde.«
»Sie waren Feinde, jetzt sind sie deine neuen Freunde. Habe Vertrauen zu ihnen, sie wollen dir nichts Böses antun, im Gegenteil, nur dein Bestes. Du wirst jetzt eine lange, lange Reise antreten, weit hinauf in den Norden, vom Kaukasus nach Petersburg, zum Weißen Zaren, dem mächtigen Sultan des Nordens. Viele Wochen wirst du unterwegs sein und dabei viele Städte sehen, viele Kirchen, viele Flüsse, bis du dann schließlich in der prächtigsten aller Städte ankommst, wo der Zar lebt und wo auch du leben wirst unter seinen Augen und seiner väterlichen Fürsorge.«
So redete und redete der bärtige Mann auf ihn ein und tat dabei sein Bestes, um den kleinen Gefangenen mit seinem Schicksal auszusöhnen. Aber Dshemal-Edin änderte seine feindselige Haltung nicht. Unbeeinflußt von den verlockenden Aussichten, die ihm der andere eröffnete, blieb er mit wildem Blick mitten unter den verhaßten

Russen stehen, die miteinander sprachen, während sie ihn neugierig anstarrten, und dabei rauchten und lachten. Hätte er gewußt, wer ihn da zu beruhigen versuchte, er wäre bestimmt mit geballten Fäusten auf ihn losgegangen; aber der bärtige Mann mit dem Turban nannte ihm seinen Namen nicht.

Es war Daniel Beg, Sultan von Elisu, dicht an der persischen Grenze gelegen, und Herrscher über einen Teil Süd-Daghestans. Seit vielen Jahren ein treuer Vasall des Zaren diente er als Generalmajor in der russischen Armee, während seine Familie in Tiflis lebte. Den Namen kannte Dshemal-Edin nur allzu gut, denn oft hatten ihn die Muriden seines Vaters als Verräter geschmäht; aber daß dieser Daniel Beg jetzt auf ihn einredete, ahnte er nicht.

Was der schwarzbärtige Generalmajor mit seinem Redeschwall vergebens zu erreichen suchte, gelang einem jungen Stabsoffizier mit einer einfühlenden Geste. Nachdenklich hatte er die ganze Zeit über Dshemal-Edin beobachtet, jetzt trat er plötzlich ernst und freundlich zugleich auf den kleinen Jungen zu, verbeugte sich formvollendet und gab ihm seinen Dolch zurück, den die Posten ihm kurz zuvor abgenommen hatten.

Mit seinen großen schwarzen Augen schaute Dshemal-Edin ihn an, und zum ersten Mal hellte ein Lächeln seine düsteren Züge auf. Er hatte diese Geste der Ritterlichkeit richtig verstanden, mit der ihn seine Gegner ehrten und ihm zugleich vertrauten.

Nach kurzem Aufenthalt in Temir-Chan-Schura begann die lange Fahrt nach Norden, diesmal in einer Tarantass, einer ungefederten Kutsche, in der die Reisenden auf den holprigen Wegen von morgens bis abends kräftig durcheinander geschüttelt und gerüttelt wurden. Die Strohhaufen und Schafpelze, auf denen sie saßen, boten ihnen nicht genügend Halt, so daß Dshemal-Edin manchmal, besonders wenn ein Rad in ein Schlagloch einbrach oder über einen Steinbrokken sprang, mit einem Ruck gegen seine Begleiter geworfen wurde. Wiederum waren es zwei Offiziere, die ihn in ihre Mitte genommen hatten, und wiederum rauchten sie stundenlang Zigarren, um sich die Langeweile zu vertreiben.

Tage- und nächtelang ratterten sie nordwärts, über Pässe und durch Schluchten, über Geröll, Schnee und Eis, durch Schlamm, Staub und

Flüsse, vorbei an den weißgekrönten Gipfeln der Bergriesen von Beschtau, Maikop und Kasbek, lauter gewaltige Fünftausender, und durch die Darialschlucht hinein in die Steppe, in ein Meer von Gras und Büschen, durch das die Tarantass schaukelte und stolperte, denn Straßen gab es bis Charkow nicht, und Charkow war noch weit.
So jagten sie dahin, endlos lange Strecken durch Einsamkeit und Eintönigkeit, von Kosaken und Wolfshunden begleitet, mit Botschaften für den Zaren und der so wertvollen Geisel, und wachten auf aus dem einschläfernden Gleichklang der stampfenden Hufe, der ratternden Räder und dem gleichförmigen Rumpeln des Wagens, wenn an einem Militärposten die Bewacher abgelöst oder an einer Herberge die Pferde gewechselt wurden; besonders aber wenn ein Marktplatz oder die Umrisse einer Provinz- oder Garnisonstadt aus der Ebene auftauchten: die goldenen Kuppeln Rostows, die sich im träge dahinfließenden Don spiegelten; dann Charkow mit seinem quirligen Treiben in den Gassen, und weiter nach Norden hin Kursk, Orel und Tula.
Wo immer sie auch hinkamen, niemand war da, der sich mit Dshemal-Edin in seiner Sprache unterhalten konnte, niemand verstand ihn, niemand hatte Zeit für den kleinen Jungen, der immer ruhig auf seinem Platz saß, stolz den Dolch, das Zeichen, daß man ihm vertraute, im Gürtel, und mit wachen Augen alles beobachtete, was ringsum in der neuen, fremden Welt vor sich ging.
So vieles erschien ihm wie ein Wunder, sogar die einfachen Herbergen, in die sie manchmal einkehrten und ein paar Stunden schliefen. Gewohnt an die kahlen Räume in den Häusern seines heimatlichen Auls, kam er hier in den Herbergen aus dem Staunen nicht mehr heraus, besonders wenn abends das Lampenlicht, für ihn bis dahin völlig unbekannt, auf die schweren Holztische fiel, die sich unter den bauchigen Terrinen mit dampfender Kohlsuppe, den Bergen von Buchweizen, den Blinys bogen, und sich dort in den Flaschen mit Wein und Wodka spiegelte und im Messing des gemütlich summenden Samowars. Das alles nahm die Aufmerksamkeit des kleinen Jungen so sehr gefangen, daß er den Schmutz und Staub gar nicht wahrnahm, die fettigen Tischtücher, die Scharen von Ungeziefer, die an Wänden und Balken krabbelten, und die schmierigen Leinenkittel der

Kellner, die zwischen Küche und Schankstube hin und her eilten und, aus Furcht und Achtung, die Offiziere unterwürfig bedienten. Bevor sie mit der Tarantass ihre Reise fortsetzten, spielten die Herren meist noch eine Weile Karten und leerten eine Flasche Wodka, während sich Dshemal-Edin nach dem Abendessen auf dem warmen Bett über dem großen Kachelofen zusammenkuschelte, sofern er nicht vorher schon aus Übermüdung auf seinem Stuhl eingenickt war. Der Junge schlief so fest, daß er nicht merkte, wie ihn ein Kosak hinaus in den Wagen trug, wo er dann meist erst im Morgengrauen aufwachte, viele Stunden später, nachdem sie die Wunderwelt der Herberge weit hinter sich gelassen hatten.

Eine ganz andere Welt lernte er dagegen bei einer zufälligen Begegnung unterwegs kennen, irgendwo auf der Fahrt von einer Stadt zur nächsten, ein Erlebnis, das ihn erschütterte und nie wieder losließ. Er lag noch mit geschlossenen Augen im schaukelnden Wagen, als ihm dicke Regentropfen ins Gesicht platschten. Schlaftrunken richtete er sich auf, um sich die heruntergerutschte Plane über den Kopf zu ziehen, hielt dann aber jäh inne. Sein Blick war auf die beiden Offiziere gefallen, die neben ihm saßen und nun, erregt miteinander redend, nach vorn schauten auf einen Zug von Menschen, die sich, auf sie zukommend, langsam durch Schlamm und Pfützen vorwärtsschleppten. Es war ein Transport jüdischer Kinder, die man in einem Getto aufgegriffen hatte, um sie zum Heeresdienst abzuschieben. Sie teilten das Schicksal Tausender anderer kleiner Jungen, Kinder von Leibeigenen und Juden. Der Zar brauchte Soldaten für seine Kriege, und Zwangsaushebungen waren die billigste Methode, Soldaten zu bekommen.
Auf gleicher Höhe ließen Dshemal-Edins Begleiter die Tarantass anhalten, und auch die Marschkolonne, an die zweihundert Jungen, blieb stehen. Es regnete stark, die Kinder husteten, ihre zerlumpten und verdreckten Kleider waren durchnäßt.
»Wohin?« fragte der Offizier, der links neben Dshemal-Edin saß, den befehlshabenden Hauptmann dieses Elendszugs.
»Nach Süden«, antwortete dieser. »Ich bringe sie nur bis zur nächsten Garnison. Was dann mit ihnen geschieht...?« Er zuckte die Schul-

tern. »Ein Drittel ist schon auf dem Marsch umgekommen. Nicht einmal die Hälfte wird den Bestimmungsort erreichen.

»Hat es Epidemien gegeben?«

»Nein, aber sie sterben wie die Fliegen. Wissen Sie, so ein Judenkind, und das hier sind lauter jüdische Kinder aus dem Getto, so ein kleiner Judenbengel ist eben ein besonders zartes, schwächliches Geschöpf. Sie sind nicht daran gewöhnt, Tag für Tag zehn Stunden durch Schlamm und Morast zu waten und dabei nur trockenes Brot zu essen. Außerdem fehlen ihnen Vater und Mutter, die Geschwister, die Freunde, sie sind unter Fremden, kein Mensch liebkost sie, niemand sagt ihnen ein freundliches Wort. Jungen von zwölf oder dreizehn Jahren könnten das vielleicht noch irgendwie verkraften, aber diese acht-, neun-, zehnjährigen Kinder? Sie husten und husten, diese armen Kerlchen, Sie sehn es ja selbst, bis sie sich zu Tode gehustet haben. Was, so frage ich mich, so frage ich Sie, was für einen Nutzen bringt das dem Staat? Was kann man denn mit so kleinen Jungen anfangen?«

Der Transportoffizier seufzte, er wußte darauf keine Antwort, und auch nicht Dshemal-Edins Begleiter.

»Tja, was hilft's, wir müssen weiter... Los, Feldwebel, sorgen Sie dafür, daß die Kinder sich wieder einordnen.«

Kein Wort hatte Dshemal-Edin von dem Gespräch verstanden, aber er fühlte das Leid, die Verzweiflung der kleinen Elendsgestalten, Jungen in seinem Alter, die blaß, erschöpft, mit verschreckten Gesichtern im Regen herumstanden und hilflose, mitleidheischende Blicke auf die Soldaten warfen, die sie nun grob in Reih und Glied einordneten. Viele von ihnen, das ließen ihre blutleeren Lippen und die blauen Schatten unter den Augen erkennen, litten an Fieber und Schüttelfrost.

Die Peitsche knallte, die Pferde legten sich ins Geschirr, und die Tarantass rollte weiter. Noch lange blickte Dshemal-Edin zurück, bis alles Grau in Grau zerfloß.

2

Drei Wochen waren seit ihrer Abfahrt von Temir-Chan-Schura, unweit des Kaspischen Meeres, vergangen, als vor ihnen die Kuppeln und Türme Moskaus in den schrägen Strahlen der Abendsonne golden glänzten und der weite Himmel über der Stadt an der Moskwa widerhallte vom Klang der Glocken, groß und klein, die von allen Kirchen um die Wette läuteten, dröhnten und bimmelten, Gott dem Erlöser, dem Heiland der Christen, zu Ehren und Wohlgefallen. Hin und her gerissen von seinen Gefühlen, mal von Unsicherheit und Angst, mal von Staunen und Freude, blickte Dshemal-Edin, das Kind aus der wilden Gebirgswelt des Kaukasus, um sich auf die Häuser, die ihm so gigantisch erschienen wie die Riesen der Berge; auf die Menschen, die geschäftig durch die breiten Straßen gingen; auf die vorbeieilenden gut gepolsterten Wagen, teils bemalt und vergoldet, von denen ihm manche so groß erschienen wie Häuser auf Rädern; auf die zahllosen Läden, aneinandergereiht wie Perlen und vollgestopft mit Lebensmitteln und Stoffen, Geräten und Pelzen, mit Flitterkram und Waren, wie er sie noch nie gesehen hatte. Die Tarantass rollte an den hohen Mauern des Kaufmannsviertels Kitaj-Gorod, der Chinesenstadt, vorbei und weiter und weiter mitten in das Herz Moskaus, auf den Roten Platz zu mit dem Kreml und der Residenz des Generalgouverneurs.

Das also war die große Stadt, von der Daniel Beg ihm erzählt hatte, ein Häusermeer voller Leben, Lärm und Betriebsamkeit, das Goldene Moskau, durch dessen Straßen und Gassen die Menschenmassen wogten: dicke, langhaarige Kaufleute; Soldaten und Offiziere in verschiedenartigen farbenprächtigen Uniformen; Popen in schwarzen Gewändern mit langen Bärten und Haaren; Frauen in bunten Kleidern und mit Federhüten, alle unverschleiert, Frauen, die ohne Scham den Männern ihr Gesicht zeigten; und überall in der Menge priesen die Straßenverkäufer lauthals ihre Waren an: Blumen und Heiligenbildchen, Äpfel, Gurken und Piroggen, warme Pastetchen aus Hefeteig.

Gelegentlich konnte Dshemal-Edin im Vorüberfahren auch einen Blick in einzelne Häuser und Wohnungen werfen, wo nach und nach

in der einbrechenden Dämmerung die Lampen angezündet wurden. Er sah Hausfrauen am Herd stehen, Familien beim Abendessen am Tisch sitzen, Kinder, die neugierig ihre Gesichter gegen die Fensterscheiben drückten. Kaum hatte ihn das eine Bild in seinen Bann gezogen, als ihn schon wieder neue Eindrücke erregten wie die Straßenlaternen, die ersten in seinem Leben, die in der untergehenden Septembersonne aufflackerten und ihm wie Sterne vorkamen, plötzlich vom Himmel herabgefallen auf das Goldene Moskau.
Als sie endlich am Roten Platz ankamen, leuchtete der doppelköpfige Adler auf dem Spasskij-Tor des Kremls im letzten Abendrot.
Vor der Residenz des Generalgouverneurs hielt die Tarantass an. Noch völlig benommen von der Wunderwelt, die sich so unversehens für ihn aufgetan hatte, taumelte der kleine Junge in der kaukasischen Festtagskleidung aus der Kutsche, stand traumverloren auf dem weiten Platz herum, unschlüssig, wohin er zunächst seine staunenden Augen richten sollte, denn alles zugleich, das ihn ringsum bestürmte, konnte er nicht erfassen.
»Komm«, hörte er einen der Offiziere sagen, »folge uns«, und fühlte auf seiner Schulter eine Hand, die ihn zu einer breiten Steintreppe lenkte, Stufen über Stufen, gewunden zu einem riesigem Bogen aus kostbarem Marmor, Stockwerke hoch bis in den Himmel hinein, übergossen vom Licht eines Kronleuchters, dessen Kristalle wie ein Sternenmeer glitzerten. Kaum nahm er wahr, daß er schon durch das Eingangstor des Palastes geschritten war, als er sich noch einmal umdrehte, denn weder solche Treppen noch Kronleuchter kannte er aus seiner Heimat, und noch hatte er sich daran nicht sattgesehen, da führten ihn seine beiden Begleiter weiter in die Residenz hinein vor den Generalgouverneur, der dem verschüchterten Jungen den Kopf tätschelte und einen seiner Sekretäre beauftragte:
»Er wird hungrig und müde sein von der langen Reise. Sorgen Sie dafür, daß er tüchtig zu essen bekommt, und für ein Bett.«
Mehr Zeit nahm sich der Generalgouverneur für den kleinen Gefangenen nicht, obwohl doch diese Geisel Rußlands Sieg über Schamil und die Völker des Kaukasus verkörperte. So wenigstens glaubte man.
Am nächsten Tag in aller Frühe brachen sie wieder auf, diesmal in

einer schnellen Britschka, einer leichten, offenen Kutsche, in der sie rasch Moskau hinter sich ließen, um die letzten siebenhundert der sechseinhalbtausend Kilometer langen Strecke vom Kaukasus bis nach Petersburg zurückzulegen. Auf der ebenen Landstraße, von Sträflingen und Bauern in gutem Zustand gehalten, flog die Britschka nur so dahin.

Hatte das Goldene Moskau den kleinen Jungen schon überwältigt, so versetzte ihn St. Petersburg, die fast italienisch beschwingte Stadt an der Newa, mit ihren Wasserstraßen und Kanälen, über die sich unzählige Brücken mit schmiedeeisernen Geländern spannten, in einen Rausch, der sich bei jedem neuen Ausblick, jeder weiteren Entdekkung steigerte und ihn verzauberte: sei es das offene Meer, das weit hinten am Horizont an den Himmel stieß; die Pracht des Newskij-Prospekts, die Paläste von Millionaja, die Admiralitätsgebäude, das Opernhaus; die Kathedralen, die steil wie Gebirge aus der Ebene ragten; die Bildwerke und Figuren aus Stein; der weite Senatsplatz und vor allem der Winterpalast mit seinen vierhundert Meter langen Säulengängen, den figurengeschmückten Fenstern, den Schilderhäusern und den geräumigen Höfen. Wenn darin der Weiße Zar wohnte, wie Daniel Beg ihm erzählt hatte, dann konnte er kein gewöhnlicher Mensch sein, nein, dann mußte er groß sein, viel größer als ein Mensch, ein Riese, denn nur ein Riese brauchte eine so gewaltige Behausung.

Um so überraschter war Dshemal-Edin, als ihm dann in diesem Riesenpalast ein zwar großgewachsener, aber durchaus normaler Mann entgegenkam, den ihm der Dolmetscher als den russischen Zaren vorstellte. Mit einer Mischung von Selbstgefälligkeit und Neugier hatte der Kaiser die Ankunft des kleinen Gefangenen erwartet, ein Faustpfand, wie er glaubte, das seinen Vater Schamil schon bald zur Kapitulation zwingen werde. Jetzt, da er das verwirrte Kind vor sich sah, tat ihm der Kleine leid, und er wandte all seinen Charme an, ihn aufzumuntern und seine abwehrende Haltung in Vertrauen zu wandeln.

Mit aufrichtiger Wärme trat Zar Nikolaus Dshemal-Edin entgegen. »Willkommen in Petersburg«, begrüßte er ihn, »ich denke, du wirst dich schon bald hier glücklich fühlen. Sei versichert, daß ich und alle meine Generale deinem Vater, dem tapferen und berühmten Imam, unsere höchste Achtung und Bewunderung entgegenbringen. Ich hoffe, nein, ich glaube sogar, daß deine Gefangenschaft so fern von deiner Heimat nicht allzu lange dauern wird. Es gibt gute Gründe, die mich in dieser Zuversicht bestärken. Inzwischen bitte ich dich«, fuhr er fort und lächelte dabei Dshemal-Edin in der liebenswürdigen Art an, die viele seiner Untertanen unwiderstehlich fanden, »benimm dich so ehrenhaft, wie es sich für den Sohn eines so großen Mannes, denn das ist dein Vater, gehört. Die Zeit deines Aufenthalts hier in Rußland soll nicht nutzlos verstreichen. Du wirst Russisch lernen und aller Segnungen des Westens teilhaftig werden, um deine Bildung zu erweitern und vervollkommnen. Vielleicht, wenn du dich bewährst, und daran glaube ich jetzt schon fest, wirst du bald ins Pagenkorps eintreten, dann bist du mir, deinem Zaren, noch näher. Später kannst du auch an der Militärakademie studieren.«

Wieder umgarnte ihn der Zar mit seinem Lächeln, als er den Jungen fragte:

»Kannst du reiten?«

Dshemal-Edin nickte.

»Natürlich«, fuhr der Kaiser mit väterlicher Güte fort, »wie konnte ich das nur fragen. Der Sohn Schamils muß doch reiten können, sonst wäre er nicht sein Sohn. Und ebenso selbstverständlich liebst du auch Pferde?«

Wieder nickte der Junge, diesmal noch heftiger.

»Gut, dann werde ich selbst dafür sorgen, daß du dein eigenes Pferd bekommst. Nicht irgendeines, nein, du darfst es dir selbst aus dem kaiserlichen Marstall aussuchen.«

Dshemal-Edins Augen strahlten, und mit den ersten Worten, die über seine Lippen kamen, bedankte er sich für die Großzügigkeit seines Gönners.

»Ich wünsche«, sagte Nikolaus zu einem Hofmann gewandt, »daß der Junge im Haus eines meiner vornehmsten Höflinge untergebracht wird. Er braucht ein Heim, Kinder als Freunde und Gefährten – und eine Kinderfrau, die ihn umhegt wie eine Mutter.«

3

»Nun, wie gefällt es dir bei uns?« erkundigte sich die Zarin und blickte dabei Dshemal-Edin warmherzig an. »Ist es nicht schöner hier als in Achulgo, mitten in diesem schrecklichen Krieg mit all den Toten und Verwundeten?«
»Ich denke noch oft daran.«
»Wann? Jetzt?«
»Nachts, wenn ich im Bett liege und nicht schlafen kann. Immer starre ich dann auf das rote Licht.«
»Welches Licht?«
»Der ewigen Lampe in der Zimmerecke, das über die Ikone flackert. Es ist so unheimlich wie die Flammen der Geister in unseren Bergen. Dann liege ich da und denke an meinen Vater, an meine Mutter, an meine Geschwister. Wie geht es ihnen? Wann werde ich sie wiedersehen?«
Mitleidsvoll drückte Maria Feodorowna ihn an sich und streichelte ihm übers Haar. »Armes Kind«, sagte sie leise.
»Was sagen Sie? Ich verstehe Sie nicht.«
»Natürlich nicht, entschuldige bitte. Es waren ein paar deutsche Worte, meine Muttersprache.«
»Sind Sie Deutsche?« fragte Dshemal-Edin erstaunt.
»Ja, meine Mutter ist die Königin Luise von Preußen.«
»Hat man«, begann der Junge stockend, »hat man Sie früher auch mal hierher gebracht – so wie mich?«
Die Zarin lachte. »Nein, mein Junge, das war ganz anders. Das erzähle ich dir vielleicht später einmal, wenn du größer bist.«
»Ist es schön in Ihrer Heimat?«
»Sehr schön sogar.«
»Denken Sie oft daran?«
»Natürlich, die angenehmen Erinnerungen vergißt man nie. Übrigens eine dieser angenehmen Erinnerungen an meine Kindheit ist der Apfelstrudel.«
»Was ist das?«
»Die Russen kennen das auch nicht, aber ich habe dem Hofkoch beigebracht, wie man ihn bäckt. Apfelstrudel ist nämlich ein Kuchen,

ein besonders leckerer Kuchen, wie ich finde. Warte, ich hole dir ein Stück. Er ist erst heute morgen frisch gebacken worden. Mal sehn, ob er dir auch so gut schmeckt.«

Nicht nur Apfelstrudel gab die Zarin dem kleinen Jungen zu essen, wenn sie ihn manchmal in das englische Landhaus holen ließ, das sie im Park von Peterhof hatte errichten lassen, ein kleines anspruchsloses Gebäude in jenem gotischen Stil, der in England große Mode war. Sie zeigte ihm auch, wie man Kartenhäuser baut, und erzählte ihm deutsche Märchen, wie Rumpelstilzchen, Dornröschen und Schneewittchen, die Dshemal-Edin an die Feen und Hexen seiner kaukasischen Heimat erinnerten, an den Simurg aus der Legende und den weißen Riesenvogel vom Kafdagh.

Für Dshemal-Edin waren diese Besuche bei der Zarin wie Festtage, die er immer mehr genoß. Er spürte ihre mütterliche Wärme, ihr Mitgefühl, und schon bald hatte sie sein Herz erobert.

»Kommst du gut mit den Kindern aus?« fragte sie ihn einmal, als sie sich mit ihm über die große Familie unterhielt, in der ihn der Zar nach seiner Ankunft in Petersburg hatte unterbringen lassen.

»Ja, wir sind Freunde, wir vertragen uns gut, und jeden Tag bringen sie mir neue russische Wörter bei.«

»Sie sollen, wie ich höre, eine besonders gutmütige Kinderfrau haben. Stimmt das?«

»Ja, aber Sie«, sagte er und sah sie dabei mit seinen großen Augen strahlend an, »Sie habe ich noch viel lieber.«

Auch den Zaren, der seine würdevolle Zurückhaltung mit Charme zu überspielen suchte, konnte er gut leiden. Mehrmals in der Woche ließ er den Jungen, der unter seinem persönlichen Schutz stand, in den Winterpalast kommen und kümmerte sich darum, daß sich Dshemal-Edin so wohl und glücklich fühlte, wie es für eine Geisel in der Verbannung überhaupt möglich war. Mit besonderer Genugtuung vermerkte er Fortschritte in der Erziehung des Jungen, die er aus eigener Tasche bezahlte.

Manchmal, wenn ihn die Zarin ins englische Landhaus holen ließ, traf Dshemal-Edin auch den Kaiser, der sich gleichfalls gern dorthin zurückzog, um für kurze Zeit ein einfaches Leben zu führen, abseits vom Glanz des Goldes im Winterpalast und in Zarskoje Selo, ohne

Hofschranzen und Wachen, die jedesmal das Gewehr präsentierten, wenn das Herrscherpaar im Garten spazierenging.
Eines Nachmittags, als Dshemal-Edin im gemütlichen Studierzimmer der Zarin auf dem Teppich saß und mit Fingerspitzengefühl wieder einmal ein Kartenhaus baute, ging die Tür auf und der Zar trat ein. Sei es durch den Luftzug von der Tür zum offenen Fenster, sei es durch eine unbedachte Bewegung des Jungen: die Karten, die er so kunstvoll aufgetürmt hatte, stürzten zusammen.
»Sei nicht traurig«, lächelte Nikolaus, »immer wieder stürzen Häuser ein, und immer wieder werden neue gebaut. Versuch's noch mal!«
Er wechselte ein paar Worte mit seiner Gemahlin, die lesend in einem Sessel saß, als ihm ein Hofbeamter in einer dringenden Angelegenheit gemeldet wurde.
»Habe ich selbst hier nicht mal Ruhe vor Amtsgeschäften?« empfing ihn der Zar vorwurfsvoll. »Was gibt's denn?«
»Verzeihen Sie, Majestät, aber in dieser heiklen Sache ist jeder Aufschub von Übel. Ein Gardeoffizier hat einem Droschkenkutscher seinen Dolch ins Herz gestoßen, weil der von ihm ein ungewöhnlich hohes Fahrgeld gefordert hatte.«
»Wozu haben wir Militärgerichte?« fragte der Zar ungehalten.
»Gewiß, Majestät, aber ich vergaß zu sagen, daß es sich bei dem Gardeoffizier um einen Tscherkessen handelt, und da Sie die Herren aus dem Kaukasus –«
»Schweigen Sie!« fuhr ihn der Zar an. »Nicht vor dem Jungen hier. Kommen Sie mit hinaus!«
Es war nicht das erste Mal, daß die »Wilden Adler«, wie man die kaukasischen Adligen nannte, die Rußland den Treueid geleistet hatten und immer zahlreicher am Hofe empfangen wurden oder in der Armee dienten, Nikolaus auf eine harte Probe stellten. Vieles ließ er diesen unerschrockenen Kämpfern, den geborenen Fürsten durchgehen, was er bei anderen hart bestrafte. So wie die »Wilden Adler« in der Petersburger Gesellschaft Angst und Entzücken hervorriefen und die Damen aller Gesellschaftsschichten verwirrten, wenn sie in ihren heimatlichen Trachten mit Adlerblicken und leichten, fast schwebenden Schritten durch die Straßen daherkamen, so brachte ihnen der Zar, wo immer er konnte, Beweise seiner Gunst entgegen, um sie für

sich zu gewinnen und für seine Pläne einzuspannen. Er brauchte ihre Treue um jeden Preis und umgarnte sie deshalb mit seinem charmantesten Lächeln, auch wenn er sie wegen ihres Verhaltens am liebsten verdonnert hätte.

Auch diesen tödlichen Zornesausbruch des tscherkessischen Gardeoffiziers bemühte er sich ohne Aufhebens im stillen beizulegen. Seine imperialistischen Pläne im Kaukasus waren ihm wichtiger als die Verurteilung eines ihm verpflichteten Kaukasiers, der einen dreisten, geldgierigen Kutscher erstochen hatte.

Am Abend, als Dshemal-Edin wieder in das Haus seiner Pflegeeltern zurückgekehrt war und das Zarenpaar beim Nachtmahl saß, nahm Maria Feodorowna die Gelegenheit wahr, das Gespräch auf den Vorfall am Nachmittag zu lenken.

»Warum warst du so ungehalten, als der Mann dir erklärte, daß der Gardeoffizier ein Tscherkesse ist?«

»Weil Schamils Sohn dabei war.«

»Das habe ich bemerkt. Und weiter?«

»Du kennst doch meine Anordnung, daß niemand mit dem Jungen über seine Vergangenheit sprechen darf – weder über seinen Vater noch über den Kaukasus schlechthin. Und jedermann ist es streng verboten, ihn mit den kaukasischen Fürsten bekannt zu machen, die uns den Treueid geleistet haben und am Hof verkehren.«

»Niemand hat deiner Anordnung zuwidergehandelt.«

»Wenn auch der Junge noch nicht fließend Russisch spricht, verstehen tut er fast alles. Und als das Wort ›Tscherkesse‹ fiel, merkte ich, wie er plötzlich aufhorchte. Er hätte Fragen stellen können, die ich unbedingt vermeiden wollte. Deshalb bin ich mit dem Hofbeamten hinausgegangen.«

Maria Feodorowna, ohnehin ein Nervenbündel seitdem vor Jahren bei der Thronbesteigung der Dekabristenaufstand blutig niedergeschlagen worden war, wirkte erregt, als sie ihm erklärte:

»Du weißt, Niki, wie sehr ich dich liebe. Aber für deine Träume von der Eroberung des Kaukasus habe ich kein Verständnis. Krieg bedeutet für mich nur Leid und Tod.«

Begütigend streichelte er ihre Hand. »Beruhige dich, meine Liebe, ich will ihn ja beenden, so rasch wie möglich. Es liegt nur an Schamil.

Sein Sohn ist dafür ein wichtiges politisches Pfand in unseren Händen.«
»Für mich ist er nur ein einsamer kleiner Junge. Er tut mir wirklich leid.«
»Ich bin dir ja so dankbar, daß du dich um ihn kümmerst, und ich bin sicher, er wird es uns eines Tages auch danken. Dshemal-Edin ist noch jung. In seinem Alter vergißt man schnell, vorausgesetzt, man hält alles fern, was ihn an seine Vergangenheit erinnert. Er läßt sich noch vollkommen umerziehen. Du wirst sehen, in wenigen Jahren ist aus ihm ein richtiger Russe geworden. Im Laufe der Zeit, davon bin ich überzeugt, wird er so gefügig und ergeben sein wie ein Sohn. Und vielleicht«, der Zar stockte und fuhr dann lächelnd fort, »vielleicht kann ich ihn dann eines Tages als Statthalter im Kaukasus einsetzen.«

4

Trotz der strengen Anweisung des Zaren ließ es sich nicht immer vermeiden, Dshemal-Edin ganz von der Vergangenheit fernzuhalten. Wenn er mit dem gesamten Hofstaat Paraden besuchte, die zum höfischen Leben gehörten, schaute er mit größtem Vergnügen den kaukasischen Offizieren zu, die entgegen dem Befehl und aller Disziplin plötzlich Karriere ritten, in den Steigbügeln standen, die Zügel mit den Zähnen festhielten, in der einen Hand einen Dolch und in der anderen den Säbel schwangen, mit wilden Schreien auf die Erde sprangen und wie von einer Feder geschnellt wieder aufs Pferd hinauf – und das alles im schärfsten Galopp. Diese Tollkühnheiten erinnerten ihn lebhaft an die verwegenen Reiterspiele, die er von klein auf mit seinem Vater in Daghestan besucht hatte, und so wie damals, so wäre er auch jetzt am liebsten aus der Menge der Gardereiter, Kammerherren und Höflinge, die den Zaren umgab, ausgebrochen und hätte sich unter die Schar der Reiter gestürzt.
»Na, traust du dir solche Kunststückchen auch schon zu?« hörte er plötzlich die Stimme einer Frau neben sich.
Verwundert wandte sich Dshemal-Edin zur Seite und erblickte eine

ältere Dame, die ihm freundlich zulächelte. Noch ehe er ihr antworten konnte, warnte sie ihn:
»Sprich nicht Russisch zu mir. Verstehst du, was ich sage?«
Er nickte und fuhr in demselben Dialekt fort, den auch sie gerade benutzt hatte.
»Warum nicht Russisch?«
»Merkst du nicht, wie sie die Ohren spitzen? Ich weiß, man sieht es nicht gern, wenn jemand aus dem Kaukasus mit dir redet, aber unseren Dialekt versteht hier niemand, nicht mal die offiziellen Dolmetscher.«
»Sie sind aus dem Kaukasus?«
»Genau wie du, mein Junge.« Sie seufzte. »Ich kenne dich, du bist Schamils Sohn.«
»Und Sie?«
»Die Königinwitwe Maria von Georgien. Aber das sagt dir sicher nicht viel. Bei anderer Gelegenheit werde ich dir ausführlicher darüber erzählen, wenn wir mehr Zeit haben. Für heute sollst du nur wissen, daß ich sehr gut verstehe, wie dir zumute ist. Ich lebe nämlich auch im Exil, allerdings schon viel länger als du. Deine Zeit der Verbannung hat eben erst begonnen.«
»Kennen Sie meinen Vater?«
»Jeder kennt ihn, aber gesehen habe ich ihn nie.«
Noch ehe Dshemal-Edin ihr weitere Fragen stellen konnte, sagte sie:
»Laß es gut sein für heute. Wir wollen die Aufpasser nicht allzu sehr in Verlegenheit bringen. Wenn wir uns demnächst wiedersehen, unterhalten wir uns weiter.«
Mit einem freundlichen Lächeln wandte sie sich ab und zog sich in den Hintergrund zurück.
Sie hielt Wort. Seit die Königinwitwe sich wieder in Gnade befand, nahm sie manchmal an Staatsfeierlichkeiten teil, und von nun an nutzte sie dabei jede Gelegenheit zu einem Gespräch mit Dshemal-Edin. Über die Unruhe, die sie damit bei Hofe erregte, schien sie sich sichtlich zu amüsieren.
Was mochte sie wohl dauernd mit dem Kind zu tuscheln haben? Sicher so manches, was dem Hof nicht zu Ohren kommen sollte, warum hätte sie sich sonst dieses unverständlichen Dialekts bedient.

Aber es schien nicht ratsam, die beiden allzu offenkundig voneinander fernzuhalten. Mit Mißtrauen ließ sich das Vertrauen des Jungen nicht gewinnen, und dieses Vertrauen brauchte man, um ihn dereinst für die Pläne des Zarenthrons einzuspannen. Wollte man ihn zu einem Verbündeten machen, zu einer wirksamen Waffe für die Bezwingung des Kaukasus, so mußte man sich alle Mühe geben, sogar noch über das Vertrauen hinaus seine Achtung, besser noch seine Liebe zu erringen.

Zar Nikolaus sah ihn schon vor sich stehen in den Reihen der Kadetten des Pagenkorps und der Militärschulen, die er nach beendeter Ausbildung im Malachitsaal des Winterpalastes zu empfangen pflegte, um sie, von Rührung überwältigt, zu dem gütigen Geschick zu beglückwünschen, das sie dazu auserwählt hatte, an der kaukasischen Front zu dienen und zu fallen.

Bis dahin sollten noch einige Jahre vergehen.

Sobald Dshemal-Edin genügend Russisch sprechen konnte, besuchte er die Kadettenschule, und obwohl er der jüngste Schüler war, zeichnete er sich durch seine Leistungen im Reiten und Säbelfechten aus. Auch lobten die Vorgesetzten seine soldatische Haltung.

Es war im ersten Jahr seiner Ausbildungszeit, als er auf dem jährlichen Fest zu Ehren der Zarin an der Truppenschau des Kadettenkorps teilnehmen durfte. Maria Feodorowna fuhr in ihrer Kalesche auf dem Paradeplatz vor, wo Nikolaus die Heerschau seiner zukünftigen Generale abnahm. Nach mehreren tadellosen Vorführungen zeigte sich der Zar so hochzufrieden, daß er den jüngsten Kadetten aus dem Glied nahm und an der Hand zu seiner Gemahlin führte. Dort hob er den kleinen Jungen hoch über die Köpfe aller Anwesenden und küßte ihn. Schon lange nicht mehr hatte man Nikolaus in aller Öffentlichkeit so gut gelaunt gesehen wie an jenem Tag: Dshemal-Edin, einst Schamils Schüler auf dem Schlachtfeld, jetzt Schützling und Geisel des Zaren – und bald schon von seiner und von Gottes Gnaden Regent im Kaukasus.

Sprung in den Abgrund

I

Nach der Flucht aus Achulgo hatte Schamil mit seiner Familie und den acht noch überlebenden Nahibs Unterschlupf in Garaschkiti gefunden, einem Aul im unwegsamen Hochgebirge, in das bisher nur wenige russische Truppen vorgedrungen waren. In dieser Abgeschiedenheit kamen sie endlich wieder zur Ruhe und konnten nach den Strapazen der letzten Wochen neue Kräfte sammeln. Die Wunde, die Kasi Mahommed durch einen Bajonettstich am Bein erlitten hatte, verheilte, und fünf Wochen nach ihrer Ankunft brachte Fatimat ihren dritten Sohn, Mahommed Scheffi, zur Welt.

Doch auch nach der Katastrophe von Achulgo gab sich Schamil nicht der Verzweiflung hin. Niederlagen, mochten sie auch noch so schwer sein, brachten ihn nicht von seinem Ziel ab, den Kaukasus zu befreien. Immer wieder schmiedete er mit seinen Nahibs Pläne, wie man die versprengten und zerschlagenen Streitkräfte am besten sammeln könne.

Seelische Stärke holte sich der Imam durch Gebete und Meditation, und schon bald verbreitete sich der Ruf seiner Weisheit und Heiligkeit unter den Bergstämmen. Zahlreiche Khane, Häuptlinge und Mullahs suchten ihn nun in Garaschkiti auf und baten ihn um seine Führung, und zwei mächtige Anführer in dieser Gegend, gleichfalls Awaren wie Schamil, unterstützten ihn treu. Nur ein halbes Jahr nach seiner Flucht aus Achulgo übertrug man ihm die Herrschaft in Klein-Tschetschnia, wo er von Dorf zu Dorf ritt, die Scharia, das im Koran festgelegte Gesetz, predigte und sich von der Kampfbereitschaft und Gesinnung der Einwohner überzeugte.

Ein Jahr nach der Niederlage von Achulgo war Schamil erneut zur Macht gelangt, und weitere sechs Monate später hatte er ein schlagkräftiges Heer aufgestellt. Scharenweise strömten ihm die Muriden zu und warfen sich wie lebende Wogen des Widerstandes den russischen Eindringlingen entgegen.

Wie ein Phönix aus der Asche war Schamil wieder auf dem Schlachtfeld aufgetaucht, und mit dem Jahr 1840 begann eine lange Zeit verzweifelter Kämpfe, bei denen es keinen Kompromiß mehr gab. Den Russen gelang es nicht mehr, durch listiges Gerede über Reformen und wohlwollende Schutzherrschaft jene Gebirgsvölker noch länger hinzuhalten, die einst gezögert hatten, sich ganz mit den Muriden zu verbünden. Die mächtigsten Stammesführer scharten sich um den Imam und lieferten unter seinem Befehl den Truppen des Zaren einen erbitterten Dschungelkrieg in Tschetschnia. Geschickt verstanden sie es, die russischen Soldaten in die wuchernden dunklen Wälder zu locken, die ihnen fremd und daher so unheimlich waren. Geschmeidig wie Katzen krochen die Krieger am Boden entlang durchs Dickicht, kletterten auf Bäume und streckten, unsichtbar aus dem Hinterhalt, die verwirrten und verängstigten Feinde nieder.

In dieser wilden, zerklüfteten Landschaft mit Wäldern, Sümpfen und felsigen Engpässen war eine Marschkolonne der Russen bei Tage ebensowenig sicher vor Überraschungsangriffen wie ein Feldlager bei Nacht. Solche Lager waren immer im Viereck angelegt, Infanterie und Artillerie an den Außenseiten, Kavallerie und Troß in der Mitte. Abends wurden Reserven vorgeschoben und die Zahl der Scharfschützen verstärkt. Zusätzliche Wachen stellte man an Gefahrenpunkten bei Einbruch der Nacht auf, wenn die Muriden den genauen Standort nicht ausmachen konnten. Im gesamten Feldlager herrschte vollkommene Ruhe, beim geringsten Geräusch, etwa einem Rascheln in der Dunkelheit, hatten die Wachtposten zu schießen. An allen Seiten lagen Männer neben ihren Waffen auf dem Erdboden, jederzeit einsatzbereit, falls der Feind einen regulären Angriff beginnen werde. Die übrigen Offiziere und Soldaten schliefen, meist ausgezogen, innerhalb des Lagers, während Nacht für Nacht die Kugeln der Tschetschenen, die sich katzengleich heranschlichen, über sie hinwegpfiffen.

Um in dem wegelosen Gelände Kanonen und Proviantwagen an die Front zu schaffen, blieb den Russen nichts anderes übrig, als mühevoll Bäume zu fällen und Pfade durch das Unterholz zu schlagen, und Schamil verstand es, sie dabei durch verlustreiche Überfälle zu schwächen, immer tiefer in den Dschungel hineinzuziehen und dort niederzumetzeln.

Auch an der Küste des Schwarzen Meeres, südlich von Anapa, flammte die Rebellion auf, heimlich von England unterstützt, um die Verbindungswege zwischen den kaukasischen Provinzen und der persischen Grenze zu stören und damit eine Beteiligung der Russen am Afghanistankrieg zu verhindern. Zur Sicherung seiner Häfen und Verbindungslinien ließ der Zar daher entlang der Schwarzmeerküste Festungen anlegen. Da die Bauarbeiten ständig durch Überfälle der Gebirgsbewohner erschwert wurden, erließ der russische General Rajewskij in typisch orientalischen Übertreibungen folgenden Aufruf:

»Unser erhabener Herrscher, dessen Armeen nicht zu zählen sind, hat mir den Befehl erteilt, Tups, Schuplika und Semes einzunehmen und Befestigungen und Arsenale für seine mächtige Flotte anzulegen. Ich werde Straßen und Häfen bauen lassen. Zieht euch also kampflos zurück. Unser erhabener, allmächtiger Zar hat uns, trotz unserer Übermacht, befohlen, zunächst den friedlichen Weg der Versöhnung zu beschreiten. Gehorcht! Andernfalls macht euch auf eine Lehre gefaßt! O hört, ihr Deserteure, Überläufer und Rebellen! Seit fünf Jahren redet ihr vergeblich von den Versprechungen und der bevorstehenden Hilfe der Königin von England, des Königs von Frankreich und des Sultans. Doch Friede herrscht zwischen unserem Zaren und diesen edlen Persönlichkeiten, denn sie waren unsere Verbündeten, als wir Bonaparte bekämpften. Sie werden nichts für euch tun ... Schenkt euren falschen Propheten keinen größeren Glauben, als ich jenen verdächtigen Leuten schenke, die zu mir kommen (und wahrscheinlich von euch geschickt wurden). Schickt mir kluge, ehrenhafte Leute, und ich werde mich mit ihnen verständigen. Wenn ihr den Frieden wollt, will ich euer Freund sein. Ich liebe den Krieg nicht, also zwingt mich nicht, ihn zu führen!«

Statt damit die Tscherkessen auf seine Seite zu ziehen, erregte der General ihren Zorn. Stolz und anmaßend klang ihre mit Blut unterzeichnete Antwort:

»Seit zwölf Jahren brüstet ihr euch damit, Herren und Eroberer unseres Landes zu sein. Ihr lügt! Wißt, General Rajewskij, daß all eure Festungen zu Gräbern in unseren Wäldern werden. Wir werden nie eure Untertanen sein. Wir werden bis auf den letzten Mann Widerstand leisten. Ihr sagt, wir hätten uns seit Jahren von den Engländern zum Narren halten lassen. Aber eure Worte beeinträchtigen unser Vertrauen in sie nicht. Versucht nur, eine

Stunde weit aus eurer Festung hinauszumarschieren, und ihr werdet uns kennenlernen. Wollt ihr aufrichtig unser Freund sein, dann schreibt an den Zaren und sagt ihm, er solle seine Truppen zurückrufen und seine Festungen von Anapa bis Kartochas schleifen. Dann können wir unsere Angelegenheiten bereinigen. Doch sonst ist alles vergeblich.«

Als eine russische Flotte in einer kleinen Bucht vor Anker ging und Kriegsmaterial auslud, verlangten die tscherkessischen Anführer verständlicherweise Auskunft über die Absichten des Feindes. Doch hochmütig lehnte der General jede Verhandlung ab. Ein Sturm, der mehrere Schiffe auf Felsen getrieben hatte, geriet auch der Besatzung des Forts von Navaginskij zum Verhängnis. Um die Mannschaft mitsamt der Ladung zu retten, verließ sie unvorsichtigerweise ihre Festung, wurde von den Tscherkessen umzingelt, ins Meer geworfen und nierdergemetzelt.

Berauscht von ihrem Sieg schlugen die Aufständischen die Aufforderung der Russen, die Waffen niederzulegen, in den Wind und versicherten dem Feind schriftlich, nie würden sich die Tscherkessen der moskowitischen Herrschaft beugen, solange noch ein Soldat lebe. Sie waren bereit, Schamil überallhin zu folgen.

2

Überall im Kaukasus wurde während des Sommers und Herbstes 1840 erbittert gekämpft. Bei dem Guerillakrieg, zu dem sich die Auseinandersetzung mehr und mehr entwickelte, siegte mal die eine, mal die andere Seite. Das Land verödete und verarmte.

In dieser schwierigen Zeit erhielt Schamil unerwartet einen mächtigen Verbündeten: Hadschi Murat, der bisher sein Feind gewesen war. So wie es Stämme gab, die sich von Schamil abwandten, zu den Russen überliefen und später wieder zu ihm zurückkehrten, so wechselten auch einzelne Anführer ihre Gesinnung, ohne daß jemand sie deswegen Verräter schimpfte, sofern ihr Wandel Hand in Hand ging mit Wagemut und Tapferkeit.

Zu jenen Schwankenden gehörte auch Hadschi Murat, der einst mit seinem Bruder Osman in der Moschee von Chunsach das Attentat auf Hamsat Beg, den zweiten Imam von Daghestan, verübt hatte. Während Osman dabei selbst getötet wurde, konnte Hadschi Murat entkommen.

Mit dem Tod des verhaßten Hamsat Beg erhob sich das ganze Volk und vertrieb die Muriden, und wer von ihnen nicht floh, der wurde erschlagen.

Bis dahin hatte Hadschi Murat, der Moslem, noch nicht Partei für die Russen ergriffen. Aber der Gewissenskonflikt kam, als Schamil zum neuen Imam ernannt wurde und ihm durch einen Boten befahl, mit ihm unter dem Banner des Muridismus gegen die Ungläubigen zu kämpfen. Andernfalls, so drohte ihm Schamil, wolle er ihn töten und Chunsach zerstören.

Hadschi Murat aber weigerte sich. Er konnte nicht vergessen, daß Schamils Hände mit dem Blut Bulatsch Khans, des jüngsten Sohns und letzten Thronfolgers von Pachu-Bike, befleckt waren, und warf ihm, als neuem Oberhaupt der Muriden, auch den Tod seines Bruders Osman vor, den die Leibwächter Hamsat Begs niedergestreckt hatten.

Hadschi Murats Abscheu vor dem Despotismus der Muriden war so groß, daß er nicht nur Schamil die Gefolgschaft versagte, sondern sogar seine Dienste den Russen anbot. Durch ein Bündnis mit Rußland, so glaubte er, könne er dem Imam und seinen Muriden Einhalt gebieten und für sich selbst Macht und Ruhm erringen. General Rosen war froh, einen so tapferen Mann gewonnen zu haben, ernannte ihn zum Offizier und setzte ihn als Herrscher über Awarien ein. Doch damit hatte sich der General nur noch mehr in den eigenen Fallstricken der Korruption verfangen, denn denselben Posten hatte er vorher schon dem Khan von Kasikumuch und dann auch noch Achmet Kahn versprochen.

Hadschi Murat und Achmet Khan aber waren zutiefst verfeindet. Als Achmet Khan für seinen Sohn um Saltanet, die Tochter des Khans von Kasikumuch, warb und abgewiesen wurde, glaubte er, Hadschi Murat sei die Ursache dazu, was seinen Haß noch steigerte. Denn vor allem neidete er Hadschi Murat den Ruf der Tapferkeit, während dieser Achmet Khan die Würde und Machtfülle mißgönnte, mit der ihn die Russen ausgezeichnet hatten.

Um den Rivalen auszustechen, ja sogar noch zu übertreffen, war Hadschi Murat, der gläubige Moslem, bereit, vorübergehend einen Pakt selbst mit dem Teufel zu schließen. Ein Bündnis mit den Ungläubigen würde seinen Traum verwirklichen, mit ihrer Hilfe Regent einer Provinz zu werden und so viel Macht zu erlangen, daß er dann gleichermaßen den Muriden wie den Russen die Stirn bieten könne. Sein Glaube litt nicht unter der vorgetäuschten Kumpanei mit den Ungläubigen, denn für sein politisches Ziel, so redete er sich ein, heiligte der Zweck die Mittel.
Das Bündnis Hadschi Murats mit dem großen Weißen Zaren und seinem Statthalter Woronzow in Tiflis blieb nicht geheim. Achmet Khan erkannte die Gefahr, die ihm drohte, wenn sein Erzfeind das Vertrauen der Russen und damit zugleich Macht gewinnen würde. Noch ehe der Boden unter seinen Füßen zu schwanken begann, mußte er Hadschi Murat vernichten.
Achmet Khan verlor keine Zeit. Er warf sich aufs Pferd und ritt, von Dienern und Leibwächtern begleitet, nach Tiflis, wo er den Statthalter um eine Audienz bat.
»Was führt Sie so unerwartet zu mir?« erkundigte sich Woronzow höflich. »Gibt es irgendwelche Schwierigkeiten?«
»Schwierigkeiten? Gefahren ... Unheil! Und Sie selbst, verzeihen Sie, wenn ich so offen rede, sind mit schuld daran.«
»Sprechen Sie, bitte, Freunde sollten immer offen zueinander sein.«
»Es geht um Hadschi Murat.«
»Ja?«
»Er ist ein Spion.«
»Unser Verbündeter ein Spion?«
»Er hat Sie hereingelegt. Hadschi Murat ist ein äußerst gefährlicher Mann.«
»Gefährlich – ja für seine Feinde. Für seine Freunde aber, und das sind wir, ist er ein Mann von außerordentlicher Kühnheit, ein geborener Führer, dessen Einfluß auf Adel und Volk nicht hoch genug zu schätzen ist.«
Die Offiziere an Woronzows Seite nickten beifällig.
»Tapfer – ja, das ist er«, gab Achmet Khan zu, »mit seinem Mut täuscht er alle. Geblendet von Heldentaten übersehen sie alle seinen

wahren Charakter: seine Verschlagenheit, die seine Tapferkeit noch übertrifft. Hadschi Murat treibt ein falsches Spiel. Er gibt sich als Verbündeter des Zaren aus, in Wirklichkeit aber ist er Schamils Nahib.«

Zur Überraschung Achmet Khans blieb der Statthalter ruhig und zog nur leicht die Brauen hoch, als er bemerkte:

»Das ist ein schwerer Vorwurf. Wo aber sind die Beweise?«

»Er verbietet den Awaren, Holz an die Soldaten zu liefern.«

»Ist das ein Beweis?«

»Ist es keiner?« fragte Achmet Khan zurück und fügte, als er die zweifelnde Miene des Statthalters sah, rasch hinzu: »Und was ist mit dem Turban, den er um seine Lammfellmütze trägt?«

»Ein Schmuck, was sonst? Hadschi Murat ist Moslem.«

»Das bin ich auch. Aber habe ich deshalb auch so einen Turban um meine Mütze geschlungen? Nein, Hadschi Murat trägt ihn ganz einwandfrei als Zeichen seiner Gemeinschaft mit Schamil. Und darum wiederhole ich: Vorsicht vor diesem Verräter!«

Mit kaum merklichem Lächeln wechselte Woronzow einen Blick mit seinen Offizieren, bevor er sich wieder Achmet Khan zuwandte.

»Gewiß, man kann nie vorsichtig genug sein«, begann er, bemüht, seine Diplomatenmiene durch einen Zug von Höflichkeit und Wohlwollen aufzuhellen. »Aber was immer man vielleicht auch gegen Hadschi Murat vorbringen könnte, ist nichts gegen das, was für ihn spricht. Jedenfalls danke ich Ihnen für Ihre Bemühungen. Es war sehr loyal von Ihnen, uns über Ihre Beobachtungen und Befürchtungen zu unterrichten. Wir wissen das zu schätzen und werden uns zu gegebener Zeit dafür erkenntlich zeigen.«

Sein Vorstoß, das spürte Achmet Khan deutlich, war ins Leere gegangen, und es schien ihm auch, als wüßten die Russen über seine Todfeindschaft mit Hadschi Murat Bescheid. Diesmal war es ihm noch nicht gelungen, einen Keil zwischen seinen Rivalen und den Statthalter zu treiben. Doch was er wohl allzu voreilig begonnen hatte, war damit noch nicht beendet: man mußte die Intrige nur geschickter einfädeln, um Hadschi Murat zu stürzen und zu vernichten.

»Hoffen wir für das Wohl Rußlands, daß Sie recht haben«, sagte er und schloß damit das Thema ab.
»Nun, mein Freund, da Sie schon einmal den weiten Weg nach Tiflis auf sich genommen haben«, antwortete ihm Woronzow äußerst liebenswürdig, »würden Sie mir eine außerordentliche Freude machen, wenn ich Sie in den nächsten Tagen als meinen hochverehrten Gast verwöhnen lassen dürfte. Ich bin sicher, daß auch unsere Damen Ihre Gegenwart sehr begrüßen werden.«
»Ich nehme Ihre Einladung dankend an.«
Achmet Khan genoß nicht nur das Festessen, bei dem ihm die erlesensten Speisen auf goldenen Tellern serviert wurden, er freute sich auch über die kostbare Uhr, die ihm ein General schenkte, und vergnügte sich einige Abende lang in der Gesellschaft der russischen Damen von Tiflis, die ihn, unverschleiert mit ihrer Schönheit lokkend, aufs äußerste verwirrten und erregten, besonders wenn sie sich im Walzer so hinreißend drehten, was seine Sinne als Mann noch mehr betörte als die ruhigen, wenn auch unmißverständlich verführerischen Bewegungen seiner Haremstänzerinnen.
Die Russen, die ihn in bester Laune von Tiflis nach Awarien abreisen sahen, ahnten nicht, daß er seine Rachepläne nur aufgeschoben, nicht aber aufgehoben hatte. Was er selbst nicht beim Statthalter erreicht hatte, versuchte er nun über andere durchzusetzen. Geschickt verstand es Achmet Khan, dem Befehlshaber der russischen Division in Chunsach, Major Lasarew, alarmierende Gerüchte über Hadschi Murats Geheimbeziehungen zu Schamil zu hinterbringen, wobei er ihm, schlau wie ein Fuchs, die Vorwürfe und Verdächtigungen von verschiedensten Seiten ins Ohr träufeln ließ. Schien der Major zunächst dem Geschwätz kein Gehör schenken zu wollen, so wurde er – steter Tropfen höhlt den Stein – mit der Zeit unsicher und sandte schließlich an General Klugenau einen Bericht, der Hadschi Murat stark belastete und das Vertrauen der Russen erschütterte.
Klugenau tobte. »Also ist es doch wahr!« rief er erregt, als er zu Ende gelesen hatte. »Achmet Khan hatte recht. Hadschi Murat ist ein Verräter.«
»Ich kann es nicht glauben«, wandte sein Adjutant ein.
»Überzeugen Sie sich selbst!« Der General hielt ihm den Bericht hin,

und ohne abzuwarten, bis der andere auch nur einen Blick hineingeworfen hatte, schrie er: »Der Kerl ist sofort gefangenzunehmen und nach Temir-Chan-Schura zu schicken. Sollte er versuchen zu fliehen, wird er erschossen. Geben Sie den Befehl auf der Stelle weiter!«
»Und wer soll den Befehl ausführen?«
»Achmet Khan!«
Niemand anders als Achmet Khan konnte versessener darauf sein, Hadschi Murat festzunehmen. Mit einer Kompanie Soldaten überfiel er den Erzrivalen, legte ihn in Ketten und fesselte ihn an eine der großen russischen Kanonen, die seine Hauptstadt sicherten. Offen zeigte Achmet Khan seine Zufriedenheit über diesen Triumph und genoß die Wut und Haßausbrüche seines Feindes, wann immer er sich in seiner Nähe blicken ließ. Und das geschah oft, denn zehn Tage lang ließ er ihn, angebunden an das Geschütz, zur Schau stellen und lachte nur höhnisch, wenn Hadschi Murat eine gerechte Behandlung und sofortige Vernehmung forderte.
»Dann will ich wenigstens meine Frau sehen und meine Söhne. Ich habe ein Recht darauf. So unmenschlich kannst du doch nicht sein!«
Aber auch darauf verweigerte ihm Achmet Khan jede Antwort. Er wußte, wie leidenschaftlich Hadschi Murat an seiner Familie hing und nun darunter litt, mit Gewalt von ihr ferngehalten zu werden.

3

Inzwischen waren die russischen Kuriere, die man nach Tiflis gesandt hatte, beim Statthalter eingetroffen und hatten ihm die Gefangennahme Hadschi Murats gemeldet.
»Gut«, sagte Woronzow erfreut. »Reitet unverzüglich zurück und überbringt dem Kommandanten meinen Befehl, Hadschi Murat sofort unter starker Bewachung ins Hauptquartier zu bringen.«
Nach der Rückkehr der Kuriere wurde Hadschi Murat von der Kanone losgebunden, und am folgenden Morgen begann der beschwerliche Marsch zum Hauptquartier. Es war Winter, schwer drückte der bleigraue Himmel, der Schnee türmte sich hoch auf den Pässen und hatte die Schluchten verschüttet. Mühsam schleppten sich die Solda-

ten, vierundzwanzig Mann unter der Führung eines Offiziers, mit ihrem Gefangenen von einer Schneewehe zur anderen. Hadschi Murats Hände waren gefesselt, und seine Bewacher hatten die Gewehre geladen, um ihn beim geringsten Fluchtversuch zu erschießen.

Weiß waren die Berge und Hänge, weiß war der Kaukasus, soweit das Auge reichte, nur hier und da reckten sich die schwarzen Wände steiler Felsen in den Himmel. Nichts regte sich in dieser Einöde, nur ein paar Krähen kreisten krächzend über leeren Weidegründen. Halb unter dem Schnee begraben, dort wo Rauchfäden aufstiegen und träge in der eisigen Luft zu stehen schienen, lagen die Saklias, in denen sich die Hirten mit ihren Herden drängten.

Schneewehen hatten den Paß nach Temir-Chan-Schura unpassierbar gemacht, und die einzige Brücke im Umkreis von vierundzwanzig Kilometern war wenige Tage zuvor durch eine Lawine zerstört worden.

Ratlos blieb der Offizier stehen und sah Hadschi Murat fragend an. »Was nun?«

»Es gibt nur noch den Weg über den Aul von Butsro.«

»Ein schmaler Gebirgspfad«, gab einer der Soldaten zu bedenken, »ich kenne ihn. Ob er bei Eis und Schnee überhaupt zu begehen ist, bezweifle ich.«

»Wir müssen es trotzdem versuchen«, entschied der Offizier. »Also vorwärts! Weiter!«

Zunächst noch schienen die Befürchtungen des Soldaten übertrieben zu sein, doch dann wurde der Pfad immer steiler und schmaler und verlief so hart an einem Abgrund entlang, daß die Männer einzeln hintereinander gehen und sich an den Klippen festklammern mußten. Hadschi Murat war daran gewöhnt. Trotz seiner gefesselten Hände bewegte er sich auf dem rutschigen Pfad sicher und leichtfüßig wie eine Gemse. Auch der Frost prallte an ihm ab. Bis an die Augenbrauen hatte er die schwarze Lammfellmütze ins Gesicht gedrückt, und sein ganzer Körper steckte bis ans Kinn mit dem kurzgeschnittenen roten Bart in der zottigen Burka. Die Russen dagegen, die im Flachland zu Hause waren und in ihren klobigen Schuhen immer wieder stolperten und strauchelten, zitterten nicht nur vor Kälte, sondern auch vor der tödlichen Tiefe, die manchen so schwindlig werden ließ, als stände er auf der Spitze eines Kirchturms und schaue auf den Marktpaltz hinunter, wo die Menschen ihm so winzig vorkamen wie Ameisen.

»Seht doch die ungläubigen Hunde da!«

»Sie führen Hadschi Murat ab, Allahs Krieger.«

»Dafür wird Allahs Fluch sie treffen, diese blonden Schweine. Verrecken sollen sie, alle, abstürzen und sich den Hals brechen!«

»Hadschi Murat ist selber schuld. Das hat er jetzt davon, daß er zu den Russen übergelaufen ist.«

»Ich sage ja immer, es ist besser, bei Schamil zu bleiben.«

»Ist es das wirklich? Führen nicht beide Wege ins Verderben?«

So redeten die Männer von Butsro, die von den Wachtürmen ihres fernen Auls die Bewacher mit ihrem Gefangenen vorüberziehen sahen. Verbittert folgten sie jeder Bewegung des Zuges, bis auch der letzte Soldat ihren Blicken entschwand. Dann suchten sie die Moschee auf und beteten für Hadschi Murats Rettung.

Schritt für Schritt plagten sich die Soldaten durch das schwierige Gelände vorwärts, immer in der trügerischen Hoffnung, bald, nach der nächsten Biegung, werde es wohl wieder leichter gehen. Statt dessen wurde der Pfad schließlich so gefährlich, daß die Russen ständig stolperten und mehr um sich selbst besorgt waren als um die Bewachung ihres Gefangenen.

»Bindet ihm ein Seil um die Hüfte«, ordnete der befehlshabende Offizier an, »und ihr beiden«, er deutete auf den Soldaten, der unmittelbar vor Hadschi Murat ging, und den anderen, der ihm dicht folgte, »haltet das Seil gut fest, damit euch der Kerl nicht entwischt. So habt ihr ihn ständig unter Kontrolle, auch wenn der eine oder andere mal strauchelt. Ich traue ihm nicht!«

Sein Argwohn war nur zu berechtigt! Denn als sie die schmalste und zugleich steilste Wegstrecke erreichten, auf der einen Seite eine schroff aufsteigende Felswand, auf der anderen ein senkrecht abstürzender Abgrund von mehr als hundert Metern Tiefe, handelte Hadschi Murat rasch. Hart am Rand entlanggehend, packte er mit seinen gefesselten Händen das Seil, entriß es den überrumpelten Soldaten und sprang in die Tiefe, wobei ein Bewacher, der ihn noch festhalten wollte, mit in den Abgrund stürzte.

Schaudernd hörten die Russen die beiden Körper weit unten aufprallen, Geröll prasselte hinterher, und Felsbrocken barsten krachend auseinander. Dann war es totenstill. Niemand wagte sich vor, um hinabzuschauen, und es war unmöglich, die Leichen zu bergen.
»Gottes Wille ist geschehen«, murmelte der Offizier, und alle bekreuzigten sich stumm und ergeben.
Als der Pfad dicht hinter der Unfallstelle den höchsten Punkt überwunden hatte und es wieder bergab ging, hob sich die Stimmung der Mannschaft. Es hatte zu schneien begonnen, aber jeder freute sich auf den Abend in der warmen Unterkunft und auf einen Schluck Wodka.
Nur der Offizier war bedrückt. Als der Trupp in Temir-Chan-Schura eintraf, mußte er den erwarteten Verweis hinnehmen.
»Sie haben fahrlässig gehandelt«, hielt ihm General Klugenau vor. »Diese Tataren sind zu allem fähig, erst recht ein Mann wie Hadschi Murat. Er nutzt jede Möglichkeit zur Flucht – ich betone: jede! –, auch wenn er dabei sein Leben riskiert. Das hätten Sie wissen müssen.«
»Aber er ist nicht geflohen. Hadschi Murat ist tot! Er muß tot sein, kein Mensch überlebt einen Sprung in hundert Meter Tiefe.«
»Was aber, wenn er dennoch mit dem Leben davongekommen ist?« grübelte der General. »Ich habe hier im Kaukasus schon so manches erlebt, was ich früher nicht für möglich gehalten hätte. Vor allem werde ich manchmal nicht klug aus diesen Menschen, sie überraschen einen immer wieder aufs neue.« Er schien mit sich selbst zu sprechen. »Warum hat sich dieser Hadschi Murat nur in die Tiefe gestürzt? Suchte er wirklich den Tod? Anscheinend wissen diese Menschen nicht, wann sie sterben sollen... Sie haben nicht die geringste Ahnung von Anstand...«
Hadschi Murat wurde für tot erklärt.

Die Wirklichkeit sah anders aus. Der Soldat war tot, Hadschi Murat aber blieb am Leben. Er hatte damit gerechnet, daß die Schneewehe, in die er gesprungen war, seinen Aufprall, ähnlich wie ein weiches Kissen, erheblich abschwächen werde. Dennoch blieb der Sturz nicht ohne Folgen: ein Bein sowie einige Rippen hatte er sich gebrochen, und auch am Kopf war er verletzt. In den ersten Sekunden lag er wie

betäubt da, dann, als er sich zu regen begann und aufstehen wollte, wurde es ihm schwarz vor den Augen.
Jetzt nur nicht ohnmächtig werden! dachte er. Wenn ich in dieser Kälte das Bewußtsein verliere, erfriere ich.
Mit letzter Willenskraft richtete er sich halb auf und sah sich nach dem Soldaten um, den er mit in die Tiefe gerissen hatte. Der Russe lag nicht weit von ihm in einer Mulde aus Schnee und rührte sich nicht. Mühsam kroch Hadschi Murat zu ihm hin. Blut quoll aus einer Schädelwunde, der Mann mußte sich beim Sturz den Kopf an einer Felskante aufgeschlagen haben. Er schien tot zu sein; aber um sicherzugehen, schnitt Hadschi Murat ihm die Kehle durch und verbarg sich unter einem Vorsprung der Steilwand, bis es dunkel wurde.
Trotz großer Schmerzen brachte er es fertig, bis in die Nähe einer Schäferei zu kriechen. Erschöpft blieb er liegen, verlor das Bewußtsein und schlief ein. Starr vor Kälte erwachte er und rief um Hilfe. Ein Hirte fand ihn und holte Leute, die ihn ins nächste Dorf trugen. Mehrere Wochen lang wurde er dort, im Aul von Mansocha, versteckt gehalten und gepflegt. Seine Wunden verheilten, nur das gebrochene Bein blieb etwas kürzer, so daß er von nun an beim Gehen lahmte.
In den Bergen sprach sich herum, daß er entkommen war, und viele Männer suchten ihn auf, freuten sich mit ihm über seine Flucht und wünschten ihm rasche Genesung. Sobald er wieder gesund war, ging er nach Tselmess.

4

Als General Klugenau erfuhr, daß Hadschi Murat den Sprung in den Abgrund überlebt hatte, versuchte er sein Vertrauen zurückzugewinnen, denn er wußte dessen Stärke als Freund wie als Feind sehr wohl zu schätzen. Er sandte ihm einen Brief, in dem es hieß:
»An den Leutnant Hadschi Murat!
Du hast unter mir gedient, und ich war mit Dir zufrieden und hielt Dich für einen rechtschaffenen Mann. Unlängst teilte mir der Generalmajor Achmet Khan mit, Du seist ein Verräter, Du trügst den Turban zum Zeichen Deiner

Verbindung mit Schamil und hetztest das Volk auf, die Befehle der russischen Obrigkeit zu mißachten. Ich ließ Dich festnehmen und zu mir führen – Du entflohst; ich weiß nicht, ob das gut oder schlecht war, denn ich weiß nicht, ob Du schuldig oder unschuldig bist. Nun höre mich: Wenn Du ein reines Gewissen dem großen Zaren gegenüber hast, wenn Du unschuldig bist, so komm zu mir. Fürchte nichts, ich werde Dich schützen. Der Khan kann Dir nichts tun, er ist selber mein Untergebener ...«

Doch Hadschi Murat ließ sich nicht wieder einfangen. Während seiner wochenlangen Genesung hatte er Zeit genug gehabt, über die Russen nachzudenken. Auf bloßen Verdacht, auf das Wort eines Feindes hin hatten sie ihn verhaftet und mißhandeln lassen. Wenn die Russen ihrem Verbündeten so wenig vertrauten, dann war es sein Fehler gewesen, ihnen zu trauen und sich mit ihnen einzulassen.

»Ich trage den Turban nicht um Schamils, sondern um meines Seelenheils willen«, schrieb er dem General als Antwort. »Sowenig wie ich mich je mit Schamil verbinden kann und will, da er die Ursache für den Tod meiner Brüder und meines Vaters ist, sowenig kann ich zu den Russen zurückkehren, denn sie haben mich geschändet. In Chunsach, als ich gefesselt war, hat ein solcher Schuft auf mich gepißt. Und solange dieser Mensch lebt, kann ich nicht mit den Russen zusammengehen. Vor allem aber fürchte ich den Verräter Achmet Khan.«

Trotz dieser Absage gab sich General Klugenau noch nicht geschlagen und ließ Hadschi Murat ein weiteres Schreiben zustellen, in dem er ihm unter anderem mitteilte:

»Höre mich, Hadschi Murat! Wenn Dein Gewissen rein ist, wenn Du den Turban um Deiner Seele willen trägst, dann bist Du gerechtfertigt und kannst der russischen Regierung und mir offen ins Auge sehen; der Beleidiger Deiner Ehre soll bestraft werden, Du sollst Dein Eigentum zurückerhalten, und Du wirst erkennen, was russisches Gesetz bedeutet; um so mehr, als die Russen ganz anders von der Sache denken: in ihren Augen ist Deine Ehre dadurch nicht befleckt, daß irgendein Schuft Dich hat schänden wollen. Ich selbst habe den Moslems das Tragen des Turbans erlaubt und weiß, was er bedeutet; ich wiederhole also: Du hast nichts zu befürchten. Komm zu mir mit dem Mann, der Dir diesen Brief bringt ...«

Auch diesmal glaubte Hadschi Murat dem General nicht, sein Mißtrauen saß zu tief. Er ging ferner deshalb nicht zu Klugenau zurück, da er vor allem Rache an Achmet Khan nehmen wollte, und das konnte er nicht auf Seiten der Russen.

Um diese Zeit belagerte Achmet Khan den Aul Tselmess, wo sich Hadschi Murat aufhielt. Er wollte ihn erneut gefangennehmen oder gar töten, und da Hadschi Murat nicht genug Gefolgsleute hatte, um sich durchzuschlagen, kam ihm Schamils Bote gar nicht so ungelegen, der ihm die Nachricht brachte, der Imam wolle ihm Beistand leisten. Lange überlegte Hadschi Murat, nur gar zu gern wollte er zu seinem Volk zurückkehren, in die Berge, und deshalb beschloß er endlich, mit Schamil Frieden zu schließen und ihm zu folgen. In seinem Brief, den er dem Boten mitgab, schrieb er:

»An den ruhmreichen Imam Mullah Schamil, meinen bisherigen Feind, sende ich, Hadschi Murat von Awarien, bisher Verweser des Fürstentums und nun heimatloser Flüchtling, meinen Gruß. Allah, dem Herrn, sei Ruhm und Ehre!

Ich bin zermürbt von der Undankbarkeit derer, die ich mächtig machte. Ich, der ich Awarien zu ihrem Wohl regierte, bin jetzt ein Flüchtling in meinem eigenen Land. Allah zerschmettert mich mit dem Gewicht seines Zorns, weil ich den Russen gegen die Verfechter meines Glaubens zu Hilfe kam. Ich verlasse meine falschen Freunde und wende mich an Dich, meinen unerbittlichen Feind. Nimm meinen Arm und meinen Rachedurst an. Du lerntest ihren Wert kennen, als ich gegen Dich bei Chunsach kämpfte. Willst Du es noch einmal versuchen, jetzt, da ich bereit bin, an Deiner Seite zu kämpfen? Ruhm und Ehre sei Allah, dem Allmächtigen! Mögen seine Feinde verrekken wie unreine Hunde!«

Den bisherigen Feind Hadschi Murat nun als Verbündeten zu haben war so gut wie der Sieg in einer bedeutenden Schlacht. Deshalb schrieb Schamil ihm sofort zurück:

»Allah leitet irre, wen er will. Allah schützt jene, deren er bedarf und führt sie zurück auf den rechten Weg. Ihm sei Ehre und Ruhm in Ewigkeit. Du bist in den Schatten gegangen und ins Licht zurückgekehrt. Unsere Tore stehen Dir offen, unsere Hände strecken sich Dir entgegen. Allah enthüllt sich uns durch Zeichen. Die Worte des Propheten verwirklichen sich an Dir. Wenn der Gläubige strauchelt, stützt ihn Gott. Wahrlich, die Zeit ist nicht weit, daß der doppelköpfige Adler des Zaren unter dem Halbmond des Islam verbrennen wird.

Komme zu mir, diene der Heimat und Allah zum Ruhme! Im Namen Gottes, sei mir willkommen, tapferer Hadschi!«
Mit seinem Instinkt, Massen zu seinen Gunsten zu beeinflussen, erließ Schamil für ganz Daghestan eine Proklamation, in der sowohl beide Briefe als auch Hadschi Murats Ernennung zu seinem ersten Nahib und Statthalter des nahe Chunsach gelegenen Tselmess öffentlich bekanntgemacht wurden.
Von nun an bewölkte sich wieder der Himmel für die Russen. Jene Bevölkerungsgruppen, die, unschlüssig geworden durch das Auf und Ab im kaukasischen Krieg, in ihrer Haltung schwankten, griffen jetzt zu den Waffen, um unter Hadschi Murat zu kämpfen. Sein Ruf als Held, den er sich durch Tapferkeit und Wagemut erworben hatte, wurde nun noch durch die Verfolgung von Seiten der Russen verstärkt. Fast alle Awaren, sämtliche Tschetschenen, viele vom Stamm der Kisten liefen ihm zu, selbst die entlegensten Auls stachelte er zum Widerstand auf, untergrub den russischen Einfluß in den Bergen und das Ansehen seines Erzfeindes Achmet Khan von Mektulee.

5

Nach Hadschi Murats Übertritt auf die Seite Schamils waren die Gebirgsbewohner schon bald in vollem Aufruhr. Mit unglaublicher Kühnheit wurden Vorposten überfallen, Festungen gestürmt und Garnisonstädte angegriffen. Für ihren Vertrauensmangel und ihren Verrat hatten die Russen jetzt einen hohen Preis zu zahlen.
Schamils Stärke und Einfluß wuchsen von Monat zu Monat. Als sich dann auch noch Kibit Mahoma von Tilitl, bisher gleichfalls ein Verbündeter der Russen, mit einigen Stämmen den Streitkräften Hadschi Murats anschloß, hatten sich seine Macht und das Gebiet, das er beherrschte, innerhalb kurzer Zeit verdreifacht. Sie beide waren jetzt seine stärksten Nahibs. Der Imam setzte seine Taktik fort, die Russen ständig in Scharmützel zu verwickeln. Dabei bewegte er sich mit einer solchen Wendigkeit im Land, überquerte in unglaublich kurzer Zeit Berge wie Schluchten und ließ, wo es ihm geboten schien, seine Truppen mit geradezu generalstabsmäßiger Genauigkeit vor dem

Angriffsziel aufmarschieren, so daß er den Gegner immer wieder überraschte.
»Noch nie haben wir einen so wilden und gefährlichen Feind gehabt wie diesen Schamil.«
»Kein Wunder, seine Macht hat nicht nur kriegerische, sondern auch religiöse Wurzeln wie einst bei Mohammed in den Anfängen des Islam, als er Dreiviertel der Erde in Aufruhr versetzte.«
»Kämpfen wir nicht auch für Gott und Vaterland? Für unseren Zaren?«
»Sie kämpfen in ihren Bergen für ihre Heimat, wir aber auf fremdem Boden. Und ihrem Fanatismus haben wir nichts Gleichwertiges entgegenzusetzen.«
»Sind Ruhm und Größe unseres Vaterlandes nichts, wofür es sich zu sterben lohnt?«
»Ich bitte Sie! Für unsere regulären Truppen mag das noch gelten, für die Elite der Armee, aber für die Masse der Männer, die hier im Kaukasus elend krepieren, dürfte das wohl kaum zutreffen«, wandte ein Oberst ein, ein alter Haudegen, erprobt in vielen Schlachten.
Es war eines jener Gespräche, wie sie nun häufiger im russischen Hauptquartier von Temir-Chan-Schura unter den Stabsoffizieren stattfanden. Die gegensätzlichen Meinungen, durch Intrigen und Streitigkeiten geschürt, brachen dabei immer offener zutage. Die Generale befehdeten einander und buhlten um die Gunst des Zaren.
»Was heißt hier ›elend krepieren‹ ...«, meinte ein Flügeladjutant, indem er das Wort des Obersten aufgriff. »Im Krieg gibt es nun mal Tote, und elend krepieren kann man auch im Bett.«
»Haben Sie schon mal gesehen, wie unsere Rekruten, unerfahren und oft unausgebildet, manche sogar kaum ausgerüstet, haufenweise krepieren? Ich habe es erlebt, mehr als einmal, wie sie von zahllosen Säbelhieben zerfetzt stundenlang auf dem Schlachtfeld liegen und verbluten, wie sie erfrieren und verdursten, an Fieber und Skorbut zugrundegehen, an der Ruhr oder Cholera, wie sie dahinsiechen im Schlamm und Dreck, zerfressen von Läusen, krank vor Heimweh und Verzweiflung.«
»Kaum ausgerüstet ... und oft unausgebildet! Die Truppen des Zaren erhalten sogar eine vorzügliche Ausbildung, wie jeder weiß.«

»Ich rede nicht von der regulären Armee, sondern von den armen Teufeln, die man aus Gefängnissen und Bergwerken zusammentreibt, von den unerschöpflichen Heerscharen der leibeigenen Bauern von Sibirien bis zur polnischen Grenze. Oft drückt man ihnen nur ein Bajonett in die Faust und schickt sie in die Schlacht. Kämpfen oder verrecken heißt die Parole.«
»Der Menschenreichtum Rußlands ist unsere Stärke.«
»Und Menschenleben sind billig, das wollen Sie doch damit sagen – oder?«
»Sehr richtig, denn Menschen wachsen immer wieder nach«, ergänzte der Adjutant zynisch.
»Oft kennt niemand ihre Namen. Die Männer, die man so massenweise opfert, werden nicht mal registriert.«
»Wozu? Ein Mensch ist schneller produziert als ein Geschütz – und billiger. Man hat sogar noch Spaß daran.«
Die meisten Offiziere lachten, und einer sprach das aus, was immer wieder überall zu hören war von Petersburg im hohen Norden bis zur Front im Kaukasus:
»Gewiß, der Krieg hat seine Schrecken, doch uns bringt er auch Ruhm!«
»Wenn wir Schamil besiegen.«
»Natürlich siegen wir! Wer wagt daran zu zweifeln?«
»Leicht ist es nicht. Schamil ist ein Despot. Wer nicht gehorcht, der stirbt. Regenten, die er eingesetzt hat, sind seine Sklaven. Sollte einer von ihnen auch nur im geringsten eine seiner Vorschriften mißachten, so erwartet ihn der sichere Tod. Geiseln werden erbarmungslos getötet. Gefangenen, die man auf der Flucht erwischt, sticht man die Augen aus und läßt sie in Gruben dahinfaulen. Muß es nicht unsere vornehmste Pflicht sein, diesen Despotismus zu beseitigen?«
Vom Despotismus im eigenen Lager sprach niemand, das war Gerechtigkeit im Namen Gottes und des Zaren. So dachte auch General Grabbé und konnte deshalb reinen Gewissens erklären:
»Es wird höchste Zeit, meine Herren, daß wir diesen Fanatiker in Allahs Paradies zu seinen Huris schicken, wohin er sich als Moslem ja so sehr zu sehnen scheint – jedenfalls predigt er den Dummköpfen, dies sei ihr schönster Lohn.«

»Man kann ihnen nicht verdenken, daß sie auf Allah bauen«, warf der Oberst ein. »Erinnern Sie sich nur an den letzten größeren Erfolg der Muriden. Ich meine, als Schamil Kasikumuch gestürmt, den Häuptling samt Familie sowie auch noch unseren Regierungsvertreter und die Wachmannschaft gefangengenommen hat. Und das alles vor unseren Augen, weil wir mal wieder die Lage falsch eingeschätzt haben!«

»Niederlagen sind im Kriege unvermeidlich. Doch so schmerzlich sie auch sind, sie spornen an. Niederlagen sind der Antrieb für den nächsten Sieg.«

»Und wo wollen Sie den nächsten Sieg feiern?« fragte jemand mit kaum verdecktem Spott.

»Zunächst marschiere ich nach Dargo und werfe dann auch Gumbet und Andi nieder.«

»Ich rate davon ab«, wandte einer seiner Stabsoffiziere ein. »Das Gelände dort ist zu unwegsam. Wir müßten unsere Verbände zu weit auseinanderziehen, und dadurch würden sie leicht anfällig für Überraschungsangriffe der Tataren.«

»Ich bin der gleichen Ansicht«, fiel ein anderer ein. »Unsere Truppen in Daghestan sind auf allzu viele mangelhaft befestigte Stützpunkte verteilt.«

»Und?« fragte Grabbé spitz.

»Diese Stützpunkte sollen ausgedehnte, unübersichtliche Gebiete decken, deren Bewohner sich gegen die Herrschaft unseres erhabenen Zaren auflehnen. Doch können sie das auch?«

»Deshalb hole ich ja zum großen Schlag gegen die Rebellen aus. Es ist eine entscheidende Aktion, meine Herren, mit starken Verbänden. Ich werde eine Streitmacht von zehntausend Mann in die Schlacht führen, und nach dieser Schlacht wird niemand mehr von Schamil und seinen Banditen reden!«

»Im Partisanenkrieg, wie Schamil ihn führt, schließt ein Truppenverband von einer gewissen Größe an jeden wirkungsvollen Einsatz aus. Bedenken Sie nur, welche Mengen an Vorräten und Munition eine Streitmacht von zehntausend Mann mit sich führen muß!«

»Das lassen Sie nur meine Sorge sein, meine Herren. Ich habe nicht

erst gestern meine Ausbildung an der Militärakademie abgeschlossen.«
Die Stabsoffiziere, die eben noch versucht hatten, General Grabbé den Plan zu seinem Feldzug auszureden, wandten sich ab.
»Es ist zwecklos, mit ihm zu streiten«, bemerkte einer leise. »Sie kennen doch seine Starrköpfigkeit. Ihm ist nichts, aber auch gar nichts klarzumachen.«
Die Katastrophe kam, wie sie kommen mußte. Schwerfällig bewegte sich der viel zu starke Truppenverband vorwärts. Die Mengen an Vorräten und Wagen waren noch größer als befürchtet, dazu kamen noch über dreitausend Pferde. Wegen der schlechten Straßen zog sich die Kolonne über mehrere Kilometer auseinander, und zu ihrem – wenn auch nur notdürftigen – Schutz mußte Grabbé fast die Hälfte der verfügbaren Truppen aufwenden. Je zwei Bataillone bildeten die Vorhut und die Nachhut; die restlichen Soldaten schützten Gepäck und Vorräte und brachten den Zug vorwärts. Zur Unterstützung der verschiedenen Einheiten waren kaum noch Leute frei, was den gesamten Verband außerordentlich schwächte. Doch Schwierigkeiten wurden nicht nur durch das Gelände verursacht, sondern auch durch die Störangriffe der Gebirgsbewohner, die klar erkannten, daß ihnen diese Märsche durch die dichten Wälder eine einmalige Erfolgschance boten und sie die russischen Kolonnen vernichten mußten, bevor sie den schwierigen Engpaß hinter sich hatten.
Am vorletzten Maitag legte Grabbés Truppenverband nur sieben Kilometer zurück, obwohl er keine Feindberührung hatte. Nachts regnete es, wodurch die Straßen noch unwegsamer wurden.
Am nächsten Abend waren die Russen nach einem fünfzehnstündigen Marsch mit dauernden Kämpfen gegen einen unsichtbaren Feind nur weitere zwölf Kilometer vorangekommen und mußten notgedrungen in einer wasserlosen Gegend unter freiem Himmel lagern. Der Feind holte Verstärkungen heran – allerdings nur knapp zweitausend Mann, die Hauptstreitmacht blieb bei Schamil in Kasikumuch – und errichtete eilig Barrikaden. Die russischen Truppen, die schon seit zwei Tagen ohne Wasser waren, hatten mehrere hundert Verwundete zu beklagen, und das Durcheinander wuchs von Stunde zu Stunde.

In drei Tagen hatte die Kolonne nur fünfundzwanzig Kilometer zurückgelegt, und General Grabbé sah jetzt ein, daß ein weiterer Vormarsch undurchführbar war.
»Das Unternehmen ist beendet«, teilte er am Abend des ersten Juni den Kommandeuren der einzelnen Truppenteile mit. »Der gesamte Verband zieht sich morgen früh zurück.«
Seine hochfliegenden Pläne waren gescheitert. Was er wider alle militärische Vernunft angerichtet hatte, mußten seine Soldaten teuer bezahlen. Im dichten Dschungel, in dem es von Scharfschützen wimmelte, saßen sie wie in einer Falle, der Verzweiflung nahe. Von hohen, breitausladenden Buchen aus, in denen die Muriden Stellung bezogen hatten, gut getarnt im Blätterwerk, belegten sie die Russen mit Feuer, und nicht einmal die Salven ganzer Batterien konnten sie daraus vertreiben.
War der Vormarsch schon unglückselig gewesen, so wurde der Rückzug zur Katastrophe. An die zweitausend Mann sowie fast die gesamte Ausrüstung und allen Proviant hatte Grabbés Streitmacht verloren, als ihre Überreste sich schließlich drei Tage später in den Aul von Gersel retten konnten.
Als ein persönlicher Freund des Zaren hatte man über Grabbés Fehler in der Zeit seines Kommandos immer wieder großzügig hinweggesehen, aber als der General sich endlich seiner wachsenden Unbeliebtheit in der Armee und seines Versagens in der Führung bewußt wurde, bat er um seine Entlassung.
Doch General Neidhardt, sein Nachfolger, dumm, pedantisch und von langsamer Auffassungsgabe, machte dieselben Fehler; die Katastrophen, die bisher unter Grabbés Oberkommando die russische Armee so entmutigt hatten, hielten an. Auch Neidhardt, dessen Ernennung sich kaum jemand erklären konnte, war Schamil und den Besonderheiten des Kaukasusfeldzugs nicht gewachsen. Gerade erst zum Oberkommandierenden berufen, ließ er bekanntmachen, wer ihm Schamils Kopf bringe, dem werde er dessen Gewicht in Gold aufwiegen.
Als der Imam von dem Kopfgeld erfuhr, schrieb er dem General einen Brief:
»Mit Dankbarkeit nehme ich das große Kompliment zur Kenntnis, das mir

Ihre Exzellenz mit der hohen Bewertung meines Kopfes gemacht hat. Ich für meinen Teil kann, sosehr ich das auch bedaure, dieses Kompliment nicht erwidern und muß Ihrer Exzellenz leider versichern, daß ich keinen Strohhalm für Ihren Kopf bieten werde.«

Kaum hatte Schamil den letzten Federstrich getan, als auch schon ein Tatarenbote mit dem Schreiben nach Temir-Chan-Schura galoppierte. Er jagte, aus dem Gebirge vorpreschend, mit solcher Verwegenheit auf Neidhardts Quartier zu, daß der Wachtposten, einen Angriff befürchtend, das Gewehr in Anschlag brachte. Dicht vor dem Tor riß der Kurier die Zügel herum, und während der Hengst schnaubend eine scharfe Wendung machte, lachte der Reiter spöttisch auf, warf dem verblüfften Posten den Brief vor die Füße, stob mit dem tatarischen Kriegsruf »Qurouss! Qurouss!« davon, setzte über die Barrikaden der Ortsgrenze und sprengte auf die Berge zu, wo er sich in einer Staubwolke verlor.

Hundert Peitschenhiebe

I

»Ich weiß nicht, wie wir den Ungläubigen noch länger Widerstand leisten können. Sie haben unsere Häuser zerstört, unsere Ernten und Vorräte verbrannt.«
»Ja, unsere Lage ist verzweifelt.«
»Wenn Schamil nicht zu Hilfe kommt, müssen wir uns ergeben.«
Noch nie in ihrem erbitterten Ringen mit den zaristischen Eindringlingen waren die Gesichter der tschetschenischen Stammesführer so sorgenvoll wie in diesen Tagen des Jahres 1843. Aufopfernd hatten die Stämme von Groß- und Klein-Tschetschnia gekämpft, doch bei der feindlichen Übermacht an Soldaten und Waffen nicht verhindern können, daß sie schließlich von den Russen umzingelt wurden.
Mochten die Stammesfürsten der Tschetschenen auch noch so lange beraten, das Ergebnis blieb immer gleich:
»Nur Schamil wäre in der Lage, den Ring der russischen Armee von außen zu sprengen und uns so aus der tödlichen Umklammerung zu befreien.«
»Aber Schamil kann uns nicht helfen. Seine Truppen sind an anderen Fronten in heftige Kämpfe verwickelt.«
»Man kann es drehen und wenden, wie man will – es gibt nur zwei Möglichkeiten. Wenn wir weiter standhalten, werden wir alle zugrundegehen – Männer, Frauen und Kinder. Wer nicht im Kampf fällt, der verhungert oder stirbt an Seuchen. Ist dies aber, so frage ich euch, das Ziel unseres Kampfes? Sind wir nicht vielmehr angetreten, um unsere Freiheit gegen die Ungläubigen zu verteidigen? Ist nun der Tod unser einziger Ausweg?«
»Lieber tot als Sklave der ungläubigen Hunde!« rief einer von ihnen.
»Ja, es ist ehrenvoll für die Freiheit zu sterben!« pflichtete ihm ein anderer bei.
Doch die Gegenstimmen überwogen.
»Für die Muriden mag ein solcher Tod willkommen sein. Sie haben ja auch den zehnfachen Eid geleistet, ihr Blut für ihren Glauben zu

vergießen, auf daß Allah sie im Paradies dafür überreichlich belohne. Wir Tschetschenen aber, jedenfalls die meisten unter uns, teilen diesen unerschütterlichen Glauben nicht.«
»Sehr richtig!« stimmte die Mehrzahl dem Redner zu.
»Wir fügen uns Allahs Wille. Aber kann es Allahs Wille sein, uns zu vernichten, indem wir uns Schamils Willen beugen?«
»Nein!«
»Unsere Fügsamkeit kennt Grenzen!«
»Darum wählen wir den Ausweg statt die Ausweglosigkeit – das Leben statt den Tod. Schamil kann uns nicht helfen, also müssen wir uns ergeben. Das ist die zweite Möglichkeit – und für uns die einzige.«
Die Zustimmung klang verhalten, obwohl fast alle Teilnehmer an der Ratsversammlung zu dieser Ansicht neigten. Furcht hielt sie davon ab, sich dazu lauter zu bekennen. Schamils schwarzer Schatten lag über der Runde, und was alle so stark beunruhigte, sprach schließlich einer aus:
»Schamils Zorn ist fürchterlicher als die Rache der Russen. Ohne ihn dürfen wir die Waffen nicht strecken. Statt der Ungläubigen hätten wir dann ihn zum Feind. Er würde uns als Feiglinge und Verräter verfolgen und uns den Tod bringen, dem wir durch die Kapitulation zu entrinnen hoffen.«
Wie der Imam von Daghestan, Allahs Prophet, Abtrünnige bestrafte, darüber wußte man sich überall in den kaukasischen Bergen Geschichten zu erzählen, die, so fürchterlich sie auch klangen, für alle nichts Ungewohntes waren; denn Fälle solcher Art waren ihnen schon von alters her in Historie und Sagen überliefert worden. Für den Kaukasier gab es ohne Gerechtigkeit und Rache keine Ehre, so wie es ohne Ehre kein Leben gab – und Grausamkeit und Leiden waren lediglich der Preis, den sie dafür zahlten.
Schamils Ziel war die Einigung des Kaukasus und die Vertreibung der Russen aus seiner Heimat. Wer ihm dabei keine Gefolgschaft leisten wollte oder gar in den Arm fiel, der hatte mit schweren Strafen zu rechnen, oft sogar mit dem Tod. Wie Allahs unerbittlicher Rächer pflegte er die Auls heimzusuchen, die sich dem Freiheitskampf verweigerten. Scheu duckte sich die Menge, wenn er mit

finsterem Blick durch ihr Dorf schritt, nach Art asiatischer Tyrannen von seinem Henker begleitet, einem großen schwarzgekleideten Mann mit einer langstieligen Axt, und zwei Schwertträgern mit blanken Säbeln, die bereit waren, auf der Stelle jedes Urteil zu vollstrecken, das der Imam verhängte.

»Ich bin Allahs Prophet und dazu geboren, Seinen Willen zu vollziehen. Die Ungläubigen zu vernichten ist meine Aufgabe wie auch eure. Kein Erbarmen, keine Schwäche dürfen unser hohes Ziel gefährden: ein geeinter, freier Kaukasus. Von jedem fordere ich unbedingten Gehorsam. Wer sich widersetzt, versündigt sich an Allah und hat die schwerste Strafe verwirkt.«
Ohne Mitgefühl, so schien es, starrte er geradeaus, und wie versteinert wirkte sein Gesicht mit dem rotgefärbten Bart unter der Lammfellmütze, wenn er, die grünlichen Augen halbgeschlossen, mit einer einzigen schwungvollen Geste seiner linken Hand gegen die Schuldigen ausholte. Gegen sein Urteil, auch wenn es den Tod bedeutete, gab es keine Berufung. Je nach der Schwere ihrer Schuld knieten die Todgeweihten entweder auf der Erde nieder und beugten ihren Nakken vor dem Henker, oder man band sie an den Richtblock. Immer wurden sie sofort getötet, Schamil verlor keine Zeit.

2

Das alles war den Stammesführern der Tschetschenen bestens bekannt, als sie sich über ihre verzweifelte Lage gegenüber den russischen Truppen berieten, und jeder malte sich in Gedanken die Folgen aus, die sie bei einer Kapitulation zu erwarten hatten. Die Furcht vor den Vergeltungsmaßnahmen des Imams zwang sie, ihren Plan zu ändern.
»Wir stellen den Kampf erst ein, wenn Schamil es uns erlaubt.«
»Und wie erfahren wir das?«
»Durch eine Abordnung, die wir nach Dargo in sein derzeitiges Hauptquartier schicken.
Der Entschluß war leicht gefaßt, doch es erwies sich als äußerst

schwierig, Männer für diese Abordnung zu finden. Weder Krieger noch Anführer wollten den gefährlichen Auftrag übernehmen.
»Wer auch immer es wagt, vor dem Imam das Wort Unterwerfung auch nur auszusprechen, dem läßt er die Zunge herausschneiden oder gar den Schädel spalten.«
»Ja, so erginge es jedem hier auf Erden, und in der anderen Welt würde ihn dann noch Allahs Zorn verdammen.«
Bei solchen Aussichten hielt sich jeder zurück. Man hatte an einen Ausweg geglaubt und war in eine Sackgasse geraten. Die Lage schien hoffnungslos, bis schließlich Tepi Mullah, ein gelehrter älterer Mann, doch noch einen Lösungsvorschlag machte:
»Wenn es schon nicht ratsam erscheint, sich an den Imam direkt zu wenden, wie wäre es dann, wenn wir unsere Bitte über eine andere Person vorbringen ließen, die ihm nahesteht?«
»An wen denkst du dabei?«»
»An seine Mutter. Ich erinnere mich gut daran, daß sie einen großen Einfluß auf ihren Sohn ausübt.«
»Das ist richtig«, bekräftigte ein Stammesführer. »Schamil verehrt seine Mutter außerordentlich.«
Tepi Mullah nickte. »Er vertraut ihr oft Angelegenheiten an, die er sonst außer seiner geliebten Fatimat niemandem in der Familie preisgibt.«
»Dein Vorschlag gefällt mir. Doch wie sollen wir dabei vorgehen?«
»Ich glaube, wenn wir diesen Umweg einschlagen, wird sich wohl eher eine Abordnung bereit erklären, nach Dargo zu reiten. Dort sollen die Abgesandten dann Schamils Mutter unsere aussichtslose Lage mit allen schlimmen Folgen schildern und sie bitten, sich als unsere Fürsprecherin bei ihrem Sohn zu verwenden.«
»Wieso käme sie wohl dazu, für uns den Kopf hinzuhalten?« wandte jemand ein.
Tepi Mullah ließ sich nicht beirren. »Wie wir alle wissen, ist Bahu-Messadu eine weise und hochangesehene Persönlichkeit unter den Muriden.«
»Gerade deshalb werden wir bei ihr auf taube Ohren stoßen«, fiel ihm der andere wieder ins Wort.
»Im Gegenteil! Sie wird ihre Stellung in der Hierarchie dazu nutzen,

sich für uns zu verwenden. Schon mehr als einmal hat sie den Fanatismus ihres Sohnes getadelt. Er sei zu streng und unmenschlich, hat sie ihm vorgeworfen und ihm geraten, statt dessen Mäßigung und Barmherzigkeit zu üben.«
»Hat er sich danach gerichtet? Und außerdem – was ist das alles schon im Vergleich zu unserem Wunsch, vor den Giaurs die Waffen zu strecken!«
»Es kommt auf einen Versuch an«, widersprach Tepi Mullah dem Zweifler. »Was Worte allein nicht vermögen, gelingt oft dem Gold. Ich meine, unsere Abordnung sollte Schamils Mutter gleichzeitig ein ansehnliches Geschenk für die Armen überreichen. Das dürfte ihr dann den Entschluß leichter fallen lassen, für uns beim Imam vorstellig zu werden.«
Noch eine Weile wurde dieser Plan erörtert und schließlich angenommen.

Bereits am folgenden Morgen ritt die Abordnung der Tschetschenen nach Dargo, wo sie nach ihrer Ankunft jedoch noch nicht sofort Bahu-Messadu aufsuchte. Vielmehr kehrten die Unterhändler in das Haus eines gewissen Hassim Mullah ein. Da sie wußten, daß er mit Schamils Mutter auf gutem Fuße stand, hofften sie, durch seine Vermittlung leichteres Spiel zu haben.
Der durchtriebene Kerl erkannte sofort seine wichtige Rolle und legte es darauf an, Kapital daraus zu schlagen. Kaum hatten die Tschetschenen ihr Anliegen vorgetragen, als er auch schon abwehrend die Hände hob und sich scheinheilig empörte:
»Nein, bei Allah nein, ich kann nicht glauben, was ich da gehört habe. Ihr wollt euch den Giaurs unterwerfen? Schmach und Schande über euch! Kein wahrer Gläubiger wird sich jemals so erniedrigen. So handeln nur Feiglinge ohne Ehre im Leib. Verschont mich mit eurer Angelegenheit, sie ist unedel und eines echten Mannes unwürdig. Jedes weitere Wort beleidigt mein Ohr.«
Dagegen schien ihm Gold, das die Unterhändler nun vorzeigten, höchst angenehm in den Ohren zu klingen.
»Diese dreihundert Goldstücke haben wir für Schamils Mutter mitgebracht, ein Geschenk für die Armen.«

Bei so viel Glanz wurden Hassim Mullahs Augen groß. »Dreihundert?« fragte er gierig.
Die Unterhändler tauschten einen Blick der Verständigung aus. Dann sagte ihr Wortführer:
»Ich denke, zweihundertfünfundzwanzig genügen auch für Bahu-Messadu. Fünfundsiebzig Goldstücke sollst du für deine Fürsprache erhalten.«
Dieses Angebot wirkte Wunder, wenn auch immer noch ein Rest von Abscheu Hassim Mullahs Gewissen zu belasten schien.
»Wißt ihr, zweihundert Goldstücke für die Armen –«
»Zweihundertfünfundzwanzig«, berichtigte der Unterhändler.
»Zweihundert, sage ich, soll man nicht ohne weiteres ausschlagen. Wie vielen Armen kann man mit zweihundert Goldstücken helfen! Kurz und gut, zweihundert sind genug – mehr wäre Verschwendung. Doch diese zweihundert bekommen sie nur, wenn ihr mir hundert gebt. Dann bin ich bereit, mich zu überwinden und mit Bahu-Messadu zu reden.«
Seines Sieges sicher erhob er sich von seinem Kissen und holte eine Kassette herbei, die er vor den Tschetschenen aufklappte.
»Ich bürge dafür, daß Bahu-Messadu mit zweihundert Goldstücken vollauf zufrieden sein wird. Also abgemacht, kein Wort mehr darüber!«
Es ging ihm nicht schnell genug, bis er seine hundert Goldstücke abgezählt und das Kästchen sicher verschlossen hatte. Dann eilte er davon, um bald mit der erfreulichen Nachricht zurückzukehren, die Khanin wolle die Abordnung empfangen.
Dieser Teilerfolg bestärkte die Tschetschenen in ihrer Zuversicht, nun auch Schamils Mutter als Fürsprecherin zu gewinnen. In einer von Männern beherrschten Welt, in der sich die Frauen bedingungslos unterwerfen mußten, nahm sie einen außergewöhnlichen Rang ein.
Nur wenige Augenblicke ließ Bahu-Messadu die Unterhändler in dem bescheidenen Raum vor dem Harem warten, dann trat sie hinaus und nahm auf einem Seidenkissen Platz. Aufmerksam hörte sie den Bittstellern zu, wobei sie mit ihren klugen, gütigen Augen bald diesen, bald jenen zu prüfen schien. Ihre Züge blieben dabei uner-

kennbar, da ein Schleier ihr Gesicht halb verhüllte. Doch ihr immer trauriger werdender Blick verriet ihre Teilnahme.
»Es wird schwer sein, meinen Sohn zu überreden«, murmelte sie in ihren Schal, »sehr schwer und sogar gefährlich. Aber ich will es versuchen. Geht jetzt und wartet, bis ich euch seine Entscheidung wissen lasse.«
Bahu-Messadus Vorahnung trog sie nicht, ihr Bittgesuch sollte zu einem Opfergang werden.

3

Noch am gleichen Abend bat sie ihren Sohn um eine Unterredung, die ihm ausgerechnet zu dieser Stunde äußerst ungelegen kam. Er beriet sich gerade mit seinen Nahibs über einen Feldzug hinter den russischen Linien und arbeitete außerdem einige zündende Reden aus, mit denen er die kriegsmüden tscherkessischen Stämme aufrütteln wollte. Doch die Hochachtung vor seiner Mutter war stärker als die Abneigung, die Sitzung durch ein Bittgesuch unterbrechen zu müssen.
Hinter verschlossenen Türen hörte er sich an, wie seine Mutter sich das Schicksal der Tschetschenen zu eigen machte, doch ebenso verschlossen blieben sein Herz und Gesicht, als er endlich nach Mitternacht den Raum verließ und wortlos durch die Reihen der wartenden Nahibs schritt. Stumm blickten sie ihm nach, wie er in der Moschee verschwand, um dort den Rest der Nacht allein in religiöser Versunkenheit zu verbringen.
Mit Tränen in den Augen hatte die Khanin ihren Sohn angefleht, und auch am nächsten Morgen war sie dem Weinen nahe, als sie Hassim Mullah holen ließ und ihm blaß und zitternd erklärte, der Imam wage nicht, auf die Bitte der Tschetschenen einzugehen.
»Hat er einen Grund genannt?« wollte Hassim Mullah wissen.
»Allah soll entscheiden, das waren seine Worte. Deswegen hat er sich auch in die Moschee zurückgezogen. Er will dort fasten und beten, bis Allah entschieden habe, was zu tun sei.«
Nachdenklich und für sich selbst Böses ahnend, kehrte Hassim Mul-

lah nach Hause zurück, wo er die Unterhändler damit vertröstete, alles liege in Allahs Hand. Was von Schamils Zwiesprache mit Allah zu erhoffen sei, wagte er jedoch nicht vorauszusagen.
Die Überzeugung, Gott habe dem Imam seinen Willen kundgetan, verdichtete sich immer mehr, als Schamil alle Einwohner von Dargo aufforderte, sich vor der Moschee zu versammeln, damit er ihnen die göttliche Entscheidung mitteile.
Aber der Tag verstrich, ohne daß der Imam sich vor seinem Volk blicken ließ. Die Zeit stand still. Das Leben in den Häusern des Bergdorfes schien erloschen. Wie eine Totenklage klangen die Gesänge der Menschen vor der Moschee. Sonst war kein Laut zu hören. Nur hin und wieder plärrte ein Kind, oder ein Hund, der mit eingeklemmtem Schwanz umherstrich, jaulte verstört auf.
Die dritte Nacht brach herein. Immer noch harrte das Volk im Staub des Vorplatzes auf den Knien, hungrig, durstig und übermüdet. Wie leergefegt waren die Straßen, und auch auf den Flachdächern war niemand zu sehen. Nur die dumpfen Klagen und Gebete hallten über den Aul wie all die vielen langen Stunden zuvor.
Wann würde Allah endlich zum Imam sprechen? Wie lange noch mußte Schamil in der Moschee auf die göttliche Entscheidung warten?

Endlich am Morgen des dritten Tages geschah es!
Jäh verstummte die Menge, als plötzlich die Flügeltür der Moschee knarrend aufgerissen wurde und der Imam auf der Schwelle erschien wie eine Gestalt aus einer anderen Welt. Bleich stand er da und von Müdigkeit ermattet, als habe er drei Tage und Nächte lang mit sich und seinem Gewissen gerungen, doch das Funkeln in den halbgeschlossenen Augen zeigte an, daß sein Geist hellwach war.
Starr blieb er stehen wie aus Stein gemeißelt. Nur sein Blick glitt über die kauernde Menge, die gebannt auf Allahs Befehl wartete.
Doch noch sprach der Imam kein Wort, und sein Gesicht verriet nicht die geringste Erregung, als zwei Muriden seine Mutter zu ihm führten. Demütig kniete sie vor seinen Füßen nieder, und indem er seine linke Hand hob – Schamil war Linkshänder –, gelobte er feierlich:

»Mächtiger Prophet, dein Wille geschehe! Dein Wort ist deinem Diener Schamil Gesetz.«
Er ließ eine Pause eintreten, um die Spannung noch zu steigern. Dann verkündete er mit fester Stimme:
»Einwohner von Dargo! Ich bringe euch schlimme Nachricht. Eure Brüder, die Tschetschenen, haben in schmachvoller Weise von Unterwerfung unter die Giaurs gesprochen. Aber sie waren sich selber im klaren über ihre Unverschämtheit, ihren Mangel an Glauben und ihre Ehrlosigkeit. Sie haben es nicht gewagt, mir selbst entgegenzutreten, sondern sich meiner Mutter und ihrer weiblichen Schwachheit bedient, um sich mir zu nähern. Aus Liebe zu ihr, in Anerkennung ihrer Überzeugung, habe ich Mohammed, dem Propheten Allahs, ihren Antrag unterbreitet. Drei Tage und drei Nächte lang habe ich das Urteil des Propheten zu erkennen gesucht, und schließlich hat er sich dazu herabgelassen, meine Gebete zu beantworten. Es ist Allahs Wille, daß die erste Person, die zu mir von Unterwerfung gesprochen hat, mit hundert Peitschenhieben bestraft werde. Und diese erste Person ist meine Mutter!«
Entsetzen lähmte im ersten Augenblick die Menge, nicht einmal ein Aufschrei entrang sich ihren Kehlen. Doch dann brandete die Woge des Unmuts über die Ungeheuerlichkeit dieser Strafe dem Imam entgegen. Gellend kreischte Bahu-Messadu auf und warf sich vor ihrem Sohn in den Staub. Ihr Klagen wurde übertönt vom Protest des Volkes, dessen vielstimmiges Jammern und Wehklagen von den Felswänden widerhallte.
Doch Schamil ließ sich auch nicht erweichen, als sich die Kühnsten unter den Muriden nach vorn drängten und ihn schweigend auf den Knien um Gnade für die Khanin baten, ohne die Gefahr zu scheuen, durch diese Geste seinen Zorn zu erregen und selber bestraft zu werden. Im Gegenteil, die Härte in seinen Zügen nahm noch zu. Unerbittlich ließ er die Schergen gewähren, die seiner Mutter die Hände und Füße fesselten, und schreckte sogar nicht davor zurück, dem Henker, der hinter ihm aus dem Dämmerlicht der Moschee trat, die Peitsche aus der Hand zu reißen und auf die schreiende Frau loszuschlagen. Immer tiefer krümmte sich ihr Rücken unter den Riemen, und immer erschütternder klangen die Laute, mit denen sie Schmerz

und Verzweiflung herausstieß. Beim fünften Schlag röchelte sie nur noch leise und sank dann bewußtlos zusammen.
Jetzt konnte auch Schamil sich nicht länger zurückhalten. Das Mitleid sprengte den Panzer der Unbarmherzigkeit, in den er sich gezwängt hatte, und mit der Gewalt eines Sturzbaches brachen seine unterdrückten Gefühle aus ihm heraus. Angewidert von seiner eigenen Untat ließ er die Peitsche fallen, warf sich über seine Mutter und begann hemmungslos zu weinen. Die Kraft und Selbstbeherrschung, die ihn eben noch als Allahs Richter und Rächer so unbeugsam hatte erscheinen lassen, war plötzlich von ihm gewichen. Er schluchzte wie ein Kind, das den Tod seiner geliebten Mutter bedauerte, und er schämte sich seiner Schwäche und Tränen auch nicht im Angesicht des Volkes.
Doch ebenso jäh und überraschend schlug seine Stimmung um. Ein Ruck ging durch seinen Körper. Gewandt und stählern, wie man es bei ihm gewohnt war, schnellte er hoch. Sein eben noch reuevolles und zerknirschtes Gesicht leuchtete auf, und seine Augen sprühten, als er laut über den Platz rief:
»Allah ist groß, Mohammed ist sein erster Prophet, und ich bin sein zweiter. Mein Gebet ist erhört worden. Allah erlaubt mir, den Rest der Strafe, zu der meine arme Mutter verurteilt wurde, auf mich zu nehmen. Ich empfange sie mit Freuden. Willkommen, Peitsche! Sie ist ein Zeichen deiner Gunst, o Prophet!«
Trunken vor Sühne riß er sich die Tscherkeßka vom Leib, streifte sein Hemd über den Kopf und kniete neben seiner bewußtlosen Mutter nieder.
»Worauf wartet ihr noch?« herrschte er seine Nahibs an, die unschlüssig dastanden und hofften, er werde es sich noch anders überlegen. »Ihr seid dazu ausersehen, mir die restlichen fünfundneunzig Schläge auf den Rücken zu geben. Das ist ein Befehl! Und merkt euch wohl: Wer nicht mit voller Wucht zuschlägt, den lasse ich köpfen!«
Schlag auf Schlag sauste die Peitsche nieder und übersäte seinen nackten Rücken mit Striemen und Blut. Die Menge, die mit weitaufgerissenen Augen Zeuge der Vollstreckung war, zuckte unter jedem Peitschenhieb zusammen, als hätte er sie selbst getroffen.
Schamil aber blieb äußerlich ungerührt. Kein Schmerzensschrei ent-

fuhr ihm, nicht einmal ein leises Stöhnen, sein Gesicht verriet nicht mit dem geringsten Ausdruck, was in ihm vorging. Mit unglaublicher Willenskraft ertrug er die Züchtigung und steckte den letzten Schlag genauso unerschüttert ein wie den ersten.
Dann stand er auf, streifte sich das Hemd über den blutenden Rücken und trat unter sein Volk, das, von Bewunderung und Entsetzen gepackt, noch immer auf den Knien lag. Ruhig, wie es seine Art war, fragte er:
»Wo ist die Abordnung der Tschetschenen? Wo sind die Verräter, für die meine Mutter diese Strafe auf sich nehmen mußte?«
Unter Verfluchungen und Gejohle schleppte die aufgebrachte Menge die unglückseligen Unterhändler und Hassim Mullah herbei, und die Volkswut steigerte sich noch, als die Nahibs ihre Säbel zogen. Auf Verrat stand Tod. Die Tschetschenen baten nicht einmal um Gnade, sie hatten bereits ihr Leben abgeschlossen. Mit den Gesichtern im Staub lagen sie da und murmelten ihre letzten Gebete. Alle warteten darauf, daß der Imam das Todesurteil verkündete und die Nahibs es vollstreckten.
Doch das Blutgericht blieb aus. Statt den Stab über die Abtrünnigen zu brechen, ließ Schamil eine geradezu väterliche Milde walten, mit der niemand gerechnet hatte. Gemessenen Schrittes trat er zu ihnen, richtete die am Boden liegenden Abgesandten auf und sprach gütig zu ihnen:
»Faßt Mut, Brüder, und stärkt euren Glauben. Kehrt in eure Heimat zurück und erzählt euren Leuten, was ihr hier gehört und gesehen habt. Scheidet in Frieden. Bleibt fest in eurer Haltung zu Gott. Geht jetzt, Brüder, und lebt wohl!«
Eine Hinrichtung hätte den Zorn des Volkes gestillt, die Vergebung aber verschlug ihm den Atem. Schamil war kein Gewaltherrscher auf eigene Faust, sondern der Vollstrecker von Allahs Wille, ein Mensch, der mit Gott in direkter Verbindung stand. Wer daran noch gezweifelt hatte, war jetzt geheilt. Wenn der Imam zum Widerstand gegen die Ungläubigen aufrief, so befolgte er Allahs Befehl – und wer Allah Gehorsam leisten wollte, der mußte dem Imam gehorchen. Allah hatte den Heiligen Krieg von ihnen gefordert und damit zugleich die Unterwerfung verdammt. Wer davon sprach, verriet Gott.

Nicht allein über die ungewöhnliche Begnadigung der tschetschenischen Abordnung wunderte sich das Volk, die Züchtigung der Mutter durch den Sohn war nicht nur ein Tadel für ihre Einmischung, sondern mehr noch für alle eine heilsame Lehre gewesen, die ihr Interesse aufgewühlt und sie stärker hatte erschauern lassen als die erwartete Hinrichtung der Verräter. Denn bei den Moslems im Kaukasus galten alte Leute, besonders die eigenen Eltern, als unantastbar. Wenn dennoch Schamil auf Allahs Befehl die Hand gegen seine Mutter erhoben hatte, so offenbarte sich darin das Ausmaß von Gottes Zorn über den Frevel der Tschetschenen.
Mehr als je zuvor hatte Allah auch dem letzten Zweifler vor Augen führen wollen, daß der Imam sein Prophet auf Erden war. Gott sprach durch Schamil, und Schamils Wort war Gesetz.
Was sich in jenen Tagen im Aul von Dargo ereignet hatte, machte die Runde durch den ganzen Kaukasus. Schamils mystische Aura erstrahlte noch heller, und das Volk erkannte klarer als je zuvor sein Schicksal, für das schwarze Banner des Muridismus zu leben und sterben.

Rachgier und Begierde

I

Der Krieg schwankte wie das Glück, mal siegte die eine Seite, mal die andere. Weder die Russen noch die Kaukasier errangen den entscheidenden Sieg.

»Wir können Schamil nur in Schach halten, mehr können wir nicht«, mußten sich die mächtigen Generale des Zaren eingestehen, sosehr sie diese Erkenntnis auch beschämte und in ihrem Stolz demütigte. »Kaum haben wir die Hand auf ein Gebiet gelegt, entgleitet es uns auch schon wieder unter der Hand. Schamil hat überall Bundesgenossen, selbst die Landschaft mit ihren Bergen und Schluchten ist sein Verbündeter genauso wie das Klima. Winter für Winter faulenzen unsere Soldaten tatenlos in den Quartieren herum, und im Sommer wirft sie dieses verdammte Fieber aufs Lager. Nein, auf die Dauer können wir im Kaukasus nicht Fuß fassen.«

Solche Niedergeschlagenheit, die sich immer breitmachte, wenn sich monatelang nichts zu ereignen schien, lähmte Führung und Truppe. Nur eines änderte sich ständig: die Liste mit den Verlusten, die stetig länger wurde, Tag für Tag.

Niedergeschlagen fühlte sich auch Schamil, sooft er immer und immer wieder jede Möglichkeit überprüfte, Dshemal-Edin aus der Geiselhaft zu befreien, und dabei seine Ohnmacht erkennen mußte. Nie hatte er eine direkte Nachricht von ihm erhalten, er wußte nur, daß sein Sohn als Schützling des Zaren am Hof in Petersburg erzogen wurde.

Auch diesmal, als er zwischen den Kämpfen für kurze Zeit nach Hause zurückgekehrt war, grübelte er wieder darüber nach. Er saß auf dem Fußboden des Raumes, den er am meisten liebte, mit dem weiten Blick über die Berge. Neben ihm lag Vaska-Nurman, die große schwarzweiße Katze, die ihm ein russischer Überläufer geschenkt hatte. Behaglich schnurrte sie, während er sie streichelte, und wedelte dann und wann leicht mit dem Schwanz. Der Imam liebte sie abgöttisch und erinnerte mit seiner Zuneigung an Mohammed, der

einmal zur Gebetsstunde neben sich eine Katze schlafend auf dem Rock seines Kaftans fand und lieber ein Stück seines Gewandes abschnitt als sie zu stören.
Wenn doch der große Weiße Zar noch einmal nach Tiflis käme, dachte er, wie damals vor sieben Jahren, als er dort einen Staatsbesuch machte. Damals war ich noch nicht mächtig genug, ihn in meine Gewalt zu bringen, aber heute...
Schamils Augen verengten sich zu schmalen Schlitzen, wie immer wenn er vor Haß glühte. Er stellte sich gerade vor, wie man den Zaren gefesselt vor ihn schleppte, und er ihn zwang, den Befehl zur sofortigen Freilassung Dshemal-Edins zu unterzeichnen, als Saidet eintrat, eine seiner Frauen, die sich selbst als erste und wichtigste Frau betrachtete, da sie väterlicherseits durch den Mullah Jamul-u'din vom Propheten abstammte.
»Was gibt's?« fragte er, als er, ihr den Rücken zugewandt, ihre Schritte hörte.
»Ich bringe dir das Essen.«
Sie trat vor ihn und stellte zwischen Schamil und der Katze ein niedriges Tischchen hin, auf dem ein Kupferteller mit Pilaw, einer orientalischen Reisspeise, sowie Joghurt und Schisch-Kebab standen. Saidet rückte ihm noch einige Kissen zurecht und zog sich dann zurück.
Mit gekreuzten Beinen nahm der Imam vor dem Tischchen Platz, und ihm gegenüber, mit hochgestrecktem Schweif, stand die Katze und schnupperte prüfend die verschiedenen Düfte ein. Schamil schaute ihr zu, Vaska-Nurman schien mit den Speisen einverstanden zu sein. Es wirkte wie ein einstudiertes Spiel zwischen Mensch und Tier, dessen Regeln beide sorgsam befolgten. Schamil nahm nur zu sich, was auch der Katze schmeckte. Bissen für Bissen teilte er mit ihr, wobei er ihr den Fleischspieß allein überließ, da der Imam kaum Fleisch aß.
Sie hatten ihre Mahlzeit gerade erst beendet, als ihm ein Murschide die Ankunft eines Kuriers meldete.
»Er hat Nachrichten mitgebracht, französische und englische Zeitungen und Zeitschriften, auch einige aus Petersburg.«
»Bring sie mir her und laß auch den Dolmetscher kommen.«
»Für welche Sprache?«

»Russisch. Ich will erst wissen, was in den Blättern aus Petersburg steht.«
Wie immer waren auch diese Zeitungen schon Wochen alt, ehe der Imam sie über Umwege erhielt. Aber ihm brachten die Nachrichten darin oft Neuigkeiten aus einer anderen fernen Welt.
Gewohnheitsgemäß überflog der Dolmetscher erst die Überschriften und wartete darauf, daß Schamil ihn auffordern werde, den einen oder anderen Artikel zu übersetzen.
»Weiter!« drängte ihn der Imam ungeduldig. »Lies weiter! Was steht sonst noch drin? Nichts von meinem Sohn?«
»Von Dshemal-Edin?«
»Ja doch, ja! Von ihm oder vielleicht vom Zaren?«
»Vom Zaren?« Der Dolmetscher suchte rasch die Seiten ab. »Ich kann nichts finden.«
»Nichts?«
»Da!« Er stockte und hielt Schamil das Blatt dicht vor die Augen. »Da«, sagte er und deutete auf eine Stelle, »da steht etwas über beide.«
»Was?« rief der Imam und sprang erregt auf. »Was steht da von Dshemal-Edin? Sag schon, sprich!«
»Es heißt darin, Dshemal-Edin sei Mitglied des Pagenkorps, zusammen mit anderen jungen Adelssöhnen.«
»Und weiter? Ist das alles?«
»Nein.«
»Was schreibt die Zeitung noch?«
»Wörtlich steht da: ›Schon bald wird der junge Aware zur weiteren militärischen Ausbildung ins Kadettenkorps eintreten, um später Offizier in einem der Garderegimenter Seiner Majestät zu werden.‹«
»Genug!« schrie Schamil. »Genug.«
Empört warf er einen Blick auf die Zeitung, die ihm diese niederschmetternde Nachricht gebracht hatte.
»Geben diese Teufel denn nie Ruhe? Müssen sie jetzt auch noch den Sohn gegen den Vater aufhetzen? Widerrechtlich sind die Ungläubigen in mein Land eingefallen, haben die Ernten verbrannt, die Auls vernichtet und das Volk niedergemetzelt. Mit Lug und Trug haben sie mir den Sohn genommen und nach Petersburg verschleppt, und

jetzt – jetzt wird er auch noch dazu abgerichtet, gegen den eigenen Vater zu kämpfen. Ich habe ihrem Wort vertraut, aber sie haben es gebrochen.« Er ballte die Faust. »Das werden sie mir büßen!«

Der Dolmetscher, der bei Schamils Temperamentsausbruch schweigend dagestanden hatte, wollte gerade unauffällig die Zeitung zusammenfalten und sich zurückziehen, als der Imam sich unvermittelt an ihn wandte:

»Was tätest du, wenn sie dich mit deinem Sohn erpressen würden? In die Knie gehn?«

»Niemals, Imam! Ich würde weiterkämpfen, jetzt erst recht, und alles daransetzen, ihn zu befreien.«

»Genau das ist auch mein fester Wille! Ich werde weiterkämpfen bis zum Ende. Mich nie ergeben. Ich muß einen Weg finden, Dshemal-Edin zurückzuholen. Wenn auch noch so viele russische Gefangene nicht ausreichen, ihn auszutauschen, dann müssen wir eben jemanden in unsere Gewalt bringen, der dem Zaren besonders ans Herz gewachsen ist.«

»Ein Mitglied seiner Familie?«

»Ja, einen Großherzog etwa, wie sie dauernd in Rußland umhergeschickt werden, um Kasernen und Truppen zu mustern, überall nach dem Rechten zu sehen oder auch um hier und da Provinzverwaltern zu schmeicheln. Wenn doch nur endlich wieder einer von ihnen in den Kaukasus käme – so wie damals der Zar höchstpersönlich nach Tiflis.«

»Hier läßt sich keiner mehr von ihnen blicken.«

»Ja, sie trauen sich nicht, die jungen Großfürsten, bei uns ist es ihnen zu gefährlich geworden. Dennoch dürfen wir die Hoffnung nicht aufgeben, wir müssen warten, bis sie einen Fehler machen, bis sich uns endlich die Gelegenheit bietet.«

2

Verstärkt dachte Schamil über eine solche Gelegenheit nach und wägte in Gedanken Zug um Zug wie beim Schach immer neue Möglichkeiten ab, wie man vielleicht dem Schicksal nachhelfen könnte,

ihm in die Hand zu spielen. Die Zeitungsmeldung aus Petersburg hatte seine Rachgier noch mehr entfacht.
Stunden waren vergangen, seit der Dolmetscher sich zurückgezogen hatte. An diesem Tag wollte der Imam keine weiteren Presseberichte mehr hören. Er war allein mit seiner Katze, ein Wesen, das seinen Kummer mit ihm zu teilen schien. Vaska-Nurman lag still auf einem Kissen und sah ihn unentwegt mit großen Augen an.
Die Abendsonne tauchte gerade hinter dem Gebirgskamm unter, als er vor dem Haus Hufschlag hörte und gleich darauf die bekannte Stimme eines Mannes, der nach ihm fragte.
»Achverdi Mahoma soll reinkommen«, wies er den Wächter an, noch ehe dieser ihm die Ankunft des Nahibs melden konnte.
Mit ausgebreiteten Armen kam der Imam dem Gast entgegen, und während er ihn im Empfangszimmer bewirten ließ, berichtete ihm Achverdi Mahoma von seinen Streifzügen in den nördlichen Teil Tschetschnias, wo er die Russen in verlustreiche Scharmützel verwickelt hatte.
»Einmal sind wir auch über den Terek bis nach Mosdok vorgestoßen«, erzählte er, »mitten ins Kosakengebiet hinein.«
»Die werden Augen gemacht haben, als sie euch so plötzlich vor der Haustür sahen«, meinte Schamil aufgeräumt.
»Aber auch du wirst Augen machen!« lachte Achverdi Mahoma verschmitzt.
»Ich?«
»Ja, genauso wie ich Augen gemacht habe, als ich sie plötzlich sah.«
»Wer ist sie? Wen meinst du?«
»Ich habe schon viele begehrenswerte Frauen gesehen, aber noch keine solche Schönheit. Allein schon ihr Anblick kann einem Mann die Sinne verwirren.«
»Was für eine Schönheit?« unterbrach ihn der Imam ungeduldig. »Von wem redest du eigentlich?«
Achverdi Mahoma machte es offensichtlich Vergnügen, Schamil auf die Folter zu spannen. Zufrieden fand er sich schon jetzt, als er die Erregung des Imams bemerkte, in seiner Vermutung bestätigt, daß er mit seinem Geschenk keine bessere Wahl hätte treffen können.
»Wie gesagt sind wir einmal auch bis nach Mosdok vorgestoßen.

Obwohl die kleine Stadt stark befestigt war, gelang es uns dennoch, einige Geiseln fortzuschleppen, für die wir dann nachher ein hübsches Sümmchen erzielt haben. Nur eine Geisel habe ich behalten – für dich, Schamil. Ich finde, sie ist mit Geld nicht aufzuwiegen, eine blutjunge Armenierin. Schuanet heißt sie, ein sechzehnjähriges Mädchen aus dem Hause eines begüterten Kaufmanns. Wenn du erlaubst ...«

Ohne Schamils Zustimmung abzuwarten, klatschte Achverdi Mahoma einmal kurz in die Hände, worauf ein Muride die Gefangene hereinführte und sich auf einen Wink gleich wieder nach draußen zurückzog.

Scheu blieb Schuanet am Eingang stehen und hielt zunächst den Kopf leicht gesenkt. Sie wußte, welches Schicksal ihr bevorstand, und sie ahnte auch, daß Achverdi Mahoma sie dem Imam als Geschenk übergab, um sich bei ihm beliebt zu machen. Doch dann, als sie spürte, wie Schamil, gebannt von ihrer blendenden Schönheit, sie mit leidenschaftlicher Erregung anstarrte und mit seinen Blicken ihren Körper unter der Kleidung zu ergründen schien, blickte sie zu dem Mann hin, von dem sie schon so manches gehört hatte, erst verstohlen durch die langen Wimpern hindurch, ängstlich und zitternd, dann aber mit weit geöffneten Augen, freudig überrascht und voller Wärme. Der stattliche Mann, der da vor ihr saß und dessen Lust sie dienen sollte, konnte nie und nimmer das Ungeheuer sein, als das er bei seinen Gegnern verschrien war.

Bei dieser Begegnung, das fühlte Achverdi Mahoma, störte er jetzt nur. Er hatte sein Ziel, das Wohlwollen des Imams zu gewinnen, erreicht und zog sich unauffällig zurück.

Noch immer schauten sich die beiden unverhohlen an. Schuanet war groß und blond und trug als Christin keinen Schleier. Ihr rundes Gesicht war von strahlender Sanftheit verklärt, die blauen Augen voller Wärme. Verwirrt durch einen Schwall von Gefühlen erhob sich Schamil und trat lächelnd auf sie zu.

»Hab keine Angst«, redete er ihr zu.

Sie lächelte gleichfalls, ohne zu antworten.

»Verstehst du unsere Sprache nicht?«

Sie ahnte, was er meinte, und schüttelte verneinend den Kopf.

»Gut, du wirst müde sein und sicher auch hungrig. Man wird für dich sorgen.«

Er rief Saidet und gab ihr die nötigen Anweisungen. Sie und die übrigen Frauen von Schamils Harem hatten schon bei Schuanets Ankunft mit verstohlenen Blicken die neue Konkubine gemustert und abgeschätzt, wie weit sie ihnen vielleicht zur Konkurrentin werden könnte. Besonders Saidet bangte um die Gunst des Imams, denn das Mädchen war nicht nur ungewöhnlich schön, sondern auch fünfundzwanzig Jahre jünger als Schamil.

»Richtet das Südzimmer für sie her«, trug er Saidet auf. »Sie soll nachher allein darin bleiben.«

Als er bemerkte, wie feindselig Saidet die Christin maß, sagte er erneut zu Schuanet:

»Hab keine Furcht, du gehörst jetzt zu meiner Familie. Geh mit ihr, man wird dir alles zeigen und geben.«

Noch lange blieb Schamil in seinem Zimmer zurück, allein mit seinen Gedanken und dem Widerstreit seiner Gefühle. Selbst die Katze war nach einer Weile vernachlässigt und gekränkt davongeschlichen.

Längst hatte die Nacht ihren schwarzen Schleier über den Aul gebreitet, als er sich vom Boden erhob und zum Südzimmer hinüberging. Sein Herz klopfte stark, während er die Tür öffnete und Schuanet auf dem Kissenlager liegen sah. Sie schlief nicht, wie er im Mondlicht erkannte, ihre Augen blickten ihm erwartungsvoll entgegen. Wenn ihn Begierde nach einer Frau packte, spürte er stets eine Woge der Erregung, die ihn ungestüm antrieb. Doch Herzklopfen wie ein Jüngling in der ersten Liebesnacht? War es diesmal mehr als Wollust, was seine Glut entfachte? Liebe …? Er genoß den Anblick ihrer jungen Brüste, die Knospen, die dunkel durch das dünne Weiß ihres Gewandes schimmerten, das lockende Dreieck zwischen ihren Schenkeln. Und während er, trunken vor Verlangen, neben ihr niedersank, griff er danach, schob ungeduldig ihr Hemd nach oben, liebkoste ihren ganzen Körper mit seinen Händen und Küssen und drang, als sie sich ihm stöhnend entgegenbog, erst zärtlich bemüht und dann, als er Widerstand spürte, mit einem kräftigen Stoß in sie ein.

Er hatte das Mädchen zur Frau gemacht, zu seiner Frau.

Woronzow, der »Verfluchte«

I

»Nun, Graf, was halten Sie von der Lage im Kaukasus?«
»Dasselbe, was ich schon immer davon gehalten und Ihrer Majestät auch wiederholt bei verschiedenen Anlässen gesagt habe.«
»Und ohne diplomatische Verschleierung, wie man mir sonst Unangenehmes mitzuteilen pflegt«, fügte Zar Nikolaus lächelnd hinzu.
»Ich liebe die Wahrheit, Majestät, und ich kann mir nicht vorstellen, daß Sie darüber anders denken.«
»Darin sind wir einer Meinung.« Der Zar fühlte sich geschmeichelt. »Leider hält man mir gegenüber mit der Wahrheit oft hinterm Berg.«
»Wer erregt schon gern den Unmut seines Zaren? Die Menschen sind feige. Wer dem Thron am nächsten steht, hat am meisten zu verlieren.«
»Ihre Familie hat sich große Verdienste um den Staat erworben, Graf. Seit Generationen haben die Woronzows während zahlreicher Regierungen dem Thron zur Seite gestanden. Manchmal habe ich den Eindruck, als fühlten sie sich deshalb dem Zaren gegenüber ebenbürtig – oder sagen wir: fast.«
»Man dient dem Thron am besten, wenn man ihn verteidigt wie sein eignes Hab und Gut. Wir Woronzows sind die einzige adelige Familie Rußlands, die nie nach Sibirien verbannt worden ist. Darauf bin ich stolz.«
»Ich weiß, Graf, und ich weiß auch Ihre Ergebenheit zu schätzen – und Ihren Mut. Deshalb habe ich Sie zu diesem Gespräch unter vier Augen gebeten. Ich erwarte Offenheit von Ihnen, wie immer wenn ich Ihre Meinung hören wollte. Also, was halten Sie von der Lage im Kaukasus?«
Auffordernd sah Nikolaus den Grafen an, von dem es hieß, man könne im ganzen Süden Rußlands nicht eine halbe Stunde mit irgend jemandem sprechen, ohne den Namen Woronzow zu hören, und dann niemals, ohne ihn zu segnen. Dennoch liebte man ihn nicht, man fürchtete und respektierte ihn. Vielen blieb er eine rätselhafte

Erscheinung, man wurde nicht recht klug aus ihm. Selten lächelte er, und seine höfliche Ruhe verlor er nur dann, wenn er seine Umgebung durch einen seiner kalten Wutausbrüche erschreckte. Er war zugleich gerissen und rücksichtlos wie auch hochgesinnt, ein Herr wie ein englischer Gentleman, denn in London, wo sein Vater Botschafter gewesen war, hatte er seine Erziehung genossen. Darauf führte man auch seine ganze Art zurück, eine Mischung aus Anmaßung und gesundem Menschenverstand.

Im Jahre 1823 hatte ihn der Zar als General und Gouverneur von Neurußland und Bessarabien zum Mitglied des Reichsrats ernannt, und schon bald genoß er den Ruf eines außerordentlich fähigen Verwaltungsbeamten. Von Odessa aus, wohin er gezogen war und wo er in großem Stil residierte, schuf er aus einer Wildnis eine neue russische Kolonie, erweiterte den Handel, baute Häfen, Schulen, Hospitäler, eine Oper sowie gute Straßen und setzte die richtigen Leute für die Provinzverwaltung ein. Woronzow begründete auch die Dampfschiffahrt auf dem Schwarzen Meer, führte englisches Vieh ein und ließ unter der Anleitung einiger französischer Winzer auf der Krim Weinberge anlegen.

Nur selten fragte und unterrichtete Woronzow den Zaren. Er handelte auf eigene Verantwortung wie ein unumschränkter Gebieter und finanzierte seine Untergebenen oft sogar aus eigener Tasche. Für seinen Palast, den er in Alupka auf einer Anhöhe an der Krimküste, fünfundvierzig Meter über dem Schwarzen Meer, von einem englischen Architekten in halb gotischem, halb exotischem Stil erbauen ließ, wurde ein besonderer grünlicher Stein verwendet, den man ohne Rücksicht auf die außerordentlich hohen Transportkosten aus dem Ural herbeischaffte. Selbst für das unerschöpfliche Vermögen der Woronzows war dieses Prachtschloß eine starke Belastung. Hinter verschlossenen Türen prüfte der Graf sorgfältig die Stapel von Rechnungen, die er sich in mehreren Lederkoffern in seine Bibliothek bringen ließ, wies die Beträge an und wachte darüber, daß sämtliche Kostenaufstellungen und Quittungen verbrannt wurden. Niemand sollte je die Höhe der verschwenderischen Summe erfahren, die er für seinen Palast bezahlt hatte. Sogar Alexander II., der spätere Zar, konnte es sich nicht leisten, sein Krimschloß aus den gleichen grünli-

chen Steinen aus dem Ural bauen zu lassen, und mußte sich notgedrungen mit Marmor begnügen.
Woronzow hatte nach der letzten Frage des Zaren eine kleine Pause eintreten lassen, die Nikolaus ungeduldig werden ließ. Doch gab er sich Mühe, sein Mißbehagen über die hochmütige Haltung des Grafen zu verbergen, lehnte sich in seinem Sessel zurück und schlug das linke Bein über das rechte. Ähnliche Unterredungen hatte er schon verschiedentlich mit Woronzow geführt und kannte daher dessen Eigenheiten.
»Sie wollen also meine Einschätzung der Lage erfahren? Nun gut, wie Ihre Majestät wissen, habe ich Ihnen schon seit längerem all die Katastrophen vorausgesagt, die sich in letzter Zeit leider noch häufen. Auch habe ich kein Hehl daraus gemacht, daß die Ursache vieler Fehlschläge hier in St. Petersburg zu suchen ist – genauer gesagt, bei Ihnen selbst, Majestät. Es ist nun mal nicht möglich, einen Krieg im äußersten Süden des Landes vom äußersten Norden aus zu lenken. Nur direkt vor Ort läßt sich rechtzeitig entscheiden, was zu tun und was zu lassen ist. Auch habe ich Schamil als Feind nie unterschätzt wie die meisten hier bei Hofe und bei der Südarmee, und ebensowenig habe ich mich gescheut, viele unserer Generale in aller Öffentlichkeit zu kritisieren, vor allem Grabbé und Neidhardt.«
»Grabbé ist, wie Sie wissen, auf eigenen Wunsch entlassen worden.«
»Um einem noch Unfähigeren Platz zu machen, den Sie selbst auf diesen Posten gestellt haben. Nein, Majestät, Neidhardt war ebenfalls der falsche Mann am falschen Platz. Er wäre besser Gouverneur von Moskau geblieben, statt in den aktiven Militärdienst zurückzukehren. Was ist nicht alles in der kurzen Zeit geschehen, seit Sie ihn Ende 1843 mit dem Befehl beauftragt haben, in die Berge Daghestans zu marschieren, die Horden Schamils zu besiegen und zu zersplittern, sämtliche militärischen Anlagen zu zerstören, sich ferner aller wichtigen Stützpunkte in den Bergen zu bemächtigen und einige davon zu befestigen, falls ihm dies zur Sicherung unserer Front notwendig erscheine. Außerdem sollte er noch sofort die kaukasische Armee verstärken, soviel ich weiß, um mehr als zwanzig Bataillone –«
»Sechsundzwanzig«, berichtigte der Zar, »sowie noch um vier Kosa-

kenregimenter und vierzig schwere Kanonen. Ferner sollte er die bereits im Kaukasus stehenden Truppen durch zweiundzwanzigtausend auf Zeit entlassene Sträflinge und frisch ausgebildete Rekruten ergänzen. Ich habe ihm durch den Kriegsminister genaue Anweisungen für sein Vorgehen erteilen lassen.«

»Wie gewohnt, Majestät«, bemerkte Woronzow bissig.

»Was meinen Sie damit?«

»Anweisungen von Petersburg für die Front im Kaukasus.«

»Wenn man einem Oberbefehlshaber solche Mittel bewilligt, dann nur, weil man sich davon entsprechende Ergebnisse verspricht. Das kann man nicht alles nur einem General überlassen.«

»Haben Sie ihm nicht auch befohlen, den Krieg innerhalb eines Jahres zu gewinnen?«

»Einen solchen Befehl hat es nie gegeben.«

»Wirklich nicht? Wie ist denn sonst Ihre Bemerkung zu verstehen, Ihre Majestät habe unter keinen Umständen die Absicht, Neidhardt die anvertrauten Verstärkungen über den Dezember 1844 hinaus im Kaukasus zu belassen?«

Nikolaus schwieg betreten. Er liebte es nicht, auf seine Fehler hingewiesen zu werden; aber er hatte Woronzow aufgefordert, ihm ungeschminkt seine Ansicht über die Lage im Kaukasus zu schildern, und deshalb konnte er ihm nicht zürnen, auch wenn es dem Grafen offensichtlich zu gefallen schien, seinen Kaiser abzukanzeln.

»Nun, Majestät, Ihr Schweigen gibt mir recht«, fuhr Woronzow selbstzufrieden fort. »Neidhardt war unfähig zu befehlen, ja er brachte es noch nicht mal fertig, begabten, jüngeren Offizieren Verantwortung zu übertragen.«

»Da muß ich Ihnen widersprechen! Hat nicht der junge General Passek, der im Juni den Sommerfeldzug in Daghestan eröffnete, in einem tollkühnen Angriff mit nur tausendvierhundert Mann bei Gilli einen entscheidenden Sieg über starke Verbände der Muriden errungen und dabei eigenhändig zwei von Schamils treuesten Nahibs getötet?«

»Einen entscheidenden Sieg?« Woronzow lächelte nachsichtig.

»Mit einem Schlag war unser Prestige im Kaukasus gestiegen, und Schamil verlor die Gefolgschaft einiger Stämme.«

»Aber noch entscheidender war die Niederlage, die wir bald darauf einstecken mußten.«
»Welche Niederlage?«
»Die uns Daniel Beg, der Sultan von Elisu, zugefügt hat. Als dieser mächtige, reiche, stolze und gerissene Herrscher, unser Verbündeter seit vielen Jahren, der es sogar zum Generalmajor in der Armee Ihrer Majestät gebracht hat, durch Neidhardts Schuld abtrünnig wurde, da hatte das eine geradezu katastrophale Wirkung auf unser Prestige an der Kaukasusfront. Was Passek gewonnen hatte, ging nun doppelt und dreifach verloren.«

Nachdenklich blickte der Zar vor sich hin. Er wußte nur zu gut, wie recht Woronzow hatte. Was General Neidhardt sich mit diesem treuen Vasallen der russischen Krone geleistet hatte, war unverzeihlich. Unbegreiflich blieb sein Versuch, dem Sultan die Herrschaft über sein eigenes Volk zu entziehen. Er hatte einen Offizier in die Hauptstadt geschickt, um Daniel Beg unter einem fadenscheinigen Vorwand die Zügel aus der Hand zu nehmen. Durch diese Demütigung unerträglich gereizt, riß sich der Sultan die russische Uniform, die er mit Stolz getragen hatte, vom Leib, hüllte sich in eine Burka und floh in die Berge zu Schamil. Obwohl zwischen beiden Männern nie eine Zuneigung bestanden hatte, überwand der Imam seine persönlichen Gefühle und hieß Daniel Beg herzlich willkommen.
Schwieriger dagegen fiel es dem Sultan, seine aristokratische Gönnerhaftigkeit zu unterdrücken, mit der er Schamil glaubte behandeln zu müssen; denn er gehörte zu jener konservativen Gruppe einheimischer Feudalherren, zu den Begs und Khanen, die von den Tataren abstammten und nichts von den radikalen Lehren des Imams hielten. Dennoch schien es ihm, auf Wirkung bedacht, geboten, seinen Übertritt mit einem Hauch jenes religiösen Sendungsbewußtseins zu verklären, wie es dem Imam anhaftete. Einen Tag und eine Nacht lang schloß er sich in der Moschee ein, um zu beten, und trat dann am Morgen mit dem Koran in der Hand auf den Vorplatz, um seinem Volk öffentlich seinen Gesinnungswandel zu verkünden:
»Der ganze irdische Ruhm, den sich ein Mensch wünschen kann, ist mir zuteil geworden. Doch jetzt, da ich die Wahrheit erkannnt habe,

werfe ich diese Welt von mir und weihe mich Allah, dessen erster Prophet Mohammed war und dessen zweiter Schamil ist.«
So wurde Daniel Beg vom Feind zum Freund Schamils, ein starker Verbündeter, der ihm seine Unterstützung in den südlichen Provinzen Daghestans zusicherte.

2

In Gedanken versunken, hatte der Zar eine Zeitlang schweigend dagesessen. Jetzt ging plötzlich ein Ruck durch seinen Körper; er erhob sich, machte ein paar Schritte auf und ab und trat dann ans Fenster.
»Neidhardts Verhalten ist unverzeihlich«, sagte er, seinem Gesprächspartner den Rücken zukehrend.
»Aber es war nur ein Fehler von vielen«, fuhr Woronzow unerbittlich fort. »Schon kurz nach dem Abfall Daniel Begs hätte er Schamil, der mit seinen Elitetruppen in einem Engpaß eingeschlossen war, vollständig vernichten können. Ein sorgfältig durchdachter Plan lag vor; doch da Neidhardt den Befehl zum Angriff ein paar Stunden zu spät gab, gelang es Schamil, nicht nur aus der Falle zu entkommen, sondern sogar noch während seines Rückzugs über unsere Truppen herzufallen und ihnen empfindliche Verluste beizubringen.«
Die Erinnerung an das Versagen seines Generals, auf dessen Fähigkeiten er so sehr vertraut hatte, ließ den Zaren noch jetzt aufbrausen.
»Er wurde seines Postens enthoben«, sagte er erzürnt.
»Sogar unter Schmach und Schande. Doch was hilft das den Tausenden Soldaten, die durch sein Fehlverhalten gefallen sind? Und die noch fallen werden, nur weil ihr General es um ein paar Stunden versäumt hat, durch seinen Befehl den Krieg ein für allemal zu beenden.«
Der Zar, der wieder unruhig auf und ab gegangen war, blieb nun unmittelbar vor Woronzow stehen und sah ihn fragend an:
»Und wer, meinen Sie wohl, könnte diesen Krieg wohl am ehesten zu einem raschen Ende bringen?«
»Nun, mir ist natürlich bekannt, was man hier bei Hofe darüber denkt.«

»Und was?«
»Man glaubt, der Kriegsminister selber würde den Oberbefehl übernehmen.«
»Und Sie? Glauben Sie auch, daß er der richtige Mann dafür ist?«
»Ich halte es da mehr mit der Armee, die darauf hofft, der alte Löwe Jermolow würde wieder aus seiner Zurückgezogenheit auf den Schauplatz seiner früheren Siege zurückberufen werden.«
Bedächtig nickte Nikolaus, als wäge er beide Vorschläge ab. »Gewiß, sowohl der eine als auch der andere könnte die schwierige Aufgabe zu Ende führen, aber ich werde keinen von beiden damit betrauen.«
»Wen sonst, Majestät?«
Der Zar setzte sein bezauberndstes Lächeln auf. »Sie, mein lieber Woronzow.«
»Mich?«
»Sie haben schon richtig verstanden.«
»Aber ich bitte Sie! Ich bin nicht mehr der Jüngste, schon dreiundsechzig Jahre alt, und dann –«
»Was noch, Graf?«
»Nun, Sie wissen, was man hier bei Hof über mich redet.«
»Sie machen mich neugierig.«
»Es heißt, ich sei bei Ihrer Majestät in Ungnade wegen meiner Art, Ihnen gelegentlich meine Meinung zu sagen.«
»Ich weiß es zu schätzen, daß Sie das nicht um Ihres eigenen Vorteils willen tun, ja daß Sie sogar Nachteile in Kauf nehmen würden, um dem Thron zu dienen. Und deshalb, lieber Graf, ist meine Wahl auf Sie gefallen. Sie sollen Vollmachten erhalten, wie sie zuvor nur Potemkin von der Zarin Katharina empfangen hat. Ich mache Sie zum Statthalter in ganz Südrußland – von der Bukowina im Westen bis zum Kaspischen Meer im Osten, von den kaukasischen Bergen bis an die türkische und persische Grenze. Doch das ist noch nicht alles. Sie werden nicht nur Statthalter dieser riesigen Provinz sein, sondern zugleich auch Oberbefehlshaber sämtlicher Streitkräfte im Kaukasus.«
Der Zar hielt einen Augenblick inne und weidete sich an dem Erstaunen des anderen. Dann fragte er ihn lächelnd:
»Nun, Graf, wie lautet Ihre Antwort?«

»Wie könnte ich wohl ein solches Angebot zurückweisen?«
»Also ja?«
»Unter einer Bedingung.«
»Und welche?«
»Eine so große Verantwortung kann ich nur übernehmen, wenn ich die Zusicherung Ihrer Majestät habe, daß weder den Stabsoffizieren in Petersburg noch dem Kriegsministerium das Recht zusteht, sich in meine Entscheidungen einzumischen. Denn bisher haben sie es leider immer wieder fertiggebracht, die Planung jedes Generals im Kaukasus zu vereiteln. Ich will niemandem verantwortlich sein außer Ihnen, Majestät.«
»Eine erstaunliche Machtbefugnis, die Sie da fordern! Und wenn die Weisungen direkt von mir kommen? Damit müssen Sie schon rechnen. Ich laß mir die Zügel nicht aus der Hand nehmen.«
»Wenn die Direktiven Ihrer Majestät nur ganz allgemein gehalten sind, bin ich damit einverstanden. Aber ich bestehe darauf, daß die Kommission für kaukasische Angelegenheiten abberufen wird.«
»Ihre Kühnheit, mein lieber Graf, ist mir ein weiterer Beweis Ihrer außerordentlichen Fähigkeiten. Mit einem Wort: ich gebe nach!«

3

Kaum hatte Woronzow das Kommando an der Südfront übernommen, als ihn auch schon die ersten Anweisungen aus dem Winterpalast erreichten.
»Was ich befürchtet habe und dennoch hoffte, es werde nicht eintreten, ist nun leider doch Wirklichkeit geworden«, erklärte er verärgert in einer Stabsbesprechung. »Seine Majestät hat zwar mich zum Oberbefehlshaber ernannt, aber befehlen will der Kaiser selbst.«
»Ein einschneidender Befehl?« fragte General Klugenau.
»Das kann man wohl sagen!« Woronzow schlug mit dem Handrükken auf das Schreiben des Zaren. »Hier steht nicht mehr und nicht weniger als der Wunsch Seiner Majestät, wir sollten tief nach Daghestan eindringen und dort die verschiedenen Widerstandsnester ausheben – so ganz einfach.«

»Wie stellt er sich das vor?« entfuhr es Klugenau.
»Das frage ich mich auch.«
»Ich bezweifle sehr, daß uns dieses Unternehmen viel Erfolg bringt – wenn überhaupt.«
»Ich auch, leider.«
»Was werden Sie tun?«
»Natürlich alles, was in meiner Macht steht, um die Wünsche des Zaren zu befriedigen und sein Vertrauen zu rechtfertigen.«
»Dann sei Gott mit uns!« sagte Klugenau, niedergeschlagen wie alle.

Nicht nur durch seine Späher und Spione, auch durch die folgenden kleinen Gefechte, die keiner Seite Vorteile brachten, war sich Schamil über die Vorbereitungen und Pläne des Feindes im klaren.
»Wir werden uns auch diesmal strategisch so verhalten wie bisher«, erläuterte er seinen Nahibs. »Unter den gegenwärtigen Umständen können die Russen zwar in die Berge vorstoßen, sich aber dort nicht halten.«
»Müssen wir sie überhaupt so weit kommen lassen?« fragte einer.
»Ja, das müssen wir, denn wir haben nicht die geringste Chance, die russische Armee in offener Feldschlacht zu schlagen.«
»Dann greifen wir sie doch während des Vormarsches an!«
»Ernsthaft bedrohen können wir sie auch dann nicht, solange Soldaten und Pferde noch frisch sind und es genug Munition und Proviant gibt. Nein, die Gelegenheit dazu wird sich uns später bieten, sobald unser wichtigster Verbündeter, die Natur, für uns zugeschlagen hat. Ich meine, wenn die Eindringlinge, von den Anstrengungen geschwächt und erschöpft, ohne ausreichende Verpflegung und durch Fehlschläge entmutigt, den Rückmarsch über die öden Berge Daghestans und durch die Wälder von Itschkerien antreten müssen. Dann werden unsere Scharen ausschwärmen, die Straßen zerstören und jede Gelegenheit ergreifen, die Vor- und Nachhut abzuschneiden, die Haupttruppe, die abgekämpften Mannschaften und die langen Reihen Verwundeter in Verwirrung zu bringen und die Ungläubigen nicht zur Ruhe kommen zu lassen weder bei Tage noch bei Nacht. Wenn sie Glück haben, können sie sich bestenfalls bis zu ihren Stützpunkten am Sulak oder Sundja durchkämpfen, aber bis dahin werden

wir sie so zusammenschlagen, daß sie weder vor sich selber noch in den Augen aller Stämme im gesamten Kaukasus auch nur die geringste Achtung genießen. In der Zwischenzeit sammeln wir dann wieder genügend Kräfte, um sie weiterzulocken.«

Schamils Strategie, die auf seiner umfassenden Kenntnis sämtlicher Bedingungen beruhte, unter denen er und seine Feinde kämpften, bekam die russische Armee schon bald zu spüren, als sie am dritten Juni 1845 von ihrem Hauptquartier in den befriedeten Gebieten von Wnesapnaja ausrückte.

»Unser erstes Ziel lautet: zunächst den Paß zwischen Salatau und Gumbet stürmen und dann den Paß der Andi-Tore nehmen«, erklärte Woronzow und richtete diesen Befehl vor allem an den jungen General Passek, der dieses Unternehmen durchführen sollte. »Vermutlich wird Schamil gerade diesen letzten Paß erbittert verteidigen, da er zum Aul von Andi führt, jenem Nest, das ringsum das Gebiet um Schamils Hauptquartier Dargo beherrscht.«

Passeks Miene drückte Zuversicht aus, und die ersten Tage gaben ihm recht. Mit sechs Divisionen stürmte er den Paß, den er zu seiner Überraschung unbesetzt fand, und stieß, ungestüm wie er war, ohne Woronzows Anweisungen abzuwarten, am folgenden Morgen noch sechzehn Kilometer weiter vor. Abgeschnitten von jeder Verbindung schlug plötzlich, wie so oft im Kaukasus, das Wetter um: die Sommersonne erlosch, und fünf Tage lang litten die Truppen, ohne Unterkunft und Proviant, unter Frost und schneidendem Wind. Als dann endlich die Sonne zurückkehrte und Woronzow zu Passek vorstoßen konnte, um den Angriff auf Andi vorzubereiten, hatten sich vierhundertfünfzig Mann in der Winterkälte Erfrierungen geholt und über fünfhundert Pferde waren verreckt.

Schamil aber blieb seiner bewährten Taktik treu. Statt sich zum Kampf gegen die Übermacht verleiten zu lassen, brannte er Andi und alle umliegenden Auls nieder und zwang die Dorfbewohner, sich seinem geordneten Rückmarsch anzuschließen. Nur rauchende Ruinen fanden die Russen vor, als sie einrückten. Zwar hatten sie die Pässe in ihrer Hand, aber Schamil war ihnen wiederum entkommen.

»Gott hat Ihnen und Ihren heroischen Truppen den verdienten Erfolg zuteil werden lassen«, schrieb der Zar seinem Oberbefehlshaber Woronzow, erfreut darüber, daß der Feldzug gemäß seinem Plan verlaufen war, »und wieder einmal ist bewiesen, daß Russen – die orthodoxen Russen – durch nichts aufgehalten werden können, wenn sie entschlossen dorthin gehen, wo der Zar sie hinführt.«

Doch Dargo, das Hauptziel des militärischen Unternehmens, lag auf der anderen Seite der Berge, noch sechzehn Kilometer entfernt: für die Kriegführung im Kaukasus eine weite Strecke voller Hindernisse, Beschwerden und Gefahren.

»Sie wollen doch hoffentlich nicht noch in diesem Jahr Dargo angreifen, Graf?« bemerkte General Klugenau in einem Gespräch mit Woronzow.

»Der Zar hat es befohlen, und ich muß gehorchen.«

»Gehorsam kann manchmal auch ein Fehler sein, besonders wenn er sich der Unvernunft beugt.«

»Er will nun einmal Schamils Kopf haben und den dauernden Verlusten von Soldaten und Finanzen ein Ende setzen.«

»Das wollen wir alle. Aber langsamer vorgehen, führt oft rascher zum Ziel.«

»Was wollen Sie damit sagen?«

»Warten, bis der Bau der tschetschenischen Vormarschstraße beendet ist.«

»Bis nächstes Jahr?«

»Fehlende Straßen, Nachschublinien und Versorgungsstützpunkte sind unser größtes Problem, Graf.«

»Ich weiß«, gab Woronzow nachdenklich zu. »Aber wenn ich auch dem Befehl des Zaren, noch in diesem Jahr anzugreifen, nicht zustimmen kann, so muß ich ihn dennoch erteilen.«

»Auch wenn wir mit hohen Verlusten zu rechnen haben?«

»In wenigen Wochen bricht hier in den Bergen der Winter herein, der sowohl uns als auch die Muriden zur Untätigkeit verdammt. Gelänge es uns, Dargo vorher zu nehmen, so bedeutete dies einen unschätzbaren Sieg, wie ihn Seine Majestät von uns erwartet.«

4

Der Klang seines berühmten Namens hatte es Woronzow ermöglicht, eine hervorragende Armee von zehntausend Mann aufzustellen, ergänzt durch seinen Stab und sein persönliches Gefolge aus hohen Adligen, darunter einen Prinzen, mehrere Fürsten und viele andere Sprößlinge großer russischer Familien. Doch nur wenige von ihnen waren mit der kaukasischen Kriegführung vertraut und hatten eine jahrelange harte Erfahrung hinter sich.

Da auch jeder dieser Generale von einem vielköpfigen Stab sowie vom ganzen Prunk, Luxus und Aufwand des »glorreichen Krieges« umgeben war, und sogar den Offizieren niedrigerer Dienstgrade zahlreiche Wachen, Diener, Stallknechte und Köche zur Verfügung standen, wälzte sich dieser Prachtzug nur äußerst schwerfällig über die Berge. Den Petersburger Gardeoffizieren erschienen ihre Toilettenkästchen aus England mit Fläschchen und Schalen aus gediegenem Silber, Schlafröcken aus Seide und Kaschmir, kostbare Samoware, reichliche Vorräte an Champagner und Zigarren, kurz alles für ihren eigenen Komfort so lebensnotwendig, daß ihnen für Wichtigeres kaum Platz blieb.

Fast drei Wochen wartete »der Verfluchte«, wie Woronzow von den Muriden genannt wurde, bei den Andi-Toren auf die nötigen Nahrungsmittel aus Wnesapnaja, ohne die er nicht weiter vorrücken konnte, da Schamil alle Felder zerstört und die Vorräte vernichtet hatte. Noch schlechter als die Menschen waren die Pferde dran, denn die sengende Julisonne hatte auch das Gras verbrannt.

Über die Pässe, die selbst im Sommer beinahe unbegehbar waren, kam die Kolonne nur äußerst schleppend voran und mußte dann und wann sogar wieder umkehren, um andere Pfade durch niedrigere Bergzüge ausfindig zu machen, die weniger steil, aber dafür um so länger waren. Endlich, am vierten Juli, wurden fünfzehn Kilometer von Dargo entfernt Woronzows Kriegszelt und sein sechsschwänziges Banner aufgerichtet.

»Sind Sie immer noch fest entschlossen, den Aul in Kürze anzugreifen?« fragte Klugenau noch am gleichen Abend den Oberbefehlshaber.

»Seine Majestät wird ungeduldig, wie die letzten Anweisungen aus dem Winterpalast erkennen lassen.«
»Im Oktober fällt in den Bergen bereits Schnee. Bis dahin bleiben uns also weniger als drei Monate zum Kampf, falls das Wetter sich hält.«
»Ich weiß, wir haben keine Zeit zu verlieren.«
»Wissen Sie auch, daß Munition und Verpflegung nur noch für wenige Tage reichen und der Nachschub nicht vor dem zehnten eintreffen kann?«
»Ja, das weiß ich auch, und dennoch greifen wir schon vorher an.«
»Mit allen Truppen?«
»Nein, einen Teil schicke ich zugleich zurück, um die Front so schnell wie möglich mit Nachschub zu versorgen.«
»Wenn das nur gutgeht, Graf!«

In der Morgendämmerung des sechsten Juli schlich sich ein übergelaufener Einheimischer aus der Leibwache des Oberbefehlshabers zu dem Zelt hinüber, an dem Woronzows Lieblingspferd angehalftert war, band es los, schwang sich auf seinen Rücken und sprengte an den verdutzten Wachtposten vorbei auf die Berge zu, um Schamil vor dem bevorstehenden Angriff zu warnen.
»Kein Grund, das ganze Unternehmen abzublasen«, entschied Woronzow. »Schamil hätte ohnehin schon Stunden später unsere Absicht erkannt.«
Wie geplant setzte sich das Heer in Marsch und legte gegen Mittag, acht Kilometer vor Dargo, eine Rast ein, um sich, ruhend die einen, betend die anderen, auf den Angriff vorzubereiten. Fern im Norden, jenseits der schneebedeckten Gebirgskette, vierzig Kilometer entfernt, zog sich am Horizont entlang ein blauer Streifen hin: das heilige Rußland, das viele jetzt zum letzten Male sahen.
Immer wieder versperrten Barrikaden aus gefällten Bäumen den vorrückenden Truppen den manchmal nur wenige Fuß breiten Pfad, der über einen steilen Grat nach Dargo führte, und wann immer die Soldaten über diese Hindernisse zu klettern versuchten, wurden sie aus dem Hinterhalt von Scharfschützen niedergestreckt. Dann änderten die Muriden plötzlich ihre Taktik, ließen eine Einheit vorüberzie-

hen, schnitten ihr den Rückzug ab und griffen die nachfolgenden Truppen an, die um so verwirrter waren, da sie sich eben noch in Sicherheit gewiegt hatten und nun unerwartet in der Falle steckten, darunter auch Woronzow selber. Unter starkem Beschuß wurde ein Geschütz der Gebirgsartillerie herangeschafft und auf die rechte Flanke der bewaldeten Schlucht gerichtet, wo das heftigste Feuer herkam. Doch bereits nach dem zweiten Schuß waren sämtliche Kanoniere gefallen oder verwundet, und nur wenige Minuten später traf die zweite Mannschaft, die an ihre Stelle trat, das gleiche Schicksal. Kurze Zeit stand das Geschütz verlassen da, nur von Toten und Sterbenden umgeben. Niemand schien mehr den Mut zu haben, den unter Beschuß liegenden schmalen Streifen zu überqueren, bis plötzlich ein junger General vorstürmte und die Kanone eigenhändig lud. Aber er fiel, noch bevor er sie abfeuern konnte.

Als Woronzow daraufhin das Waldgebiet angreifen ließ, aus dem das Feuer kam, stieß er ins Leere. Die Muriden blieben unsichtbar. Nur einige wenige täuschten Widerstand vor und boten sich den Russen als Zielscheibe an. Sie alle fanden den Tod.

Wieder einmal waren die Freiheitskämpfer nach Schamils bewährter Taktik unter hinhaltendem Widerstand ausgewichen. Er selbst war mit einem kleinen Trupp aus Dargo fortgeritten und beobachtete, von wenigen Nahibs umgeben, von einer Bergkuppe aus das Gefecht.

»Sie scheinen diesmal sehr stark zu sein, die ungläubigen Hunde«, bemerkte einer von ihnen.

Nachdenklich setzte Schamil das Fernrohr ab, nachdem er sich einen umfassenden Überblick verschafft hatte.

»Es würde zuviele Opfer kosten, Dargo zu verteidigen«, sagte er.

»Wir sollen uns ergeben? Das kannst du doch nicht von uns verlangen.«

»Nie und nimmer!« Schamils Augen blitzten. »Wir stecken unser Dargo selbst in Brand, vernichten die Ernte und locken die Hunde noch weiter in die steinige Einöde. Auf, laßt uns zurückreiten und die nötigen Befehle erteilen!«

Als die Russen in die rauchenden Trümmer des Auls einrückten, entdeckten sie auf einigen Häuserwänden unflätige Zeichnungen und

Schmähinschriften gegen den Zaren. Sie stammten von den russischen Überläufern, die dort ihre Quartiere gehabt hatten und nun mit russischen Märschen, die sie auf erbeuteten Regimentstrommeln spielten, aus Schamils Lager jenseits des Flusses die Angreifer verhöhnten.

Schwer zu schaffen machte den Eroberern das Feuer der vier Geschütze, die Schamil auf den Abhängen oberhalb des Flusses in Stellung gebracht hatte. Ein russischer Angriff gegen diese ständige Bedrohung führte zunächst zum Erfolg, da sich die Muriden nach nur kurzem Widerstand zurückzogen. Doch während der zaristische Trupp noch seinen Triumph auskostete, verwandelte sich vor den Augen der Kameraden, die unten vom Lager aus das Unternehmen beobachteten, der Sieg in eine Niederlage. Auf dem Rückweg durch ein von Hügeln und Wäldern umgebenes Maisfeld sprang blitzschnell hinter jedem Stein, hinter jedem Baum, hinter jedem Strauch ein Gegner hervor, streckte einen Russen nieder und tauchte ebenso rasch wieder unter, noch ehe ein Gegenschuß gefallen war. Von Todesangst getrieben schlugen sich die Überlebenden bis zum Lager durch. Fast zweihundert Mann blieben tot oder verwundet zurück.

Noch während der Nacht eroberten die Muriden zwei ihrer Geschütze zurück und bezogen damit erneut Stellung. Das zermürbende Trommeln der Überläufer, Stunde für Stunde, drückte die Stimmung der Russen, bei denen sich ohnehin angesichts all ihrer vergeblichen Opfer eine tiefe Niedergeschlagenheit breitmachte. Den wenigen Gebirgsbewohnern, die sie gefangengenommen und erstochen hatten, schnitten sie jetzt noch die Köpfe ab und spießten sie als Trophäen auf die Fahnenstangen. Aber weder dieser barbarische Akt noch die abgehackten Muridenhände, mit denen die auf russischer Seite kämpfenden Tuschen, berühmt wegen ihres Draufgängertums, ins Lager zurückkehrten, konnten die mutlos gewordene Armee aufrichten.

Leben kam erst wieder in ihre Reihen, als am Abend des neunten Juli Raketen am Himmel aufstiegen: das Signal für die Ankunft der Nachschubkolonne am Ausgangspunkt des Vormarsches. Doch dieser Ausgangspunkt lag jenseits der Wälder, durch die sich die Armee unter so großen Schwierigkeiten und Verlusten hindurchgekämpft hatte.

Ob sie es genauso schaffen wie wir?
So fragten sich alle, und je länger sie warteten, desto mehr schwand die Hoffnung. Sowohl die verbarrikadierte Brücke als auch der ständige Beschuß aus dem Hinterhalt machte es der Nachschubkolonne unmöglich, zur Armee Woronzows vorzurücken.
»So geht es nicht weiter, meine Herren«, sagte der Oberbefehlshaber bei einer Lagebesprechung, »wir müssen jetzt eine Entscheidung treffen. Weder kann die Armee insgesamt den Rückzug antreten noch ohne Nachschub weiter vorstoßen. Da aber die Vorräte für alle Einheiten bestimmt sind, ordne ich an, daß jede Einheit die Hälfte ihrer Truppen zurückschickt, um ihren Anteil selber zu holen.«
»Verzeihen Sie, Graf, wenn ich Ihnen widerspreche«, wandte Klugenau heftig ein, »aber diese Entscheidung halte ich für äußerst gefährlich. Ja, eine solche Spaltung der Armee könnte sich im schlimmsten Fall sogar als katastrophal erweisen.«
»Wissen Sie eine bessere Lösung?«
Noch eine Zeitlang wurden Für und Wider besprochen, aber schließlich blieb es bei Woronzows ursprünglichem Plan.
Eine von General Klugenau geführte Abteilung von viertausend Mann, deren Vorhut der junge Passek befehligte, setzte sich sofort in Marsch, geriet aber schon bald auf dem gefährlichen Engpaß in einen Hinterhalt und erlitt schwere Verluste. Denn genau wie früher beim Vormarsch hatten die Muriden wiederum die Haupttruppe von der Vorhut und Nachhut abgeschnitten und sich mit Dolch und Säbel auf die verwirrten Kolonnen gestürzt. Ohne die Nachschubabteilung erreicht zu haben, mußten sich die Russen wieder über den Engpaß zurückziehen, den Schamil inzwischen erneut durch eine Schanze aus Baumstämmen gesperrt hatte. An diesen Barrikaden hingen die nackten, verstümmelten Körper der russischen Soldaten, die dort am Vortag getötet worden waren. Während die Truppe diese grauenhafte Schranke zu überklettern versuchte, geriet sie in das mörderische Gewehrfeuer der Muriden. Ein fürchterliches Gemetzel lichtete die Reihen der Russen. Wie durch ein Wunder entging Klugenau dem Tod. Er saß noch zu Pferd in seiner hellgrauen, von Kugeln zerfetzten Uniform, als sein ganzer Stab schon gefallen war. Auch Passek erlag seiner tödlichen Verwundung. Seine Soldaten wickelten die Leiche in

Baumrinde und zogen sie durch Schlamm und Blut wie einen Schlitten hinter sich her. In einem Augenblick der Panik aber rutschte ihnen der Rindensarg über den Rand eines Abgrunds und stürzte in die Schlucht hinab.
Die Nachschubkolonne, die den so dringend benötigten Proviant bringen sollte, unternahm alles, um zu Klugenaus Abteilung aufzuschließen. Ihnen schickte nun Woronzow alle entbehrlichen Männer entgegen, sogar die Stallknechte und Offiziersburschen, denen man Gewehre in die Hand drückte. Tatsächlich gelang es diesem Rettungstrupp die Verbindung herzustellen und die Reste der Nachschubabteilung im Schutz der Dunkelheit nach Dargo zu geleiten.

5

Erbärmlich waren die Vorräte, die in Woronzows Lager gelangten, erschreckend die Opfer, die man dafür gebracht hatte. Ganze Wagen waren im Schlamm steckengeblieben oder mitsamt der Ladung in die Schluchten gestürzt. Was durchkam, reichte bei weitem nicht aus, die hungernde Armee zu ernähren. Nur noch über fünftausend Mann Infanterie, die Hälfte der ursprünglichen Streitmacht, verfügte der Oberbefehlshaber. Sie alle hatten kaum etwas zu essen und nur sehr wenig Munition. Für die zahlreichen Verwundeten fehlte es an Medikamenten und Verbandszeug. Überzeugt, ihrer Vernichtung entgegenzugehen, begannen die Russen am Abend mit tiefen, traurigen Stimmen schwermütige Lieder zu singen.
»Machen wir uns nichts vor, meine Herren, unsere Lage ist hoffnungslos«, stellte Klugenau bei einer Lagebesprechung fest, die der Oberbefehlshaber mit seinen Stabsoffizieren abhielt, einer unrasierten, abgehärmten Gruppe.
»Hoffnungslos nur dann«, griff Woronzow das Wort auf, »wenn es uns nicht gelingt, General Freitag um Hilfe zu bitten.«
»Er ist mit seinen Truppen in Grosny stationiert«, wandte jemand ein. »Wie sollte er uns von da Hilfe leisten?«
»Wir schicken einen Boten zu ihm.«
»Und Sie glauben, er könne sich durch die dichten Wälder zwischen

Dargo und Grosny durchschlagen, ohne sich zu verirren oder gefaßt zu werden?« hielt ein anderer dem Oberbefehlshaber vor.
»Dann schicken wir eben zwei oder drei oder gar fünf los, und zwar einzeln, jeder für sich. Einer von ihnen wird bestimmt durchkommen und General Freitag über unsere verzweifelte Lage unterrichten.«
»Und dann?«
»Er soll Freitag drängen, auf der Straße, die von hier nach Gersel führt, eine Entsatztruppe bereitzustellen.«
»Sie planen also, von hier aus nach Gersel zu marschieren?«
»Ja.«
»Mit diesem mutlosen Haufen halbverhungerter Soldaten, fast ohne Munition!«
»Ist es nicht besser, den Versuch zur Rettung zu wagen, als hier tatenlos auf den Tod zu warten?« hielt Woronzow dem Zweifler entgegen.
»Gersel ist mehr als vierzig Kilometer von Dargo entfernt. Wie sollte auch nur einer von uns dieses Ziel je lebend erreichen?«
»Ich kenne die Gefahren, die uns auf Schritt und Tritt erwarten. Sobald wir Dargo verlassen haben, ist das Massaker unvermeidbar, wenn – ja wenn uns nicht vorher Freitags Entsatzheer von Gersel aus rechtzeitig zu Hilfe kommt.«
»Und Sie glauben allen Ernstes, Schamil werde so lange stillhalten?« warf General Klugenau ein. »Ich kenne ihn bestens, sogar persönlich. Ein Stratege, der die Berge und Wälder zu nutzen weiß wie kein zweiter, und der überall seine Späher und Kundschafter hat. Ich bin sicher, daß die Tschetschenen schon jetzt über unsere Absichten Bescheid wissen, von Dargo aus in die Ebene zu marschieren.«
»Jetzt übertreiben Sie aber!«
»Ich wollte, Sie hätten recht, aber leider kann ich daran nicht glauben. Für die Tschetschenen hat der Kampf gegen uns noch gar nicht richtig begonnen. Wohin wir auch gehen, sie wissen schon, wo sie uns angreifen können, denn sie kennen sich hier aus wie kein zweiter. Und das wissen sie natürlich. In den Wäldern haben sie den Vorteil auf ihrer Seite, und daraus werden sie den größten Nutzen ziehen. Wenn wir also durch die Wälder zur Ebene hinuntermarschieren,

dann werden wir auf heftigen Widerstand stoßen. Ich möchte nicht gerade behaupten, daß diese Operation praktisch unmöglich ist, aber unsere Verluste werden gewaltig sein. Und Sie alle, die Sie bisher noch keine Kriegserfahrung im Kaukasus gemacht haben, werden merken, daß die Tschetschenen nicht nur ausweichen, sondern auch vollendet kämpfen können.«

Betreten schwiegen alle; nur zu deutlich fühlten sie, wie recht Klugenau mit seiner Lagebeschreibung hatte. Dennoch mußte eine Entscheidung getroffen werden.

»Hat einer der Herren noch einen Vorschlag zu machen?« fragte der Oberbefehlshaber, sich im Kreis seiner Stabsoffiziere umschauend. »Niemand, wie mir scheint. Dann bleibt es also dabei: wir schicken sofort fünf Kuriere einzeln nach Grosny los mit der Botschaft an General Freitag, uns schnellstens auf der Straße nach Gersel mit einer Entsatztruppe entgegenzukommen. Am zwölften treffen wir alle Vorbereitungen für den Marsch, und in der Morgendämmerung des dreizehnten Juli brechen wir auf. Wir müssen nach Gersel vorstoßen und dort von Freitag entsetzt werden oder untergehen.«

Wegen der vielen Verwundeten kamen sie nur langsam voran. Auch die anderen, die noch selbst marschieren konnten, schleppten sich erschöpft dahin: Tag und Nacht hatten sie unter Beschuß gelegen und keinen Schlaf gefunden.

Am zweiten Tag ihres Aufbruchs von Dargo verwickelten die Muriden sie in ein hartes Gefecht, in dem achtzig Mann und sieben Offiziere fielen, darunter drei Brüder, junge georgische Fürsten, die eng umschlungen in den Tod gingen. Unter den weiteren dreihundert Verwundeten, die auf den bereits überfüllten Wagen untergebracht werden mußten, befand sich auch jener unglücklich verliebte Hauptmann Allbrandt. Anstatt, wie es sein sehnlichster Wunsch war, auf dem Schlachtfeld zu sterben, hatte er nur einen Arm verloren. Seelenruhig hatte er bei der Amputation seine Pfeife geraucht und sich erst jetzt, nachdem er zweimal durch zu hohen Blutverlust ohnmächtig geworden war, dazu bewegen lassen, auf einen Wagen zu steigen.

In den nächsten beiden Tagen kämpfte sich der Rest von Woronzows Armee nur schrittweise vor, dann und wann im Nahkampf aufgelöst, in schwache Gruppen geteilt, abgeschnitten, umzingelt und immer wieder vom Feind bedrängt, der mit Schwertern und Dolchen über sie herfiel. Die Zahl der Verwundeten war nun auf mehr als zweitausendfünfhundert gestiegen. Nur wenige Soldaten waren überhaupt noch einsatzfähig, und sogar eines der berühmtesten Eliteregimenter zeigte Anzeichen von Zersetzung, Hoffnungslosigkeit und Zerrüttung. Als sich einmal vierhundert Mann auf die Erde legten und sich weigerten weiterzukämpfen, schrie sie ihr Kommandeur wutentbrannt an:

»Ist es möglich, daß unter euch kein anständiger Mensch mehr ist, der mit seinem General zusammen sterben will?«

Erst rafften sich nur einige wenige auf, dann folgte der Rest, und mit dem Mut der Verzweiflung stürmten sie wieder eine Barrikade.

Am siebzehnten Juli sah Woronzow ein, daß er nicht mehr weiter konnte.

»Wenn nicht ein Wunder geschieht, sind wir am Ende«, gestand er Klugenau ein.

»Es ist so gekommen, wie ich befürchtet habe. Unsere Soldaten sind schon halb verhungert, sie torkeln vor Schwäche hin und her. Drei Tage lang haben sie nichts mehr gegessen außer den paar Maiskörnern, die sie auf den umliegenden Feldern gefunden haben. Und unsere Artillerie hat kaum noch Granaten, um Schamils Feuer zu erwidern.«

»Ich weiß«, seufzte Woronzow müde, »ich weiß.«

»Aber niemand von uns weiß, ob auch nur einer von unseren fünf Kurieren Freitags Quartier in Grosny erreicht hat.«

Die Ungewißheit lähmte alle.

Am sechsten Tag nach dem Abmarsch aus Dargo verfügte die gesamte Streitmacht über nur noch fünfzig Schuß Gewehrmunition.

»Unsere Geschütze sind nutzlos geworden, die letzte Granate ist verschossen«, bemerkte Klugenau gegenüber dem Oberbefehlshaber, der überarbeitet wirkte und den Eindruck machte, nicht zuletzt seines Alters wegen, das Heer nicht mehr führen zu können.

»Ja, ja«, nickte Woronzow, »die Muriden lauern überall, jederzeit bereit, uns wie Raubkatzen anzuspringen – und weit und breit nichts von Truppen zu unserer Hilfe zu sehen.«

»Ich bin sicher, daß sie noch in dieser Nacht über uns herfallen werden, und das heißt, niemand von uns wird den nächsten Morgen noch erleben.«

6

Schamil sah die Lage ähnlich. Der Untergang von Woronzows stolzer Armee war so gut wie sicher. Vor Tagen schon hatte er erfahren, daß Fatimat, die Frau, die er am meisten liebte, auf dem Sterbebett lag und den Wunsch geäußert hatte, ihn noch einmal zu sehen.

»Geh, Imam, reite zu ihr und nimm Abschied«, rieten ihm seine Nahibs.

Aber er blieb hart. »Ich kann nicht fort von hier, solange die Schlacht nicht entschieden ist.«

Als dann jedoch am siebzehnten Juli die gesamte Streitmacht der Russen eingekreist war und zu geschwächt schien, noch weiter Widerstand zu leisten, ließ er sich endlich von seinen Nahibs überreden.

»Du mußt zu ihr gehen, Imam, sie verlangt nach dir. Diesen letzten Wunsch darfst du ihr nicht ausschlagen. Es ist ohnehin nur noch eine Sache von Stunden, bis Woronzow sich ergeben wird. Eile zu Fatimat! Wir werden deine Befehle so gewissenhaft ausführen, als seist du selbst hier auf dem Schlachtfeld.«

Schamil hörte auf die Stimme seines Herzens, ritt, von einem Nahib begleitet, Tag und Nacht über die Berge und kam noch rechtzeitig an, um Fatimat in den Armen halten zu können, als sie starb.

»Ich habe gewußt, daß du kommen würdest«, sagte sie mit schwacher Stimme.

»Es ging leider nicht früher.«

»Du bist bei mir, das ist alles, was ich wollte.« Fatimat lächelte müde und glücklich zugleich. Doch dann flackerten ihre Augen ängstlich auf. »Wo ist Dshemal-Edin?«

Zärtlich streichelte er ihr über die Wange.

»Du weißt doch, wo er ist«, antwortete er.

»Warum hast du ihn nicht mitgebracht?«

»Er wird kommen, bald schon, das verspreche ich dir.«

Sie nickte. »Sag ihm, er solle sich beeilen. Es ist Zeit. Er ist schon zu lange fort.«

»Viel zu lange!« Er küßte sie auf die Stirn. »Du hast recht, es ist Zeit.«

Die Sterbende streckte die Arme aus und versuchte noch einmal sich aufzurichten, aber ihre Kraft war erloschen. Schamil beugte sich über sie und umarmte sie zum letzten Mal.

Am Abend, an dem Woronzows geschlagene Soldaten schon mit dem Leben abgeschlossen hatten und noch im Laufe der bald einbrechenden Nacht mit dem Angriff der Muriden rechneten, ließ sie plötzlich das gedämpfte Dröhnen eines Geschützes aufhorchen. Erst hörten sie nur einen Schuß, dann einen zweiten und einen dritten: das Signal für die Ankunft des Entsatzheeres!

Entgegen der Befürchtung aller Offiziere in Woronzows Armee hatten sich alle fünf Boten durch die Wälder bis Grosny durchgeschlagen und General Freitag alarmiert. Sobald der erste Kurier in der Nacht vom fünfzehnten auf den sechzehnten Juli eingetroffen war, hatte sich der General sofort auf den Weg gemacht, in nur zwei Tagen über hundertsechzig Kilometer im Sattel zurückgelegt, überall unterwegs Truppen gesammelt und am Abend des achtzehnten Juli mit seiner Vorhut jene drei Kanonenschüsse in Sichtweite der belagerten Stellungen Woronzows abgefeuert.

Ohne auf weiteren Widerstand zu stoßen, geleitete er am folgenden Tag die erschöpfte Armee des Oberbefehlshabers sicher nach Gersel.

»Ein Wunder, es ist ein Wunder«, sagte Woronzow von Rührung und Erregung übermannt.

Für die Russen blieb es unerklärlich, warum Schamils Truppen so spurlos und unerwartet in den Bergen und tiefen Wäldern verschwunden waren, bevor General Freitags Entsatzheer sich ihnen auf Schußweite genähert hatte.

Als der Imam zwei Tage nach Fatimats Tod in die Schlacht zurückritt, stellte er bestürzt fest, daß die Überreste von Woronzows Armee der Falle der Muriden entkommen waren. General Freitag hatte die

eingeschlossenen Russen befreit. Schamils so sicherer Sieg war zu Staub und Asche zerfallen. Entgegen ihrem Versprechen hatten die Nahibs seine Befehle nicht ausgeführt und tatenlos zugeschaut, statt entschlossen einzugreifen. Es mußte einen Verräter unter ihnen geben. Von dieser Stunde an beobachtete er sie alle mit wachsendem Mißtrauen.
Weder er noch einer seiner Anhänger hatten vorher etwas von den fünf Boten gewußt. Als er es dann erfuhr, schien es ihm unbegreiflich, daß sie Freitags Quartier überhaupt erreicht hatten und der General in so unglaublich kurzer Zeit von Grosny nach Gersel gelangen konnte. Schamil selber war es gewohnt, über Berge und durch Schluchten große Entfernungen rasch zu bewältigen, den Russen aber hatte er es bis dahin nicht zugetraut.
Erst brannte er darauf, es dem Feind heimzuzahlen. Doch als er feststellte, wie stark Freitags Truppen waren, gab er seinen Soldaten den Befehl, sich zu zerstreuen und in den Bergen und Tiefen der Wälder unterzutauchen, bis er sie wieder rufen werde. Er wußte nur zu gut, wann es Zeit war anzugreifen oder sich zurückzuziehen.
Tausende von Soldaten, Offiziere und Generale waren aus Woronzows glänzender Armee von zehntausend Mann getötet oder verwundet worden. Muschiks und Exzellenzen lagen, im Tod vereint, auf den Felsen und in den Wäldern. Der Zar feierte das Entkommen seiner geschlagenen Streitmacht als einen großen Sieg und geruhte gnädigst, Woronzow, den Mann seiner Wahl, zum Fürsten zu erheben. *»Mit größtem Interesse und mit Hochachtung vor dem außerordentlichen Mut meiner Truppen gelesen«,* schrieb er an den Rand des Berichts, den der Oberbefehlshaber über den Feldzug abgefaßt hatte.

DRITTER TEIL

Der Große Imam und seine »Perle«

I

Imam ul'Azam, der Große Imam, wurde Schamil jetzt überall in den Bergen genannt, und enger denn je scharten sich die Stämme um ihn. Schon lange trug er sich mit dem kühnen Plan, nach Kabarda im Herzen des Kaukasus zu marschieren und den dort besonders wilden Volksstamm, der sich zwar schon vor einem Vierteljahrhundert den Russen unterworfen hatte, ihm aber dennoch nicht feindlich gesinnt war, als Verbündeten auf seine Seite zu ziehen. Da die Gebiete östlich davon bis zum Kaspischen Meer und westlich vom Kuban bis zum Schwarzen Meer bereits in seiner Hand waren, fehlte Kabarda noch als strategisch wichtiges Bindeglied dazwischen.

»Jahrelang habe ich diesen Angriff erwogen«, erklärte er seinen Nahibs. »Jetzt, so glaube ich, ist der entscheidende Augenblick gekommen. Es gibt Anzeichen dafür, daß Kabarda sich gegen die Fremdherrschaft der Ungläubigen erheben will. Auch haben mich die Fürsten Kabardas durch verschiedene Angebote ermutigt.«
»Ja«, pflichtete ihm einer bei, »sie sind endlich von deiner Macht und dem heiligen Charakter unseres Krieges überzeugt.«
»Wenn wir Kabarda hinzugewinnen, dann haben wir damit die gesamte kaukasische Landenge vom Osten bis zum Westen zu einem starken Widerstandsblock vereint. Das heißt, die Russen sind im Osten isoliert und ihre Nachschubwege abgeschnitten.«
»Außerdem könnten wir dann auch Verbindung mit den tscherkessischen Stämmen aufnehmen, die sich im Landesinnern versteckt halten, seit die Ungläubigen die Küste besetzt haben.«
»Richtig! Wir hätten dann die Möglichkeit, die russischen Hunde von

hinten anzugreifen und entweder ins Schwarze Meer oder über die persische Grenze zu treiben.«

»Wie lauten deine Befehle?« fragten sie den Imam.

»Sammelt die Muriden zum Marsch nach Kabarda!«

Immer wenn Schamil Streitkräfte zusammenzog, bedrohte er den Feind von mehreren Seiten und ließ ihn so bis zum letzten Augenblick über die Richtung seines Vorstoßes im unklaren. Hatte er den Gegner verwirrt und seine Vorbereitungen getroffen, dann suchte er sich sein Angriffsziel unter Berücksichtigung der feindlichen Verteidigungsmaßnahmen aus.

Auch diesmal hielt er es so. Deshalb kannte niemand auf russischer Seite seinen Angriffsplan, als seine Truppen schon einsatzbereit in Tschetschnia standen.

»Ich bin überzeugt, daß er sich gegen unser Hauptquartier in Daghestan wenden wird«, meinte Fürst Woronzow. »Von Temir-Chan-Schura aus dürfte er dann sicherlich versuchen, bis zu unseren Häfen am Kaspischen Meer vorzudringen.«

»Da bin ich aber ganz anderer Meinung«, widersprach ihm General Freitag heftig, unterstützt von einigen Stabsoffizieren.

»Und welcher?«

»Da seine Truppen im Westen Tschetschnias konzentriert sind, vermute ich, daß er es auf Kabarda abgesehen hat.«

»Nun, wir werden es schon bald wissen. Auf jeden Fall müssen wir unsere Streitkräfte einsatzbereit halten.«

Schamils Plan war offenkundig, als er am dreizehnten März 1848 an der Spitze seiner Truppen und von einem Wald von Speeren umgeben den Argun in Richtung auf Kabarda überquerte.

»Sie haben recht behalten«, gab Fürst Woronzow General Freitag gegenüber zu. »Wir müssen alles daransetzen, Schamils Plan zu vereiteln. Denn der Verlust Kabardas wäre für uns ein gefährlicher Verlust an Ansehen bei sämtlichen Gebirgsbewohnern. Selbst die Stämme in den fernen asiatischen Steppen würden davon erfahren, und das bedeutet, Schamils absolute Vormachtstellung im Kaukasus wäre damit gesichert. Wir müssen sofort alle verfügbaren Truppen in Bewegung setzen.«

»Ich habe bereits Kuriere bis nach Tiflis geschickt, um Verstärkungen zu erbitten«, erklärte Freitag.
»Sehr gut!« Woronzow wandte sich an den gesamten Stab. »Truppen aus allen Himmelsrichtungen sollen in Eilmärschen zu uns stoßen. Sorgen sie dafür, meine Herren, daß die Befehle dazu unverzüglich an die Kommandeure ergehen.«

Auf Schamils Anordnung wurden zahlreiche Dörfer in der Kampflinie geräumt, die Einwohner mitsamt dem Hausrat auf Ochsenkarren gepfercht und in Sicherheit gebracht. Ihre Viehherden folgten ihnen, von den Muriden unter Beschuß die Straße entlang getrieben.
»Wir werden in Kabarda einmarschieren, die Einwohner zum Widerstand aufrufen und mit ihrer Hilfe die Russen so lange hinhalten, bis wir unsere Truppen mit den Stämmen von Abchasien, Svanetien und denen an der Küste des Schwarzen Meeres vereinigt haben.«
Die Augen des Großen Imams leuchteten, als er seinen Nahibs die baldige Verwirklichung seines Traumes von der Vereinigung des Kaukasus verkündete.
»Doch nicht genug damit!« fuhr er fort. »Wir werden außerdem die Schlucht von Darial besetzen sowie die Georgische Heerstraße, die für die Ungläubigen geradezu lebenswichtig ist.«
»Dabei können wir bestimmt mit der Unterstützung der Galgais rechnen und auch anderer Stämme dort in der Gegend«, warf Junuss ein.
»Sicher! Ist diese einzige Nachschubstraße von Norden nach Süden erst einmal in unserer Hand, dann wird sich uns Kabarda unterwerfen, und damit sind die Russen eingekesselt.«

Der Kühnheit dieses Plans stand der Wagemut General Freitags gegenüber, der zunächst intuitiv, dann aber nach und nach bewußt Schamils Taktik des Guerillakriegs anwandte und sich darin schon bald als ebenbürtiger Gegner erwies. Wo immer Schamils Heer hinzog, folgte ihm der General dicht auf den Fersen, ließ es nie zur Ruhe kommen und machte den Kabardinern klar, daß die Russen eine starke Macht darstellten und Vergeltung gegen jeden üben würden, der sich ihnen zu widersetzen versuchte. Trotz aller Gefahren drang

General Freitag mit dem Mut der Verzweiflung immer tiefer in fremdes Gebiet ein und erschien, den Muriden auf dem Fuße folgend, überall mit seiner Armee, kaum daß Schamil gerade dort mit den Häuptlingen verhandelt hatte.
»Wenn ihr mich gegen die ungläubigen Hunde unterstützt«, so lautete stets das Angebot des Imams, »dann werden wir als Gegenleistung die russischen Festungen am Terek schleifen, überhaupt im ganzen Land. Gemeinsam jagen wir die Eindringlinge über die Grenzen, und gemeinsam wollen wir auch Kabarda nach moslemischer Tradition regieren.«
Die Aussicht war verlockend, doch die Wirklichkeit zerstörte ihre Träume. Denn sobald die Häuptlinge erfuhren, daß General Freitag, ein Mann, den sie fürchteten und achteten, das russische Heer anführte, ließen sie wie gelähmt die Waffen fallen. Ohne Hilfe der Kabardiner konnte Schamil die russischen Festungen am Terek nicht zerstören, und ohne die Schleifung dieser Festungen waren die Kabardiner nicht in der Lage, sich gegen ihre fremden Unterdrücker zu erheben. Die Tatsache, daß die Russen inzwischen aus allen Himmelsrichtungen des Kaukasus auf Kabarda zuströmten und mit jedem Tag näher und näher kamen, ließ Schamil nun mehr und mehr daran zweifeln, die Kabardiner auf seine Seite zu ziehen. Wankelmütig und unentschlossen warteten sie ab und brachten so den Imam um die Früchte seiner Kühnheit.
Schamils Plan war fehlgeschlagen, doch kein Stamm fiel deswegen von ihm ab. Noch immer genoß er ein so großes Ansehen, daß seine Gefolgsleute die Entschlußlosigkeit der Kabardiner für den Mißerfolg verantwortlich machten. Er selbst sah sich nun gezwungen, künftig wieder seine wirksame, wenn auch begrenzte Partisanentaktik anzuwenden.

Hilfe, die Schamil sich von anderer Seite erhoffte, blieb ihm ebenso versagt wie von seiten der Kabardiner. Obwohl er die Sympathie der Krimkhane besaß, war nicht mit ihrer aktiven Unterstützung zu rechnen. In den blühenden Hainen entlang der Schwarzmeerküste führten die Krimtataren ein geruhsames Leben, das auch den letzten Funken Unabhängigkeitsgefühl in ihnen ausgelöscht hatte.

Manchmal träumte er davon, England, das die russische Expansion nach Osten, nach Indien, seiner Kolonie, hin fürchtete, werde ihm zu Hilfe eilen. So wandte er sich unter anderem mit einer Bitte um britische Unterstützung an Königin Victoria selber:

»Jahrelang, o verehrte Königin«, schrieb Schamil, *»führen wir schon Krieg gegen die Russen, die in unser Gebiet eingedrungen sind. Jedes Jahr müssen wir uns gegen neue Heere der Angreifer zur Wehr setzen, die sich in unsere Täler ergießen. Unser Widerstand ist hartnäckig, obwohl wir gezwungen sind, unsere Frauen und Kinder sogar im Winter zu ihrer Sicherheit weit fort in die Wälder zu schicken. Dort haben sie weder Nahrung noch Schutz vor der strengen Kälte. Und doch hadern wir nicht mit dem Schicksal. Es ist Allahs Wille. Er bestimmte, daß wir leiden müssen, um unser Land zu verteidigen. Doch England muß und soll es wissen, es soll Kenntnis haben von unserem ständigen Kampf gegen Rußland ... Wir bitten dringend, o Königin, um Hilfe.«*

Doch außer Gemeinplätzen in der britischen Presse, salbungsvollen, leeren Worten, sowie öffentlichen Geldspenden »für die armen, tapferen Kaukasier« kam nichts dabei heraus. Schamil, der nie die Berge Daghestans verlassen hatte, kannte weder europäische Sitten noch westliche Politik. Er entstammte einem Menschenschlag, der durch den Dolch lebte und starb und dessen oberstes Gesetz es war, sein Land zu verteidigen.

2

Im Jahre 1850 entschloß sich der Kaufmann Atarow, der in Mosdok lebte, eine Reise ins Land der Muriden zu wagen und seine Kusine zu besuchen. Ihm war sie unter dem Namen Anna Uluhanowa vertraut gewesen, als sie vor wenigen Jahren aus der kleinen Stadt, die noch im Kosakengebiet am Nordufer des Terek lag, von aufständischen Gebirgsbewohnern entführt worden war. Obwohl Mosdok stark befestigt war, hatte Nahib Achverdi Mahoma nicht gezögert, die russische Frontstadt zu überfallen und beim Rückzug sogar einige Geiseln zu verschleppen. Darunter hatte sich jene Kusine des Kaufmanns

befunden, ein sechzehnjähriges Mädchen armenischer Herkunft, das alle durch ungewöhnliche Schönheit bestach.
Auch Schamil war von ihrem Anblick bezaubert gewesen, als sein Nahib sie ihm zum Geschenk machte. Bei beiden war es Liebe auf den ersten Blick gewesen. Obwohl sie Christin und überdies mehr als fünfundzwanzig Jahre jünger war als er, der Moslem, wurde sie nach Fatimats Tod seine Favoritin und blieb bis zum Ende seines Lebens seine Gefährtin und sein Trost. Schuanet hieß sie von nun an, er aber nannte sie liebevoll »Perle«.
Langwierige Verhandlungen mit Spionen, Vermittlern der russischen Armee und Schamils Gesandten waren vorausgegangen, ehe sich Atarow endlich auf den beschwerlichen Weg zum »Großen Aul« machen konnte, wie die Dorfbewohner das damalige Hauptquartier ihres Imams im Aul von Vedin nannten. In diesen fast unzugänglichen Zufluchtsort, zu dem man nur auf halsbrecherisch steilen Gebirgspfaden gelangte, kehrte Schamil immer wieder zwischen den Schlachten zurück.
»Ss'Bogom! Gott mit Euch!« riefen die russischen Wachtposten hinter Atarow her, als er an ihnen vorbeiritt! Freundlich winkte er zurück und verschwand dann südwärts über die Hügel.
»Den sehen wir nicht wieder«, sagte ein Kosak.
»Ich würde das nie tun«, meinte ein anderer, »für keine Kusine auf der Welt.«
»Gott möge ihn schützen!«
Sie bekreuzigten sich und spuckten dann aus.
Erst wenige Stunden war der Kaufmann unterwegs, als ihm im Vorgebirge an einer vereinbarten Stelle und auf ein bestimmtes Signal hin ein Nahib Schamils entgegensprengte, begleitet von zwanzig tschetschenischen Reitern, wildaussehenden, aber recht fröhlichen Männern, wie ihm schien.
»Wir werden wohl eine Woche zusammenbleiben«, sagte der Nahib lächelnd, nachdem sie sich kurz begrüßt hatten.
»So lange?«
»Wir sind hier in den Bergen, nicht in der Ebene.«
Ständig ging es bergauf in brütender Hitze. Nur wenige Stunden rasteten sie, aßen, tranken, schliefen und brachen erneut auf, kaum

daß der Kaufmann aus Mosdok, durch sein seßhaftes Leben an solche Strapazen nicht gewöhnt, sich nur halbwegs erholt hatte. Die Muriden dagegen schienen nie zu ermüden oder außer Atem zu geraten, ja sie stimmten sogar oft stundenlang ihren Lobgesang »La Allah illa Allahi« an, der manchmal von den Felswänden als Echo widerhallte.
Je weiter sie nach Südosten kamen, desto beschwerlicher und gefährlicher wurde der Weg, bis sie schließlich vor einer fast senkrechten Klippenwand standen.
»Wenn wir die hinter uns haben, sind wir bald da«, erklärte der Nahib dem Kaufmann.
Ungläubig blickte Atarow auf die Felswand. »Da sollen wir hinauf? Unmöglich!«
Die Muriden lachten und begannen, wendig und leichtfüßig wie Gemsen den Steilfelsen zu erklimmen, wobei sie ihre Pferde am Zügel führten und den Kaufmann, dem es in der schwindelnden Höhe manchmal schwarz vor den Augen wurde, halb zogen und halb trugen.
Endlich tauchte der »Große Aul« auf, dessen Anblick allein schon dem Fremden Unbehagen bereitete. Ein Trupp verwegener Reiter preschte ihnen entgegen und geleitete sie die letzte Strecke zu Schamils Festung, die auf einer luftigen Hochebene lag. Zwei Reihen schwerer Schanzpfähle, deren Zwischenräume mit Lehm ausgestopft waren, umgaben die Anlage ringsum. Durch eine Felsspalte führte der einzige Zugang, geschützt von Blockhäusern, einem Wachtturm, der die ganze Umgebung beherrschte, sowie einer schweren Kanone europäischer Bauart. Etwas abseits in der kleinen Siedlung aus Erdhütten, die sich um die Moschee duckten, wohnten Muriden sowie einige ausgewählte Nahibs, die den Imam versorgten.
Neugierig blickte Atarow um sich, als er mit seinen Begleitern in den Großen Aul einritt. Männer und Pferde badeten gemeinsam im Wasserbehälter, einem geräumigen Steinbecken, das vom Gebirgsfluß gespeist wurde. Die Gebäude daneben, das Arsenal und das Pulvermagazin, wurden streng bewacht.
Das geschäftige Treiben der Handwerker, die im Freien arbeiteten, fiel dem armenischen Kaufmann besonders auf. Die einen beschlugen die Pferde mit neuen Hufeisen; die anderen flickten Sattel und Zaum-

zeug oder stellten Stiefel her, weich und geschmeidig wie Handschuhleder. Über kleinen Feuerstellen temperten Waffenschmiede Stahl für Säbel und Dolche, und dort drüben saß vor seinem Haus sogar ein Uhrmacher, der Uhren aller Art, die begehrtesten Beutestücke jener Zeit, mit erstaunlichem Geschick wieder instandsetzte.
Atarows Aufmerksamkeit richtete sich aber vor allem auf das Haus, das in der Mitte der inneren Festung lag und von dessen Flachdach man sicherlich den gesamten Gebirgszug überblicken konnte.
»Schamils Haus?« fragte er.
Der Nahib neben ihm nickte und führte ihn näher auf das Haus zu. Es wurde von einer Elitetruppe der Muriden bewacht, die ihren Imam, wenn er ausging, ständig auf Schritt und Tritt mit gezogenen Schwertern begleiteten. Auf einen Wink des Nahibs gaben sie den Eingang frei und ließen den Kaufmann, Schuanets Vetter, eintreten, wo er zunächst von einem Diener und dann von Saidet, die sich ihrer Abstammung wegen als erste und wichtigste Frau des Imams betrachtete, empfangen und dann zu seiner Kusine gebracht wurde.
Schuanet war verschleiert, als sie ihren Vetter in ihren eigenen Räumen begrüßte, die im türkischen Stil eingerichtet waren, mit feingewebten Teppichen und einem gepolsterten, um zwei Wände laufenden Ruhebett. Erst als sie beide allein waren, lüftete sie den Schleier und schaute ihm lächelnd in die Augen.
»Du siehst gesund aus«, sagte Atarow, »ja sogar glücklich.«
»Das bin ich auch«, gab sie zu, »so glücklich wie noch nie.«
»Ich hätte nie zu hoffen gewagt, dich je lebend wiederzusehen seit damals, du weißt schon.«
»Überrascht es dich so sehr, daß es mir gutgeht?«
Diese letzten Worte hatte sie im Kumuch-Dialekt gesprochen und fügte, als sie sein Erstaunen bemerkte, erklärend hinzu:
»Bitte, sprich auch du nur im Kumuch-Dialekt. Wir dürfen uns hier nicht in unserer armenischen Muttersprache unterhalten.«
»Warum denn nicht?«
»Damit sie nicht argwöhnen, wir sprächen über den Imam oder irgendwelche Geheimnisse.«
»Wer?«
»Die Leute, die ständig beobachten, was wir tun und worüber wir

reden«, antwortete sie und beschwichtigte ihn noch, als sie den Unwillen in seiner Miene bemerkte: »Mach dir nichts draus, es muß so sein, wir führen Krieg.«
Atarow hatte auf einem Kissen Platz genommen und trank einen Schluck Tee, den Schuanet ihm eingeschenkt hatte.
»Du trägst den Schleier«, sagte er, das Gespräch wieder aufnehmend. »Heißt das, daß du von unserem christlichen Glauben abgefallen und zum Islam übergetreten bist?«
»Was findest du daran so verwerflich? Ja, ich habe Schamils Glauben angenommen, denn ich bin Schamils Frau, und nur für Schamil allein lebe und atme ich.«
»Eine Frau unter vielen in seinem Harem?«
Sie lächelte ihm zu, sein Unverständnis verzeihend. »Was verstehst du schon davon, was es heißt, einem Mann wie Schamil anzugehören.«
»Und ihre strengen Bräuche, befolgst du sie?«
»Natürlich, mit Freuden!«
»In Mosdok hast du in begüterten Verhältnissen gelebt, in Reichtum. Und was hast du hier in diesem bedrückenden Gebirgsnest?«
»Gewiß, das Leben im Aul ist hart, aber es verblaßt vor meinem Glück, bei Schamil zu sein.«
Er zuckte die Schultern. »Ehrlich gesagt, ich verstehe dich nicht.«
»Reden wir von was anderem«, schlug sie begütigend vor. »Wie ist es dir in den letzten Jahren ergangen? Was macht meine Familie? Hat sich in Mosdok inzwischen einiges verändert und was?«
Schuanet hatte gerade erst ihrem Vetter die Fragen gestellt, als sich plötzlich die Tür öffnete und Schamil auf der Schwelle stand. Verwirrt hielt sie inne, errötete, stammelte ein paar unverständliche Worte und verhüllte, als sie die Leibwache hinter Schamil bemerkte, eiligst ihr Gesicht mit dem Schleier.
Atarow war aufgesprungen und verneigte sich leicht vor dem Imam, dessen eindrucksvolle Gestalt ihn fesselte. Besonders das willensstarke Gesicht mit dem roten Bart und den träumerischen grünlichen Augen zog ihn an. Entgegen seiner Befürchtung gab sich der Imam recht umgänglich, und sich auf das Ruhebett niederlassend, forderte er den Kaufmann auf:

»Bitte, nehmen Sie doch wieder Platz und seien Sie mir als Gast willkommen. Ich hoffe, die lange Reise hat Sie nicht allzu sehr überanstrengt.«

»Nun, ehrlich gesagt, ein Spazierritt vor den Toren von Mosdok ist weniger beschwerlich«, versicherte Atarow offenherzig.

»Ich bewundere Ihren Mut und Ihre Zähigkeit, die Sie auf dem weiten Ritt durch die Berge bewiesen haben. Wirklich eine Leistung für einen Mann, der hier nicht zu Hause ist!«

»Darf ich mich bei der Gelegenheit bei Ihnen bedanken?«

»Wofür?«

»Für Ihre Erlaubnis zu diesem Besuch.«

»Ich würde sie auch anderen geben«, entgegnete Schamil mit einem plötzlichen Lächeln, »aber niemand hat Lust oder Mut, den Weg hierher zu machen.«

Während des Gesprächs hatte Schuanet auch Schamil eine Tasse Tee eingeschenkt, und nachdem sie alle drei einen Schluck genommen hatten, erkundigte sich der Imam bei seinem Gast:

»Nun, wie geht es unserer Familie? Sie hatten vorhin leider keine Gelegenheit, die gleiche Frage zu beantworten, die Ihnen meine Frau gestellt hatte.«

Im ersten Augenblick stutzte Atarow. Hatte er richtig verstanden, was der Imam gesagt hatte? Ja, er hatte sich nicht verhört, denn da er mit der Antwort zu lange zögerte, fragte ihn Schamil erneut:

»Nun, was macht unsere Familie? Geht es ihr gut?«

Da er nicht von »ihrer«, sondern von »unserer« Familie sprach, betrachtete er offensichtlich Schuanets Verwandte als seine eigenen. Auch schien es Atarow im Laufe des Gesprächs, als sei beiden völlig entfallen, daß Schuanet auf einem Streifzug gefangengenommen und Schamil als Geschenk für seinen Harem übergeben worden, was man in Mosdok noch keineswegs vergessen hatte. Es ließ sich nicht übersehen, wie sehr sie sich in ihrem vollkommenen Eheglück sonnten.

Während sie russischen Tee tranken und köstliche kleine Kuchen aßen, die Schuanet selbst gebacken hatte, stellte der Imam erstaunlich sachkundige Fragen über Frankreich, Ungarn und den Zustand des zaristischen Heeres, bis Atarow endlich die Gelegenheit fand, auf die Geschenke hinzuweisen, die er mitgebracht hatte.

»Also gut«, sagte Schamil aufgeräumt, »wenn Sie unbedingt Ihre Geschenke loswerden wollen – bitte. Was ist es denn?«
»Ein Chronometer für Sie und eine goldene Uhr für meine Kusine.«
Erfreut betrachtete Schamil die Uhr, die sein Gast ihm anbot, aber er scheute sich, sie aus den Händen eines Christen anzunehmen.
Deshalb legte Schuanet sie neben ihn aufs Ruhebett und erklärte ihrem Vetter:
»Der Imam darf nicht durch die Berührung mit einem Giaur beschmutzt werden. Bitte, habe Verständnis dafür. Er ist mit deinem Geschenk sehr zufrieden.«
»Das bin ich wirklich«, bestätigte Schamil und griff nun nach dem Chronometer, das er wohlgefällig von allen Seiten prüfte.
Jetzt glaubte Atarow, die Zeit sei reif für sein eigentliches Anliegen, dessentwegen er die Strapazen dieser Reise auf sich genommen hatte.
Verlegen räusperte er sich und begann dann:
»Übrigens gibt es da noch etwas.«
»Ja?«
»Alle ihre Verwandten, ich meine die Verwandten meiner Kusine, sind bereit, ein hohes Lösegeld zu zahlen, ein sehr hohes sogar.«
»Für wen?« fragte Schamil ruhig.
»Für sie, meine Kusine. Die ganze Familie und alle Verwandten möchten sie gern zurückkaufen, für viel Geld, wie gesagt.«
Zärtlich blickte der Imam sie an. »Was hältst du davon?«
Lächelnd lehnte Schuanet das Angebot ab. »Nie«, bekräftigte sie ihre Geste, »niemals!«
»Da hören Sie es selbst von ihr«, sagte Schamil, »und hören Sie auch, wie ich darüber denke: Niemals will ich mich von ihr trennen, für keine Menge Gold, und sei sie auch noch so groß. Niemals!«
Er lächelte ihr zu, und sie liebte ihn so wie er sie.

Am nächsten Morgen verließ Atarow, mit einem schönen Pferd beschenkt, den Großen Aul, begleitet von dreißig Muriden und demselben Nahib, der ihn zuvor in die Berge geführt hatte.
»Sollten meine Männer dich fragen, ob du den Imam gesehen hast, so leugne es«, warnte ihn der Nahib beim Aufbruch. »Sage ihnen einfach, du hättest nur deine Kusine zu Gesicht bekommen.«

»Und wenn sie es nicht glauben, ja sogar über mich lachen?« fragte der Armenier.
»Lachen würden sie bestimmt nicht«, erwiderte der Nahib ernst, »aber sie würden dich umbringen, und zwar so ...« Er fuhr sich mit dem Zeigefinger wie mit einem Dolch über die Kehle. »Denn du mußt wissen, daß Schamil für uns ein höheres Wesen ist. Er ist Allahs Prophet. Weder setzt er sich mit einem Giaur an denselben Tisch noch spricht er mit ihm. Jetzt, denke ich, wirst du meine Warnung verstehen. Darum zügle deine Zunge!«
Jahre sollten seit jener Begegnung vergehen, bis dennoch wieder ein Außenseiter dem Imam ins Angesicht schauen durfte – diesmal waren es Frauen, darunter Fürstinnen, die als Geiseln in seinen Aul gebracht wurden: ein Faustpfand für seinen Sohn Dshemal-Edin.

Der Rote Teufel

I

Seit seinem Übertritt zu den Muriden war Hadschi Murat nach Schamil Rußlands erbittertster Feind. In den folgenden Jahren, in denen er unter dem Banner des Imams kämpfte, stiegen Bewunderung und Vertrauen der Freiheitskämpfer für den ruhmreichen Krieger Allahs, den die Russen als »Roten Teufel« fürchteten. Denn rot war sein Bart, karmesinrot seine Tscherkeßka, und Blut floß, wo immer er tollkühn und erbarmungslos wie ein Rachegott über die Ungläubigen herfiel. Als erster hatte er auch den Einfall, sein Pferd umgekehrt zu beschlagen, um so die Verfolger auf eine falsche Fährte zu locken.
Doch nicht alles, was er tat, war auch gut für seinen Ruf. Als er die Besatzung von Djengutai überrumpelte, unter ihren Augen die Witwe seines Erzfeindes Achmet Khan entführte, obwohl die Straßen von Soldaten wimmelten, und sich sogar erdreistete, sie zu seiner Mätresse zu erniedrigen, machte er überall böses Blut.
»Wie konntest du nur so weit gehen«, hielt ihm Schamil vor.
»Die Khanin ist die Witwe meines schlimmsten Feindes«, versuchte Hadschi Murat sich zu rechtfertigen. »Was ich ihr antue, trifft auch ihn.«
»Aber sie ist auch die Stiefschwiegermutter von Daniel Beg, der gerade von den Ungläubigen wieder in unser Lager zurückgekehrt ist. Hast du das vergessen?«
»Sie ist eine schöne Frau.«
»Ja, das ist sie. Aber wegen einer schönen Frau für dein Bett will ich mir Daniel Beg nicht zum Feind machen. Er ist mir als Verbündeter wichtiger. Deshalb befehle ich dir, die Gefangene sofort freizulassen. Hast du mich verstanden?«
Nur widerstrebend fügte er sich.
Hadschi Murats Wagemut und Wildheit verstörte die russischen Kommandeure, die sich nirgendwo, auch nicht in der stärksten Festung, vor seinen verwegenen Überfällen sicher fühlten. Selbst Temir-Chan-Schura, das Hauptquartier der zaristischen Armee in Da-

ghestan, suchte er mit einem Überraschungsangriff heim, denn wie er erfahren hatte, sollte an jenem Abend im Hause des Fürsten Orbeljani, des befehlshabenden Obersten, ein Ball stattfinden.
»Wer von euch hat so was schon mal gesehen?« fragte Hadschi Murat seine Leute.
Niemand meldete sich.
»Ich auch nicht«, fuhr er unternehmungslustig fort. »Also wollen wir die Gelegenheit wahrnehmen, einmal mitzuerleben, wie die Europäer ihre Feste feiern. Hat jemand was dagegen?«
Die Männer grölten.
»Ihre Weiber sollen halbnackt sein, wenn sie tanzen«, rief einer ausgelassen.
»Ein Grund mehr für uns, den ungläubigen Hunden unsere Aufwartung zu machen. Auch möchte ich gern mal kennenlernen, wie so eine von den Russen erbaute Garnisonstadt aussieht.«
Stockdunkel war die Nacht, kein Stern leuchtete, als Hadschi Murat und seine Männer mit ihren Pferden über die Barrikaden setzten und an den verblüfften Wachtposten vorbeigaloppierten.
»Dorthin!« schrie er und deutete mit dem blanken Säbel auf das größte und am hellsten erleuchtete Gebäude hin, das er erblickte. »Nicht nur die Truppen sollen uns kennenlernen, auch die Gäste des Festes!«
Was er verständlicherweise für den Ballsaal hielt, war aber das Lazarett, wo, auf das wüste Geschrei der heransprengenden Reiterschar hin, die Patienten eiligst aus den Betten sprangen, sich auf ihren Stationen verschanzten und auf den Kampf vorbereiteten.
Inzwischen hatten die überrumpelten Wachen Alarm geschlagen. Hals über Kopf stürzten die Soldaten aus allen Unterkünften ins Freie und eilten ihren bedrängten Kameraden im Lazarett zu Hilfe, während gleichzeitig die Offiziere, ihre Damen und die erstaunte Kapelle mitten in einer Mazurka im Stich lassend, mit blankem Degen aus dem Ballsaal stürmten.
Einer solchen Übermacht war Hadschi Murat nicht gewachsen. Er riß sein Pferd herum, rief seinen Leuten ein Kommando zu und jagte mit ihnen über die Barrikaden zurück auf die Berge zu, wobei er die wenigen Verfolger in der Dunkelheit rasch abschütteln konnte. Als

die russische Kavallerie in der Morgendämmerung seine Fährte aufnehmen wollte, verlor sie schon bald die Richtung, denn die Muriden hatten, was die Russen nicht wußten, ihren Pferden die Hufeisen verkehrt herum aufgenagelt und damit bei ihren Feinden reichlich Verwirrung gestiftet.
Obwohl bei diesem nächtlichen Handstreich als einziger nur ein Krankenwärter getötet worden war, wurde Hadschi Murat von nun an als Menschenfresser verschrien. Eiligst machte das Greuelmärchen die Runde, Hadschi Murat habe im Krankenhaus alle Verwundeten abgeschlachtet, ihr Fleisch zu Schaschlik zerschnitten, auf Spieße gesteckt und geschmort. Als die Russen bei ihrer Rückkehr die Schaschlikspieße auf den Küchentischen vorfanden, hätten sie angenommen, die Muriden seien beim Essen gestört worden und überstürzt geflohen, und sich nun selbst heißhungrig über die Mahlzeit hergemacht, ohne im geringsten zu ahnen, daß sie das Fleisch ihrer Kameraden verspeisten.
Obwohl Generalstab, Statthalter und Zar es besser wußten, unterließen sie alles, was der Wahrheit hätte dienen können; sie wollten Hadschi Murat lieber als Scheusal denn als Helden sehen. Doch sie täuschten sich, denn nicht nur jeder Gebirgsbewohner, sondern auch der einfache russische Soldat, der biedere Muschik, bewunderte eine solche Tollkühnheit in höchstem Grade.
Bewunderung weckt Neid. Diese bittere Wahrheit erfuhr auch Hadschi Murat. So wie ihn einst seine Feinde und Rivalen bei den Russen angeschwärzt hatten, so klagten ihn jetzt auch einige mißgönnerische Muriden, die im Schatten seiner Tapferkeit dahinkümmerten, bei Schamil an, der ihnen, in seinem tiefen Mißtrauen, nur allzu willfährig sein Ohr lieh.
»Hadschi Murat wird zu mächtig«, träufelten sie ihm ein, »und wer zu mächtig wird, der maßt sich manches an, was ihm nicht zusteht.«
»Gesetzt den Fall, du stirbst, o Imam, was Allah mit aller Macht verhüten möge, doch wir sind alle Menschen –«
»Sprich nicht so lange drumherum«, fiel Schamil ihm ins Wort, »was willst du sagen über meinen Tod?«
»Nicht über deinen Tod, nein, über jenen Mann, der dir nach deinem Tod folgt. Ich meine Hadschi Murat.«

Prüfend sah Schamil der Reihe nach die Männer an, die, wie sie sagten, gekommen waren, ihn zu warnen.
»Genau das ist auch unsere Ansicht«, bekräftigten sie alle, denen Hadschi Murats Macht und Ruhm ein Dorn im Auge war.
»Er wird sich selbst mit List und mit Gewalt zum neuen Führer, zum vierten Imam der Muriden machen. Darüber gibt es keinen Zweifel.«
Der Imam schwieg, er dachte nach.
»Nur einer ist befugt und würdig, dir in dem hohen Amt zu folgen«, fuhr einer fort. »Das ist dein erstgeborener Sohn, ist Dshemal-Edin.«
Beim Klang des Namens versteinerten sich Schamils Züge. Schmerz und Wut über seine Ohnmacht schwangen mit in seiner Stimme, als er erklärte:
»Zwölf Jahre ist es her, damals in Achulgo, seit mir die verfluchten Hunde Dshemal-Edin tückisch und gewaltsam entrissen haben. Zwölf bittere Jahre! Immer wieder habe ich gehofft und oft auch versucht, ihn zurückzugewinnen, doch stets vergebens. Jetzt habe ich mich damit abgefunden, meinen ältesten Sohn nie wiederzusehen.«
»Wen schlägst du dann als Nachfolger vor?«
»Kasi Mahommed, meinen zweitgeborenen Sohn. Er soll mein Erbe sein.«
So kam es, daß Schamil im Jahre 1851 diesen Entschluß öffentlich bekanntgab. Als Hadschi Murat davon erfuhr und jemand ihn nach seiner Meinung fragte, tobte er:
»Das Schwert wird entscheiden, wer der Nachfolger sein wird – nur das Schwert! Imam wird, wer den schärfsten Säbel hat.«
Sobald Schamil diese Äußerung hinterbracht wurde, degradierte er Hadschi Murat und befahl ihm, seine gesamte Kriegsbeute zurückzugeben.
»Alles, was ich besitze, habe ich mir mit meinem Schwert erkämpft«, ließ Hadschi Murat, der zu dieser Zeit über den Aul von Batlindge herrschte, den Imam wissen. »Schamil soll kommen und es mir mit seinem Schwert nehmen.«
»Das ist Meuterei!« empörte sich Schamil, als ihm der Bote diese Antwort überbrachte, und brach auf, um den aufsässigen Statthalter zu unterwerfen.
Einigen einflußreichen Mullahs gelang es jedoch noch rechtzeitig

zwischen beiden Männern zu vermitteln und so die offene Stammesfehde zu verhindern, die, sehr zum Nutzen der Ungläubigen, die Kraft der Muriden stark geschwächt hätte.
Obwohl beide Kampfhähne ihren Streit einstweilen beilegten, war es Schamil nun aber klar geworden, daß er nie wieder Hadschi Murat vertrauen könne. Auf einer Geheimsitzung mit seinen Nahibs ließ er ihn deshalb als Verräter zum Tode verurteilen.
Noch beizeiten von einem der Nahibs gewarnt, floh Hadschi Murat mit vier seiner ergebensten Muriden bei Nacht zur nächsten russischen Festung, wo er sich dem Kommandeur, Oberst Simon Woronzow, dem Sohn des Statthalters, ergab. Hocherfreut über den Preis, der ihm so unverhofft in den Schoß gefallen war, schickte er den Überläufer nach Tiflis.

2

Einen Tag nach der Ankunft am achten Dezember 1851 machte der Statthalter, Fürst Woronzow, Hadschi Murats Bekanntschaft, wobei er ihn, wie es seine Art war, kühl und herablassend, wenn auch höflich behandelte. Er teilte dem einst so gefürchteten Roten Teufel einen Dolmetscher zu sowie einen Adjutanten, einen leichten Wagen, Pferde und Burschen.
Bei einem der Gespräche, das in den folgenden Tagen im prunkvoll ausgestatteten Salon des Statthalters stattfand, sagte der Fürst zu ihm:
»Nun, wie geht es Ihnen heute? Haben Sie sich inzwischen an ihr neues Leben schon etwas gewöhnt?«
»Wie könnte ich das«, entgegnete Hadschi Murat niedergeschlagen. »Sie haben mich zwar nicht eingesperrt wie einen gefangenen Feind, aber dennoch lebe ich in einem Käfig, wenn auch in einem goldenen.«
»Ich gewähre Ihnen alle Freiheiten, soweit ich das verantworten kann.«
»Wofür ich Ihnen auch danke, Fürst. Aber dennoch bin ich Ihr Gefangener.«
»Sagen wir richtiger: ein Ehrengast in einer Art Schutzhaft.«

»Gewiß, alle behandeln mich so, wohin man mich auch kommen läßt, ob in die Oper, zu einem Abendessen oder einem Ball. Aber wenn sie auch noch so zuvorkommend und liebenswürdig sind, so spüre ich dennoch, daß ich für sie ein Wesen aus einer fremden Welt bin, ja fast so etwas wie ein wildes Tier, das man durch Streicheln oder leichte Schläge gern zähmen möchte.«

»Nun übertreiben Sie aber«, versuchte Woronzow ihn zu beschwichtigen. »Ist es nicht verständlich, daß die Leute neugierig sind?«

»Ist es nicht auch verständlich, daß ich mit meinen Gedanken in einer anderen Welt lebe – trotz aller Ablenkungen, die man mir bietet?«

Nachdenklich blickte ihn der Statthalter an. Der Rote Teufel trug eine lange weiße Tscherkeßka über dem braunen Beschmet, dem ärmellosen Überrock, mit feiner Seidenstickerei am Kragen. Schwarze Gamaschen und schwarze Schuhe umschlossen seine Füße eng wie Handschuhe, und eine hohe Lammfellmütze mit einem Turban bedeckte seinen Kopf. Hadschi Murats weit auseinandergerückte Augen blickten flackernd geradeaus, als schauten sie in die Ferne.

Von seinen Leuten, die er ihm als Begleiter zugewiesen hatte, wußte Woronzow, daß Hadschi Murat fast nichts aß, nachts kaum schlief und fast ständig betete.

»Ist es die Ungewißheit über Ihre Familie, die Sie so beunruhigt?« fragte er teilnahmsvoll.

»Ja. Als ich vor Schamil floh, konnte ich meine Familie leider nicht mitnehmen. Meine Mutter, meine Frau, mein ältester Sohn und die übrigen Kinder sind in seiner Gewalt. Ihretwegen lebe ich in großer Sorge, denn ich weiß, wie Schamil seine Gefangenen behandelt.«

»Er wird sich hüten, ihnen Gewalt anzutun.«

Ein leichter Hoffnungsschimmer flackerte in seinen Augen auf, als er den Fürsten fragte: »Haben Sie vielleicht irgendwelche Nachrichten über meine Familie erhalten?«

»Leider nicht, sonst hätte ich Sie sofort benachrichtigt.«

»Gern möchte ich mich Ihnen dankbar zeigen für die freundliche Aufnahme hier und Ihre Vergebung. Aber solange meine Familie in Schamils Gewalt ist, kann ich nichts unternehmen.«

»Das brauchen Sie auch nicht.«

»Doch, ich könnte Ihnen sehr nützlich sein. Bitte, sammeln Sie alle

Kriegsgefangenen ein, die Sie an den verschiedenen Fronten gemacht haben, und bieten Sie sie Schamil zum Tausch an. Ich selbst will einen hohen Geldbetrag hinzufügen. Es gibt Leute, die mir Geld verschaffen können. Ich flehe Sie an, Fürst, befreien Sie meine Familie, und geben Sie mir die Möglichkeit, Ihnen zu dienen. Sollte ich Ihnen im Laufe eines Monats nicht einen großen Dienst geleistet haben, dann bestrafen Sie mich so, wie Sie es für richtig halten.«

»Nun, das alles erscheint mir nicht mehr als recht und billig, und, ehrlich gesagt, sogar viele von uns würden Ihnen kein Vertrauen schenken, solange wir nicht Ihre Familie als Bürgschaft in unserer Hand haben. Allein schon aus diesem Grund will ich tun, was in meiner Macht steht, die Kriegsgefangenen von unseren Fronten zu sammeln. Und was Ihren Vorschlag mit dem Lösegeld betrifft: nach unserem Gesetz ist es mir leider nicht möglich, von uns aus die Summe zu erhöhen, aber ich werde nach Mitteln und Wegen suchen, Ihnen zu helfen.«

»Ich danke Ihnen, Fürst.«

»Gestatten Sie mir noch ein offenes Wort über Ihre Angehörigen. Nach meiner Meinung wird Schamil Ihre Familie auf keinen Fall herausgeben, sondern Ihnen vielmehr volle Verzeihung und Rückkehr in Ihre Rechte und Besitzungen anbieten. Weigern Sie sich, dann wird er Ihnen vermutlich drohen, Ihre Mutter, Ihre Frau und Ihre sechs Kinder zu töten. Bitte sagen Sie mir freiheraus, was Sie in diesem Fall tun würden.«

»Alles ist in Gottes Hand«, erwiderte Hadschi Murat, Augen und Hände zum Himmel erhoben, »aber nie wieder werde ich mich in die Gewalt meines Feindes begeben. Schamil verzeiht mir nicht, davon bin ich überzeugt, er will meinen Tod. Wie auch Allahs Wille für die Zukunft sein mag, ich selbst habe zur Stunde keinen anderen Gedanken als den, meine Familie zu befreien. Ich flehe Sie an, Fürst, stehen Sie mir bei um Gottes willen, und gestatten Sie mir, an die Front zurückzukehren. Dort wäre es mir möglich, durch Vermittlung und mit Genehmigung unserer Truppenführer Verbindung zu meiner Familie aufzunehmen und so laufend etwas darüber zu erfahren, wie es ihnen geht und wie ich sie befreien könnte. Ich bitte Sie, schicken Sie mich nach Grosny zurück, zusammen mit zwanzig bis dreißig verwegenen Kosaken. Mich sollen sie gegen meine Feinde schützen und Ihnen für die Ehrlichkeit meiner Absichten bürgen.«

»Ich werde darüber nachdenken«, entschied der Fürst. »Haben Sie sonst noch einen Wunsch?«

»Ich wäre Ihnen dankbar, wenn Sie mir erlauben würden, hin und wieder mit einigen Kosaken auszureiten. Seit Jahr und Tag bin ich daran gewöhnt, für mich die einzig mögliche Zerstreuung und Bewegung.«

»Gewiß, das läßt sich machen. Allerdings müssen Sie mir versprechen, nichts ohne Erlaubnis des Generals Koslowskij zu unternehmen.«

»Sie haben mein Wort, Fürst.«

»Wenn es Ihnen recht ist, dann stelle ich Ihnen auch gern noch Rittmeister Loris-Melikow zur Verfügung. Sie haben ihn ja bereits kennengelernt.«

»Ein ausgezeichneter und sehr kluger Offizier, der gut Tatarisch spricht.«

»Er mag Sie.«

»Ich vertraue ihm auch.«

Immer wieder drehten sich Hadschi Murats Gespräche mit dem Statthalter um dieselben Themen, und Tag für Tag suchte er ihn auf, um zu erfahren, ob nicht irgendeine Nachricht über seine Familie eingetroffen sei.

3

Während der zehn Tage, die sich Hadschi Murat in Tiflis aufhielt, wohnte er im gleichen Haus mit Oberstleutnant Fürst Tarachanow, dem Chef des Kreises Schuscha, der ausgezeichnet Tatarisch sprach und sich deshalb mit seinem Gast bestens unterhalten konnte.

Mit Tarachanow führte auch der Statthalter ein Gespräch, um dessen Meinung darüber einzuholen, ob man Hadschi Murat so oder anders behandeln solle.

»Ich bin ganz Ihrer Ansicht, Fürst«, erklärte Tarachanow. »Würden wir ihn als Feind betrachten und ihm jede Fluchtmöglichkeit nehmen, so müßten wir ihn einsperren, was meiner Meinung nach so ungerecht wie politisch unklug wäre.«

»Ich denke genauso«, erklärte Woronzow. »Wenn es auch höchst unvorsichtig wäre, ihm voll zu vertrauen, so wäre es ebenso falsch, ihn streng bewacht im Kerker zu halten. Das würde sich bald in ganz Daghestan herumsprechen und uns schwer schaden. Denn allen, die Schamil mehr oder weniger feindlich gesinnt sind, würde es die Lust nehmen, zu uns überzulaufen.«

»Wenn wir Hadschi Murat, den tapfersten und unternehmungslustigsten Verbündeten des Imams, als Kriegsgefangenen halten, so ist er nicht leicht zu bewachen. Es sei denn, man würde ihn aus dem Kaukasus abschieben – irgendwohin, weit weg von hier.«

»Das aber würde wieder zu dem gleichen Ergebnis führen, das ich vorhin geschildert habe. Beide Maßnahmen brächten uns nicht nur um jeden Vorteil, der uns aus dem Streit Hadschi Murats mit Schamil erwächst, sondern würde uns auch jede Möglichkeit nehmen, die Bergbewohner gegen Schamil aufzuwiegeln.«

»Soweit ich Hadschi Murat inzwischen kennengelernt habe, bin ich fest überzeugt von seiner Ehrlichkeit. Er weiß, daß Schamil ihm nie verzeihen und ihn unbedingt töten lassen wird, was immer er ihm jetzt auch verspricht.«

»Hat er ihm heute wieder einen Brief geschickt?«

»Soviel ich weiß noch nicht. Aber der Tag ist ja noch nicht zu Ende.«

»Schamil scheint viel an seinem ersten Nahib zu liegen.«

»Aber Hadschi Murat scheint dem Imam nicht zu trauen.«

»Warum sollte er es auch wagen, zu den Muriden zurückzukehren, um dann womöglich zu hören, daß seine Familie bereits ermordet und sein eigener Tod beschlossen ist?«

»Das dürfte er sich wohl selbst fragen«, bestätigte Tarachanow. »Übrigens, das einzige, was mich in bezug auf Hadschi Murat schwankend macht, ist seine Anhänglichkeit an seine Religion. Wenn Schamil auf ihn einwirken kann, dann nur von dieser Seite aus. Doch wie dem auch sei, er wird Hadschi Murat nie überzeugen, daß er ihn nicht gleich oder einige Zeit nach seiner Rückkehr töten läßt.«

Tag für Tag mußte Hadschi Murat erleben, wie man ihn mit leeren

Worten und hinhaltenden Versprechungen abspeiste. Bald werde man über seine Vorschläge beraten... in einigen Tagen... nächste Woche...

»Haben Sie nur ein wenig Geduld«, vertröstete ihn der Adjutant des Statthalters oder dieser oder jener. »In Kürze wird sich alles zum Besten wenden. An höchster Stelle plant man eine neue Großoffensive gegen Schamil, und dann sollen auch Sie Ihre Chance erhalten. Sie sollen ein Regiment bekommen und selbst mit dem Imam abrechnen können.«

»Und wie steht es um die Befreiung meiner Familie?«

Jeden Morgen, oft auch noch am Abend, beobachteten die Russen, wie Hadschi Murat, das durch seinen verwegenen Sprung in die Tiefe gebrochene Bein nachziehend, zum Palast des Statthalters hinkte, wo er dann äußerlich würdevoll, doch seelisch tief bedrückt im Vorzimmer wartete... auf eine Nachricht... auf eine Entscheidung... wartete und wartete... und immer vergebens. Nichts wußte er über das Schicksal seiner Familie und nichts darüber, ob Schamil tatsächlich seinem ältesten Sohn die Augen hatte ausstechen lassen, wie es die Gerüchte wissen wollten.

Dieses ständige nichtssagende Geschwätz, die hinhaltende Taktik, das Ausweichen, die Ungewißheit zermürbten den ungestümen Mann und dämpften seinen Eifer, seine Kampfeslust. Nur manchmal flammte sein Herz wieder auf, wenn bei einbrechender Dämmerung eine verhüllte Gestalt zum Hauptquartier schlich und ihm über die Lage in Daghestan berichtete, wo treue Anhänger gelobt hatten, Schamils Aul zu stürmen und Hadschi Murats Familie zu befreien.

»Laßt sie nur ungehindert zu ihm kommen«, äußerten sich Woronzows Stabsoffiziere gleichmütig, während sie Karten spielten und Wein tranken. »Sie besorgen unsere Arbeit. Selbst wenn es ihnen nicht gelingt, ihn zu töten«, womit sie Schamil meinten, ohne seinen Namen zu nennen, »werden beide Seiten große Verluste haben. Je weniger Tataren, desto besser!«

So manchen zerfraß der Neid, wenn er sah, welches Aufsehen der einst so gefürchtete Rote Teufel in der Garnison erregte und wie sehr er die Frauen in seinen Bann zog. Andere ärgerten sich über die Langmut, die man ihm bezeugte, und gelegentlich wurde auch die

Forderung laut, ein Mann, der so viele Russen auf dem Gewissen habe, gehöre hinter Schloß und Riegel oder noch besser nach Sibirien.
»Geduld, haben Sie Geduld!« bat Woronzow ihn immer wieder. »Sobald General Argutinskij hier in Tiflis eingetroffen ist, werde ich mich mit ihm über Ihre Verwendung unterhalten. Dann kommt es auch, wie Sie bereits wissen, zu dem Großangriff gegen die Aufständischen, an dem Sie sicherlich teilnehmen können.«
»Wann?« fragte ihn Hadschi Murat kurz.
»Nun, jetzt haben wir noch Winter«, wich der Fürst aus.
»Wann kommt der General, und wann findet der Großangriff statt?«
»Sie sind selbst ein erfahrener Soldat, und daher dürfte es Ihnen wohl klar sein, daß wir vor dem Sommer nichts Entscheidendes unternehmen können.«
»Solange Schamil meine Familie in seiner Gewalt hat, bin ich wie gefesselt, und solange ich gefesselt bin, ist es mir unmöglich, dem Zaren zu dienen und Schamil zu vernichten.«
»Wie gesagt, Sie müssen Geduld haben«, redete Woronzow erneut auf ihn ein. »Wir werden alles tun, was in unserer Macht steht.«
Je öfter der Statthalter mit unbestimmten Versprechungen eine klare Antwort immer wieder hinausschob, desto deutlicher erkannte Hadschi Murat, daß Woronzows höfliches Zaudern nur ein diplomatischer Vorwand war, um Zeit zu gewinnen. Die Geduld, die man von ihm erwartete, war erschöpft; er wollte endlich handeln und die Geschicke selbst in die Hand nehmen, wenn die Russen sich dazu außerstande sahen.
»Ich habe noch eine Bitte«, sagte er, »und ich hoffe, Sie werden sie mir nicht abschlagen.«
»Sie wissen, daß ich Ihnen als unserem Ehrengast so weit wie möglich entgegenkomme. Um was geht es also?«
»Ich möchte Sie um die Erlaubnis bitten, nach Nukka übersiedeln zu dürfen.«
»Was wollen Sie denn in dieser armseligen Kleinstadt?« wunderte sich der Fürst. »Tiflis bietet Ihnen doch viel mehr Abwechslung.«
»Ich suche nicht Abwechslung, sondern einen Weg, um mit meiner Familie in Verbindung zu treten. Von dort aus wird es mir leichter

sein, mit meinen awarischen Anhängern zu verhandeln sowie mit Schamil und seinen Leuten. Außerdem ist Nukka eine moslemische Stadt mit einer Moschee, in der ich die von unserer Religion geforderten Gebete besser verrichten kann.«
»Nun«, begann Woronzow abwägend, »Nukka liegt zwar nicht gerade in der Nähe, aber auch nicht so weit entfernt, daß wir Sie nicht jederzeit wieder zurückholen könnten.«
»Dann sind Sie also einverstanden?«
»Sie werden verstehen, daß ich darüber nach Petersburg berichten muß, aber«, fügte er dann, erleichtert darüber, diesen ernsten Mann, der ihm durch seine tägliche Bittstellerei im Palast lästig zu werden begann, »damit Sie bis dahin nicht zu warten brauchen, übernehme ich inzwischen die Verantwortung. Reisen Sie also nach Nukka, ich gestatte es Ihnen. Zwei Offiziere und einige Kosaken werden Sie dorthin begleiten.«
»Darf ich auch einige meiner Leute mitnehmen?«
»Natürlich. Wann reiten Sie los?«
»Schon morgen.«
Zusammen mit fünf treuen Muriden und dem Kosakentrupp brach Hadschi Murat noch in der Dämmerung nach dem transkaukasischen Städtchen auf, wo sie alle im selben Haus Quartier bezogen, dicht neben dem Palast des Khans und der Moschee, in der er die meiste Zeit im Gebet verbrachte.
Für ihn bedeutete die Zeit, seit er aus den Bergen geflohen war, eine vollkommene Umwälzung in seiner Lebensbahn, eine schwere Krise; denn seine Familie befand sich in Feindeshand, und durch sein Vertrauen in die Russen setzte er ihr Leben aufs Spiel. Für Woronzow aber wie für die Petersburger Machthaber war der Fall Hadschi Murat nur eine glückliche Wende im Kaukasuskrieg, einer von vielen politischen Schachzügen.
Erwartungsvoll sah er den Nachrichten entgegen, die ihm von seinen Anhängern in Daghestan überbracht wurden. Aber je mehr er erfuhr, desto deutlicher erkannte er, wie schwierig es war, seinen Plan auszuführen, den er sich anfangs so leicht vorgestellt hatte: Schamil zu überfallen und seine Familie zu befreien. Der letzte Kundschafter, der ihn in Nukka aufsuchte, teilte ihm mit:

»Nach wie vor haben wir die Absicht, deine Familie zu entführen und mit ihr zu den Russen überzugehen; aber leider sind wir zu wenige, um diesen Überfall auf Vedin zu wagen, wo der Imam sie gefangenhält. Einen solchen Angriff würden wir unweigerlich verlieren. Und was dann? Du weißt, welche Folterqualen der Imam jedem angedroht hat, der deiner Familie Hilfe leisten will.«

»Wie geht es meinem Sohn? Stimmt es, was man sich erzählt? Hat Schamil ihm tatsächlich die Augen ausstechen lassen?«

»Warum sollte er so grausam gegen ihn sein?«

»Du weißt also auch nichts Genaues?«

»Niemand weiß etwas«, entgegnete der Kundschafter. »Aber sei nicht mutlos. Wir müssen abwarten, bis deine Familie von Schamils Aul zu einem anderen Ort gebracht wird. Dann sind wir alle gern bereit, seine Leute unterwegs zu überfallen und deine Familie zu befreien.«

4

Warten ... immer wieder warten und warten ...

Lange genug hatte Hadschi Murat schon gewartet, ohne dabei seinem Ziel einen Schritt näher gekommen zu sein. Jetzt mußte er handeln, ehe es vielleicht zu spät war.

Die ganze Nacht über lag er wach und grübelte. Allah hatte seine Gebete nicht erhört: Wollte er Taten sehen?

Gegen Mitternacht faßte er einen Entschluß und eilte in das Zimmer seiner Begleiter, die über dem Hausflur auf der anderen Seite des Hauses wohnten. Als er die Tür öffnete, fand er die Muriden schlafend auf dem Boden liegen, bis auf Hanefi, der sich draußen bei den Pferden aufhielt. Durch das Knarren der Tür wurden sie wach und griffen rasch zu ihren Waffen. Sobald sie jedoch im nächsten Augenblick im Mondlicht, das durchs Fenster fiel, Hadschi Murat erkannten, schauten sie ihn erwartungsvoll an.

»Zum Schlafen haben wir jetzt keine Zeit mehr«, sagte er ihnen. »Beim ersten Morgengrauen reiten wir los.«

»Wohin?« fragte ihn Hamsalo.

»In die Berge... nach Vedin!«
»Also fliehen?«
»Ja, wir werden unsere Wächter täuschen. Unterwegs nach Vedin sammeln wir Hilfe. Dann brechen wir durch Schamils Verteidigungsstellungen und nehmen wie gewohnt den Aul im Handstreich. Ich setze mein Leben gegen die Befreiung meiner Familie.«
»Wir halten zu dir – im Leben wie im Tod!« schworen sie ihm.
»Dann bringt jetzt eure Waffen in Ordnung, damit wir bestens gerüstet sind.«
Den Rest der Nacht untersuchten und luden sie ihre Gewehre und Pistolen, wechselten schlecht gewordene Feuersteine gegen neue, schärften Dolche und Säbel und fetteten die Klingen ein.
Bevor es tagte, beteten sie. Dann ließ Hadschi Murat den diensthabenden Offizier um die Erlaubnis bitten, schon jetzt beim ersten Morgenschimmer ausreiten zu dürfen.
Hadschi Murats Spazierritte gehörten zu seinen täglichen Gewohnheiten; zu so früher Stunde war er allerdings noch nie aufgebrochen. Aber der diensthabende Offizier sah keinen Grund, ihm die Bitte abzuschlagen, und teilte ihm zur Bewachung nur fünf Kosaken zu, die murrend und gähnend ihre Pferde sattelten.
»Paß auf, Nasarow, daß er sich nicht zu weit von der Stadt entfernt«, schärfte der Kommandant dem russischen Unteroffizier ein, der an diesem fünfundzwanzigsten April die kleine Kosakengruppe führte.
»Zu Befehl, Euer Wohlgeboren«, antwortete der junge blondhaarige Mann und ritt mit dem Trupp aus Nukka hinaus.
Der Morgennebel, der ihnen schon auf kurze Entfernung hin die Sicht verhüllte, löste sich allmählich auf, als die Sonne hinter den Bergkämmen hervorlugte und bald auf dem taufeuchten Laub der Bäume und dem satten Grün der Wiesen und Saaten glitzerte und glänzte. Im Schritt ritten sie die Straße aus der Festung entlang, Hadschi Murat voran, dicht gefolgt von seinen Muriden und den Kosaken. Erst zwei Kilometer hinter Nukka gab Hadschi Murat seinem kabardinischen Schimmel die Sporen und beschleunigte das Tempo immer mehr, so daß seine Leute wie auch die Kosaken sich gezwungen sahen, ihre Pferde Trab laufen zu lassen.
»He, nicht so schnell«, rief Nasarow, »das geht nicht!«

Und als Hadschi Murat auch nach einem weiteren Kilometer auf die Berge zu die Geschwindigkeit nicht drosselte, wiederholte der Unteroffizier seine Warnung:
»Nicht so schnell, sage ich, das erlaube ich nicht. Hörst du!«
Hadschi Murat hörte ihn wohl, aber er gehorchte nicht. Im Gegenteil, er verschärfte noch die Gangart und spornte schließlich seinen Schimmel zum Galopp an. Zunächst noch fühlte sich Nasarow in seiner Reiterehre gekränkt, trieb seinen Fuchs mit der Peitsche an und sprengte, halb in den Steigbügeln stehend und weit vorgebeugt, hinter Hadschi Murat her. Stolz und frohgestimmt nahm er wahr, wie er immer näher herankam. Hatte Nasarow das Ganze bis dahin noch als Wettrennen betrachtet, so begriff er nun mit einem Schlag, daß die Muriden fliehen wollten.
»Langsamer, hörst du, langsamer!« rief er Hadschi Murat zu, als er ihn gerade eingeholt hatte und schon die Hand ausstreckte, um dessen Pferd am Zügel zu fassen.
Doch soweit kam es nicht. Als Hadschi Murat den Hufschlag des schweren Kosakenpferdes schon dicht im Nacken hörte, hatte er mit der einen Hand seinen Schimmel ein wenig zurückgehalten und mit der anderen seine Pistole gezogen und entspannt. Kaltblütig wandte sich Hadschi Murat um und zielte ruhig. Noch ehe Nasarow den Zügel des Schimmels berühren konnte, krachte der Schuß und traf ihn ins Herz.
Bevor die heranjagenden Kosaken so richtig begriffen hatten, was geschehen war, und sich zur Wehr setzen konnten, schossen die Muriden sie nieder und hieben mit den Säbeln auf sie ein. Dann sprangen sie aus dem Sattel, nahmen den Toten die Munition ab und sprengten weiter auf die Berge zu.

5

Als der diensthabende Offizier von Bauern, die das Gefecht beobachtet hatten und Hals über Kopf nach Nukka gerannt waren, den Vorfall erfuhr, wäre er am liebsten auf der Stelle tot umgefallen.
Ich bin ruiniert, dachte er. Die Flucht eines so wichtigen Gefangenen

kostet mich mein Offizierspatent, vielleicht sogar mein Leben. Wie soll ich das dem Statthalter nur erklären? Nicht auszudenken! Ich bin verloren...

Sein Herz schlug ihm bis zum Hals, als er sich hinsetzte und seiner Frau einen Abschiedsbrief schrieb. Alles drehte sich in seinem Kopf, ihm wurde schwarz vor Augen. Sein unvermeidlich düsteres Ende vor sich sehend, ließ er sich einen Wagen kommen und jagte, das Pferd unermüdlich antreibend, mit halsbrecherischer Geschwindigkeit nach Tiflis – dem eigenen Untergang entgegen.

Oberst Karganow, der Festungskommandant von Nukka, war dagegen aus härterem Holz geschnitzt. Überall wurde Alarm geschlagen, der nicht nur die anwesenden Kosaken zur Verfolgung aufrief, sondern auch alle Milizionäre aus den Dörfern der Stämme, die mit den Russen verbündet waren.

»Tausend Rubel sind ausgesetzt für den, der mir Hadschi Murat bringt – tot oder lebendig!« ließ er verkünden.

In einer Lagebesprechung mit seinen Truppenführern gab er sich zuversichtlich.

»Aus der Stadt sind sie uns zwar entwischt«, sagte er, »aber weit dürften sie wohl kaum kommen. Alle Engpässe, die in die Berge führen, sind schwer bewacht. Ich rechne damit, daß wir sie schon im Vorgebirge einholen werden.«

Zwei Stunden nach der Flucht Hadschi Murats und seiner Muriden machte sich Karganow mit einigen hundert Kosaken und Milizionären an die Verfolgung der Flüchtigen.

6

Nach einigen Kilometern hielt Hadschi Murat seinen schweißbedeckten Schimmel an.

»Dort drüben liegt Belardschik«, sagte er nach rechts auf die Hütten und das Minarett des Dorfes weisend, »und dahinter führt auch der Weg in die Berge.«

»Dann ist das also unsere Richtung«, fiel einer seiner Muriden ein.

»Nein, im Gegenteil, denn dort werden uns die Russen bestimmt suchen. Wir aber schlagen die entgegengesetzte Richtung ein.«

»Also nach links?«

»Ja, wir reiten abseits vom Weg über den Alasan, bis wir jenseits des Flusses wieder auf die Landstraße kommen, wo uns niemand erwartet. Dort, wo die Straße in den Wald mündet, überqueren wir noch einmal den Fluß und gelangen dann endlich in die Berge. Also vorwärts!«

Doch bis zum Fluß vorzudringen, stellte sich schon bald als unmöglich heraus. Denn wie jedes Jahr im Frühling waren die Reisfelder, durch die sie bis zum Alasan reiten mußten, eben erst überschwemmt und in einen Sumpf verwandelt worden, in dem die Pferde bis zum Sprunggelenk einsanken. Verzweifelt suchten Hadschi Murat und seine Leute nach allen Richtungen hin einen trockenen Weg; aber wohin sie sich auch wandten, alles stand unter Wasser. Nur mühsam stapften die Pferde vorwärts, Huf für Huf aus dem Schlamm ziehend, und blieben dann und wann nach wenigen Schritten schnaubend stehen.

Während sie sich so im Sumpf abquälten, über dem noch immer Nebelschwaden lagen, und manchmal im Kreis umherirrten, verloren sie viel kostbare Zeit. Ihr Vorsprung vor ihren Verfolgern schmolz dahin. Erst als es hoher Mittag war und die Sonne den Nebel aufgelöst hatte, fanden die Pferde endlich festen Grund unter den Hufen.

»Und jetzt?« Fragend sahen die Muriden Hadschi Murat an.

»Wir müssen unseren Plan ändern«, entschied er. »Zum Fluß kommen wir hier nicht, und jetzt am hellichten Tag ins Gebirge zu reiten ist zu gefährlich. Von weither können uns die russischen Posten sichten – und vielleicht auch schon die Verfolger. Wer weiß, wie dicht sie uns schon auf den Fersen sind.«

»Was dann?«

Hadschi Murat wies auf ein hohes Dickicht in der Ferne hin. »Es ist klüger, wenn wir uns dort drüben im Gebüsch verstecken, bis es dunkel geworden ist. Dann brechen wir in die Berge auf. Bis dahin können sich unsere Pferde ausruhen und wir uns auch.«

Im Dickicht angekommen, koppelten sie ihre Pferde, um sie weiden

zu lassen, und ließen sich dann selbst im Gras nieder, um von dem mitgenommenen Brot und Käse zu essen. Dann breiteten sie ihre Mäntel aus, verrichteten ihre Gebete und nahmen die rituellen Waschungen vor. Das Wasser dazu trug jeder in einem Behälter bei sich, den er stets im Gepäck mit sich führte.
Niemand von ihnen ahnte, daß ein alter Mann schon eine Zeitlang jeden ihrer Schritte beobachtet hatte, ohne zu wissen, um wen es sich bei den sechs Reitern handelte.

7

Oberst Karganow war drauf und dran, die Suche nach Hadschi Murat und seinem Gefolge aufzugeben, als das Schicksal zufällig den alten Mann die Straße hinunterführte, auf der die Verfolger vorrückten.
»Hast du unterwegs Reiter gesehen?« ließ der Kommandant ihn durch den Dolmetscher fragen.
»Ja«, erwiderte der Alte. »es waren zusammen sechs.«
»Wo?«
»Erst sind sie dahinten auf den Reisfeldern am Fluß im Kreis herumgeritten. Was sie dort suchten und wohin sie wollten, weiß ich nicht. Manchmal habe ich sie aus den Augen verloren, wenn sie wieder in den Nebel gerieten.«
Gespannt lauschte Karganow den Worten, die der Dolmetscher ihm übersetzte. »Und dann?«
»Plötzlich schienen sie gefunden zu haben, was sie suchten.«
»Was heißt das?«
»Sie kamen auf das Wäldchen zugeritten, in dem ich gerade Reisig sammelte.«
»Haben Sie dich gesehen?«
»Nein, ich habe mich die ganze Zeit über versteckt gehalten«, berichtete der alte Bergbewohner ängstlich. »Ich kenne die Männer nicht, vielleicht sind es Räuber.«
»Und wo sind sie jetzt? Noch immer in dem Wäldchen?«
»Ja, sie haben dort Rast gemacht und ihre Gebete verrichtet.«

»Das sind sie«, sagte Karganow leise zu seinen Unterführern, und zu dem Alten gewandt, befahl er: »Du kommst mit und zeigst uns genau die Stelle!«

8

Nur eine Stunde später hatten Karganows Kosaken und Milizionäre das Dickicht umzingelt. Als die Muriden die näher kommenden Hufschläge vieler Pferde vernahmen, war an eine Flucht nicht mehr zu denken. Gegen eine hundertfache Übermacht konnten auch sie nichts ausrichten, sie waren in der Falle, und sie wußten es.
»He, Hadschi Murat, ergib dich, du und deine Leute!«
»Werft eure Waffen weg und kommt raus mit erhobenen Armen!«
»Jede Gegenwehr ist zwecklos!«
»Lebend kommt ihr da nicht mehr raus. Wir sind zu Hunderten. Also ergebt euch!«
So riefen ihnen die russischen Offiziere zu, doch ihre Aufforderungen zur Kapitulation verhallten.
Die einzige Antwort aus dem Dickicht war ein Schuß, der das Pferd eines Offiziers traf, das sich aufbäumte und schwankte. Von allen Seiten knatterten nun die Gewehre der Soldaten, die am Rande des Gebüschs Stellung bezogen hatten, aber all ihre Kugeln verfehlten ihr Ziel. Dagegen wurden drei von ihnen, die sich zu weit vorgewagt hatten, von den Geschossen der Eingeschlossenen verwundet, woraufhin die übrigen zunächst den direkten Angriff auf Hadschi Murat aufgaben und sich noch etwas zurückzogen, um aus sicherer Entfernung auf gut Glück die Muriden in ihrem Versteck zu beschießen.
Hadschi Murat und seine Gefährten nutzten die kurze Spanne, sich auf ihr letztes Gefecht vorzubereiten. Ein ausgetrockneter Graben in der Mitte des Gebüschs schien ihnen bestens geeignet zur Verteidigung.
»Weder wir werden hier lebend herauskommen noch unsere Pferde«, sagte er.
Sie nickten stumm, sie wußten, was sie zu tun hatten. Keiner dachte

an Flucht. Zum letzten Schritt entschlossen sprangen sie auf, schnitten ihren Pferden die Kehlen durch, verschanzten sich hinter den Kadavern wie hinter einem Wall und scharrten mit ihren Dolchen die Erde los, um sie zusammen mit den toten Tieren zu einer Brustwehr aufzuschütten.
Mehr als eine halbe Stunde war so verstrichen.
Nur hin und wieder, wenn sie sicher waren zu treffen, erwiderten die Kaukasier mit einem gezielten Schuß den Geschoßhagel der Kosaken und Milizionäre. Sie mußten mit ihrer Munition sparsam umgehen, jede Kugel zählen.
Während Karganows Soldaten noch mit dem Sturmangriff zögerten, schlug ihnen von den Bergen herab der Lärm einer johlenden Menschenmenge entgegen, die sich rachedurstig dem Wäldchen näherte. Es waren kaukasische Überläufer, an die zweihundert Mann, die von dem Gefecht gehört hatten und nun darauf brannten, Hadschi Murat, seit Jahren ihr Schrecken, zu töten. Unter ihnen befand sich auch Achmet Khan von Mektulee, der Sohn seines alten Feindes.
»Ergebt euch!« riefen die Russen erneut, und wieder waren Schüsse die einzige Antwort der Muriden.
Immer enger ließ Karganow nun den Ring um die Eingeschlossenen ziehen, das Ende stand unmittelbar bevor. »Allah il Allah«, klang es aus dem Dickicht, und dann stimmten die Muriden ihr grausiges und zugleich so erhabenes Todeslied an.
Nur wenige Takte lang ließ es die Russen erschauern, dann riefen ihre Offiziere:
»Vorwärts Männer, stopft ihnen das Maul für immer!«
Das Todeslied erstarb im Kriegsgeschrei der Angreifer, die zu Hunderten auf das Gebüsch zustürmten, die einen schießend, die anderen mit blankem Säbel. Als ihnen aus der Verschanzung Schüsse entgegenkrachten und drei Mann fielen, verharrten sie zunächst am Waldrand, um sich dann, Mann für Mann hinter jedem Strauch Deckung suchend, dem Graben zu nähern.
So rückten sie auf die Verschanzung vor, wo Hadschi Murat und seine Gefährten die letzten Kugeln luden. Nur noch Säbel und Dolch blieben ihnen dann zur Wehr.
Den ersten der Muriden traf eine Kugel in den Hals. Taumelnd und

blutspuckend sank er neben Hadschi Murat nieder, fluchend und die ungläubigen Hunde mit Verwünschungen überschüttend.
Dann spürte Hadschi Murat, wie ein Geschoß ihm die Schulter zerschlug. Er riß sich etwas Watte aus dem Futter seines Beschmets, des kaftanartigen Rocks, verstopfte damit die Wunde und schoß dann, als sei nichts geschehen, einen Angreifer nieder.
»Vorwärts!« schrie sein Gefährte neben ihm und schnellte über den Rand der Brustwehr hoch, um gegen die Meute der Angreifer vorzustürmen, als er auch schon im gleichen Augenblick, von einer Kugel getroffen, nach hinten torkelte und auf Hadschi Murats Fuß fiel.
Ein Blick auf die starren Augen und die Lippen, die vergeblich noch Worte des Abschieds zu formen versuchten, ließen Hadschi Murat erkennen, daß niemand mehr seinem Kameraden helfen konnte. Behutsam zog er seinen Fuß unter dem Sterbenden hervor und zielte auf einen Kosaken, der gerade sein Gewehr in Anschlag brachte. Aber alle fünfhundert Feinde, die lärmend und schreiend von Busch zu Busch immer näher kamen, konnte er nicht aufhalten. Ein zweiter Schuß drang ihm in die Seite ein. Diesmal, so schien es ihm, hatte es ihn schwerer getroffen. Er rutschte tiefer in den Graben hinab, riß wieder ein Stück Watte aus seinem Beschmet und drückte es auf die Wunde. Im Nu war es mit Blut durchtränkt, und nichts konnte das Rinnsal stillen, aus dem Tropfen für Tropfen das Leben schwand.
Der Tod stand dicht neben ihm, und nach jedem Atemzug erwartete er die knöcherne Hand auf seiner Schulter zu spüren. Wie im Sturm rauschten die Jahre des Lebens dahin, seines Lebens mit all den Siegen und Niederlagen, und Bild für Bild stieg aus den Tiefen der Erinnerung, seine Freunde und Feinde, Gesichter, viele Gesichter, Schamil darunter mit halbgeschlossenen Lidern und dem rotgefärbten Bart, vor allem aber das sanfte Antlitz seiner Frau Sofiat, die runzligen Züge seiner Mutter und die jugendlich kämpferische Miene seines Sohnes Jussuf, dessen Augen er zu ergründen suchte, ohne sie zu sehen.
Ein Hauch von Nebel begann seine Sinne zu trüben, als er sich noch einmal mit letzter Kraft aufbäumte, seinen sterbenden Körper auf die Brustwehr warf und zum letzten Mal die Pistole auf einen Kosaken

abfeuerte, der gerade auf ihn zustürmte und dann vor ihm jäh ins Gestrüpp fiel. Den Dolch in der Hand taumelte Hadschi Murat über den Wall seines toten Pferdes, hinkte mühsam ein paar Schritte auf seine Häscher zu und brach dann, von einer Salve von Schüssen durchlöchert, zusammen. Die Soldaten, die mit Triumphgeheul auf ihn zustürmten, hielten ihn für tot, aber zu ihrem Entsetzen, zuckte der Liegende noch einmal, hob erst den blutenden Kopf, dann den Rumpf und richtete sich, an einem Baumstamm Halt suchend, langsam auf, sah sie mit brechenden Augen finster an, als wolle er sie für ihre Untat strafen, ließ plötzlich den Baum los, taumelte auf sie zu, strauchelte und fiel dann, schwer wie ein Stein, aufs Gesicht. Er lebte noch, als ein Schauder seinen Leib erzittern ließ, und seine Augen blickten noch zum Himmel auf, als der junge Achmet Khan ihm den Kopf abschlug, und die anderen wie eine Meute von Hyänen und Schakalen über ihn herfielen und den Leichnam durch wüste Tritte, Stiche und Schläge schändeten.

»Am vierundzwanzigsten April 1852 starb Hadschi Murat wie er gelebt hatte, tollkühn und verwegen. Sein Ehrgeiz war so groß wie sein Mut, und beide kannten keine Grenzen.«
Mit diesen ritterlichen Worten ehrte Fürst Woronzow den Gefallenen, der ihm durch seine Flucht aus Nukka unangenehme Stunden bereitet hatte. Nicht auszudenken, was geschehen wäre, wenn Hadschi Murat entkommen wäre, und er als verantwortlicher Statthalter dem Zaren hätte Bericht erstatten müssen. So aber hatte sich alles noch einmal zum besten gewendet, und um die Öffentlichkeit vom Tod des Roten Teufels zu überzeugen, ließ er den abgeschlagenen Kopf im Lazarett von Tiflis ausstellen. Später wurde er einbalsamiert als Schlachttrophäe für den Zaren.

Der verliebte Fahnenjunker

I

Wie immer hatte der Zar, dessen hohe Gestalt die Gäste überragte, den Ball mit einer Polonäse eröffnet. Er trug die mit schwarzem Zobel verzierte weißgoldene Uniform der Husaren. Die Damen, allen voran die Zarin, glänzten in den traditionellen Hoftoiletten aus dunklem Samt mit hermelinbesetzten Schleppen. Geradezu beladen waren sie mit Juwelen, die auf die Farbe der Festgewänder abgestimmt waren, wie Rubine für karmesinroten Samt oder Saphire für blauen. Ihre Häupter neigten sich unter dem Gewicht der kostbaren Steine ihres Kopfputzes, von dem ein langer Tüllschleier anmutig herunterhing. Kurz vor Mitternacht waren die Auserwählten, die man zu diesem Fest, dem Höhepunkt der Prachtentfaltung am Petersburger Hof, eingeladen hatte, in großen vergoldeten Galawagen vorgefahren, begleitet von Vorreitern und Läufern mit Fackeln.
Während die halberfrorenen Kutscher draußen um die brennenden Holzscheite standen und heißen Sbiten tranken, ein Gebräu aus Ingwer und Honig, und die Vorreiter die mit Decken geschützten Pferde, deren dampfender Atem sofort in der frostigen Luft zu erstarren schien, im Kreis um das Feuer führten, erstrahlten drinnen dreißigtausend Kerzen in schweren Kristallkandelabern sowie in Spiralen um die Jaspissäulen, die den Ballsaal einfaßten. Ihr Flackern brach sich vieltausendfach in der Überfülle an Juwelen dieses verschwenderischsten aller Höfe, in den Halsketten, die bis zur Taille herabbaumelten, den Halsbändern aus gleißenden Diamanten, wahren Tauen aus Perlen, sowie in Broschen, groß wie Untertassen, mit Rubinen und Smaragden wie Taubeneier besetzt.
Die langen Festtafeln waren mit Silbergeschirr gedeckt, die reich verzierten Stühle mit schimmernder Seide aus Lyon bezogen, und von der Fülle der Girlanden aus Treibhausblumen strömte ein betörender Duft aus.
Sämtliche Mitglieder der Zarenfamilie hatten ihr eigenes Gefolge aus Pagen und Hofdamen, Kammerherren und Adjutanten. Unter den

Dienern im Palast, deren Livreen fast so prächtig waren wie die Festgarderobe der Gäste, fielen besonders die Negerpagen der Zarin auf, die mit ihren Turbanen, Federn und bauschigen Hosen geradewegs aus Scheherazades Palast gekommen zu sein schienen. Unbeweglich wie Statuen standen zu beiden Seiten der großen Treppe die Offiziere der Garde in ihren Gala-Uniformen.

Während sich Hunderte von Paaren, vor allem junge Offiziere und Adjutanten mit verführerisch dekolletierten Hofdamen auf dem Parkett im Tanz vergnügten, mit Blicken und Worten leidenschaftlich um ihre Gunst warben und sehnlichst auf ein zustimmendes Zeichen der Unterwerfung hofften, vertrieben sich andere Gäste, vor allem ältere Damen und Herren die Zeit in den kleineren Nebensalons, wo sie die neuesten Affären durchhechelten, Karten spielten oder politische Ränke spannen. Manche, von Gicht und Rheuma geplagt, hatten sich auch in eine Ecke zurückgezogen und schauten auf das emsige Treiben dieser Märchenwelt, deren Glanz von den fensterhohen Wandspiegeln vielfach zurückgestrahlt wurde.

Zu ihnen gehörte auch die Königinwitwe Maria von Georgien, die es sich trotz ihres gesegneten Alters von mehr als achtzig Jahren nicht nehmen ließ, als stille Beobachterin an diesem gesellschaftlichen Ereignis teilzunehmen. Es gab sonst nicht mehr viel, was ihr half, die Leere ihrer Verbannung wenigstens für ein paar Stunden zu vergessen.

Schon bei der Eröffnungspolonäse war ihr Dshemal-Edin aufgefallen, wie er über die Tanzfläche geeilt war und die Sporen seiner Stiefeletten vor einer der jüngsten Hofdamen der Zarin, einem Mädchen von hinreißender Schönheit, geklickt hatten. Ihre Anmut und Sanftheit war, wie die Königinwitwe wohlgefällig feststellte, eine Zierde für den Ball, ja sogar für den ganzen Hof, und mit Kennermiene nahm sie wahr, wie verliebt der Fahnenjunker Fürst Dshemal-Edin und die russische Prinzessin waren. Kaum ein Tanz verging, bei dem die beiden sich nicht auf dem Parkett drehten. Schamils Sohn schien nur Augen für seine Angebetete zu haben, und die alte Dame fragte sich schon, ob er sie in der Ecke überhaupt bemerken werde, als das Paar gerade dicht vor ihrem Sessel vorbeischwebte.

»Auf ein Wort!« rief sie ihm in dem Dialekt zu, in dem sie sich schon

seit dreizehn Jahren, dem Tag, an dem man den Jungen als Geisel nach Petersburg gebracht hatte, mit ihm zu unterhalten pflegte, um so vor unerwünschten Lauschern am Hof sicher zu sein.
Überrascht wandte er sich um, lächelte, als er sie erkannte, und nickte ihr zu.
»Bitte, verzeihen Sie mir«, sagte Dshemal-Edin, als er nach Beendigung des Tanzes auf die Königinwitwe zueilte und ihr mit einer höflichen Verbeugung die Hand küßte. »Ich hatte nicht erwartet, Sie heute hier zu sehen.«
»Und ich hatte nicht erwartet, daß du mich alte Frau überhaupt sehen würdest«, sagte sie lächelnd, immer noch das vertraute Du gebrauchend, mit dem sie ihn schon als Achtjährigen angeredet hatte. »Du scheinst ja völlig blind zu sein für alle anderen außer für die eine.«
Seine Augen strahlten. »Gefällt sie Ihnen?«
»Wem könnte dieses liebliche Geschöpf wohl nicht gefallen?«
»Ich werde sie heiraten!«
Das Lächeln schwand aus den Zügen der alten Dame, Ernst breitete sich aus.
»Hilf mir mal aus dem Sessel«, sagte sie. »Wir wollen uns ein verschwiegenes Plätzchen im Salon nebenan suchen, wo wir ungestört sind. Ich habe mit dir zu reden.«
In einem blumengeschmückten Rundbau fanden sie in einer Fensternische ein Sofa, das durch einen Wandschirm vor neugierigen Blikken geschützt war.
»Setz dich neben mich«, forderte sie ihn auf, nachdem sie Platz genommen hatte. »Du bist für mich wie ein Sohn, und ich hoffe, du nimmst es mir nicht übel, wenn ich mich um dich sorge wie eine Mutter, obwohl ich«, wie sie wehmütig lächelnd hinzufügte, »dem Alter nach deine Großmutter sein könnte.«
»Habe ich Ihnen in all den Jahren, dreizehn sind es wohl inzwischen, jemals etwas übelgenommen?«
Sie musterte ihn von Kopf bis Fuß, und ihre Stimme klang streng, als sie ihn fragte:
»Was bist du eigentlich – ein Kaukasier oder ein Russe?«
»Ich bin Schamils Sohn.«
»Das warst du mal. Aber jetzt? Ich habe viele asiatische Prinzen auf

dem Ball gesehen und alle in ihrer Nationaltracht. Und du, Dshemal-Edin? Warum trägst du eine russische Uniform und nicht die schneidige Tscherkeßka deiner Heimat, deines Vaters?«

»Warum sollte ich das?« entgegnete er leichthin. »Der Kaukasus, mein Vater, meine Familie, meine Kindheit im Aul, ja sogar die Sprache meiner Heimat – das alles sind Erinnerungen, die so weit zurückliegen, daß ich sie fast schon vergessen habe wie die Moschee in Achulgo und die Riten meines Glaubens.«

»Vor dreizehn Jahren bist du hier in Petersburg angekommen. Damals warst du noch ein wilder, kleiner Gefangener, und jetzt bist du ein ruhiger, nachdenklicher Offizier in der kaiserlichen Eskorte. In den gleichen dreizehn Jahren ist dein Vater wie ein Phönix aus der Asche von Achulgo aufgestiegen zum Herrscher über den Kaukasus. Der Name Schamil ist zum Symbol des Widerstands geworden, der Freiheit aller Bergstämme. Dein Vater ist der Fels in der Brandung, an dem die russischen Eroberer Welle für Welle abprallen. Und was bist du?«

»Ich fühle mich als Russe, meine Vergangenheit ist vergessen. Ich denke russisch, ich handle russisch, meine Meinungen und Interessen sind russisch. Rußland, das große weite Rußland ist mein Adoptivland, und meine ganze Liebe, mein Idealismus, meine Ergebenheit gelten dem Zaren. Ihm diene ich mit meiner ganzen Leidenschaft.«

»Und wenn hier im Norden der Name deines Vaters verschrien ist als Raubtier, als unersättliches Ungeheuer, das Jahr für Jahr Tausende und Abertausende braver Soldaten Seiner Majestät verschlingt, denkst und fühlst du da auch russisch?«

»Wie Sie wissen, genießt er hier auch den Ruf eines Helden, und daß dieser Mann mein Vater ist, erfüllt mich schon mit einem gewissen persönlichen Stolz. Aber seitdem ich mehr als die Hälfte meines jungen Lebens in Petersburg verbracht habe, sehe ich die Welt anders.»

»Wie anders?«

»Mit den Augen meiner Kameraden, mit denen ich gemeinsam erzogen worden bin.«

»Also der jungen Gardeoffiziere, unter denen du aufgewachsen bist?«

»Ja, ihre Überzeugungen und Hoffnungen sind auch meine. Wie sie bin ich der Ansicht, daß der Kaukasus ein Teil des russischen Weltreichs werden muß.«

»Und was denkst du über deine ehemaligen Landsleute, die Gebirgsbewohner, die ihr Blut für ihre Freiheit vergießen?«

»Ich tadele sie nicht wegen ihres Widerstandes, ich bewundere sie sogar. Aber die Schlachten, die barbarischen Handlungen, die uns aus dem Kaukasus gemeldet werden, erscheinen mir nicht als Taten meines Volkes, die mein Vater befiehlt, sondern als ein grauenhafter Preis dieses gerechten Krieges.«

»Gerecht nennst du auch noch diesen Eroberungskrieg?« empörte sich die Königinwitwe.

»Nach meiner Überzeugung bringt die russische Herrschaft den Gebirgsbewohnern Frieden, Gerechtigkeit und Wohlergehen, und deshalb möchte ich, daß sie die wahre Zivilisation und diese andere westliche Welt in ihrem tiefsten Wesen kennenlernen so wie ich. Für mich ist Rußland ein Wunder, und hier in Sankt Petersburg hat für mich die Zivilisation ihren Höhepunkt erreicht.«

Sorgenvoll blickte die alte Dame den Fahnenjunker an.

»Armer Junge«, sagte sie, »so also hat man dich verdorben. Über deinen engen Aul und die Fassade von Petersburg bist du noch nicht hinausgekommen. Du kennst die Welt nicht, nein, du hast keinen blassen Schimmer. Wenn du sie gesehen hättest, dann würdest du anders urteilen, so wie Turgenjew, der von Paris aus seine russische Heimat schonungslos beschrieben hat. ›Das Übel bei uns Russen ist‹, so etwa heißt es bei ihm, ›daß der Zar so unmittelbar hinter uns steht. Wir sind noch ein halb barbarisches Volk. Wir ziehen uns Pariser Glacéhandschuhe über, anstatt unsere Hände zu waschen. Wir verbeugen uns und sagen Höflichkeiten, und im nächsten Augenblick peitschen wir unser Dienstpersonal.‹ Willst du deine Landsleute mit dieser Zivilisation beglücken?«

»Ich glaube diesem Turgenjew nicht. Wer weiß, warum er so haßerfüllt über Rußland schreibt.«

»Du führst ein extravagantes Leben, Dshemal-Edin, wie all die jungen Aristokraten hier in Petersburg. Ihr spielt Karten, besucht Pferderennen, macht den Damen den Hof und beschäftigt ganze Heerscharen von Regimentsschneidern mit eueren anspruchsvollen Uniformen. Ein Vergnügen jagt das andere: Bälle und Soupers, Zigeunerkabaretts und Opern, französisches und italienisches Theater und Ballett. Eine Ballerina zur Geliebten zu haben ist für euch ebenso selbstverständlich wie der Besitz von zwei oder drei Rassepferden und einer prunkvollen Kutsche. Für euch Gardeoffiziere hören die Zerstreuungen nie auf. Ihr seid die gefeierte Elite von Sankt Petersburg. Die Salons des Winterpalastes sind eure natürliche Umgebung, und euer Leben ist nicht das eines gewöhnlichen Sterblichen. So fühlst und denkst du doch – oder? Denkst du überhaupt? Wo ihr seid, ist Glanz und Pracht und Wärme. Aber hast du dich auch schon mal draußen umgesehen, außerhalb der Welt, in der ihr lebt? Draußen, mein armer Junge, draußen ist es ständig Nacht und grausam kalt, und zu Tausenden liegen die armen Teufel wie Lumpenbündel zusammengekauert in den Torwegen, dämmern vor sich hin und verenden vor Hunger, Krankheit und Erschöpfung. Und das nicht nur in Petersburg, nein erst recht in den unendlichen Weiten Rußlands, deines geliebten Adoptivlandes, vom Eismeer bis nach China und zum Kaukasus, vor allem aber in den Einöden Sibiriens, wo die Verbannten zu Hunderttausenden dahinschmachten und zugrundegehen. Zivilisation nennst du das?«

Er schwieg, ein wenig betreten über den Schwall von Vorwürfen; aber dann regten sich in ihm der Trotz der Jugend und die Gewißheit, es besser zu wissen als die Menschen, die einer fast schon vergangenen Generation angehörten. Mit ihnen zu streiten, lohnte sich nicht mehr, ändern konnte er sich nicht und wollte es auch nicht.

»Sie waren sehr offen zu mir«, sagte er, sich erhebend, »ich danke Ihnen dafür. Allerdings hatte ich angenommen, Sie hätten sich mit mir über ein anderes Thema unterhalten wollen.«

»Und über welches?«

»Meine bevorstehende Heirat.«

»Glaubst du, der Zar würde dir dafür die Erlaubnis geben?«

»Warum nicht?«

»Du bist ein Narr, Dshemal-Edin!«

»Ich liebe sie – mehr als mein Leben!«

Sie winkte ab. »Das übliche Geschwätz verliebter junger Leute. Auf deine Liebe nimmt der Zar keine Rücksicht, dein Leben aber ist ihm mehr wert als deine Gefühle für dieses Mädchen. Du bist Schamils Sohn, ein Kaukasier und ein Moslem, und damit bist du für den Zaren ein unersetzliches Unterpfand. Als sein Statthalter sollst du dereinst die russische Herrschaft im Kaukasus festigen und damit deine Heimat, die dein Vater so heldenhaft verteidigt, nach seinem Willen russifizieren. In seinen Händen bist du nicht mehr als ein Werkzeug, das er nach Belieben verwendet, das heißt nach seinen politischen Plänen, und die verbieten deine Verbindung mit einer russischen Prinzessin.«

»Der Zar liebt mich wie seinen eigenen Sohn, und ich bin ihm treu ergeben.«

»Armer Junge«, seufzte die alte Dame. »Geh und suche deine Prinzessin. Und tanze mit ihr, sooft du noch kannst. Es wird euer letzter gemeinsamer Ball sein.«

2

Berge von Staatspapieren und Heeresmeldungen, hauptsächlich über den kaukasischen Krieg, türmten sich auf dem Schreibtisch, als Dshemal-Edin, von einem Adjutanten angekündigt, ins Arbeitszimmer des Zaren trat und sich verbeugte. Mit einer höflichen Geste bedeutete Nikolaus dem jungen Gardeoffizier ihm gegenüber Platz zu nehmen.

»Was gibt's?« fragte er leutselig. »Bist du mit dem Dienst in meiner Eskorte nicht zufrieden?«

»Im Gegenteil, Majestät, es ist für mich eine hohe Ehre.«

»Das ist gut so. Ich hatte schon befürchtet, du hättest mich um deine Versetzung an die Front gebeten. Das aber wäre ganz und gar gegen meinen Wunsch gewesen. Ich möchte nämlich nicht, daß du gegen dein eigenes Volk kämpfst, Dshemal-Edin. Später, wenn alles Blutvergießen vorbei ist, sollst du in deine Berge zurückkehren und in meinem Namen allen Stämmen im Kaukasus die Zivilisation bringen, die du hier bei uns kennengelernt hast. Ich hoffe, daß dies schon bald möglich sein wird.«

»Das wünsche ich auch.«
»Also, was führt dich sonst zu mir?«
»Ich bitte Ihre Majestät um die Erlaubnis, heiraten zu dürfen!«
Lange sah Nikolaus den jungen Mann an und schüttelte dann, kaum merklich, den Kopf.
»Nimm dir so viele Frauen wie du willst, aber denke nicht an eine Ehe – schon gar nicht mit einer Russin.«
»Sie wissen also Bescheid?« stammelte Dshemal-Edin verwirrt.
»Der ganze Hof spricht schon davon.«
»Aber ich liebe sie so sehr, wie ich noch keine Frau geliebt habe.«
»Das glaubt jeder Verliebte – und dennoch täuscht er sich oft, wie sich meist hinterher herausstellt. Schlag dir die Prinzessin aus dem Kopf, Dshemal-Edin, und genieße das Leben, solange du noch jung und ungebunden bist.«
»Warum, Majestät? Weshalb soll ich sie nicht heiraten dürfen?«
»Weil sie eine Russin ist, deshalb. Wenn erst einmal der Tag gekommen ist, den wir alle herbeisehnen, und du als mein Vertreter in den Kaukasus zurückkehrst, dann sollst du die Tochter eines einheimischen Herrschers heiraten. Nur dann wirst du bei den Stämmen die Anerkennung finden, die du als Statthalter brauchst.«
Was ihm die Königinwitwe Maria von Georgien auf dem Ball gesagt hatte, fand Dshemal-Edin nun bestätigt: Er war in der Hand eines Mächtigeren nur ein Pfand, eine Geisel, ein Gefangener, der Liebe und Leben den Interessen anderer zu opfern hatte. Aber er beklagte sich nicht, zu groß und unerschütterlich blieb seine Ergebenheit zum Zaren.
Das Schweigen des jungen Mannes zeigte Nikolaus an, wie tief ihn die Ablehnung der Bitte getroffen hatte. Er stand auf, kam langsam hinter dem Schreibtisch hervor und legte Dshemal-Edin, der niedergeschlagen auf seinem Stuhl sitzengeblieben war, väterlich die Hand auf die Schulter.
»Ich verstehe dich ja, Junge, aber bitte verstehe mich auch. Damit du leichter darüber hinwegkommst, reist du noch morgen nach Warschau. Du wirst dort im Ulanenregiment des Großherzogs Michail Dienst tun. Warschau«, fügte er begütigend hinzu, »ist eine wunderschöne Stadt. Es wird dir dort bestimmt gefallen, und die polnischen

Frauen sind auch nicht zu verachten, ich kenne mich da aus. Und manchmal sollst du natürlich auch hier bei mir im Winterpalast sein, denn auf immer möchte ich dich nicht vermissen.«
Wie in St. Petersburg war Dshemal-Edin auch bald in Warschau bei den Damen Hahn im Korb, und genauso achteten und liebten ihn seine neuen Kameraden. Wo immer er auftrat, umgab ihn die romantische Aura eines wilden kaukasischen Adlers, der sich zu einem zivilisierten und eleganten Europäer gemausert hatte. Aber er bestrickte und berückte nicht nur seine Umwelt, er überraschte alle auch mit seinen künstlerischen und wissenschaftlichen Interessen. So beherrschte er mehrere Sprachen, studierte Astronomie, malte gern und zeichnete sich durch eine musikalische Begabung aus. Wenn auch anstelle der awarischen Strenge seine Gesichtszüge einen sanften, träumerischen Ausdruck angenommen hatten, das Blut des echten Kaukasiers floß noch in seinen Adern, denn wie alle Söhne der Berge genoß er den Ruf eines verwegenen Reiters.

Mars und Venus

I

Obwohl Hadschi Murat zu den Russen übergelaufen war und sich sogar gegen ihn gewandt hatte, erkannte Schamil, daß mit dem Tod seines einstigen Nahibs, des einflußreichsten Muriden nach ihm, der erste Schatten der Niederlage über seine Berge gefallen war. Jetzt war es zu spät, die Geiseln, Hadschi Murats Familie, freizulassen, um sich die Unterstützung des Abtrünnigen erneut zu sichern.

Hadschi Murats Tod übte auf die Stämme eine unterschiedliche Wirkung aus. Während die einen Rache schworen und sich Schamil anschlossen, priesen die anderen den russischen Statthalter als mächtigen Krieger und schlugen sich auf seine Seite.

Immer klarer war mit der Zeit geworden, daß sich die Russen mehr und mehr mit dem gebirgigen Gelände vertraut gemacht und die Taktik des Guerillakriegs übernommen hatten. Je mehr Gebiete ihnen zufielen, desto mehr gewannen sie an Ansehen und Unterstützung. Der Zar war sich seines Sieges sicher. Zeit spielte dabei keine Rolle, genausowenig Menschen und Material.

Bei Schamil war das anders. Auf Dauer konnten die Bergstämme mit ihrer armseligen Bewaffnung einer übermächtigen Armee mit nie versiegendem Nachschub nicht standhalten.

»Wenn wir schon nicht siegen, dann muß das Gemetzel, das wir unter diesen christlichen Hunden anrichten, unsere Niederlage sühnen«, lautete seine Losung am Vorabend einer Schlacht. »Heute schlafen wir unter einem Schleier; und wenn er sich hebt, wird uns die Pracht der Wohnstätte unseres Propheten im Paradies enthüllt. Morgen werden wir in seinem Namen kämpfen, und ihr könnt sicher sein, daß Allah überall dort ist, wo das schwarze Banner eures Oberhauptes flattert. Sein Schutz ist stark, vergeßt das nicht.«

»Maschallah«, riefen ihm Nahibs und Muriden zu, »im Namen Allahs!«

Für viele von ihnen war der kommende Morgen der letzte.

Obwohl Schamil mit der Vernichtung seiner Truppen und der Zerstörung des Landes das bittere Ende voraussah, setze er alles daran, den Ungläubigen den Sieg so schwer wie möglich zu machen. Er wollte kämpfen bis zum letzten Mann, und wenn er befürchtete, seine Haltung und Überzeugungskraft reiche nicht aus, um die Menge mitzureißen, versuchte er sie mit seinen altbewährten Methoden zu beeindrucken, indem er Gewitterstürme, Himmelserscheinungen und andere natürliche Phänomene als Allahs Antworten auf seine Gebete auslegte.

Am Tag vor dem Großangriff auf ein russisches Lager suchte er, in seine düstere schwarze Burka gehüllt und mit dem hohen Häuptlingsturban um die Lammfellmütze gewunden, Gruppe für Gruppe seiner Anhänger auf, inspizierte hier ihre Waffen, gab dort Anweisungen für die bevorstehende Schlacht und sprach allen Mut zu, indem er sie wissen ließ, Allah habe ihm den Sieg verkündet. Seine furchterregende Gestalt mit dem blassen, undurchdringlichen Gesicht, dem dunklen hennagefärbten Bart und den schmalen, funkelnden Augen verfehlte nicht ihre Wirkung, die er tags darauf sogar noch zu steigern verstand.

Früh am Morgen ließ er unter den Soldaten verbreiten, er sei gefallen, habe aber seinen Nachfolgern sterbend befohlen, den Angriff unbedingt durchzuführen. Sie sollten so heldenhaft kämpfen, als führe er sie selbst an, sein Geist werde ihnen beistehen.

Verzagtheit und Beklemmung erfaßten alle bei der Nachricht von seinem Tod, und entmutigt zogen sie in die Schlacht. Schamil beobachtete sie von weitem und jagte, als er sie wanken sah, auf seinem Schimmel von den Bergen hinab. Alle glaubten seinen Geist zu sehen.

»Schamil! Schamil!« riefen sie trunken vor Glück, und ihre Freudenschreie sprangen die Kampflinie entlang, übertönten den Lärm und begeisterten alle Herzen. Allein der Anblick seines blanken Säbels machte das Heer der Muriden unbezwingbar. Sie schlugen sich wie Besessene und trugen schließlich den Sieg davon.

Doch solche Siege wurden immer seltener, die Waagschale des Kriegsglücks neigte sich jetzt häufiger den Eroberern zu. Unerschöpflich war die Zahl der russischen Soldaten, die für ihre toten Kameraden in die Bresche sprangen, und wo die Muriden dann und

wann einen Schuß aus ihrer armseligen Kanone aus Holz und Leder abfeuerten, wurden sie selbst unter dem Granathagel ganzer Batterien schwerer Mörser zerfetzt und vernichtet. Niemand durfte lebend in die Hand der Ungläubigen fallen. War eine Schlacht verloren, dann lautete Schamils Befehl:
»Flieht oder kämpft bis zum letzten Atemzug!«
So war es auch bei Saltee gewesen, wo Schamil die Schlacht schon gewonnen zu haben schien, als Woronzow in der Nacht einen kleinen Trupp losschickte, um den Fluß zu stauen und umzuleiten, der am Lagerplatz der Muriden vorbeifloß. Erbittert leistete die Besatzung Widerstand, aber ohne Trinkwasser konnte sie nicht durchhalten. Wer nicht im Verteidigungskampf gefallen war, wurde auf dem Rückzug in einem Engpaß von der russischen Übermacht niedergemetzelt.
Nur Schamil und eine Handvoll Muriden hatten sich in der Dämmerung zu einem Felsen oberhalb des Auls von Saltee durchgeschlagen und waren von dort ins Gebirge geflohen. Als sie hoch oben über eine Klippe ritten, trat plötzlich der Mond hinter einer Wolke hervor, und die Russen unten im Tal erblickten die hohe Gestalt des Imams, der ihnen im Mondlicht ein Geist zu sein schien, halb dem Himmel, halb der Erde zugehörig. Sein Schimmel, so furchtlos wie sein Reiter, harrte bewegungslos am Abgrund auf die wenigen Getreuen, die dem Tod entronnen waren. Nach und nach scharten sie sich um ihren Führer Schamil, den Auserwählten Allahs, dann zog der geschlagene Trupp, dem Banner ihres Imams folgend, hoch oben auf dem Grat des Gebirges entlang, der naturgewaltigen Schranke, die jeden Feind zurückschrecken ließ. Von ihrer Höhe schauten sie hinab auf die ferne Moschee, auf das Minarett und den Fluß, der ihnen zum Verhängnis geworden war und jetzt im Mondlicht glitzerte wie die Silberschuppen einer Schlange. Als sie die oberste Klippe erreichten, hielten sie an, knieten nieder und sandten ein letztes Abschiedsgebet für ihre gefallenen Kameraden ins Tal hinab. Dann stiegen sie wieder auf, wendeten ihre Pferde und folgten Schamil zu jenen Zufluchtsorten in den Bergen, die noch in ihrer Hand waren.
Obwohl Niederlage auf Niederlage folgte, verlor Schamil nie den Mut. Immer wieder sammelte er seine Krieger um sich und griff

erneut an. Noch kannte er Weg und Steg in seiner Heimat besser als der Feind, noch wußte er das Gelände geschickt auszunutzen, um sich zu verteidigen und den Eindringlingen empfindliche Verluste zuzufügen – und noch immer nicht waren die Ungläubigen Herren des Kaukasus.

2

»Meine Arbeit und all meine Träume gelten nur dem einen Ziel, die Herrschaft im Kaukasus zu erringen«, gelobte Fürst Barjatinskij, nachdem er Anfang der fünfziger Jahre als befehlshabender Offizier des linken Heeresflügels bestätigt worden war.

Bereits zwei Jahrzehnte zuvor hatte er als junger Mann in einem aufsehenerregenden Treffen mit kaukasischen Stämmen seinen Mut bewiesen und Ende der vierziger Jahre einige erfolgreiche Angriffe gegen Schamil durchgeführt.

Der Grund für seinen ersten Einsatz an der Südfront lag in seinem spektakulären Lebenswandel, der ihn, den engsten Freund des streng beaufsichtigten Zarewitschs, von einem Skandal in den anderen stolpern ließ. Schon 1831 war der Sproß aus altem Adel eine bekannte Erscheinung unter der Jeunesse dorée von Petersburg und der Achtzehnjährige als Don Juan berühmt und berüchtigt. Das ausschweifende Leben des großgewachsenen, gutaussehenden und sagenhaft reichen Fürstensohns wurde zum beliebtesten Stadtgespräch, bis der Zar, mit Sorge Barjatinskijs Einfluß auf den Zarewitsch beobachtend und Schwierigkeiten befürchtend, schließlich seinem allerhöchsten Mißfallen Ausdruck gab und den jungen Mann wissen ließ, er habe sich zu ändern.

Von einem Extrem ins andere fallend, bat der so getadelte Herzensbrecher um seine Versetzung in den Kaukasus und ließ sich auch nicht durch die Bitten des Zarewitschs und der Zarin, die eine Schwäche für ihn hatte, in seinem Entschluß umstimmen. Für viele junge Männer bedeutete damals die gewaltige Bergwelt des Kaukasus Vergessen und Flucht aus dem alten Leben in ein neues. Im Überschwang seiner Gefühle griff Barjatinskij diesen Gedanken dankbar

auf und begrüßte die Entscheidung des Zaren, ihn sofort zu einem Regiment der Schwarzmeerkosaken in den Kaukasus abzukommandieren. Wegen seiner Tapferkeit war er damals rasch befördert worden, und seit jener Zeit reiste er in den folgenden fünfzehn Jahren zwischen der Südfront und Sankt Petersburg hin und her, kämpfte, wurde verwundet, verbrachte einige Zeit auf Erholungsurlaub und kehrte dann wieder zum Kriegsschauplatz zurück.
Strategische Geschicklichkeit bewies er nicht nur als Soldat, der Sieg um Sieg errang, sondern auch als Liebhaber, der allen Heiratsfallen zahlreicher Damen zu entrinnen wußte.
Obwohl er inzwischen hinkte und narbenbedeckt war, fanden die Frauen den nun fünfunddreißigjährigen General noch unwiderstehlicher als früher, und auch er, der uneingeschränkt anerkannte Heeresführer und Administrator, sah nicht ein, warum er nicht jede Gelegenheit beim Schopf ergreifen und sich weiterhin als Schürzenjäger vergnügen sollte.
Nur das einfache Volk kann von einem Skandal betroffen werden, dachte er, da Kritik nur von Höhergestellten geübt werden kann.
Die häufige Anwesenheit der Fürstin Marie Woronzow oder der Hauptmannsfrau Madame Dawydow, einer geborenen Fürstin Orbeljani, im Lager des Generals gab oft genug Anlaß für Spott und Witz, und so manchem Ehemann fuhr beim bloßen Klang des Namens Barjatinskij ein ebenso großer Schreck in die Glieder wie den kaukasischen Bergstämmen.

»Typisch Petersburger Zustände!« war noch das wenigste, was die Soldaten verbittert sagten, wenn die junge Fürstin Woronzow, die Schwiegertochter des Statthalters, an ihnen vorbei durchs Lager rauschte und in einem von Kerzen erhellten Zelt verschwand, aus dem Kichern und Lachen und der Knall von Sektkorken drang. Damit sie ungestört durch umherstreifende Tatarenbanden ihre Liebesnächte verbringen konnte, mußten mehrere Soldatentrupps ständig die Gegend durchkämmen und sichern. Kamen sie mit Verwundeten oder Toten zurück, dann spuckten sie vor dem Zelt der Kokotte aus und schimpften sie »Hure« und »Mörderin«.
Die ganze Südarmee wußte, daß sie die Geliebte Barjatinskijs war,

und so wenig Mühe sie sich gab, ihr Verhältnis zu verheimlichen, so wenig regte sich ihr Mann darüber auf.
Den Fürsten aber kümmerte das alles nicht. Auch Mars hatte seine Schwächen und zollte Venus Tribut.
Zu diesen Schwächen gehörte auch, daß er trotz seines aufopferungsvollen Einsatzes an der Front auch im Kaukasus sein gewohntes glanzvolles Leben führen wollte. So hatte er eine ganze Flotte mit den flatternden blaugelben Fahnen der Barjatinskijs die Wolga hinabgeschickt mit all dem, was der verwöhnte Fürst und Lebemann nicht entbehren konnte: Vollblutpferde und Küchenchefs, Weine erlesenster Herkunft, eine Bibliothek, Klaviere, Tafelgeschirr aus schwerem Silber und hundert andere Güter des Luxus.
Auf die gewohnte Atmosphäre von Luxus und Wohlleben wollten auch die Gardeoffiziere seiner Armee nicht verzichten. Eben erst aus der Hauptstadt an der Newa in den Kaukasus gekommen, erklärten sie die bisherigen ausgezeichneten Uniformen der Regimentsschneider für völlig unzureichend und ließen sich dafür Offiziersgarderoben nach dem neuesten Petersburger Schnitt anfertigen, mit vielen Goldlitzen, und Wintermäntel mit Otterpelz gefüttert, weswegen manche sie spöttisch als Schneiderpuppen bezeichneten.
Natürlich kühlten diese verwöhnten Kavaliere ihre Liebesglut nicht bei Marketenderinnen und den paar altgedienten Allerwelts-Schlachtenbummlerinnen; es mußte schon eine standesgemäße Mätresse sein, wie eine jener exotischen Tänzerinnen aus Schemacha, die gegen klingende Münze ihren fast mit religiöser Hingabe ausgeübten Beruf aufgaben gegen die weltlichen Dienste eines Soldatenliebchens. Noch höher im Rang standen die Ehefrauen anderer Offiziere, mit denen anzubändeln ein beliebtes Gesellschaftsspiel war.
Manche dieser Schneiderpuppen frönten den ausgefallensten Launen und Gewohnheiten. So ließ der eine den Fußboden seines Quartiers von seiner Ordonnanz mit Champagner scheuern, eine Extravaganz, die ihn von der Masse abhob. Ein anderer trug Stiefel mit roten Stulpen, um so aller Welt kundzutun, daß er einmal an der Front knietief durch Blut gewatet war. Ein dritter bestellte jeden Morgen um sechs Uhr den Trompeter ans Bett, um das Vergnügen zu genießen, sich nach dem Weckruf, der selbst Tote hätte auferstehen lassen,

noch einmal umzudrehen und bis acht Uhr, zum üblichen Ende der Nachtruhe, weiterschlafen zu können. Ein vierter, Oberst Graf Benkkendorff, wollte sich nur ungern von seinem eigenen Koch trennen, der ihn mit dem Diener bis zum Schlachtfeld begleiten mußte, und von seinem Burschen erwartete er sogar, daß dieser sich hinlegte und ihm den Boden anwärmte, bevor sich der Oberst selber ausstreckte.
Wenn sich der Fürst auch vom Imam in seinem Lebensaufwand so sehr unterschied wie Feuer von Wasser, so teilte er dennoch mit ihm den Hang zum Theatralischen und die wohlberechneten, auf Wirkung bedachten Auftritte. So ehrte Barjatinskij eines Tages nach einem harten Gefecht die geschlagenen Tschetschenen dadurch, daß er ihnen ihre Säbel zurückgab und seinen Schlaf von den besiegten Feinden bewachen ließ, nachdem er zuvor seine eigenen Leibwachen fortgeschickt hatte.

3

Für den Feldzug im Winter 1851 und das folgende Frühjahr, der schließlich zur endgültigen Eroberung von Tschetschnia führte, wandte Barjatinskij eine neue Einkreisungstaktik anstatt der bis dahin üblichen offenen Feldschlachten mit ihren hohen Verlusten. Auch sonst unterschied sich seine Art der Kriegführung selbst bei schweren Kämpfen und Strafexpeditionen. Bisher hatten die Russen die Auls nachts gestürmt und dabei an den überrumpelten Frauen und Kindern, die nicht mehr fliehen konnten, Greuel und Schreckenstaten von bestialischer Grausamkeit verübt. Zwar fanden auch unter Barjatinskij die Überfälle noch bei Nacht statt, aber er ließ die Bergdörfer zunächst beschießen, wodurch die Einwohner geweckt und vor dem Angriff gewarnt wurden. Die Männer konnten so noch rechtzeitig zu den Waffen greifen und aus den Häusern stürzen, um sich in den Straßen oder in der Umgebung offen zum Kampf zu stellen. Frauen, Kinder und wehrlose Greise wurden nun nicht mehr erbarmungslos in ihren Hütten niedergemetzelt, sondern gefangengenommen, sobald das Dorf erobert war. Mit Milde versuchte er die Besiegten zu gewinnen: Er baute die zerstörten Auls auf, teilte den Gebirgsbewoh-

nern Land zu, ergänzte ihre Viehherden und übertrug die Verwaltung einem jeweils gewählten Einheimischen.
Auch das Gelände ließ er für seine strategischen Pläne umgestalten, so unter anderem durch Brücken über die Mitschikschlucht, mit denen die Hochebenen von Tschetschnia zugänglich gemacht wurden. Um gegen feindliche Überraschungen gewappnet zu sein, spannte Barjantiskij über das ganze Land ein dichtes Spionagenetz und rodete systematisch die großen Wälder, Schamils natürliche Verteidigungsbastionen, aus denen heraus die Muriden die Eindringlinge so oft überfallen und vernichtet hatten. Ganze Artillerieregimenter deckten seine Holzfällertrupps und hielten die Krieger der Bergstämme außer Gefechtsweite. Wer sich freiwillig zum Nahkampf meldete, kehrte nie wieder zurück.
Von den Höhen seiner Bergwelt herab sah Schamil durchs Fernrohr, wie Scharen von Männern, ameisengleich, ihre Äxte schwangen, denen Baum für Baum zum Opfer fiel. Tatenlos mußte er zuschauen, wie ihre Reihen unaufhaltsam vorrückten und das Verhängnis nahte.
Seit Monaten schon war Schamil nicht mehr zu Hause gewesen, in dem Aul, wo sein Hauptquartier lag und seine Familie lebte und mitten unter ihr auch Vaska-Nurman, die große schwarzweiße Katze, die er so abgöttisch liebte. Zwar war das Tier daran gewöhnt, daß sein Herr manchmal abwesend war, aber diesmal schlich Vaska-Nurman besonders bekümmert durch Haus und Hof und verweigerte schließlich jede Nahrung, selbst den kleinsten Bissen. Erfolglos bemühten sich alle Frauen und Diener, die Katze umzustimmen, und auch Schamils Sohn Kasi Mahommed zog vergebens in die Zimmer seines Vaters, um die Katze mit der Hand zu füttern. Zusehends magerte sie ab, ihre Augen wurden trüber und lebloser, dann starb sie. Um dem Lieblingstier seines Vaters die letzte Ehre zu erweisen, ließ Kasi Mahommed die Katze im Beisein hoher Würdenträger der Muriden feierlich begraben.
Zunächst wagte niemand, dem Imam den Todesfall zu melden. Als er dann schließlich doch den Verlust seiner treuen Katze erfuhr, die seine Liebe so hingebungsvoll erwidert hatte, starrte er finster vor sich hin und sagte:
»Von jetzt an wird es mir schlechtgehen.«

Überfall auf Zinondali

I

Als es im Juni 1854, dem Jahr, in dem der Krimkrieg zwischen Rußland und der Türkei ausbrach, in Tiflis drückend heiß wurde, beschloß Fürstin Anna Tschawtschawadse, eine Enkelin des letzten Königs von Georgien, nach Zinondali, dem Familiengut in Kachetien, überzusiedeln, hundertdreißig Kilometer nordöstlich von Tiflis gelegen. Zinondali war einer der berühmtesten Landsitze in ganz Georgien und galt früher, als der alte Fürst Alexander noch lebte, als Treffpunkt für Dichter und Schriftsteller.

»Was hältst du davon?« fragte Fürstin Anna ihren Mann, nachdem sie ihm ihren Reiseplan mitgeteilt hatte. »Glaubst du, daß wir dort sicher sind, oder rätst du mir ab?«

»Ich stimme dir zu, meine Liebe«, erwiderte er, »du kannst ganz beruhigt zu unserem Gut reisen. Der lesghische Befestigungsgürtel ist stark, und wie du ja weißt, bin ich selbst in der Nähe von Zinondali stationiert. Ich kann euch daher immer leicht im Auge behalten.«

Oberst Fürst David Tschawtschawadse, ein Georgier, der in der russischen Armee diente, hatte kurz zuvor das Kommando über die Miliz von Kachetien übernommen, die bereitstand, um jene in einiger Entfernung voneinander gelegenen Festungen zu besetzen, die einen Einfall der Muriden in die Tiefebene verhindern sollten.

»Außerdem«, fuhr der Fürst fort, »ist das Gut doppelt geschützt, nämlich zum einen durch unseren Befestigungsgürtel, zum anderen durch den Alasan, der an dieser Stelle so tief und reißend ist, daß man ihn kaum überqueren kann. Nein wirklich, ich sehe keine Gefahr für euch in Zinondali, erst recht nicht, wenn ich daran denke, wie schwach Schamil und seine Tataren zur Zeit sind. Sie haben sich wie wundgeschossenes Wild in die Berge zurückgezogen. Und Nachschub erhalten sie von den Türken auch nicht mehr. Im Krimkrieg gegen uns braucht das osmanische Heer jetzt selber dringend Munition. Also«, schloß er, indem er seiner Frau liebevoll übers Haar strich, »reise ruhig mit den Kindern nach Zinondali und erholt euch gut.«

Ganz anders beurteilte der Militärgouverneur von Tiflis die Lage. Er nannte die bevorstehende Abreise der Fürstin, die immerhin über eine Strecke von zwei anstrengenden Tagesritten führte, ein tollkühnes Unternehmen, und riet daher dringend davon ab.

Genauso dachte auch ein russischer Oberst der Besatzung von Tiflis, der Madame Drancy, der französischen Gouvernante im Haus der Tschawtschawadses, mit dramatischer Gebärde einen Dolch überreichte:

»Ich rate Ihnen dringend, Madame, diesen Dolch als Waffe an sich zu nehmen, und eifrig zu lernen, wie man ihn gegen lästige Angreifer benutzt, bevor Sie sich den Gefahren außerhalb der Stadt aussetzen.«

»Ihre Sorge um mich rührt mich zutiefst«, antwortete ihm die Gouvernante und bemühte sich dabei, ernst zu bleiben. »Ich danke Ihnen sehr.«

Was der Oberst als Waffe zur Verteidigung der weiblichen Tugend betrachtete, sah Madame Drancy als nützliches Stück in ihrer Andenkensammlung an, das sich vielleicht einmal als Brieföffner eignen würde.

Durch die beruhigenden Worte ihres Mannes in ihren Plänen bestärkt, traf Fürstin Anna gelassen alle Reisevorbereitungen. Tagelang hatten Diener und Zimmermädchen alle Hände voll zu tun, die Arbas, schwere, zweirädrige Ochsenkarren, die man in ganz Asien benutzte, nicht nur schrankweise mit Kleidungsstücken zu beladen, sondern auch mit Samowaren, Bettzeug, Lebensmitteln, Töpfen und Ikonen. Das alles war zwar in Zinondali im Überfluß vorhanden, aber in den bescheidenen Herbergen, die man notgedrungen unterwegs aufsuchen mußte, fehlte es an allem, sogar an Betten und Laken. Wer nicht selbst alles mitschleppte, war gezwungen, auf harten Bänken zu schlafen, oft ohne Strohmatratze.

Außer ihren fünf Kindern mit der französischen Gouvernante und zwölf Dienern sowie anderem Gutspersonal wurde Fürstin Anna auch noch von ihrer jüngeren verwitweten Schwester Fürstin Warwara und deren kleinem Sohn Fürst Georg begleitet; ferner von ihrer sieb-

zehnjährigen Nichte Fürstin Nina Baratow und von der fast achtzig Jahre alten Fürstin Tinia, einer geschwätzigen Tante des Fürsten.
Als sich der Wagenzug mit den Kutschen für die Herrschaften und den Ochsenkarren für das Gepäck Mitte Juni von Tiflis aus in Bewegung setzte, waren alle von einer erwartungsvollen Aufbruchstimmung gepackt. Das geruhsame Landleben in Zinondali, wo ein Heer von Dienern und Gärtnern, Köchen und Küchenjungen, Stallburschen und Landarbeitern sie umsorgten, würde sie für die Strapazen der Reise reichlich entschädigen.
Alle waren mit diesem Leben vertraut, nur Madame Drancy sollte es zum ersten Mal kennenlernen. Seit ihre Ehe mit einem Limonadenverkäufer in Paris gescheitert war, hatte sie Zuflucht im Elternhaus gesucht, dann aber teils aus Abenteuerlust, teils aber auch um selbständig zu sein, den Entschluß gefaßt, nach einem so entlegenen Ort wie Tiflis zu reisen, um dort ihr Glück zu versuchen. Ihre Pläne schlugen fehl. Da zwei Jahre nach ihrer Ankunft in der georgischen Hauptstadt Rußland offensichtlich auf einen Krieg mit Frankreich zusteuerte, wollte sie in ihre Heimat zurückkehren, als sie unverhofft aus dem Fürstenhaus Tschawtschawadse das Angebot erhielt, die Pflichten einer französischen Gouvernante für die beiden Töchter Marie und Salomé zu übernehmen.
Während die Fürstinnen unterwegs über die Schlaglöcher auf den Straßen klagten, über Staub und Hitze, genoß Madame Drancy den Blick auf die prachtvolle Landschaft mit den Obsthainen und Weingärten, die sich im flimmernden Blau der Ferne verloren, wo die schneegekrönten Gipfel des Kaukasus bis in den Himmel ragten. Was sie auf dem langen Reiseweg entzückt hatte, wurde jedoch noch übertroffen, als von weitem der Landsitz selbst, ein von Säulengängen umgebenes weißes Haus mit dem großen Hof und den terrassenförmig angelegten Gärten, in einem Tal auftauchte, durch das sich ein kleiner Nebenfluß des Alasan schlängelte und wo jenseits das Bergland begann. Die exotischen Pflanzen, die zwischen den Obstbäumen und Rebstöcken blühten, strömten einen betörenden Duft aus, farbenprächtige Schmetterlinge schaukelten trunken durch die Luft, und unaufhörlich schwärmten und summten Bienen in den Rosengärten.

Gnädig dankte Fürstin Anna der Dienerschaft, darunter auch zahlreichen ländlichen Kinderfrauen, die zum Empfang der hohen Herrschaft in zwei Reihen vor dem Portal Aufstellung genommen hatten und sich dann scherzend und schnatternd wieder an die Arbeit machten, sobald die Gäste sich in ihre Zimmer zurückgezogen hatten. Durch die offenen Fenster drangen zu ihnen die Geräusche emsiger Tätigkeit aus Küche und Wirtschaftsräumen: Butterfässer wurden über den Kachelboden gerollt, Eier in einer Schüssel geschlagen, Fleischstücke zerhackt, Messer geschärft, Geschirr klapperte und klirrte, und das alles wurde immer wieder übertönt von den gebieterischen Anweisungen des Chefkochs, der überall zugleich zu sein schien und schon am Geruch erkannte, ob das Brot fertiggebacken, der grüne Pfeffer im Ofen gedörrt und der Hammel saftig durchgebraten war.

Es folgten Tage voller Glück und Geruhsamkeit, die alle dankbar genossen. Nur die junge Fürstin Nina, ein Mädchen von gazellenhaftem Wuchs, langweilte sich in Zinondali. Mit ihren siebzehn Jahren war sie zu alt für ihre Tanten und zu jung für ihre Kusinen und Vettern. Trübsinnig starrte sie oft stundenlang, so auch an diesem heißen Sommernachmittag, auf die weite Landschaft, die ihr so leer und leblos erschien, und sehnte sich nach dem glanzvollen Leben in Sankt Petersburg zurück, von wo sie gerade erst in ihre georgische Heimat zurückgekehrt war.

Voller Lebensfreude dagegen nutzten die Kinder jeden Augenblick auf dem Landsitz, der ihnen täglich neue Abwechslungen bot. Zwar saßen, wie immer um diese Stunde, Marie und Salomé neben der Familienkapelle im kühlen Schatten und plagten sich unter der strengen Aufsicht der Gouvernante mit französischen Verben ab, doch diese lästige Pflicht würde schon bald hinter ihnen liegen. Dann durften auch sie sich mit Spielen im Park und Garten vergnügen, wohin sie gelegentlich einen sehnsüchtigen Blick auf die jüngeren Geschwister warfen, die dort herumtollten oder von ihren Kinderfrauen auf den Knien geschaukelt und gehätschelt wurden. Über allem Treiben wachte, auf einen Stock gestützt, die hundertjährige Maria Gaideli, der das ganze Regiment ländlicher Kinderfrauen unterstand. Schon seit Generationen hatte sie die Söhne und Töchter der Fürstenfamilie großgezogen, und liebevoll strahlten die Augen in ihrem verwelkten

Gesicht, wenn sie die jüngsten Sprößlinge der Tschawtschawadses beobachtete: die vierjährige Tamara, den achtzehn Monate alten Alexander, die viermonatige Lydia sowie ihren Vetter, den siebenmonatigen Fürsten Georg.

Am Ende des Gartens saßen die Damen auf dem kleinen Turm, von dem aus man das ganze Tal überblicken konnte, und tranken Tee, den sie von Zeit zu Zeit aus dem schweren silbernen Samowar zapften. So gelassen und heiter wie sonst war die Stimmung diesmal nicht, ja die fast achtzigjährige Fürstin Tinia wirkte sogar bedrückt.

»Was sind das nur für Zeiten!« seufzte sie. »Sind wir selbst hier nicht mehr sicher vor diesen Tataren?«

»Gerüchte, nichts als Gerüchte«, versuchte Fürstin Anna sie zu beschwichtigen.

»Aber ein Gerücht, das nicht verstummt, schon seit Anfang Juli. Wenn dieser Schamil tatsächlich Telaw angreift, wird er auch vor Zinondali nicht haltmachen.«

»Du brauchst wirklich nicht besorgt zu sein. Durch die letzten Regenfälle ist der Alasan so stark angeschwollen, daß man ihn an keiner Stelle überqueren kann.«

Fürstin Anna sprach eindringlich und entschlossen, mit gebieterisch erhobenem Kopf. Ihre starken Brauen stießen fast zusammen und verliehen den dunklen Augen einen strengen Ausdruck. Sie trug ihr schwarzes Haar in einem fülligen Nackenzopf, an dem ein Tüllschleier mit Brillantnadeln befestigt war. Die lange Nase und die klassischen Züge ihres Volksstammes ließen schon auf den ersten Blick die echte Georgierin erkennen.

Fürstin Anna und ihre jüngere Schwester Warwara waren als Enkeltöchter des letzten Königs von Georgien durch Geburt im Besitz des Titels »Fürstin von Georgien«, der auf ihren königlichen Rang hinwies. Nach ihrer Erziehung im Smolny-Institut in St. Petersburg hatten sie später zu den Hofdamen der Zarin gehört. Von der Petersburger Gesellschaft gefeiert und umworben, heirateten sie schließlich zwei gutaussehende, junge georgische Fürsten, die beide in der russischen Armee dienten, und kehrten nach Georgien zurück.

Während Fürst Tschawtschawadse, der Ehemann der Fürstin Anna, noch lebte, war Warwaras Gatte, Fürst Orbeljani, Anfang 1854 im

Kampf gegen die Türken gefallen, und fast am gleichen Tag war auch ihr älterer Sohn gestorben. Fürstin Warwara, ebenso dunkel wie ihre Schwester, aber kleiner und sanfter, war erst fünfundzwanzig Jahre alt, als sie Witwe wurde. Seitdem ließ sie sich nicht mehr in der Gesellschaft von Tiflis blicken, und all ihre Liebe, ihr Leben und Trachten galt nur noch ihrem jüngsten Sohn Georg, einem Säugling, ihrem ein und alles aus ihrer glücklichen Vergangenheit. Ihre schwere Trauerkleidung schien sie niederzudrücken, sie betete oft bei Tag und Nacht, und ihre Gedanken wanderten immer wieder zur Familiengruft der Orbeljanis, wo ihr Mann und ihr Erstgeborener ruhten, bewacht von armenischen Mönchen.

Bisher hatte sich Fürstin Warwara an dem Gespräch zwischen ihrer Schwester und der alten Fürstin Tinia nicht beteiligt. Jetzt aber brach sie ihr Schweigen und fragte:

»Sag, Anna, woher nimmst du eigentlich deine Zuversicht, daß wir hier so sicher sind? Hast du dich selbst davon überzeugt, daß man den Fluß wirklich nicht überqueren kann – an keiner Stelle?«

»Du siehst doch selbst, wie hoch das Wasser steht. Und außerdem denke ich daran, was mir mein Mann geschrieben hat.«

»Ich weiß, er hat unter schweren Verlusten einen Angriff der Lesghier auf seine Festung abgewehrt. Doch warum sollte das den Feind davon abhalten, es anderswo erneut zu versuchen?«

»Innerhalb der nächsten Tage will er selbst nach Zinondali kommen. Wie er ausdrücklich betont, bestehe inzwischen kein Grund zur Beunruhigung.«

»Für wen?«

»Natürlich für uns hier. Wir sind in keiner unmittelbaren Gefahr, das hat er damit sagen wollen.«

»Und wenn er etwas anderes gemeint hat?« Fürstin Warwara hielt den Kopf gesenkt und sprach leise. »Nämlich, daß du dir seinetwegen keine Sorgen machen sollst.«

»Nein, liebe Warwara, so darf man seine Worte bestimmt nicht auslegen. Warten wir ab, bis er hier ist, dann wirst du schon sehen, daß ich recht habe.«

2

Fürstin Anna fühlte sich auch dann noch nicht bedroht, als sie am nächsten Tag auf den Hügeln jenseits des Alasan brennendes und qualmendes Getreide sah.
»Das ist kein gutes Zeichen«, erklärte ihr der Gutsverwalter, der sie darauf aufmerksam gemacht hatte.
»Wer kann das getan haben?«
»Gebirgsbewohner haben es angezündet.«
»Wozu?«
»Sie sind von den Bergen herabgekommen, um irgendwo anzugreifen. Die Leute aus dem Gebirge sind schon seit jeher Feinde von uns hier unten im Flachland.«
»Das sind Streitigkeiten unter den Einheimischen hier«, meinte die Fürstin unbesorgt. »Ein einsames Landhaus und ein paar Frauen und Kinder dürften für sie wohl kaum eine lohnende Beute sein.«
»Sagen Sie das nicht!« beschwor sie der Gutsverwalter mit erhobenen Händen. »Diese Horden sind zu allem fähig.«
»Also gut, wenn es Sie beruhigt, stellen wir ein paar Diener als Wachen auf. Mehr ist nicht nötig.«
»Im Gegenteil, Fürstin, ich flehe Sie an. Brechen Sie sofort auf, Sie alle, und suchen Sie Zuflucht in den Wäldern, ehe es zu spät ist.«
Doch sie hörte weder auf den Gutsverwalter noch auf den Dorfältesten, der ihr kurz danach ebenfalls dringend riet zu fliehen. Sie war mit ihren Kindern nach Zinondali gekommen, um sich auf dem Familiengut zu erholen, und sie wollte sich nicht vorstellen, warum sie nun alle in den Wäldern hausen sollten wie Gehetzte, wie Verfolgte, die etwas verbrochen haben, und wie sie dort ihr jüngstes Kind, die vier Monate alte Lydia, die sie selber stillte, vor Krankheit bewahren konnte. Weil die Fürstin nicht gestört werden wollte, blieb sie untätig.
Die Geschützfeuer, das während der Nacht vom jenseitigen Flußufer herüberhallte und alle Bewohner des Landgutes aus dem Schlaf riß, ebbte noch vor Morgengrauen ab und verstummte schließlich völlig. Wie immer ging die Sonne auf, und ihre ersten Strahlen ließen die

Tautropfen auf den Blättern der Rebstöcke wie Perlen glitzern. Friede war wieder eingekehrt auf Zinondali.
Fürstin Anna schlief noch fest, als alle übrigen Angehörigen zur Kirche gingen und Gott für den Abzug der Bergbewohner dankten. Sie fühlten sich wie befreit von einer Last und ließen sich auch nicht im geringsten beunruhigen, als ihnen auf dem Heimweg ein Bauer begegnete und ihnen aufgeregt erzählte:
»Die Lesghier haben den Alasan überquert, eine ganze Abteilung, aber sie sind von starken Milizverbänden zum Stehen gebracht worden.«
Die Damen nickten nur kurz und sagten »so, so« und »danke für die Nachricht« und gingen unbeschwert weiter.
»Wer soll das schon glauben«, meinte Fürstin Warwara, »nichts als Schwarzmalerei.«
»Niemand darf Anna das berichten«, schärfte die alte Fürstin allen ein. »Auch ihr, Kinder, sagt eurer Mutter darüber kein Sterbenswörtchen!«
Mit demselben Mißtrauen wurde das Erlebnis eines Bauern aufgenommen, der eine Stunde später in den Hof taumelte. Auf seinen zerfetzten Kittel deutend, behauptete er, Scharfschützen hätten vom anderen Ufer aus auf ihn geschossen, als er diesseits des Flusses Ausschau gehalten hätte.
»Es gibt keinen Zweifel mehr, die Lesghier planen einen Angriff auf Zinondali.«
Niemand gab auch nur eine Kopeke auf sein Wort. Er war als Trunkenbold verschrien, und kaum hatte er seinen Schrecken in einem Glas Wodka ertränkt, als er auch schon auf einer Bank in der Küche schnarchte.
Noch am gleichen Nachmittag meldete ein Diener der Fürstin, ein Fremder sei hinkend ins Haus gekommen und bäte um Unterkunft für die Nacht.
»Wer ist es?« erkundigte sich Fürstin Anna.
»Ein Kaufmann. Unterwegs ist er auf seiner Reise nach Telaw vor einer Bande Lesghier geflohen. Er mußte den Alasan bei Tognia durchwaten, deshalb ist er völlig durchnäßt.«
»Gebt ihm trockene Kleidung und weist ihm eine Schlafstelle zu.

Und natürlich soll er auch genug zu essen und trinken bekommen.«

Der erste Zweifel keimte auf, als später Diener bemerkten, wie der Fremde ein Gewehr lud. Sobald die Fürstin durch den Gutsverwalter davon erfuhr, raffte sie sich endlich auf.

»Es ist besser, auf der Hut zu sein. Lassen Sie Gewehre an die Diener austeilen. Sie sollen ab sofort das Gut bewachen bei Tag und Nacht.«

Übermüdet schliefen zwei Wachtposten schon bald ein, und ein dritter schäkerte gerade mit einem Kindermädchen, als am Abend ein Schuß alle aufschreckte. Einige beobachteten gerade noch, wie der Fremde, mit dem Gewehr in der Hand, auf den Wald zulief. An eine Verfolgung dachte niemand.

»Jetzt verstehe ich, warum er ins Haus gekommen ist«, sagte Fürstin Warwara leise. »Er ist ein Kundschafter der Lesghier, und sein Schuß ist ein Signal.«

»Aber was für ein Signal? Was bedeutet es?«

Fürstin Anna hatte diese Worte an den Gutsverwalter gerichtet.

»Ich weiß es auch nicht«, antwortete er achselzuckend, »niemand von uns kann das wissen. Wir sind in Gefahr, das weiß ich bestimmt!«

»Das glaube ich jetzt auch«, gab die Fürstin Anna zu, die sich endlich ihrer bedrohlichen Lage bewußt wurde. »Noch bei Morgengrauen brechen wir nach Tiflis auf.«

»Gesegnet sei Ihr Entschluß, Fürstin!«

»Und ihr«, befahl sie den Dienern in der Nähe, »beginnt sofort mit dem Packen.«

»Wollen Sie wirklich so lange warten?« wagte der Gutsverwalter einzuwenden. »Wenn ich Ihnen raten darf, Fürstin, dann verstecken Sie sich sofort mit den Kindern und der übrigen Familie im Wald. Wer weiß, ob die Tataren nicht schon diese Nacht kommen werden.«

»Es bleibt dabei, im Morgengrauen reisen wir ab.«

Statt auf seinen Vorschlag einzugehen, glaubte sie immer noch, sie könne das Schicksal nach ihrem Willen planen. Sie überwachte sogar, wie die Diener die schweren Koffer heranschleppten und die Wertgegenstände einpackten, ließ zwei leichte, schnelle Wagen bereitmachen und schickte einen Boten zu Fürst David, um ihm ihre Abreise zu melden. Die anderen waren schon zu Bett gegangen, als auch sie sich endlich schlafen legte.

3

Den ganzen Tag über war es glühend heiß gewesen, und auch in der Nacht wich die drückende Schwüle nicht. Unruhig wälzte sich die Gouvernante von einer Seite auf die andere. Nicht nur die Hitze ließ sie nicht einschlafen, es war auch die Ahnung des drohenden Verhängnisses. Sie stand auf und ging hinunter in den Garten. Rund hing der Mond am Himmel und überflutete mit seiner Helligkeit das Tal bis zu den Bergen hin. Jenseits des Alasan loderten noch Flammen in den zerstörten Dörfern. In der Ferne hob sich dunkel der Wald ab, in den sie am liebsten geflüchtet wäre, hätte sie es nicht für ihre Pflicht gehalten, bei der Familie auszuharren.

Furcht packte sie, als sie das Heulen der Schakale hörte, und eiligst suchte sie Zuflucht in der Hauskapelle, deren Tür offenstand. Vor der Ikone mit dem rubinroten Lämpchen kniete sie nieder und flehte zu Gott, er möge sie und alle anderen auf dem Landsitz retten.

Als Madame Drancy zum Gutshof zurückging, blieb sie plötzlich wie gelähmt stehen, denn vor sich sah sie einen Mann mit einem Gewehr über der Schulter aus dem Schatten treten und geräuschlos wie eine Katze über den mondhellen Hof huschen. Sein schleichender Gang und seine lauernden Bewegungen verrieten ihr, daß er nichts Gutes im Schilde führte, und kaum war er im Dunkel verschwunden, da rannte sie ängstlich aufs Haus zu. Von der Terrasse aus bemerkte sie jenseits des Flusses zwei Männer, deren Waffen im Mondlicht glänzten. Als sie beobachtete, wie sie ihre Pferde am Ufer entlangführten und nach einer Furt suchten, stellte sie entsetzt fest, daß der Wasserstand nach der Tageshitze deutlich gesunken war.

Erregt stürzte die Gouvernante ins Schlafzimmer der Fürstin Anna und rüttelte sie wach.

»Sie kommen!« rief sie. »Jeden Augenblick können sie hier sein. Ich habe gerade zwei von ihnen am Fluß gesehen, wahrscheinlich Kundschafter der Tschetschenen oder sonstwer von den Tataren. Das Wasser ist stark gefallen. Und außerdem ist vorhin einer von ihnen über den Hof geschlichen.«

»Wenn das so ist, dann haben wir keine Zeit mehr zu verlieren«, sagte die Fürstin und begann sich eilig anzukleiden. »Bitte wecken Sie die Kinder und sorgen Sie dafür, daß man ihnen zu essen gibt.«

Im Nu war das ganze Haus lebendig, Anordnungen wurden getroffen und im nächsten Augenblick widerrufen, aufgescheucht durch die nahe Bedrohung eilten Gäste, Diener und Zimmermädchen im Kerzenlicht hin und her, von einem Raum in den anderen und wieder zurück, und bald war alles in heillosem Durcheinander verstrickt. Auch die Gouvernante ließ sich von der allgemeinen Kopflosigkeit anstecken, als sie zu den paar Habseligkeiten, die sie hastig in eine kleine Tasche stopfte, auch noch die französische Grammatik und das religiöse Buch »Dieu est Amour« einpackte und Briefe sowie einige abgeschnittene Locken als Andenken unter ihr Korsett steckte.

»Sie marschieren auf Telaw zu!«

»Ganze Scharen strömen von den Bergen herab!«

»Schamil selber führt sie an!«

Eine Hiobsbotschaft jagte im Morgengrauen die andere, und jeder Dorfbewohner, der sie aufschnappte und weitergab, bauschte sie auf. Nur zwölf Kilometer trennten Telaw, die nächste Kleinstadt, von Zinondali, für Reiter keine Entfernung. Die Dienstmädchen, die sich gegenseitig die Schrecken der Gefangenschaft jammernd und zitternd ausmalten, mußten manche Koffer wieder öffnen, die sie vor Angst falsch gepackt hatten, und waren auch mit Tee kaum zu beruhigen. So ging wertvolle Zeit verloren. Erst gegen acht Uhr, die Sonne stand schon hoch am wolkenlosen Himmel, wurde das letzte Gepäckstück auf einem Ochsenkarren verstaut.

Die Kinder, die sich der Gefahr nicht bewußt waren und den überstürzten Aufbruch mehr als Spiel betrachteten, sprangen aufgeregt um ihre Gouvernante herum, als vom Ende des Gartens der Schrekkensruf erklang:

»Gott steh uns bei! Die Tataren!«

Ein Schuß knallte, die Stimme brach. Pferde sprengten in einer

Staubwolke heran, Männer schrien und johlten wie eine Horde Wilder und stürzten die Ordnung auf dem Gut in Panik und Chaos. Von Angst gejagt warfen die Diener ihre Flinten weg und stoben auf die Weinberge und Wälder zu.

»Die Kinder!« schrie Fürstin Anna der Gouvernante zu. »Retten Sie die Kinder!«

Die kleine Lydia fest an sich gedrückt, flüchtete sie ins Haus, gefolgt von Madame Drancy mit den übrigen Kindern sowie von Kindermädchen, Mägden und der alten Fürstin Tinia, die selbst jetzt noch nicht wahrhaben wollte, was sie erlebte.

»Nein«, stammelte sie immer wieder vor sich, »nein, sie werden es nicht wagen, niemals.«

»Uns tun sie bestimmt nichts«, redete Fürstin Anna sich ein, »sie wollen nur das Haus plündern.«

»Gott gebe, daß du recht hast!« seufzte ihre Schwester.

»Am besten verstecken wir uns auf dem Dachboden. Da oben sucht so schnell keiner nach Kostbarkeiten.«

Von Furcht getrieben drängten sie sich die Stiege hinauf, verriegelten die Tür und verrammelten sie mit einer Truhe, die sie in der Ecke fanden, als sie auch schon hörten, wie die Tataren ins Haus eindrangen und in ihrer Zerstörungswut Fenster und Türen einschlugen, Vorhänge herunterrissen, Porzellan zertrümmerten und wild auf dem Klavier herumhämmerten. Ihr Grölen und Toben ließ die Mägde und Kindermädchen auf die Knie sinken und Gott laut um Hilfe flehen, er möge sie vor Tod und Schande bewahren.

»Ruhig«, mahnte die Fürstin sie, »bleibt ruhig. Euer Jammern verrät uns alle.«

Vergebens, bei jedem Krach und Geschrei, das von unten bis zum Dachboden drang, kreischten sie erneut auf.

»Was liegt ihr da auf den Knien und jammert?« empörte sich die alte Fürstin Tinia. »Geht sofort nach unten und bringt die blaue Vase in Sicherheit, die ich so sehr liebe, und auch das Teeservice mit den Rosen. Wird's bald?«

Sie schien den Verstand verloren zu haben. Immer wieder fielen ihr neue Sachen aus Glas und Porzellan ein, die ihr besonders am Herzen lagen.

Während die Gouvernante die älteren Kinder zu beruhigen versuchte und Fürstin Warwara sich um die Säuglinge kümmerte, stimmte die greise Kinderfrau Maria Gaideli, von Zittern und Krämpfen geschüttelt, ein georgisches Klagelied an.

Verzweifelt gab Fürstin Anna ihre Versuche auf, alle zu ermahnen, ihr gemeinsames Versteck auf dem Dachboden nicht durch Schreie und Jammern zu verraten. Ihre Hoffnung, unentdeckt zu bleiben, schwand dahin.

Durch eine Dachluke beobachtete die Gouvernante, wie Hunderte von Reitern, Scharen wild und verwegen aussehender Kerle, einer Lawine gleich von den Hügeln herab auf das Haus zustürzten, wüst grölend und in die Luft schießend, und wie die Hufe ihrer Pferde Garten und Blumenbeete niedertrampelten. Mit Siegesgeheul sprengten sie, ihre Säbel über den Köpfen schwingend, in den Hof zu ihren Kameraden von der Vorhut, rissen plötzlich die Zügel so scharf an, daß ihre Pferde sich aufbäumten, schnaubten und mit den Vorderhufen ausschlugen, sprangen mit einem Satz aus dem Sattel und stürmten ins Gutshaus, wo von den Wänden ihr Geschrei und das Trappeln und Stampfen ihrer Füße verstärkt durch die Decke nach oben hallten und bald auch die Stiege hinauf, die zum Dachboden führte. Zwei, drei Mann warfen sich mit solcher Wucht gegen die Tür, daß sie krachend aufsprang und die Truhe beiseite schob. Als sie die Frauen erblickten, die sich ängstlich zusammendrängten, rasten sie wie ein Rudel Wölfe herein und rissen sie gierig an sich, wobei sie sich gegenseitig wie um Beute balgten und ihr Triumphgeschrei die jammernden Mägde und weinenden Kinder erschauern ließ.

Ein grobschlächtiger Kerl packte die Gouvernante mit eisernem Griff und sprang mit ihr in einem Satz die ganze Stiege herab in die Halle. Der Reihe nach wurden Fürstinnen, Dienstmädchen und Kinder von rauhen Fäusten die Treppen hinuntergestoßen, die plötzlich unter der Last der rasenden Meute und ihrer Opfer nachgab und zusammenbrach.

In der Halle fingen die Tschetschenen erneut an, sich um die Gefangenen zu streiten, entrissen sich gegenseitig die zitternden Frauen, stießen sie von sich und fuchtelten mit den Säbeln bedrohlich vor ihren Augen herum, wenn sie sich wehrten.

Im Gegensatz zu den meisten ihrer Leidensgenossinnen ließ sich die Gouvernante nicht einschüchtern und versuchte sich aus der Umklammerung bald des einen, bald des anderen zu befreien, was ihr jedoch mißlang.
»Ich bin Französin«, beteuerte sie ein ums anderemal, »ich stehe unter dem Schutz Frankreichs, und ihr werdet es noch bitter bereuen, wenn mein Konsul erfährt, was ihr mir antut!«
In ihrer Erregung merkte sie nicht, daß sie auf die Männer in ihrer Muttersprache einredete, die keiner der verwegenen Gestalten verstand, und was Frankreich war und Französin wußte ohnehin niemand. Statt sanfter mit ihr umzuspringen, wurde sie nur noch ungestümer von ihren Eroberern begehrt, deren Gier durch ihren Widerstand erst recht aufgestachelt wurde. Nach einer leidenschaftlichen Auseinandersetzung, bei der man ihr, um das Beutestück besser begutachten zu können, die Kleider vom Leib riß, fiel sie schließlich einem turbangeschmückten Kerl in die Hände, einem Unhold und Unmenschen wie ihr schien, der sie am Genick in den Hof schleppte und ihr mehr bellend als sprechend befahl, zwei Pferde am Zügel zu halten. Da stand sie nun in Korsett, Hemd, Unterrock und den Lederstiefeln, die sie einst in ruhigeren Tagen in der Pariser Rue de Rivoli erworben hatte. Als sie versuchte, sich aus dem Staub zu machen, hielt der Kerl sie am Arm fest, riß sie herum und grinste sie unverschämt an, während er ihr unversehens mit der Peitsche über die Schultern schlug. Rot vor Wut über diese Demütigung ergab sich die Gouvernante in ihr Schicksal: eine Flucht war ausgeschlossen, sie mußte gehorchen.
Unten im Hof war alles in Aufruhr wie nach dem Sturm auf eine Festung. Männer rannten durcheinander, fluchten, johlten und lachten, plünderten die umgestürzten Kaleschen, von denen sich die wild gewordenen Pferde losgerissen hatten, schlitzten Koffer und Säcke auf, zertrümmerten Kisten und Truhen, rafften zusammen, was ihnen gefiel, und warfen das meiste achtlos in den Dreck, stießen und zerrten die kreischenden Frauen, Reiter sprengten dazwischen, weinende Kinder lagen am Boden und schrien nach ihrer Mutter, und auf den Stufen zur Terrasse hockte die alte Kinderfrau, jammerte und verwünschte Gott, weil er das alles zuließ.

Ohnmächtig war Fürstin Anna im Hof zusammengebrochen, hielt aber trotzdem die kleine Lydia fest im Arm. Auch ihr hatten die Tataren das Kleid heruntergerissen, und Blut floß aus einer Wunde am Fuß, der aus dem Schuh gerutscht war. Auf der Suche nach Schmuck beugte sich ein Lesghier über sie, schob ihr die Haare, die ihr in Strähnen zerzaust bis auf die Schultern herabhingen, beiseite und riß ihr beutegierig die beiden kostbaren Brillantohrringe ab. Die Fürstin schrie auf vor Schmerz, hob den Kopf und rief der Gouvernante zu:

»Die Kinder, retten Sie die Kinder!«

Dann sank sie erneut bewußtlos zurück.

»Hilf uns, Mutter, hilf uns!« ertönten im gleichen Augenblick die Verzweiflungsschreie ihrer beiden ältesten Töchter Marie und Salomé, die von zwei tschetschenischen Reitern, die aussahen, als scheuten sie Tod und Teufel nicht, an die Sättel gebunden wurden.

Als Madame Drancy zu ihnen hinüberschaute, ohne sich von der Stelle rühren zu können, entdeckte sie gleichzeitig in dem Durcheinander die junge Fürstin Nina Baratow, die zu ihrem Erstaunen unbehelligt auf einem Prachthengst saß, den ein feuriger junger Tschetschene über den Hof führte. Weder er noch ein anderer hatten ihre Kleider und den Schleier berührt und auch niemand die Juwelen geraubt.

Ganz anders dagegen hatten die Männer die greise Fürstin Tinia mißhandelt, die gerade aus dem Gutshaus in den Hof taumelte, splitternackt, mit stierem Blick, das weiße Haar wirr aufgelöst über die Schultern fallend. Sie hatte die Arme zum Himmel erhoben, strauchelte plötzlich und fiel auf die Knie, schluchzend und zitternd, und betete mit hysterisch schriller Stimme um Tod und Erlösung von solcher Schmach. Niemand erhörte ihr Flehen, und niemand hielt sie zurück, als sie mit irrem Gejammer ziellos auf den Wald zutorkelte, wo sie später von Bauern gefunden und ins Dorf gebracht wurde.

Spätestens jetzt, da sie in den Händen der Eroberer waren, wurde den Fürstinnen klar, daß der Überfall auf Zinondali kein üblicher Beutezug, sondern ihre Gefangennahme der eigentliche Zweck des Angriffs gewesen war. Vor Jahren, so erinnerte sich Fürstin Warwara, hatte Schamil ihren Mann monatelang gefangengehalten, um ihn, den hochgestellten Fürsten Orbeljani, als Geisel gegen seinen Sohn Dshemal-Edin auszutauschen. Die Rechnung war nicht aufgegangen, ihr Mann inzwischen gefallen. Jetzt hatte der Imam einen neuen Versuch unternommen in der Hoffnung, er könne Dshemal-Edin zurückgewinnen, wenn er die Fürstinnen und deren Kinder als Gegengabe anbot. Die Schätze, die Schamil haben wollte, waren sie selber.

Über die anderen Schätze und Kostbarkeiten im Haus fielen die Tataren erst jetzt her. Da sie die Fürstinnen Tschawtschawadse und Orbeljani in ihrer Gewalt hatten, konnten sie nun nach Herzenslust plündern und rauben. Silberteller, die sie in ihrer Raffgier gewaltsam in die prallen Satteltaschen stopften, zerbrachen, Brillantbroschen wurden auf dem Boden zertreten, Perlenketten von den Hufen der Pferde zertrampelt. Bekannte Lebensmittel wie Zucker, Kaffee und Tee waren bei den Soldaten begehrt, und was sie nicht kannten wie Pomade, Gesichtssalbe und sogar die Kreide, die Madame Drancy für den Unterricht benutzte, kosteten sie, weil sie dies alles für Delikatessen hielten. Mit Trophäen ganz besonderer Art, den blumengeschmückten Sommerhüten der Kinder auf den Köpfen, stürmte eine Gruppe dunkelhäutiger Lesghier aus dem Haus.

Der Grobian, dem die Gouvernante als Beute zugefallen war, befahl ihr, vor ihm aufs Pferd zu steigen, während die Angehörigen der Familie Tschawtschawadse eigene Reittiere erhielten. Bewacht von je zwei Muriden verließen sie Zinondali. Allein Fürstin Anna ging zu Fuß, die kleine Lydia mit einem Arm fest umschlungen, während sie mit dem anderen an das Pferd ihres Eroberers gefesselt war, dem es Vergnügen bereitete, sie leiden zu sehen. Nur mit Mühe hielt sie den Kopf ihres Kindes über Wasser, als sie durch den Fluß watete und dabei stolperte.

Am anderen Ufer schloß sich ihnen ein Trupp Tschetschenen mit einer Viehherde an, die sie im Dorf zusammengetrieben hatten und in die Berge führen wollten.

Es war Mittag, die Sonne brannte vom Himmel, und eine dichte Staubwolke lag über dem Weg, auf dem die Soldaten mit ihren Gefangenen, auf dem Pferde und Vieh dahinzogen. Die Frauen hatten jede Hoffnung verloren, sie alle wünschten sich den Tod.

In die Berge verschleppt

I

Mehr als zwei Wochen verstrichen, ehe die Nachricht vom Überfall auf Zinondali und von der Geiselnahme in Tiflis eintraf. Trotz aller Empörung sahen sich Behörden wie Militär außerstande, die Gefangenen zu befreien, denn niemand wußte, wohin ihre Entführer sie verschleppt hatten.

Auch Oberst Fürst David Tschawtschawadse erfuhr erst verspätet, welches Schicksal seine Familie heimgesucht hatte. Nachdem er die Verteidigungsanlagen des Grenzdorfes Hando besichtigt hatte, war er am zweiten Juli nach Schildi zurückgekehrt und saß gerade mit dem Befehlshaber der Garnison am Mittagstisch, als ein Kundschafter, verschwitzt und staubbedeckt, auf seinem schweißnassen Pferd ins Langer sprengte. Er kam vom Pohali-Turm, dem äußersten russischen Vorposten unmittelbar unterhalb der Berge, in denen Schamil lebte, und rang noch erschöpft nach Luft, während er den beiden Offizieren Bericht erstattete:

»Die Lesghier haben unsere vorgeschobene Stellung gestürmt und besetzt, und es sieht ganz so aus, als wollten sie nun auf Schildi vorrücken.«

»Wenn sie sich einbilden, unsere Festung schleifen zu können, dann werden sie sich blutige Köpfe holen«, sagte Fürst David und brach sofort auf, um die umliegenden Dörfer zu schützen und seine Soldaten an strategisch wichtigen Punkten in Stellung zu bringen.

Erst am folgenden Morgen griffen die Muriden an und dann erneut um Mitternacht, wurden aber jedesmal zurückgeschlagen. Während dieser Verteidigungskämpfe schrieb der Fürst jenen Brief, in dem er seiner Frau mitteilte, es bestehe kein Anlaß zur Aufregung, was sie jedoch fälschlicherweise auf die Lage in Zinondali bezog.

Am Tag darauf, als er wieder in Schildi war, brachte ihm ein Kundschafter weitere Nachrichten über Truppenbewegungen des Feindes: »Eine große Streitmacht jagt die Berge herunter, Lesghier, Tschetschenen und Awaren, alle zu Pferde. Wie eine Lawine stürzen sie ins Tal hinab, das Tiefland ist bedroht.«

»Welche Richtung nehmen sie?« unterbrach ihn der Fürst.

»Auf den Alasan zu.«

»Und ›er‹?«

»Er?«

»Schamil.«

»Er ist vom Großen Aul herabgestiegen, um die Schlacht zu beobachten, so heißt es wenigstens.«

Mit vier Kompanien verließ Fürst David die Garnison und marschierte auf die Stelle des Alasan zu, wo ihn seiner Meinung nach der Feind überqueren würde. Doch kaum lag Schildi hinter ihm, als einer seiner Soldaten aus der Marschkolonne ausbrach und, auf ihn zueilend, rief:

»Da, Fürst, schauen Sie dorthin!«

Sich im Steigbügel aufrichtend, erblickte er fern hinter den Wäldern Flammen und Rauchwolken von einem halben Dutzend Dörfern aufsteigen, darunter auch von Zinondali.

»Zu spät«, knirschte er niedergeschlagen, »sie sind schon über den Alasan ins Tiefland vorgestoßen.«

»Was jetzt?« fragte ihn Hauptmann Hitrowo.

»Wir müssen schnellstens zur nächsten Furt marschieren und das rechte Ufer erreichen, koste es, was es wolle.«

Doch die Strömung, die an dieser Furt über die Felsen stürzte, drohte jeden mit sich zu reißen, der sich in sie hineinwagte.

»Unmöglich«, meinte der Hauptmann, »hier kommt niemand lebend hinüber. Wir müssen einen weiten Umweg machen und versuchen weiter flußabwärts an einer seichteren Stelle den Alasan zu überqueren, dort wo auch diese gottverdammten Horden durchgewatet sein müssen. Es bleibt uns keine andere Wahl.«

»Doch«, widersprach ihm Fürst David nachdenklich, »wir warten hier auf ihre Rückkehr, um ihnen den Weg in die Berge abzuschneiden.«

»Aber, Fürst, denken Sie denn nicht an Ihre Familie?«

»Die ganze Zeit schon.«

»Dann müssen wir nach Zinondali eilen, um sie zu beschützen.«

»Wenn ich nur Ehemann und Vater wäre, dann ja. Aber ich bin Soldat, und als Soldat habe ich andere Pflichten.« Er machte ein Kreuzzeichen in Richtung Zinondali und murmelte dabei: »Gott schütze meine Familie.«

»Sie befehlen also, daß die Truppen hier im Hinterhalt auf die Rückkehr der Tataren warten und nichts unternehmen, um in Zinondali vielleicht noch zu retten, was zu retten ist?«

»Das Gutshaus ist verloren, was macht das schon. Wichtig ist nur die Familie. Wenn sie sich rechtzeitig in die Wälder geflüchtet haben... Das ist meine einzige Hoffnung.«

Stundenlang lagen sie auf der Lauer, ohne daß sich die Hauptmacht der Muriden blicken ließ. Nur einige versprengte Gruppen von Lesghiern wurden am Nachmittag überrumpelt und niedergemacht sowie bei Einbruch der Dunkelheit eine weitere kleine Schar umzingelt und getötet. In ihren Satteltaschen fand man frisch abgeschlagene Köpfe russischer Soldaten, die nach kaukasischem Brauch dem Fürsten ebenso als Siegestrophäe zu Füßen gelegt wurden wie die zahlreichen Beutestücke, unter denen er Gegenstände aus seinem Landgut in Zinondali erkannte.

»Noch länger hier zu warten halte ich für sinnlos«, erklärte Hauptmann Hitrowo dem Fürsten. »Die weitaus meisten Tataren haben sich auf einem anderen Weg in die Berge abgesetzt. Wir sollten versuchen, sie woanders zu stellen. Vielleicht gelingt es uns dabei auch, Ihre Familie zu befreien, falls ihr die Flucht nicht rechtzeitig gelungen ist.«

»Das könnte zu einer Katastrophe führen. Diese Banden bringen ihre Gefangenen lieber um, statt sie sich aus den Händen reißen zu lassen.«

Der Hauptmann wollte gerade einen anderen Vorschlag machen, als ein Bote mit der Meldung eintraf, Schildi sei angegriffen worden und brauche dringend Verstärkung.

Entschlossen wandte sich Fürst David an den Hauptmann. »Damit ist entschieden, was wir zu tun haben. Sie reiten sofort mit Ihren Leuten auf die Anhöhe von Kontschi. Diesen Engpaß muß der Feind auf dem Rückmarsch von Zinondali passieren. Ich selbst kehre sofort mit den übrigen Truppen zur Garnison zurück.«

Er kam noch zur rechten Zeit, um den Sturmangriff der Muriden auf Schildi zurückschlagen zu können.

2

Furcht und Verzweiflung bedrückten die gefangenen Fürstinnen und die mit ihnen verschleppte Dienerschaft des Landguts, besonders die Zofen und Kindermädchen. Welches Schicksal sie erwartete, wußten sie nicht, sie rechneten mit dem Schlimmsten.

Wenngleich sich die Muriden rücksichtslos gegenüber den Mädchen und Frauen benommen hatten, so wurden sie dennoch gegen die Fürstinnen nicht zudringlich. Da sie Rang und Wert dieser hochgestellten Persönlichkeiten sehr wohl einzuschätzen wußten, bewachte sie jeder, der sie als persönliche Beute betrachtete, wie seinen Augapfel, denn er hoffte auf eine reiche Belohnung, wenn er sie dem Imam ausliefern werde.

Besondere Hochachtung genoß Fürstin Anna, die sie als Frau des Khans David mit Khanin anredeten. Ungläubiges Erstaunen befiel sie, als ihnen diese junge und schöne Frau versicherte, sie sei die Mutter der fünf Kinder, die sich bei einer Rast um sie scharten. Ihre eigenen Frauen wirkten dagegen schon mit dreißig Jahren alt. Obwohl sie unter starken Schmerzen im Fuß litt, ließ sie sich davon nichts anmerken und beeindruckte alle durch ihre Würde und Haltung als Enkelin eines Königs. Sie gab sich sogar anmaßend, wenn einer der Männer sie allzu unverhohlen mit seinen Blicken abtastete.

Wie bei ihrer Schwester Anna fiel auch bei der Fürstin Warwara das schwarze Haar lose herab und bedeckte wie ein Umhang die Schultern. Sie hatte ihren Schleier verloren, aber sie trug noch ihr schwarzes Kleid als Witwe des Fürsten Ellico Orbeljani, des mächtigen Kriegers, dessen Mut und Standhaftigkeit den Bergbewohnern noch immer im Gedächtnis haftete. Ihre Verehrung übertrugen sie nun auf seine Frau, die sie neugierig umdrängten, um sie zu bewundern und ihren kleinen Sohn zu berühren.

»Er lebt noch«, versicherten sie ihr immer wieder und versuchten sie mit ungeschickter Gutmütigkeit zu trösten.

»Die Türken halten ihn gefangen so wie einst Schamil.«
»Ein solcher Held kann nicht tot sein.«
»Er stirbt nie.«
Sie alle kannten sein Schicksal. So wie sein Vater war auch Oberst Fürst Ellico als Angehöriger der Zarenarmee in die Gefangenschaft der Muriden geraten und später als Soldat gefallen. Vor Jahren hatte Schamil ihn als Geisel genommen und gehofft, ihn gegen seinen Sohn Dshemal-Edin austauschen zu können. Aber der georgische Fürst hatte sich hartnäckig geweigert, über diesen Handel auch nur zu sprechen, und seinen Widerstand selbst dann nicht aufgegebenen, als der Imam ihn in eine der gefürchteten Gefangenengruben werfen ließ, aus der man ihn vier Monate später halbtot herausholte.
Erzürnt darüber, daß er Schamil nicht zu Willen sein wollte, kündigten ihm die Nahibs an, er müsse sterben. »Wie das geschieht, das liegt bei Ihnen. Aus Achtung vor Ihrem Mut, Fürst, erweist Ihnen der Imam die hohe Gnade, Ihre Todesart selbst wählen zu dürfen.«
»Wie ich auch sterben mag, der Tod ist mir willkommen, denn er befreit mich davon, weiterhin euer Gefangener zu sein. Auf keinen Fall bin ich bereit, mein Leben mit der Freiheit Dshemal-Edins zu erkaufen.«
Er wankte nicht, als man ihn zu einer Mauer führte und das Erschießungskommando anrückte. Die Soldaten legten an, gefaßt blickte der Fürst auf die Mündungen der Gewehre. Der letzte Atemzug schien gekommen, als Schamil, der die Hinrichtung durch einen Mauerspalt beobachtet hatte, vortrat und den Soldaten befahl wegzutreten.
»Man hat mir erzählt, daß Sie ein mutiger Mann sind«, wandte er sich dann voller Hochachtung an den Fürsten Orbeljani, »und das ist keine Lüge, davon habe ich mich jetzt selbst überzeugt. Ich habe Sie beobachtet, wie Sie den Tod erwarteten. Sie sollen leben. Ich verlange nichts weiter von Ihnen als das Versprechen, keinen Fluchtversuch zu unternehmen.«
»Sie haben mein Wort!« beteuerte der Fürst.
So lebte er noch eine Zeitlang frei unter den Muriden, bis er gegen Anhänger des Imams ausgetauscht wurde und erneut an die Front zurückkehrte, wo er dann später fiel.

»Er ist ein Held, und Helden sterben nie«, redeten die Muriden immer wieder tröstend auf seine Witwe ein, und wie sie aus ihren Augen las, meinten diese Männer, die einst ihren Mann und jetzt sie als Geisel genommen hatten, es ehrlich damit. Obwohl erschöpft von den Strapazen des Marsches in die Berge, stand sie, die Gefangene, mitten unter den Siegern, als hielte sie Hof, und lächelte ihren Feinden sogar dankbar zu für die Ehre und Achtung, die sie ihrem verstorbenen Mann bezeugten.
Besonders respektvoll wie ein Verehrer benahm sich der junge tschetschenische Adlige gegenüber der siebzehnjährigen Fürstin Nina. Überwältigt von ihrer jugendlichen Schönheit, wich er nicht von ihrer Seite und stauchte jeden zurecht, der nur einen habgierigen Blick auf ihren mit Gold und Perlen verzierten Samtumhang warf. Zwar mißfiel es ihm, daß sie den ganzen Weg mit den Händen auf dem Rücken gefesselt reiten mußte, aber es war ihm keine andere Wahl geblieben, da sie trotz seiner Bitten den Muriden energischen Widerstand geleistet und zu fliehen versucht hatte, wo immer sich eine Möglichkeit zu bieten schien. Es kam ihm nicht ganz ungelegen, daß er sich für diese Härte schon bald als ihr Lebensretter bewähren durfte. Während der Trupp den Alasan überquerte, war die junge Fürstin vom scheuenden Pferde gefallen und wäre in der Strömung ertrunken oder von den Hufen der folgenden Pferdeschar zerstampft worden, hätte ihr Bewunderer nicht das Seil festgehalten, mit dem ihre Arme zusammengebunden waren. Durchnäßt, aber immer noch schön, ja sogar noch begehrlicher in ihrer Empörung über dieses Mißgeschick, wurde sie an Land gezogen und auf dem Sattel wie ein Frachtstück fest gezurrt.
Madame Drancy, die französische Gouvernante, hatte sich dagegen bei ihrem lesghischen Banditen ihrer Haut zu wehren. Er peitschte nicht nur ihre nackten Schultern, wenn sie ihm nicht gehorchte, sondern, als die Truppe in der Abenddämmerung ihr Lager aufschlug und er seine Burka auf dem Boden ausbreitete, forderte er sie auch auf, mit ihm an einer abgelegenen, finsteren Stelle die Nacht zu verbringen. Er tat dabei so, als erweise er ihr eine Ehre, was sie dazu brachte, ihn mit einem französischen Wortschwall zu überschütten.
»Auf diese Ehre verzichte ich gern«, stieß sie dabei erregt hervor.

»Ich bin nicht daran gewöhnt, von fremden Männern solche unverschämten Angebote zu erhalten.«

Er lachte nur hämisch, als sie sich wehrte, und je erboster sie sich ihm verweigerte, desto gieriger packte er zu und entdeckte dabei ihre goldene Halskette, deren Anhänger mit Heiligenbildchen er für Münzen hielt. Da er noch mehr solcher Schätze an ihrem Körper vermutete, griff er ihr in den Busen und unters Korsett, wo er aber nur die paar Liebesbriefe und die Locke fand, die sie darunter verborgen hatte. Bei dem erbitterten Kampf zwischen beiden fielen die Anhänger ins Gras und blieben in der Dunkelheit verschwunden, so eifrig er auch danach suchte. Wütend fiel er über sie her und warf sie zu Boden, wo sie weiter miteinander rangen. Als die französische Gouvernante seine Pranke auf ihrer nackten Brust fühlte, warf sie alle Anstandsregeln einer Dame über Bord und biß so temperamentvoll zu, daß er fluchend aufsprang und mit der Peitsche auf sie einschlug. Die Lust war ihm vergangen, wenigstens für den Augenblick, denn er stampfte davon auf das Lagerfeuer zu, das seine Kameraden inzwischen mitten auf dem Rastplatz angezündet hatten.

Die stürmische Gegenwehr der Französin hatte die Aufmerksamkeit eines Burschen erregt, der durch sein mit Schießpulver geschwärztes Gesicht noch wilder aussah, als er ohnehin schon war, und nun den Augenblick für gekommen hielt, hinter dem Gebüsch hervorzutreten und seine Ansprüche auf die Beute geltend zu machen. Die Gouvernante hatte sich schon einige Schritte von der abgelegenen Stelle entfernt, als der Bursche sie packte und erneut dorthin zu zerren versuchte, wo noch immer die Burka des Grobians ausgebreitet lag. In der ersten Überraschung über diesen unerwarteten Angriff war sie zunächst wie gelähmt, dann aber schlug sie um sich und schrie. Der Kampf war gerade in vollem Gang, als ein Diener aus Zinondali vorbeikam.

»Kann die nähen?« fragte der Bursche ihn in gebrochenem Georgisch.

»Sie kann sogar sehr gut nähen«, versicherte der Diener und grinste dabei gehässig die ausländische Gouvernante an, der er noch nie grün gewesen war.

»Dann nehme ich sie.«

Doch er kam nicht dazu, sie mit sich zu schleppen. Ihre Hilferufe hatten die Fürstin Warwara aufhorchen lassen, die nun geistesgegenwärtig herbeistürzte und dem Burschen zurief:
»Hände weg von der Dame! Sie ist mit derselben Ehrerbietung zu behandeln wie eine Fürstin.«
»Ich zahle drei Rubel für sie«, schrie ihr der Kaufwillige zu und griff in die Hosentasche, wo einige Münzen klirrten, die er bei der Plünderung des Landguts eingesackt hatte.
»Was sind schon drei Rubel! Madame Drancy ist die Frau eines berühmten französischen Generals. Auch für sie wird ihr Mann oder Frankreich, ihr Vaterland, eine Menge Lösegeld zahlen.«
»Sie ist nicht mehr als drei Rubel wert«, maulte der Bursche, der seine Felle schon davonschwimmen sah, »und die sind noch zu viel.«
Das Wortgefecht hatte inzwischen einige Neugierige angelockt, die Madame Drancys Wert abschätzten.
»Viel Geld zahlt keiner für die«, meinte einer, offensichtlich von ihrem verwahrlosten Aussehen beeinflußt. »Eine Ausländerin – was ist die schon wert!«
»Wer weiß, ob das Land überhaupt existiert, aus dem sie angeblich stammt«, zweifelte ein anderer.
Der Mann packte die Gouvernante erneut, um sie zu seiner Schlafstelle zu schleppen, als ihr eigentlicher Besitzer mit einem brennenden Ast vom Lagerfeuer zurückkehrte. Ursprünglich hatte er damit wie mit einer Fackel das Gras nach den verlorengegangenen Anhängern absuchen wollen, jetzt aber schwang er ihn, sich auf seinen Rivalen stürzend, wie einen Knüppel. Der Schlag sauste nieder, traf aber nur den Boden, da der Bursche, die Gouvernante loslassend, beiseite gesprungen war. Wütend riß der Grobian seine Beute an sich, als der andere den Dolch zog, um sich zu rächen.
»Schluß damit!« herrschte sie ein Nahib an und trat zwischen die beiden Kampfhähne. »Diese Frau gehört keinem von euch. Sie ist allein für Schamil Imam bestimmt!«
Für diesmal war Madame Drancy noch glimpflich davongekommen, aber das Schicksal, das sie erwartete, schien ihr auch nicht gerade verlockend zu sein.

3

Ein Zwischenfall ganz anderer Art mit verhängnisvollen Folgen ereignete sich, als der Trupp der Muriden sich mit ihren Gefangenen und dem geraubten Vieh der Anhöhe von Kontschi näherte. Niemand ahnte, daß der Engpaß bereits von einer russischen Einheit besetzt war, die Fürst David Tschawtschawadse dorthin unter der Führung von Hauptmann Hitrowo geschickt hatte. Der beschwerliche Aufstieg in die Berge, Hunger und Durst, Hitze und Angst vor dem düsteren Schicksal hatten vor allem die Frauen stark mitgenommen, die sich zitternd an ihre Bewacher klammerten, wenn der Weg an einem Abgrund vorbeiführte. Fürstin Anna war bereits so geschwächt, daß sie nicht mehr stehen konnte. Sie saß hinter einem Nahib auf einem der rassigen Kabardapferde, die in leichtem Galopp inmitten der Viehherde trabten.

Kurz vor dem Engpaß rückte die Kolonne dicht auf. An der Spitze ritten die tschetschenischen Krieger, gefolgt von den Gefangenen und ihren Bewachern; den Schluß bildeten die Mannschaften, die mit Beute beladen waren, sowie die Packpferde und die Viehherde. Plötzlich krachte es vor ihnen auf und riß mehrere Soldaten der Vorhut nieder, eine Salve Gewehrfeuer nach der anderen schlug ihnen entgegen, die Marschordnung brach auseinander, noch mehr Muriden fielen, auch einige Gefangene wurden getötet, Männer schrien, Frauen und Kinder weinten, Pferde bäumten sich auf, brüllend und blökend stob die Viehherde auseinander.

Die Gefahr erkennend, rissen die Tschetschenen und Lesghier ihre Pferde herum und flüchteten im Geschoßhagel der Russen, angeführt vom Bewacher der Fürstin Anna. Sein Hengst, der besonders kräftig war, raste allen voran mit halsbrecherischer Geschwindigkeit über das mit Felsbrocken übersäte Gelände. Im rechten Arm hielt die Fürstin die kleine Lydia, mit der linken Hand klammerte sie sich an den Gürtel des Nahibs, während sie dahinjagten und die Kugeln ihnen um die Ohren pfiffen. Als sie sich nach den anderen umdrehte, sah sie einen zerfetzten schwarzen Rock am Sattel einer reiterlosen Stute hängen und nahm an, er gehöre ihrer Schwester, die von einem Schuß getroffen vom Pferd gestürzt sei.

Fürstin Anna fühlte, wie ihr die Kräfte schwanden, und schrie ihrem Bewacher zu, anzuhalten und das Kind an ihr oder am Sattel festzubinden. Doch so eindringlich sie auch flehte, er hörte nicht auf sie und jagte nur noch schneller dem Schutz der Berge entgegen. Wegen eines Säuglings hielten die Muriden nicht an. Kaum noch fähig, sich selbst auf dem Pferd zu halten, entglitt die kleine Lydia zweimal fast dem Griff ihrer Mutter, die schließlich das weinende Mädchen nur noch an einem Fuß festhielt. Hilflos baumelnd schlug das Kind bei jedem Sprung bald gegen die Weiche des Hengstes, bald gegen den Steigbügel. Ein paar hundert Meter weit mühte sich die Fürstin ab, den Säugling wieder an sich zu ziehen; aber als das Pferd eine scharfe Wende machte, gaben ihre verkrampften Finger nach, das Kind fiel zu Boden und wurde im Nu unter den Hufen der dahinrasenden Pferdeschar zerstampft, während der Nahib ungerührt vom Verzweiflungsschrei der Mutter weitersprengte.

»La Allah illa Allahi!« riefen sich die Muriden lachend zu, als die gesamte Reiterschar hinter den Felsen des Vorgebirges verschwand. »Allah ist groß!«

Sie hatten Zinondali geplündert, Geiseln genommen und waren der Falle ihrer Feinde glücklich entkommen. Allah hatte sie gerettet. Nur wenige Leichen lagen im Tal, durch das immer noch ein paar reiterlose Pferde aufgescheucht trabten.

4

Um neun Uhr abends traf ein berittener Bote Hauptmann Hitrowos von der Anhöhe von Kontschi in der Garnison von Schildi ein.

»Sieg oder Niederlage?« fragte ihn Fürst David, kaum daß der Soldat eingetreten war.

»Sieg, Fürst! Wir haben den Feind auf dem Rückmarsch von Zinondali abgeschnitten. Er hatte viel Beute bei sich, auch einige Gefangene aus den umliegenden Dörfern.«

»Ist es zu einem schweren Gefecht gekommen?«

»Der Feind hatte kaum Zeit dazu. Nachdem wir das Feuer aus dem

Hinterhalt eröffnet hatten, suchten die Tataren ihr Heil in der Flucht.«
»Verluste?«
»Einige Tataren und leider auch Gefangene.«
Der Fürst zuckte zusammen. »Was ist mit den Geiseln?«
»Nur wenige haben wir befreien können.«
»Nur wenige«, wiederholte Fürst Tschawtschawadse nachdenklich. »Kennt man ihre Namen?«
Der Bote schüttelte den Kopf. »Ein paar Bauern aus den Dörfern, glaube ich.«
»Und die übrigen?«
»Die Hauptmacht der Reiter ist mit ihren Geiseln ins Vorgebirge entkommen.«
Also haben sie auch meine Familie in die Berge verschleppt, dachte der Fürst.

Am nächsten Morgen schickte er einen Trupp Soldaten zur Anhöhe von Kontschi, um die Toten zu bergen, darunter einige Leibeigene des Fürsten. In einen Spitzenschal gewickelt fanden sie auch den von Hufen entstellten Leichnam der kleinen Lydia.
»Wie sollen wir das dem Fürsten sagen?« meinte einer. »Ich jedenfalls bringe das nicht fertig.«
»Ich auch nicht«, sagte ein anderer.
»Wir tun so, als wüßten wir von nichts. Das ist am besten. Irgendwann wird er es schon erfahren.«
»Und was geschieht mit der Leiche?«
»Wir müssen das Kind begraben.«
»Hier?«
»Nein, in Zinondali«, erklärte einer, »ich kenne mich da aus.«
Zusammen mit einem Kameraden brachte er den kleinen Leichnam in das ausgeplünderte Dorf. Zwar hatten die Muriden dort viele Häuser niedergebrannt, aber die Kirche des heiligen Georg war verschont geblieben, und auf dem angrenzenden Friedhof beerdigten sie das tote Kind.
Noch immer wußte Fürst David nicht, was sich tatsächlich ereignet hatte, als Tage später keine Gefahr mehr vor einem Überraschungs-

angriff bestand und er seinen Posten in der Garnison verlassen konnte, um sich selbst ein Bild von der Verwüstung seines Landguts zu machen. Von zwei Offizieren und fünfzehn Freiwilligen begleitet, machte er sich auf den Weg nach Zinondali, wo er nach der Durchquerung des Alasan vor Einbruch der Dunkelheit ankam.
Der Brandgeruch, der ihm schon von weitem entgegenschlug, bestätigte seine schlimmsten Befürchtungen, noch ehe er vor den Trümmern seines Hauses, rauchgeschwärzt und hier und da weiterschwelend, stand und die Leichen entdeckte, die im Hof und auf der Treppe lagen, und vor dem Eingang die umgestürzten Kaleschen, Tod und Verwüstung ringsumher, das Vieh aus den Ställen und von der Weide weggetrieben.
Auf der Suche nach Überlebenden fand man am Waldrand nur die greise Kinderfrau, an einen Baum gebunden und völlig verstört mit gebrochener Stimme ein Trauerlied singend. Sie erkannte den Fürsten nicht mehr, den sie einst wie so viele andere Kinder seiner Familie in ihren Armen gewiegt hatte. Das Haus, in ihrer Kindheit erbaut, war zerstört, und seine Bewohner, denen sie seitdem aufs engste verbunden gewesen war, hatten die Tataren verschleppt. Hundert Jahre eines Lebens waren ausgelöscht.

5

Der Falle auf der Anhöhe von Kontschi glücklich entronnen, fühlten sich die Tschetschenen erst sicher, als sie den Turm von Pohali erblickten, der kurz zuvor in die Hände der Muriden gefallen war. Dort erwartete sie Schamil, begleitet von seinem zweiten Sohn und Erben Kasi Mahommed, der den Überfall auf Zinondali in die Wege geleitet hatte. Der Imam war von den Bergen herabgekommen, um die Angriffe seiner Truppen zu überwachen, die in Stärke von zehntausend Mann Stellung um den Turm von Pohali bezogen hatten.
Angelockt durch die Freudenschüsse der nahenden Kameraden waren sie herbeigeströmt, um die Ankunft der Geiseln mitzuerleben. Neugierig drängten sie sich nach vorn, als die Gefangenen an den Reihen der Soldaten entlanggeführt wurden. Wie gebannt standen

die Männer da und stierten begehrlich die weiblichen Geiseln an. Es verschlug ihnen den Atem, denn noch nie hatten sie eine unverschleierte Frau gesehen, erst recht keine georgische Fürstin, und ihre Erregung machte sich Luft in ungestümen, heiseren Schreien, mit denen sie die Gefangenen ebenso erschreckten wie durch ihre gespenstisch wirkenden Gesichter, die sie zum Schutz vor Sonne und Gletscherbrand mit Pulver geschwärzt hatten. Hoch vom Turm wehte das schwarze Banner der Muriden, und an einem Seil schaukelte ein abgeschnittener Kopf im Wind hin und her.

Vor den wollüstigen Blicken der Soldaten deckten die Frauen unwillkürlich ihre Gesichter mit den Händen zu. Ohne die Nahibs, die mit dem Säbel in der Hand an den Reihen entlangritten, wären die Männer über ihre Kriegsbeute hergefallen. So aber konnten die Geiseln unbelästigt den Turm betreten.

Während sie sich noch besorgt fragten, was nun mit ihnen geschehen werde, erschien Kasi Mahommed mit seinen Nahibs, um die Gefangenen zu besichtigen. Hochgewachsen, schmalhüftig, jeder Zoll ein typischer Kaukasier, blieb er vor den Fürstinnen stehen und schaute sie, ähnlich wie sein Vater, mit halbgeschlossenen Augen an. Die schmuckvolle Tscherkeßka betonte noch seinen natürlichen männlichen Charme, und sein blasses Gesicht, umrahmt von einem gelockten rötlichen Bart, bestach durch den offenen, liebenswürdigen Ausdruck, als er sich der Reihe nach vor den Fürstinnen verbeugte und nach ihrem Befinden erkundigte.

»Ich werde dafür sorgen, daß Sie alles sofort erhalten«, versprach er, »vor allem Kleidung und warmes Essen.«

»Und mein Kind«, flehte ihn Fürstin Anna an, »mein armes, hilfloses Kind?« Mit weinerlicher Stimme hatte sie ihm erzählt, wie sie die kleine Lydia auf der Flucht verloren hatte und ihr Bewacher mitleidlos weitergeritten war.

»Wir werden nach ihr suchen«, versicherte Kasi Mahommed, »Sie haben mein Wort darauf.«

Er sah zwar nicht die geringste Aussicht, den Säugling überhaupt zu finden, und lebend schon gar nicht, aber er spürte, daß nur die Hoffnung der Mutter noch Kraft zu geben schien. Das war auch der Grund, warum die Fürstin Warwara ihrer Schwester die Wahrheit

verschwieg, als diese sie und die anderen kurz zuvor nach dem Schicksal ihres Kindes befragt hatte. Die Fürstin hatte mitansehen müssen, wie die Reiter über den Säugling hinweggestürmt waren, die Mutter dagegen glaubte immer noch, ihr Töchterchen könne nicht umgekommen, es müsse von den nachfolgenden Tataren gefunden worden sein.
Kasi Mahommed beendete seine Aufwartung, indem er sich erneut vor den Fürstinnen verbeugte und dabei nach mohammedanischem Brauch eine Hand aufs Herz, dann auf Stirn und Lippe legte.
»Ich werde dem Imam, meinem Vater, alles berichten. Sicherlich möchte er Sie auch noch persönlich kennenlernen.«
Aus den abgetragenen Kleidungsstücken, die den Gefangenen kurz darauf gebracht wurden, darunter ein Sack mit lauter linken Schuhen, suchte sich Fürstin Anna eine bauschige türkische Hose aus und einen Schal, mit dem sie ihre Schultern bedeckte. Die Gouvernante dagegen blieb weiter im Hemd dastehen, denn den Kutschermantel, den man ihr zunächst verpaßte, nahm man ihr gleich wieder ab. Die meisten Zofen und Kindermädchen mußten sich mit ein paar Lumpen zufriedengeben.
Erschöpft und niedergeschlagen drängten sich die Gefangenen im Turm aneinander, als ein Nahib eintrat.
»Schamil Imam fragt nach der Khanin Anna«, sagte er.
»Was will er?« erkundigte sich die Fürstin.
»Mit ihr sprechen.«
»Dann soll er hierher kommen. Ich gehe nicht zu ihm.«
Der Nahib glaubte nicht recht zu hören. Niemand seines Volkes wagte es, sich dem Imam zu widersetzen, erst recht keine Frau.
»Er ist der Imam ul'Azam«, sagte er eindringlich, »Allahs Prophet auf Erden.«
»Und ich bin die Fürstin von Georgien.«
Der Nahib befürchtete für die Fürstin das Schlimmste, als er sich vor dem Imam niederwarf und ihm die hochmütige Antwort überbrachte.
Mit keiner Miene verriet Schamil, was ihn bewegte. Die Augen halb geschlossen saß er schweigend da und wägte ab. Dann entspannten sich seine Züge, als er flüchtig lächelnd entschied:

»Gut, es soll so geschehen, wie die Fürstin will. Bring sie alle nach Dargo-Vedin. Dort werde ich mit ihr sprechen. Es ist besser so. Allah ist weise.«

Es war noch früh am Morgen, als einige Russisch sprechende Nahibs, darunter auch Daniel Beg, die Geiseln aufsuchten.

»In einer Stunde geht es weiter«, erklärte er den Gefangenen.

»Wohin bringt man uns?« fragte ihn Fürstin Anna.

»In den Großen Aul. Der Imam hat entschieden, Sie dort anzuhören. Doch vorher, das rate ich Ihnen dringend, sollten Sie alle Ihren Verwandten in Tiflis schreiben. Berichten Sie über Ihre Lage und bitten Sie darum, sofort Lösegeld für Sie alle zu beschaffen und bereitzuhalten.«

»Mörder, Diebe, Banditen!« schrie Fürstin Anna mit haßerfülltem Blick. »Niemals werde ich euch gehorchen, niemals!«

»Und Sie?« wandte sich Daniel Beg an Fürstin Warwara. »Ich hoffe, Sie sind klüger als Ihre Schwester.«

»Ich weiß nicht so recht.«

»Überlegen Sie es sich nicht zu lange, Sie haben nur noch eine Stunde Zeit. Ich lasse Ihnen Papier und Tinte hier.«

Kaum waren die Nahibs gegangen, als Fürstin Warwara sich hinsetzte und General Réad, dem Militärgouverneur von Tiflis, schrieb:

»Wir und die ganze Familie sind in der Gefangenschaft der Tataren. Wir leben, leiden aber große Not. Kommen Sie uns zu Hilfe und benachrichtigen Sie unsere Verwandten über unsere Lage. Schicken Sie bitte Ihre Antwort in Schamils Lager nach Dargo-Vedin.«

Eine Stunde später wurden die Gefangenen aus dem Turm von Pohali geführt. Sie erhielten frische Pferde und eine andere Wachmannschaft, Lesghier, die mit den Ungläubigen noch rücksichtsloser umsprangen als bis dahin die Tschetschenen.

Immer höher in die Berge hinauf führte der Weg, mal über Abgründe, die nur ein Baumstamm überbrückte, mal über Gletscherspalten, in die einige Gefangene, vom Schwindelgefühl überwältigt, hinabstürzten. Manche Pfade waren so steil, daß die Geiseln aus dem Sattel steigen mußten, um die Pferde zu schonen, und verschiedentlich banden die Lesghier die Verschleppten mit einer Hand am Steigbügel fest

und zwangen sie so, an die Tiere geklammert, durch die eisigen Gebirgsströme zu schwimmen.
Tagelang konnten die Lesghier marschieren, ohne dabei mehr zu essen als ein paar Stücke getrocknetes Fleisch oder Kumeli, ein Gemisch aus grobem Hirsemehl und Wasser, das sie zu Teigkugeln kneteten. Dazu kauten sie noch ein paar Rhododendronblätter, die als besonders nahrhaft galten. Für die Gefangenen dagegen war diese Verpflegung unzureichend; nur der Hunger trieb sie dazu, ihre Abneigung zu überwinden. Brot und Hammelknochen, die Fürstin Anna gegen ihren letzten Brillantring tauschte, reichten bei weitem nicht, um die Familie wenigstens einmal zu sättigen. Ein besseres Geschäft machte ihre Schwester, die für die Haken und Ösen ihres Kleides Zwiebeln und Aprikosen einhandelte.
»Was macht es schon aus, ob wir zu essen bekommen oder verhungern«, seufzte Fürstin Anna trübsinnig, »das Leben wird nie mehr so sein, wie es mal war.«
»Und wenn schon«, widersprach ihr die junge Fürstin Nina, »ich habe das Leben noch vor mir.«
»Bei diesen Tataren?«
»Wenn Schamil erfährt, daß meine Familie alles verloren hat und deshalb kein Lösegeld zahlen kann, läßt er mich bestimmt bald frei.«
Diese Zuversicht ließ die junge Fürstin ihr Schicksal leichter ertragen als die anderen.
»Hoffen wir, daß Sie recht haben«, meinte Madame Drancy wenig überzeugt.
»Zweifeln Sie daran?«
»Haben Sie es denn noch nicht gehört?«
»Was denn?«
»Der Krieg hat schon vielen Männern das Leben gekostet, und Schamil braucht ständig neue Soldaten. Deshalb darf bei den Muriden keine Frau länger als drei Monate Witwe bleiben.«
»Sie werden es nicht wagen, uns in einen Harem zu stecken«, empörte sich Fürstin Warwara.
»Wer könnte sie daran hindern? Haben sie es nicht auch gewagt, uns zu verschleppen?«

»Ich habe auch davon gehört«, erklärte Fürstin Anna, »aber ich glaube nicht daran, daß wir das gleiche Schicksal erdulden müssen wie ihre Witwen.«

»Wenn ich nur schon ihre lüsternen Blicke sehe, mit denen sie uns ständig verfolgen, fast nackt wie wir sind.«

»Bis jetzt hat man uns noch keine Gewalt angetan, und wenn sie ein hohes Lösegeld für uns fordern, werden sie sich hüten, uns anzurühren.«

Leichter als die Erwachsenen ertrugen die Kinder ihr Los. Für sie war die Reise in die Berge ein abwechslungsreiches Abenteuer. Es machte ihnen sogar Spaß, die Gewohnheiten der Muriden zu beobachten und nachzuahmen, besonders ihre Gebete, die sie mehrmals am Tag verrichteten, wobei sie, nach Osten blickend, Allah ehrfürchtig anriefen. Furcht befiel sie erst, als sie miterleben mußten, wie die Lesghier das Kind einer Leibeigenen mißhandelten. Das ewige Plärren und Heulen des Mädchens fiel den Wachmannschaften so auf die Nerven, daß sie ihm den Schädel an einem Felsen einschlugen und es dann in die Schlucht warfen. Als die Mutter daraufhin verzweifelt aufschrie, stießen sie ihr einen Dolch in die Brust.

Fürstin Anna zitterte vor Angst, da sie befürchtete, durch die Schreie ihrer eigenen Kinder würden sich die Lesghier zu ähnlichen Untaten hinreißen lassen. Aber mit ihnen gingen sie schonender um. Nur die dreijährige Tamara, die trotz allen Zuredens unentwegt weiter brüllte, steckten sie kopfüber in eine Satteltasche, wo sie sich schließlich beruhigte und fest einschlief.

6

Tag für Tag ließ die Widerstandskraft der Gefangenen nach. Von Fieber und Ruhr geschwächt, blieb bald dieser, bald jener am Wegrand liegen und wartete auf den Tod. Absichtlich machten die Lesghier weite Umwege zum Großen Aul, um die direkte Strecke zu verheimlichen. Mal krochen sie auf allen vieren Steilhänge hinauf und stampften auf den hohen Pässen durch Schnee, mal wateten sie durch knietiefen Schlamm oder schlugen sich durch dorniges, un-

durchdringliches Dickicht, in das die Bewacher mit ihren Säbeln erst eine Gasse bahnen mußten.
Zwei Wochen waren sie so schon unterwegs, erschöpft und ausgehungert, die Kinder krank und alle von Mutlosigkeit gelähmt. Ratten huschten durch die Ställe und Kornspeicher, in denen sie gelegentlich übernachteten, und so manchen plagten die Läuse, die er sich mit den Lumpen eingehandelt hatte.
Fürstin Anna mußte getragen werden, da ihr verwundeter Fuß zu eitern begann. Sie stillte nicht nur ihren kleinen Sohn Alexander, sondern auch den Säugling einer ihrer Leibeigenen, die auf dem Marsch gestorben war. Von heftigen Fieberanfällen geschüttelt, redete sie manchmal irre und flüchtete sich immer häufiger in Gebete, Gott möge ein Wunder bewirken und die verlorene Lydia zurückbringen. Wann immer ihnen Tschetschenen begegneten, schleppte sie sich auf sie zu und erkundigte sich nach dem Schicksal ihres Kindes: »Habt ihr nicht meine kleine Tochter gesehen? Wo ist meine Lydia? Ist sie vielleicht in einem Aul zurückgelassen worden? Hat man sie irgendwo vergessen?«
Aber die Männer schüttelten nur den Kopf. Keiner wußte eine Antwort, denn niemand hatte je etwas von diesem Kind gehört.
Ihre Stimmung besserte sich erst, als sie gegen Ende ihrer Reise durch eine Landschaft von bezaubernder Schönheit kamen. Wasserfälle stürzten von Felsen herab, tropische Blumen wucherten neben riesigen Farnen an den Flußufern, Rebstöcke kletterten in Terrassen die Hänge hinauf, und Ziegen und Schafe weideten auf satten Wiesen.
»Gefällt es Ihnen hier?« fragte ein Nahib die Fürstinnen.
»Sogar sehr«, erwiderte Fürstin Warwara. »Unter anderen Umständen könnte man das Gefühl haben, auf einem Ausflug zu sein.«
»Ja, es ist ein angenehmer Ort für einen längeren Aufenthalt. Deshalb haben wir beschlossen, hier eine Pause von zwei bis drei Tagen einzulegen. Wir wollen auf den Boten warten, der uns die Ankunft des Imams im Großen Aul melden soll. Es schickt sich nicht, dort vor ihm einzutreffen.«
Die heitere Beschwingtheit, die alle erfaßt hatte, schwand rasch dahin, als der Zug der Gefangenen und ihrer Bewacher am dritten Tag aufbrach und auf dem Weg bergauf der Himmel sich bewölkte und

immer düsterer wurde. Regen prasselte auf sie nieder, und von den Gipfeln, dunkel und drohend, wehten eisige Winde herab. Auf den hohen Pässen lagen selbst jetzt noch im Juli Schneewehen, in die sie bis in die Hüften einsanken, und an Steilhängen rollten dann und wann Lawinen donnernd zu Tal.
Feindselig starrten ihnen die Dorfbewohner entgegen, wenn die Gefangenen durch Auls kamen. Noch nie hatten sie die Frauen ungläubiger Fürsten, ihrer Todfeinde, gesehen, und sie fragten sich neugierig, wie ihr Imam sie behandeln werde. Für die Fürstinnen waren diese Bergdörfer trostlose Nester, und sie schauderten bei dem Gedanken, dort irgendwo in einem Harem der Muriden zu verschwinden und nie wieder die geliebte Tiefebene ihrer georgischen Heimat zu erblicken.
Einen Tagesmarsch vom Großen Aul entfernt näherte sich ihnen ein Reitertrupp, um sie die letzte Wegstrecke zu Schamils Hauptquartier zu geleiten. Die Abenddämmerung verhüllte schon die fernen Berge, als sie den steilen Pfad nach Dargo-Vedin hinaufstiegen. Zwischen hohen Felsen eingekeilt, war der Große Aul zunächst kaum zu sehen, regenschwere Wolken hatten Wachttürme und das Minarett verschluckt, und nur der Rauch, der hier und da über flachen Dächern schwebte wie ein Schleier, deutete auf das nahe Ziel ihrer Reise hin. Kalt war es, dicke Tropfen platschten nieder, und von dem Abfallhaufen vor dem Aul flog krächzend eine Rabenschar davon.
Als die Umrisse deutlicher wurden, hielt der Trupp an. Einen Monat lang waren sie unterwegs gewesen, in Lumpen gehüllt, erschöpft und abgemagert bis auf Haut und Knochen. Die Fürstinnen zitterten vor Angst und Kälte, die Kinder weinten, und das Dienstpersonal jammerte. Einer der tschetschenischen Reiter, die am Morgen zu ihnen gestoßen waren, holte aus der Satteltasche eine Handvoll schwarze Seidentücher und verteilte sie an die Bewacher der Frauen.
»Gebt ihnen das«, sagte er, »und achtet darauf, daß sie es auch tragen.«
»Was soll ich damit?« fragte Fürstin Anna gereizt, als ihr Wächter ihr das viereckige Tuch hinhielt.
»Kopf und Gesicht verhüllen.«
»Wozu?«

»Bei den Awaren darf keine Frau von Stand ohne Schleier erscheinen, weder in der Öffentlichkeit noch vor dem Imam.«
»Ich bin die Fürstin von Georgien!«
»Aber doch nur eine Frau, und Frauen sind es nicht wert, den Imam anzublicken.«
Empört rang sie nach Worten, als ihre Schwester ihr die Hand auf den Arm legte.
»Bitte, sei ruhig, das macht alles nur noch schlimmer.«
Durch die Falten des schwarzen Schleiers erschien den Fürstinnen jetzt alles noch düsterer und unheilvoller: die Berge ringsum, die tiefhängenden Wolken, der hohe Zaun mit den eisenbeschlagenen Toren, bewacht von hochgewachsenen Gestalten in schwarzen Mänteln und schweren Lammfellmützen. Knarrend wurden die Tore geöffnet und die Gefangenen in einen weiten Hof geführt, eingeschlossen von Mauern aus Steinen und Lehm und mit einer Holzgalerie auf drei Seiten. Männer und Pferde hasteten über den Hof, ein paar verschleierte Frauen in Pluderhosen huschten scheu durch die niedrigen Türen unterhalb der Galerie, von wo aus sie, hinter Vorhängen verborgen, die Geiseln verstohlen musterten.
Auch die Gefangenen blickten um sich, verängstigt und neugierig zugleich. Fackeln, die sich in Pfützen spiegelten, rissen die einbrechende Dunkelheit auf und ließen erkennen, daß die Männer im Hof schwerbewaffnete Leibwächter des Imams waren. Sobald sich ihre Augen an die flackernde Beleuchtung gewöhnt hatten, bemerkten die Fürstinnen außerhalb des Lichtkreises plötzlich eine hohe Gestalt in einem langen weißen Mantel. Es war Schamil, der verehrte und gefürchtete Führer der Muriden, der Löwe von Daghestan, ja des ganzen Kaukasus, der sie vom Balkon herab aufmerksam betrachtete. Eine Weile stand er reglos da, dann hob er die Hand und gebot Ruhe. Niemand rührte sich, kein Laut war zu hören.
»Allah ist groß!« sagte er feierlich und trat in die Dunkelheit zurück.
Die Tore wurden verriegelt. Die Gefangenen waren jetzt Geiseln in der Festung des Löwen vom Kaukasus.

Die Frauen des Harems und die Fürstinnen

I

Nur achtzehn Schuh in der Länge und zwölf in der Breite maß das Quartier, einer der zellenartigen Räume auf dem Hof, wohin man die Fürstinnen mit ihren Kindern führte. Dort sollten sie, ihrem eigenen Wunsch gemäß, zusammen mit der Gouvernante sowie dem größten Teil des Dienstpersonals von Zinondali, insgesamt dreiundzwanzig Personen, wohnen, essen und schlafen. Lieber wollten die Fürstinnen mit der Dienerschaft in dem engen Raum beisammenbleiben, so unbequem es auch war, als sich von ihnen trennen und sie in einem anderen Dorf unterbringen zu lassen; denn dann, so befürchteten sie, würden sie die Zofen und Kindermädchen nie wiedersehen.

Nur spärlich wurde das Quartier durch eine Öllampe beleuchtet, doch war es hell genug, die Filzmatten auf dem Boden zu erkennen und auf den hohen Wandbrettern Bündel mit muffigen Decken und flachsgefüllten Kissen. Möbel gab es nicht. Neugierig drängten sich mehrere Dorffrauen herein und brachten den Gefangenen bald ein paar Töpfe, eine Teekanne, einige Gläser und sogar einen Zuckerhut.

Gerade als sich einige Jungen und Mädchen aus dem Aul den kleinen Kindern der Fürstinnen schüchtern näherten, wichen alle ehrerbietig zurück, denn die beiden älteren Frauen des Imams, Saidet und Schuanet, traten ein, um die hochgestellten Geiseln in aller Form zu begrüßen.

»Wir haben Ihnen ein paar Süßigkeiten mitgebracht«, sagte Schuanet freundlich. »Ich hoffe, Sie mögen sie. Etwas Besseres haben wir leider nicht.«

»Etwas Besseres gibt es auch nicht«, antwortete ihr Fürstin Warwara, nachdem sie den Namen des Herstellers auf der Schachtel gelesen hatte. »Tollet ist der beste Konditor in Tiflis.«

»Danke.«

»Sie sprechen gut Russisch«, sagte Fürstin Anna anerkennend.

»Nicht gut, nur ein bißchen.«

»Aber Sie verstehen alles, und wir verstehen Sie. Wo haben Sie es gelernt?«
»In Moskau. Ich war dort als Kind.«
Schuanet, die einstige Christin, strahlte so viel Güte, Liebenswürdigkeit und Wärme aus, daß sie schon vom ersten Augenblick an die Gefangenen rührte. Saidet dagegen, die ihre Stellung als erste Frau genoß und ausnutzte, verhielt sich gegenüber den Ungläubigen ablehnend. Klein und mager stand sie vor ihnen, musterte sie herablassend mit Blicken, die wie die Augen eines Raubvogels stachen, und selbst ihr Lächeln, das ihr pockennarbiges Gesicht verzerrte, wirkte hinterlistig und boshaft.
Zu diesem gefrorenen Lächeln hatte sie Gelegenheit, als Schuanet den Fürstinnen versprach:
»Ich will Ihnen helfen, so gut ich kann. Das ist sicherlich auch ganz im Sinn des Imams. Von Anfang an hatte er den Befehl gegeben, Sie, die Gefangenen, wie seine eigenen Frauen zu achten.«
»Hat er das wirklich?« zweifelte Fürstin Anna.
»Ja, warum fragen Sie?«
»Vielleicht ein andermal«, wich die Fürstin aus. »Wir sind alle sehr müde von der langen Reise.«
»Natürlich. Ich wünsche Ihnen eine gute Nacht.«
Mit Schuanet und Saidet verließen auch die anderen Dorfbewohner das Quartier. Die Gefangenen blieben allein zurück. Zerschlagen streckten sie sich auf den übelriechenden Filzmatten aus, fanden aber trotz Übermüdung lange keinen Schlaf. Die Sorge um ihr Schicksal hielt sie wach. Von draußen hörten sie die Schritte der Wachtposten, hin und her, gleichmäßig wie der Pendelschlag einer Uhr. Weit hinten in den Bergen heulten Schakale, und ein Hund im Tal jaulte zurück. Wie gerädert fühlten sie sich, als der Ruf des Muezzins sie in der Morgendämmerung aus einem unruhigen Schlaf riß. Der erste Tag ihrer Geiselhaft im Großen Aul begann.
Um die Mittagszeit suchte sie ein hagerer, schwarzbärtiger Mann auf, der sich als Schamils Verwalter vorstellte. Chadshio war im Aul eine äußerst wichtige Persönlichkeit.
»Schamil Imam läßt Sie grüßen«, sagte er zu den Fürstinnen. »Er beabsichtigt, Sie am Nachmittag mit seinem Besuch zu beehren.«

»Ob das für uns eine Ehre ist, bezweifle ich nach all den Mißhandlungen, die wir unterwegs von seinen Horden erlitten haben«, antwortete ihm Fürstin Anna gereizt.
»Das war ganz entgegen dem Befehl des Imams. Er war sehr verärgert, als er hörte, was sie alle auf der Reise mitgemacht haben.«
»Und wie lautete sein Befehl?«
»Sie zu behandeln und achten wie seine eigenen Frauen.«
»Dann scheint er seine Frauen nicht mehr zu achten als Hunde.«
»Sie irren sich. Wer auch immer sich gegen Sie schlecht benommen hat, der wird bestraft. Wäre der Imam selbst unterwegs dabeigewesen, dann hätte niemand sich solche Übergriffe erlaubt.«
»Und hier? Ist das eine Unterkunft, ist das eine Behandlung wie für seine eigenen Frauen?«
Obwohl die Fürstin ihre Vorwürfe immer heftiger vorbrachte, blieb Schamils Verwalter weiterhin ruhig und höflich. Seine eigentümlich sanfte Rücksichtnahme überraschte die Gefangenen um so mehr, als sie nach seinen strengen Zügen mit Rücksichtslosigkeit gerechnet hatten.
»Ich weiß, daß Sie in Ihrer Heimat andere Lebensbedingungen gewohnt sind, die wir Ihnen hier nicht bieten können. Daniel Beg, einer unserer Nahibs, kennt Ihre Lebensweise, er hat lange unter Russen gelebt. Schon als er Sie im Turm von Pohali sah, hatte er sich Sorgen um Ihre schlechte Verfassung gemacht und Schamil Imam gebeten, Sie in seinem Haus aufnehmen zu dürfen. Dort hätte er Ihnen vielleicht mehr Annehmlichkeiten bieten können.«
»Und warum hat er uns nicht bei sich aufgenommen?«
»Weil der Imam so wertvolle Geiseln nicht außerhalb des Auls unterbringen will. Die Gefahr scheint ihm zu groß. Außerdem ist es sein Wunsch, Sie alle so zu behandeln wie seine eigene Familie. Was kann eine Frau noch mehr verlangen?«
»Ja, was kann eine Frau noch mehr verlangen«, wiederholte die Fürstin bitter. »Wie recht Sie haben!«
»Vergessen Sie nicht, Ihr Gesicht zu verschleiern, wenn Sie heute nachmittag vor den Imam treten«, ermahnte sie der Verwalter zum Schluß. »Ich gebe Ihnen rechtzeitig Nachricht.«
Das Gespräch mit Schamil, an dem ein armenischer Adliger und ein

russischer Deserteur als Dolmetscher teilnahmen, fand draußen auf der Galerie statt, da der Imam die Schwelle des Gefangenenquartiers nicht überschreiten wollte. Dort saß er auf einem schäbigen Stuhl wie auf einem Thron. Mit seinem Gespür für Theatralik hatten neben ihm sein Leibwächter und sein erster Henker Aufstellung genommen, eine ausgeklügelte Inszenierung, die ihre Wirkung auf die Geiseln nicht verfehlte.
Abschätzend beobachtete er sie mit seinen seltsam schrägen Augen.
»Wie man mir sagt, sind Sie Ellicos Frau«, begann er, sich an die Fürstin Warwara Orbeljani wendend. »Er war mein Gefangener, ein edler, mutiger Mann, der mich nie getäuscht hat. Das weiß ich sehr zu schätzen, denn zu allem, was ich verabscheue, gehört auch Betrug. Darum rate ich Ihnen dringend: Versuchen Sie nicht mich zu täuschen, dann wird Ihnen auch nichts geschehen. Wie Sie wissen, hat Ihr Zar mir meinen Sohn Dshemal-Edin genommen, und obwohl ich ihm oft angeboten habe, Gefangene von Rang gegen ihn auszutauschen, hat er mir meinen Sohn bis heute nicht zurückgegeben.«
Er schwieg eine Weile, als wolle er ergründen, welchen Eindruck seine Worte gemacht hatten. Dann fuhr er, auch Warwaras Schwester einbeziehend, fort:
»Sie beide, so hat man mir versichert, sind die Enkeltöchter des Königs von Georgien. Deshalb wird man nicht einfach darüber hinweggehen können, wenn Sie dem russischen Zaren einen Brief schreiben und ihm darin meine Bedingungen mitteilen. Gibt er mir meinen Sohn zurück, dann lasse ich Sie noch in derselben Stunde frei, Zug um Zug. Ferner fordert mein Volk ein Lösegeld. Doch darüber werde ich noch mit Ihren Familien verhandeln.«
Jede Hoffnung schwand dahin, nachdem der Dolmetscher den Fürstinnen diese Ausführungen übersetzt hatte.
»Das Lösegeld ist vielleicht noch aufzutreiben«, erklärte ihm Fürstin Anna, »aber wie sollten wir erwarten, daß der Zar sich je dazu bereitfände, seinen Schützling Dshemal-Edin herauszugeben?«
»Es liegt an Ihnen, ihn davon zu überzeugen, daß dieser Austausch für ihn von Vorteil ist.«
»Meine Schwester und ich haben Ihren Sohn in Petersburg kennengelernt«, sagte Fürstin Warwara. »Er ist ein vornehmer junger Mann,

ein tüchtiger Adjutant, beliebt bei seinen Kameraden und von allen hochgeschätzt, von der ganzen Gesellschaft.«
»Sein Platz ist hier bei seinem Volk, nicht in Petersburg.«
»Sind Sie so sicher, daß er das auch so sieht? Was soll ein so gebildeter und begabter junger Mensch in dieser Wildnis?«
»Diese Berge sind seine Heimat, und kein Kaukasier kehrt seiner Heimat den Rücken – erst recht nicht mein Sohn!«
Zornig hatte Schamil ihnen diese Worte entgegengeschleudert, und die Fürstinnen wagten nicht, ihm zu widersprechen.
»Ich habe Briefe, die an Sie gerichtet sind«, fuhr er in ruhigerem Ton fort. »Ich habe sie übersetzen lassen bis auf einen, der weder russisch noch georgisch noch tatarisch geschrieben ist. So etwas dulde ich nicht, merken Sie sich das. Weder werden Sie etwas schreiben noch empfangen, das ich nicht lesen kann. Allah rät dem Menschen zur Vorsicht, und ich befolge seinen Rat.«
Schamil griff in die Tasche seines Beschmets und holte einen Brief hervor, den er den Frauen vorhielt.
»Was ist das für eine eigentümliche Sprache?« entrüstete er sich. »Warum schreibt man Ihnen so? Hofft irgendwer vielleicht, mich so täuschen zu können?«
Ohne eine Erklärung abzuwarten, zerriß er den Brief und ließ die Fetzen zu Boden flattern. Als einer davon unmittelbar vor den Füßen der französischen Gouvernante landete, erkannte sie darauf die Handschrift Ihrer Mutter. Mit Tränen in den Augen wandte sie sich ab.
Schamils Worte hatten Fürstin Anna so empört, daß sie, allen Respekt einer Frau gegenüber dem Imam vergessend, ihren Schleier hob und ihm furchtlos ihre Meinung sagte:
»Sie brauchen uns nicht zu drohen. Wir haben nicht die Absicht, Sie zu täuschen, allein schon unser Stand und unsere Erziehung verbieten es uns. Ihr Mißtrauen ist unbegründet, Sie können sich auf unser Wort verlassen. Für Briefe aber, die man uns schickt, sind wir nicht verantwortlich zu machen. Wir haben eine Ausländerin bei uns, die Dame dort, eine Französin. Auch sie ist Ihr unschuldiges Opfer. Der Brief, den Sie eben zerrissen haben, dürfte wohl für sie bestimmt gewesen sein.«
Mit unbewegtem Gesicht hatte Schamil zugehört, aber seine halbge-

schlossenen Augen, mit denen er die Fürstin musterte, verrieten Bewunderung für die Kühnheit dieser Frau. Ohne sich anmerken zu lassen, welchen Eindruck ihr leidenschaftlicher Ausbruch bei ihm hinterlassen hatte, erhob er sich würdevoll.

»Ich habe Sie gewarnt, denken Sie immer daran. Führen Sie sich gut, dann haben Sie nichts zu fürchten. Doch vergessen Sie nie, jede Täuschung ist eine Beleidigung Allahs und seines Dieners Schamil. Sobald ich merke, daß Sie zu fliehen versuchen und mich hintergehen, lasse ich Sie töten. Das ist mein Recht und als Imam sogar meine Pflicht.«

Mit dieser Warnung wandte er sich ab und stieg die Galerie hinunter, gefolgt von den Dolmetschern, seinem Leibwächter und dem ersten Henker.

2

Obwohl die Fürstinnen in der Gewalt des Imams waren, achtete er streng darauf, daß sie respektvoll behandelt wurden und niemand ihnen zu nahe trat. Um ihre Privatsphäre nicht zu stören, ging er nie an ihrer Tür vorbei, wenn er den Hof überqueren wollte, sondern wählte die gegenüberliegende Seite. Auch lockerte er bald seine Anordnung, daß niemand von ihnen die enge, stickige Unterkunft verlassen durfte, und gestattete ihnen, während der ersten drückend heißen Monate nach Einbruch der Dunkelheit auf das Flachdach zu steigen und die frische Gebirgsluft zu genießen.

Zur Überraschung der Fürstinnen ließ sich Schamil täglich ihre Kinder in seine eigene Wohnung bringen, ein getrenntes Gebäude mit drei kleinen Räumen, an das eine Moschee grenzte. Es lag im Mittelpunkt des inneren Hofs, während das Frauenhaus, in dem seine Frauen und Kinder sowie die Gefangenen lebten, sich um den ganzen Hof zog und auf die Galerie zu öffnete. Ob es an der Front gut oder schlecht für ihn stand, Schamil fand immer Zeit für die Kinder seiner Gefangenen, spielte mit ihnen, hätschelte sie und verwöhnte sie mit Obst und Süßigkeiten.

Ihre Mütter dagegen versanken immer tiefer in Schwermut und Niedergeschlagenheit. Selbst ein Paket mit Seife, Parfüm, Kämmen und Handtüchern, das ihnen ihre Verwandten aus Tiflis schickten, hob nur vorübergehend ihre Stimmung. Ansonsten durften sie mit ihren Familien nur brieflich verkehren, um sie zur Zahlung des Lösegelds zu drängen.

Saidet, die erste Frau des Imams, die er nicht aus Liebe, sondern aus politischen Gründen geheiratet hatte, schalt und scheuchte nicht nur die Hausangestellten, sondern quälte auch immer wieder die Fürstinnen mit der Frage:

»Na, was ist jetzt mit dem Lösegeld? Wieviel bringen eure Familien denn zusammen?« Und als sie keine Antwort erhielt, drohte sie: »Glaubt mir, euch erwartet ein schreckliches Ende, wenn das Lösegeld nicht bezahlt wird.«

»Je eher das Ende kommt, desto besser«, entgegnete Fürstin Anna stolz.

Saidet lächelte spöttisch. »Dein Mann kann dich nicht mehr lieben, sonst hätte er dich längst befreit.«

»Du redest wie eine Frau, die nicht weiß, was Liebe ist.«

»Jede Frau des Imams muß sich glücklich preisen, ihm zu gehören, und ich erst recht, denn ich bin Schamils erste Frau.«

»Aber nicht die Frau, die er wirklich liebt.«

»Schweig, was weißt denn du!« Es war ihr peinlich, daß die Fürstin darüber im Beisein des russischen Dolmetschers sprach, den sie mitgebracht hatte. »Du willst nur davon ablenken, daß dein Mann nichts mehr von dir wissen will. Heute haben wir mit jemandem gesprochen, der in Zinondali dabei war. So eine Pracht wie dort, sagt er, hat er noch nie gesehn. Er kann es einfach nicht glauben, daß ein einzelner Mann so viele Reichtümer besitzt, und trotzdem ist für euch noch kein Lösegeld beschafft worden. Nennst du das Liebe?«

»Niemand kann eine so hohe Summe zahlen, wie Schamil verlangt.«

»Nicht Schamil, sondern die Volksvertreter haben die Höhe festgesetzt. Dagegen kann auch der Imam nichts ausrichten. Wenn es nach ihm ginge, würde er für euch überhaupt kein Geld fordern. Er will nur seinen Sohn zurückhaben.«

»Ausgerechnet ein Autokrat wie er beugt sich dem Willen des Volks?«

»Er braucht die Unterstützung seiner mächtigen Nahibs, die alle in euch die einzige Möglichkeit sehen, zu Geld zu kommen.«
»Um sich zu bereichern?« bemerkte Fürstin Anna verächtlich.
»Nein, um Waffen zu kaufen und die Verwüstungen zu beseitigen, die zur Kriegstaktik der Ungläubigen gehören.«
»Daher also die astronomische Summe.«
»Für eine fürstliche Familie wie die der Tschawtschawadse ist kein Betrag zu hoch, davon sind wir alle überzeugt.«
»Unsere Reichtümer bestehen in Ländereien und nicht in Bargeld.«
»Das gleiche gilt auch für meine Familie«, bestätigte Fürstin Warwara Orbeljani. »Nach den testamentarischen Verfügungen meines verstorbenen Mannes darf der Landbesitz als unveräußerliches Gut nur an meinen kleinen Sohn Georg vererbt werden, sobald er mündig ist.«
»Soviel ich weiß, haben wir unter deinen Sachen auch Urkunden darüber gefunden.«
»Damit dürfte es wohl klar sein, daß wir zur Zeit das geforderte Lösegeld nicht auftreiben können.«
»Dann wird dein Sohn eben hierbleiben, bis er mündig ist und das Gut verkaufen kann«, erklärte Saidet geschäftsmäßig. »Mach dir keine Sorgen. Unsere Gebirgsluft ist gesund, er wird hier groß und stark werden.«
Als sie sah, wie Fürstin Warwara darauf in Tränen ausbrach, zog Saidet befriedigt davon.
Andere Töne schlug die erste Frau des Imams an, als sie eines Tages den Gefangenen ihre persönlichen Sorgen enthüllte.
»Ich bekomme seit langem keine Kinder mehr«, klagte sie, »und dabei will ich Schamil doch unbedingt einen Sohn gebären.« Wohlweislich verschwieg sie dabei, daß sie sich nach einem Sohn sehnte, um ihre Stellung Schamil gegenüber zu festigen. »Ich fürchte, ich bin unfruchtbar geworden. Bis jetzt hat mir keines der Heilkräuter, die wir kennen, dagegen geholfen. Könnt ihr mir nicht von Tiflis Arzneien besorgen?«
»Wie denn? Wir werden hier festgehalten.«
»Schreibt ein paar Zeilen. Ich gebe sie dann einem Boten mit.«
»Also gut.«

Noch am folgenden Morgen brach der Bote nach Tiflis auf und kehrte Tage später mit Heilmitteln und Ratschlägen des Arztes zurück. Während ihrer Kur zeigte sich Saidet gegenüber den Gefangenen menschlicher und ließ ihnen das beste Essen und sogar Leckerbissen zukommen. Als aber nach einiger Zeit nicht die erhoffte Wirkung eintrat, wurden die Geiseln wieder wie zuvor nur mit Brot und Ziegenkäse abgespeist, manchmal sogar noch spärlicher. Dabei wäre es wohl auch geblieben, wenn nicht Schamil eines Tages in ihre Unterkunft gekommen wäre, um Reparaturarbeiten am Kamin zu überprüfen. Als er dabei einen Topf mit Zwiebelsuppe vorfand, ihre einzige Verpflegung an diesem Tag, ließ er Saidet sofort holen und kanzelte sie vor den Geiseln ab. Weinend rannte sie hinaus, und Minuten später kam Schuanet mit dem Verwalter Chadshio herein und brachte ihnen Fleisch, Reis, Butter und Tee, rechteckige Blöcke aus Teeblättern und Schafsblut gepreßt, die in heißem Wasser aufgelöst wurden.

»Schamil hofft, daß ihr damit zufrieden seid«, sagte sie strahlend. »Laßt es euch gut schmecken.«

Auch bei anderen Gelegenheiten war es Schuanet, die immer wieder die Bosheiten Saidets zu mildern und wiedergutzumachen versuchte. Ihre ganze Sorge galt stets dem Wohlergehen der Gefangenen, die sie uneigennützig an ihren eigenen Vorrechten und Annehmlichkeiten teilnehmen ließ. Wo immer sich eine Gelegenheit bot, legte sie für die Geiseln ein gutes Wort beim Imam ein. Sie war, wie die Fürstinnen bald herausfanden, die einzige von Schamils Frauen, die ihn wirklich liebte. Ritt er in die Schlacht, dann grämte sie sich und bangte um sein Leben, und sie errötete wie eine Braut, wenn er zurückkehrte. Während Saidet gern ihre Macht ausspielte und sich mit jedem zankte und stritt, saß Schuanet ruhig in ihrem mit Kissen ausgelegten Zimmer und lauschte auf Schamils Stimme und Schritte im Hof. Nachdem ihre ersten Kinder jung gestorben waren, fühlte sie sich um so glücklicher, als sie ihm etwa einen Monat nach der Ankunft der Geiseln eine Tochter gebar.

Von seinen fünf Frauen waren die angebetete Fatimat und später auch noch Dshavarat gestorben. Seitdem lebte Schamil mit drei Frauen zusammen, von denen er Schuanet, »die Perle«, wie er sie zärtlich nannte, den beiden anderen vorzog, wenngleich er sich ernsthaft bemühte, gemäß den Vorschriften des Korans keine Frau zu begünstigen.

3

Schamils dritte Frau hieß Aminet, die den Gefangenen schon bei ihrer Ankunft im Großen Aul aufgefallen war. Sie bezauberte nicht nur durch die blendende Schönheit ihrer achtzehn Jahre, sie stach in ihrem ganzen Aussehen von den einheimischen dunklen Frauen ab. Zwar trug auch sie den gleichen Leinenrock und die gleiche türkische Hose, aber alles leuchtete in bunten Farben, sogar ihr Schleier. Damals bei der Begrüßung hatte Aminet noch hinter Saidet und Schuanet gestanden, zwar neugierig wie sie, aber schweigsam und zurückhaltend, als traute sie sich nicht. Doch daß dies gar nicht zu ihrem Wesen paßte, verrieten die kleine, freche Stupsnase, die tiefen Grübchen neben ihrem schön geschwungenen Mund und die klaren grauen Augen, die groß und schelmisch dreinblickten.
Dieser Eindruck wurde bestätigt, als im Laufe der Zeit Schamils Frauen die Geiseln immer häufiger besuchten und alle sich untereinander auch besser verständigen konnten, besonders aber durch einen Streich, den Aminet dem Imam spielte. Unerwartet stürzte sie eines Nachts ins Quartier der Fürstinnen und scheuchte sie aus ihrem ersten Schlaf.
»Erschreckt nicht,« rief sie ihnen leise zu, »ich bin's, Aminet.«
»Was ist los?« flüsterte Fürstin Warwara.
»Ich will mich nur bei euch verstecken.«
»Verstecken? Vor wem?«
»Vor Schamil.« Aminet kicherte übermütig. »Er will mich heute nacht besuchen kommen.«
»Wie kannst du ihn da so vor den Kopf stoßen?« wunderte sich Fürstin Anna. »Du bist seine Frau.«
»Er hat mich schwer enttäuscht.«
»Womit?«
»Als er heute mittag von einem Streifzug zurückkam, hat er uns

Frauen Geschenke mitgebracht. Von der Seide aber habe ich zu wenig bekommen.« Sie lachte fröhlich. »Jetzt lasse ich ihn dafür zappeln.«
»Und wenn er erfährt, daß wir dich hier verstecken?« fragte Fürstin Warwara besorgt.
»Pscht! Er kommt.«
Durch eine Türritze beobachtete Aminet, wie Schamil über den Hof kam und vor ihrem Zimmer haltmachte, in dem er sie vermutete, bereit, das Lager mit ihm zu teilen. Sie mußte da sein, denn von draußen steckte der Schlüssel im Schloß. Leise pochte er an die Tür und wartete gierig auf Antwort. Als er Aminets Stimme nicht vernahm, klopfte er erneut und beugte sich leicht vor, um besser hören zu können. Vergebens, auch diesmal kein Laut, kein Zeichen. Statt einfach hineinzugehen, blieb der Große Imam noch eine Weile draußen vor der Tür stehen wie ein junger Liebhaber, schüchtern und ungeduldig zugleich. Im hellen Mondlicht dort schien er sich als Bittender nicht wohlzufühlen und suchte nach einer Stelle, die im Schatten lag. Dann zog er den Schlüssel ab und wartete seitlich des Eingangstores zum Hof, dort wo sich die Schatzkammer und sein Empfangszimmer befanden, in Demut und Geduld auf ihre Rückkehr.
Nur mühsam unterdrückte Aminet ein Lachen. »Ich gehe nicht in mein Zimmer zurück«, flüsterte sie den Fürstinnen zu, »und wenn er da auch die ganze Nacht rumsteht.«
In Liebe entflammt und dennoch fröstelnd in der bitterkalten Nacht harrte Schamil in seiner Lauerstellung aus, bis sich schließlich seine Leidenschaft soweit abgekühlt hatte, daß der Löwe vom Kaukasus es vorzog, sich wie ein einsamer Wolf in den eigenen warmen Unterschlupf zu trollen.
»So niedergeschlagen habe ich ihn schon lange nicht mehr gesehen«, meinte Fürstin Warwara, als sie Schamil den Hof überqueren sah. »Hoffentlich hat dein Streich für uns kein übles Nachspiel.«
»Wieso für euch?« wunderte sich Aminet.
»Ich habe unseren Empfang durch Schamil noch nicht vergessen, genauer gesagt, den Henker, der neben ihm stand mit der Axt in der Hand. Wenn das nur gutgeht!«

»Keine Sorge, ich werde euch nicht verraten. Hauptsache, er hat begriffen, daß er mit mir nicht umspringen kann, wie er will.«
»Liebst du denn deinen Mann nicht?« forschte die junge Fürstin Tinia, die seit kurzem mit der fast gleichaltrigen Aminet Freundschaft geschlossen hatte.
»Den Imam lieben? Ich kann mich nicht daran gewöhnen, seine Frau zu sein. In seiner Gegenwart wage ich nicht zu atmen.«
»Aber du bist doch seine rechtmäßige Frau!«
»Rechtmäßig schon, aber nicht freiwillig. Er hat mich dazu gezwungen.«
»Wann?«
»Ich war erst drei Jahre alt, als ich bei einem Beutezug gefangengenommen wurde und in Schamils Haushalt kam, wo ich zusammen mit seinen eigenen Kindern aufgewachsen bin. Dshemal-Edin war damals mein erster Spielgefährte, bis er dann leider in Achulgo als Geisel an die Russen ausgeliefert wurde. Seitdem gilt meine Zuneigung seinem Bruder Kasi Mahommed, der nur zwei Jahre älter ist als ich.«
»Du hast gesagt«, fiel Fürstin Tinia ein, »›seitdem gilt meine Zuneigung Kasi Mahommed‹. Heißt das, diese Zuneigung besteht noch immer?«
Aminet seufzte. »Mehr als das! Im Laufe der Jahre habe ich mich leidenschaftlich in ihn verliebt.«
»Und er?«
Sie zuckte mit den Schultern. »Wir hatten nie Gelegenheit, darüber zu sprechen. Als ich sechzehn Jahre alt war, zerstörte der Imam all meine Hoffnungen. Schon eine Zeitlang hatte ich bemerkt, wie er mich ansah, so als wolle er mich mit seinen Blicken ausziehen. Er begehrte mich. Ich wußte, daß ihn mein Körper reizte, und versuchte ihm auszuweichen. Vergebens, er war so versessen darauf, mich zu besitzen, daß er mich als dritte Frau zu sich nahm. Seitdem teile ich seine Nächte, aber in meinen Träumen bin ich mit seinem Sohn vereint.« Traurigkeit verschleierte ihren Blick, aber dann gab sie sich einen Ruck. »Ich bin schon glücklich, wenn ich ihn dann und wann von weitem sehe.«
»Heißt seine Frau nicht Kerimat?«

»Ja, sie ist die Tochter von Daniel Beg.«
»Wir haben ihn im Turm von Pohali kennengelernt.«
»Liebt Kasi Mahommed seine Frau?«
»Er ist sogar sehr in sie verliebt, obwohl Schamil diese Ehe aus politischen Gründen gestiftet hat: eine Verbindung zu Daniel Beg schien ihm förderlich für seine Pläne.« Aminet seufzte. »Wie sehr ich sie beneide!«
»Weil sie Kasi Mahommeds Frau ist?«
»Natürlich, aber nicht nur deswegen. Während ihr Vater noch mit den Russen verbündet war, hat sie in Tiflis den westlichen Luxus kennengelernt. Ihr solltet es mal erleben, wenn Kerimat aus Karaty hierher zum Großen Aul kommt, eingehüllt in einer Wolke von Parfüm, mit Schleiern aus goldenem Tüll, die mit Brillantnadeln befestigt sind, und in einem mit Zobel gefütterten Brokatmantel. Für Schamil ist das ein Dorn im Auge, er haßt jeden Luxus. Manchmal hat er sich darüber so sehr aufgeregt, daß er ihr ganzes Gepäck beschlagnahmen und verbrennen ließ. Sie weint dann zwar jedesmal, aber in Wirklichkeit ist das alles nur gespielt. Den Verlust kann sie leicht verschmerzen, denn in Karaty besitzt sie noch eine Menge andere Kostbarkeiten, von denen wir hier nur träumen dürfen. Und vor allem versteht sie es, mit ihrem angeblichen Kummer Kasi Mahommed nur noch enger an sich zu binden. Er ist ohnehin schon ihren Verführungskünsten rettungslos verfallen.«
Wie sehr die dritte Frau des Imams ihrem Stiefsohn Kasi Mahommed verfallen war, erkannten die Gefangenen schon bald, als Kerimat im Großen Aul erschien. Kaum war sie in Schamils Haus eingekehrt, als Aminet in ihr Zimmer stürzte und sich einschloß. Weinend grub sie ihr Gesicht in die Kissen ihres Lagers, sie konnte nicht überwinden, daß Kerimat ihr den Mann weggenommen hatte, den sie liebte.

4

Drei Monate waren verstrichen, Herbststürme hatten den Sommer vertrieben, doch auch im November änderte sich nichts an der Lage der Geiseln. Die Aussicht auf ihre Befreiung war ebenso in dunkle

Wolken gehüllt wie der Große Aul, von dem aus man tagelang die Berge nicht sehen konnte. Für alle war das Leben in dieser rauhen Jahreszeit schwieriger geworden. Es regnete in Strömen, die engen Pfade wurden zu Bächen, und an einigen Stellen des Hofes versank man bis zu den Knien im Schlamm. Unaufhörlich tropfte es durch die Dächer, und das Wasser, das an den Wänden hinuntersickerte, fror zu einer dünnen Eisschicht. Jammernd heulte der Wind durch das Bergdorf, rüttelte an den Türen und riß Dachziegel mit sich fort.

Frierend drängten sich die Gefangenen aneinander und husteten sich durch die Wolke von beißendem Rauch, den immer wieder ein Windstoß durch den Kamin zurück ins Zimmer blies. Der Kizyak, der mit Stroh vermengte, getrocknete und gepreßte Kuhmist, mit dem man heizte, gab nicht genügend Wärme ab. Die Kleider der Geiseln waren zerschlissen und schützten sie nur unzureichend vor der Kälte. Körperlich und nervlich heruntergekommen, wie sie waren, empfanden nach und nach nicht nur die Dorfbewohner Mitleid mit ihnen, sondern auch die Wachen, die im Empfangsraum neben dem Tor saßen und den Frauen und Kindern von ihrer eigenen Verpflegung mal ein Stück Fleisch oder etwas Obst zusteckten.

Wie Fürst David Tschawtschawadse und General Réad verlauten ließen, unternahmen sie alle Anstrengungen, die Gefangenen zu befreien. Mehr erfuhren die Fürstinnen nicht, außer daß das geforderte Lösegeld astronomisch hoch war.

Eines Tages kam Saidet mit einer alten Ausgabe der Petersburger Zeitung »Russkij Invalid« in ihre Unterkunft. Sie deutete auf einen Bericht, den sie sich von Indris, dem russischen Deserteur und Dolmetscher, hatte übersetzen lassen.

»Sehr interessant«, sagte sie triumphierend, »sehr interessant, was ich da erfahren habe. Die britische Regierung hat eine große Geldsumme zur Verfügung gestellt.«

»Wofür?« wollte Fürstin Anna wissen.

»Für einen besonderen Zweck, ich habe vergessen, was es genau ist.«

»Und was hat das mit uns zu tun?«

»Es gibt tatsächlich solche großen Geldsummen, auch wenn ihr mir immer wieder das Gegenteil einzureden versucht. Wenn die Königin von England Millionen zahlen kann, dann kann es auch die Zarin von

Rußland. Ihr wart ihre Hofdamen. Sie wird schon zahlen, wenn ihr sie darum bittet.«
»Warum sollte sie? Die Zarin ist nicht eure Gefangene.«
»Ihr werdet es noch bitter bereuen, daß ihr nicht nach Petersburg geschrieben habt.«
»Ich würde lieber sterben, als den Zaren mit meinen Schwierigkeiten zu belästigen, besonders jetzt, da der Krimkrieg ihn ganz in Anspruch nimmt. Nur weil ich unachtsam war und nicht rechtzeitig von Zinondali geflohen bin, sind wir in eure Gefangenschaft geraten. Ich allein bin schuld, nicht der Zar.«

5

Es war Dezember geworden, der Schnee rieselte leise auf die Dächer, als Kasi Mahommed von der Front in den Großen Aul zurückkehrte. Mit seiner Ankunft lebte Aminet auf wie eine Rose im Frühling. Wie ein Vogel sang sie mit ihrer klaren, weichen Stimme, und ihre Augen glänzten, wenn sie geschäftig vorbeihuschte, um seine Räume in Ordnung zu bringen. Stundenlang saß sie neben den Fürstinnen und nähte nach dem Muster von Schamils besticktem Pistolenhalfter ein zweites Exemplar für Kasi Mahommed. Aber der Mann, den sie so hoffnungslos liebte, machte sich nichts aus ihrem Geschenk und gab es bald an Mahommed Scheffi weiter, Schamils jüngstem Sohn, einem hübschen und freundlichen Jungen von fünfzehn Jahren, der sich, ganz sein Vater, begeistert im Reiten und Schießen übte.
Kerimats Hang zum Luxus hatte bei Kasi Mahommed auch schon erste Spuren hinterlassen. Die gelben Schuhe in den mit Gold eingelegten Steigbügeln, saß er herrisch und geckenhaft zugleich im scharlachroten Sattel seines Schimmels. Von diesen Eitelkeiten abgesehen, machte er eine glänzende Figur, die nicht nur Aminets Herz höher schlagen ließ.
Als er wieder fortritt, eilten alle Frauen zur »Mauer der Eifersucht«, wie die Gefangenen die Trennwand nannten, einen hohen, über den ganzen Hof laufenden Lattenzaun, der das Haus mit den Frauen und Kindern des Imams sowie den Gefangenen von den übrigen Gebäu-

den von Schamils Anwesen, darunter auch eine Bäckerei, ein Lagerraum und Ställe, abschirmte und den sie nicht überschreiten durften. Nur durch die Ritzen konnten sie beobachten, was draußen vor sich ging. Hinter diesem Lattenzaun standen die Frauen und sahen Kasi Mahommed nach, bis er ihren Blicken entschwand.
Nur die liebeskranke Aminet hielt es nicht so lange hinter der »Mauer der Eifersucht« aus. Sie schämte sich ihrer Tränen, und flüchtete sich in ihr Zimmer, wo sie sich schluchzend aufs Lager warf.

6

Erst wenige Tagen waren verstrichen, als sich die Frauen, die in Schamils Haus lebten, im Hof zum Beten versammelten. Die Fürstinnen und ihre Mitgefangenen hatten sich inzwischen daran gewöhnt, denn mehrmals schon waren sie Zeugen dieses gemeinsamen Gebets gewesen, das jeden Monat bei Neumond stattfand. Diesmal aber, so schien es ihnen, hatte sich eine auffällige Erregung aller Frauen bemächtigt. Ihre Schreie klangen noch schriller als sonst, ihre Gesänge wurden noch lauter, je mehr ihre Inbrunst wuchs, und schließlich schlugen sie sich ungestüm auf die Brust und schluchzten wie im Taumel.
Wie immer durften nur Saidet und Schuanet mit dem Imam beten. Barfüßig wie er knieten sie zwei Schritte hinter ihm auf dem Teppich, der auf seinem Balkon ausgebreitet war. Aminet wurde diese Ehre nicht zuteil, da sie ihm noch kein Kind geboren hatte.
Den Anlaß für die allgemeine Gemütserregung erfuhren die Fürstinnen, als Aminet nach dem Gebet noch einmal zu ihnen kam.
»Morgen wird der Imam uns verlassen.«
»Was heißt das?« forschte Fürstin Anna. »Reitet er fort?«
»Ja, in die Schlacht, und wie immer, wenn er uns im Aul allein zurückläßt, sind alle unruhig und bedrückt.«
Schon in den frühen Morgenstunden kündigte eine ungewöhnliche Betriebsamkeit den Aufbruch an. Zu den Pflichten, mit denen niemand anders als Saidet und Schuanet betraut wurden, gehörte es, das Einpacken des Proviants für den Imam zu überwachen, seine Pistolen

zu laden, Sattel und Zaumzug zu prüfen sowie seine Burka und die übrigen Kleidungsstücke in Ordnung zu bringen.
Auch diesmal, wie stets wenn er wegritt, hatte Schamil die Diener, Bettler und Armen des Auls vor seiner Tür zusammenrufen lassen, verteilte Geld und Stoffe an sie und verabschiedete sich von ihnen.
»Ich bitte euch alle, betet für mich«, ermahnte er sie.
»Eure Gebete werden Allah willkommen sein.«
Viele streckten ihre Arme nach ihm aus, als wollten sie ihn zurückhalten, und die Kinder, darunter auch die der beiden Fürstinnen, mit denen er so oft gespielt hatte, klammerten sich an ihn und heulten, als ginge er auf ewig von ihnen.
»Kopf hoch!« versuchte er sie aufzumuntern, obwohl er selbst seine Schwermut nicht verbergen konnte. »Seid nicht traurig, bald sehen wir uns wieder.«
Nur widerstrebend riß er sich los, segnete alle Bewohner, die sich im Hof versammelt hatten, und stattete dann der alten Bahu, die er als Mutter der verstorbenen Fatimat besonders verehrte, einen letzten Besuch ab.
Sein Pferd, mit karmesinrotem Lederzeug aufgezäumt, tänzelte schon ungeduldig, als er wieder ins Freie trat. Schamil selbst trug nur eine einfache schwarze Tscherkeßka und einen verblichenen, mit schwarzem Pelz gefütterten Umhang. Die silberbeschlagenen Waffen waren der einzige Schmuck, den er sich zugestand.
Noch ein letzter Blick streifte seine drei Frauen, dann schwang sich Schamil in den Sattel, trieb sein Pferd zum Tor und galoppierte davon, gefolgt von seinen Muriden, die ihn draußen mit wehendem Banner erwartet und mit freudigem Schlachtgeschrei empfangen hatten.
Durch jeden der drei Festungsgürtel, die den Großen Aul umgaben, führte ein Tor, gerade hoch genug für einen Reiter, der sich tief über den Hals des Pferdes beugte. Nie zog Schamil die Zügel an, um die Geschwindigkeit zu verlangsamen, sobald er sich einem Tor näherte; vielmehr glitt er kurz vorher an der Flanke seines Pferdes hinunter, jagte hindurch, richtete sich mit einem Schwung wieder auf und stand in den Steigbügeln, bis er nur wenige Sekunden später am nächsten Tor das gleiche Manöver wiederholte.

Für die Gefangenen war es das verwegenste Reiterkunststück, das sie je gesehen hatten. Aber nicht nur sie starrten ihm mit offenem Mund nach, auch in den Augen der Frauen seines Hauses und Harems blitzte Bewunderung auf über die Kühnheit ihres Imams. Schweigend blickten sie ihm nach, bis er mit seiner Kriegerschar verschwunden war. Hinter ihnen wurden die schweren Riegel und Balken wieder vor die Tore geschoben.
Aminet eilte aufs Flachdach, um von dort oben den Reitertrupp noch einmal auf der entfernten Paßhöhe auftauchen zu sehen, bevor er in eine Welt der Freiheit zog, die sie nie kennengelernt hatte. Schuanet dagegen zog sich niedergeschlagen in ihr Zimmer zurück, um von Allah Schutz für ihren Herrn zu erbitten, während Saidet endlich den ersehnten Augenblick gekommen sah, ihren Schmuck anzulegen, den sie vor Schamil sorgsam verborgen hielt, darunter auch Brillanten aus dem Raub von Zinondali.
»Sie hat kein Benehmen«, tadelte Fürstin Warwara sie, »einfach geschmacklos.«
Ihre Schwester schüttelte verwundert den Kopf. »Es ist schon merkwürdig, wie leer es ohne ihn hier ist, geradezu trostlos. Eigentlich müßten wir uns ohne Schamil erleichtert fühlen, aber genau das Gegenteil ist der Fall.«
»Ja, er ist nicht das Ungeheuer, für das wir ihn anfangs gehalten haben«, meinte Madame Drancy. »Wenn man seine Lage versteht, dann ist er ein gerechter, ja sogar ein ehrenhafter Mann. Er ist davon überzeugt, so handeln zu müssen, wie er es tut.«
»Nie hat er uns belästigt«, bestätigte Fürstin Warwara, »sondern uns, soweit ihm dies möglich ist, alles zukommen lassen, was unser Leben hier erträglicher macht. Ohne ihn, so fürchte ich, wird Saidet uns wieder ungestraft mit ihrer Bosheit quälen.«

7

Im Laufe des Vormittags suchte Aminet die Fürstinnen auf.
»Jetzt sind sie beide weg«, seufzte sie, »der Mann, dem ich gehöre, und der Mann, den ich liebe.«

»Sie werden schon wiederkommen«, tröstete die fast gleichaltrige Tinia sie. »Wir müssen auch ohne Männer leben.«
»Wie lebt Schamil überhaupt?« wollte die französische Gouvernante wissen. »Bis jetzt haben wir seine Wohnung nur von außen gesehen.«
»Dann kommt mit, ich zeige euch seine Zimmer«, erbot sich Aminet.
»Ich möchte schon«, erwiderte Fürstin Anna, neugierig und ängstlich zugleich, »aber wenn er es erfährt...«
»Nur keine Bange, die Gelegenheit ist günstig, also kommt schon.«
Niemand bemerkte, wie Aminet die Fürstinnen und die Gouvernante in Schamils Wohnung führte. Aber außer den Dolchen und Pistolen, die neben dem Kamin hingen, den vielen Büchern und Manuskripten an den gekalkten Wänden und den kaukasischen Teppichen, die den Boden bedeckten, gab es nichts, was ins Auge fiel.
»Wir haben zwar längst gewußt, wie einfach er lebt, aber so wenig habe ich nun doch nicht erwartet«, gestand Fürstin Anna. »Ehrlich gesagt, ich bin enttäuscht.«
»Ist sein Tagesablauf auch so eintönig?« erkundigte sich Madame Drancy.
»Eigentlich ja. Sobald es dämmert, steht er auf, um zu beten. Um sieben Uhr bringt ihm Schuanet dann seinen Tee und etwas Weißbrot. Anschließend arbeitet er bis ein Uhr, das heißt, er empfängt seine Nahibs und liest die Berichte von der Front oder aus den Provinzen.«
»Und mittags, was ißt er da?«
»Ein Reisgericht, ein paar Rosinen oder etwas Ziegenkäse. Diese Mahlzeit tragen ihm Schuanet und Saidet immer gemeinsam auf.«
»Noch bescheidener geht es kaum«, bemerkte Fürstin Warwara.
»Den Rest des Tages verbringt er dann mit Meditationen und Gebeten. Manchmal führt er auch tiefschürfende Gespräche mit Jamul-u'din Mullah. Sind ausländische Zeitungen eingetroffen, dann läßt er sich daraus immer einige Artikel von seinen Dolmetschern vorlesen. Fast jeden Abend besuchen ihn auch seine Kinder. Auf diese Stunde freut er sich ganz besonders.«
»Ißt er abends genauso wenig?«
»Ja, wenig und einfach, wie immer. Um elf Uhr geht er dann zu Bett.«

»Allein?« fragte die junge Fürstin Tinia schelmisch kichernd.
Aminet lachte. »Natürlich nicht, der Imam hat nicht umsonst drei Frauen.«
»Und mit euch dreien …?«
»Nein, immer nur mit einer. Abwechselnd nimmt er Saidet, Schuanet oder mich zu sich, jeweils für eine Woche und in genauer Reihenfolge. Dazwischen legt er einen vollen Tag ein für einsame Gebete zur Reinigung, und freitags verbringt er immer in der Moschee.«
»So einfach habe ich mir Schamils Leben nicht vorgestellt«, gestand Fürstin Anna. »Immerhin ist er der Imam.«
»Gerade deshalb«, betonte Aminet. »Schamil lebt, was er predigt.«

8

Über die Lage an der Front erfuhren die Gefangenen genausowenig wie darüber, ob über ihre Freilassung verhandelt wurde oder gar schon Fortschritte erzielt worden waren. Nur aus den gelegentlich verweinten Augen und dem blassen Gesicht von Schuanet schlossen sie, daß Schamils Muriden eine Niederlage erlitten hatten.
»Ich verstehe nicht, was die Männer eigentlich wollen«, seufzte sie. »Warum ziehen sie in den Krieg und bekämpfen einander? Haben sie es nicht besser zu Hause bei ihren Familien? Finden sie mehr Befriedigung im Töten als in den Armen einer Frau?«
Auch ohne Schuanet auszufragen, wußten die Fürstinnen, wen das Kriegsglück gerade begünstigte, zumal Saidet immer dann, wenn es schlecht stand, ihrer Abneigung gegen die Ungläubigen freien Lauf ließ.
»Macht euch keine falschen Hoffnungen«, sagte sie mit saurem Lächeln. »So wie es jetzt aussieht, kommt das Lösegeld für euch nie zusammen, und dann …« Sie unterbrach sich und blickte vor allem Fürstin Anna haßerfüllt an. »Es gibt Pläne, mehr verrate ich nicht.«
Sie spielte damit auf das Gerücht an, die Geiseln würden in diesem Fall auf die Harems der Nahibs verteilt werden und Schamil würde Fürstin Anna für sich behalten, was Saidets Eifersucht weckte.
Dann aber schien es, als schüttele sie diese Befürchtung von sich und

empfände Genugtuung über das Schicksal, das den Gefangenen drohte:
»Eines aber sage ich euch dennoch: Wenn ihr hofft, durch einen Sieg der Ungläubigen freizukommen, dann irrt ihr euch gewaltig. Schlagt euch das aus dem Kopf. Denn falls Schamil fällt, ist auch euer Leben verwirkt. Wir haben den Auftrag, euch die Kehle durchzuschneiden. So lautet der Befehl.«
»Lieber sterben als die letzten Lebensjahre hier verbringen«, entgegnete Fürstin Anna schroff.
»Wenn ich mir die Bemerkung erlauben darf«, schaltete sich der russische Dolmetscher ein, »so kann ich Ihnen leider nicht den Vorwurf ersparen, daß Sie sich nicht ausgiebig genug um das Lösegeld bemühen.«
»Das ist Ihre Ansicht. Ich dagegen werde den Zaren oder Fürst Woronzow unter keinen Umständen anbetteln.«
»Wie kannst du es wagen, dich den Wünschen des Imams zu widersetzen? Du, eine Gefangene!« brauste Saidet auf, da sie nach dieser Antwort die Aussicht auf Geld noch stärker schwinden sah. »Wie kommt es, daß du ihn nicht fürchtest?«
»Ich fürchte nur Gott allein.«
»Unerhört, eine Beleidigung«, tobte Saidet, »der Imam ist ein Heiliger!«
Die ganze Zeit über hatte Hadschi-Rebel, eine boshafte Tatarin mittleren Alters und die Erzieherin von Schamils Töchtern, schweigend das Gespräch verfolgt. Froh darüber, nun endlich wieder eine Gelegenheit erwischt zu haben, es den verhaßten Ungläubigen zu zeigen, fuhr sie Fürstin Anna an:
»Wie kannst du dich erdreisten, seinen heiligen Befehl nicht zu befolgen.«
»Heilig mag er vielleicht sein, aber mein totes Kind kann er mir nicht zurückgeben.«
»Hündin!« schrie Hadschi-Rebel außer sich vor Wut. »Du vergreifst dich an Allah und seinem Propheten.«
»Hinaus mit dir!«
»Möge Allah dich tausendfach strafen für deine Lästerung!«
»Hinaus!« befahl die Fürstin erneut. »Hinaus!«

»Deine Brut soll krepieren!« kreischte Hadschi-Rebel und stieß und pufftte dabei die Geiseln und deren Kinder.

Durch das sich steigernde Geschrei und Gezeter angelockt, stürzte Schuanet herbei, der es endlich gelang, die tatarische Kinderfrau fortzuführen. Dann kehrte sie noch einmal kurz zurück und mahnte die Fürstinnen:

»Bitte seid vorsichtig mit euren Bemerkungen. Saidet und Hadschi-Rebel stecken unter einer Decke. Sie sind beide niederträchtig und können euch gefährlich werden.«

Saidet rächte sich für die Unbeugsamkeit der Geiseln, indem sie wieder einmal die Verpflegung verschlechterte. Mal war das Fett ranzig, mal das Mehl voller Kornwürmer. Auch ließ sie keine neue Scheibe in das einzige Fenster, kaum größer als ein Taschentuch, einsetzen, so daß ständig die eisige Gebirgsluft durch dieses Loch ins Gefangenenquartier strömte.

All diese Widrigkeiten ließen auch die Stimmung der Geiseln weiter sinken. Inzwischen waren sie so abgemagert und geschwächt, daß ihre Gesundheit Anlaß zur Sorge bot. Allein die junge Fürstin Tinia behielt ihre jugendliche Frische, und ihre Freundschaft mit Aminet half ihr über manches seelische Tief hinweg. Stundenlang sprachen die beiden Mädchen über ihre Gefühle: Aminet schwärmte von ihrer Liebe zu ihrem Stiefsohn Kasi Mahommed, und Tinia schwelgte in Erinnerungen an die Annehmlichkeiten der Zivilisation und ihre Erlebnisse in St. Petersburg.

»Du glaubst gar nicht, wie sehr ich mich danach sehne«, gestand sie. »Nur schade, daß ich nie an Prunk und Pracht des Hoflebens teilnehmen kann so wie früher meine beiden Tanten.«

»Warum denn nicht?« wunderte sich Aminet. »Wenn du freikommst, stehen dir doch alle Türen offen.«

»Eben nicht. Meine Tanten sind reich, ich aber bin arm. Meine Eltern haben alles verloren.«

Einen Schlag versetzte ihr eines Tages Hadschi-Rebel, der die Ausgeglichenheit der jungen Fürstin mißfiel. Tinia war gerade auf dem Weg zur Unterkunft, als die tatarische Kinderfrau sie boshaft anfunkelte.

»Warum trägst du den Kopf immer so hoch?« fragte sie hinterlistig.

»Hoffst du, bald frei zu sein, oder freust du dich über das Glück, das dir bevorsteht?«

»Was für ein Glück?« wunderte sich Tinia. »Mit Glück kannst du doch nur die Freiheit meinen.«

»Ich sehe, du hast keine Ahnung. Wie es auch kommt, du bleibst auf jeden Fall hier im Großen Aul, selbst wenn die Forderungen des Imams erfüllt und alle anderen freigelassen werden sollten.«

»Warum sollte ich als einzige gefangenbleiben?«

Hadschi-Rebels Blick glitt über die reizvolle Gestalt der jungen Fürstin.

»Wenn die anderen freigelassen werden, dann kehrt endlich auch Dshemal-Edin zu uns zurück. Und du bist die richtige Braut für Schamils Sohn.«

»Was«, schrie sie entsetzt, »ich soll den Sohn dieses Scheusals heiraten? Lieber sterbe ich! Ehe er mich anrührt, stürze ich mich von der Mauer.«

»Undankbares Mädchen!« entrüstete sich die tatarische Kinderfrau. »Unverschämte Ungläubige! Wie kannst du es wagen, so von Schamil zu reden? Wer bist du denn, daß du die Hand seines Sohnes zurückweist? Nichts als die Sklavin des Imams, vergiß das nie. Anstatt dich zu verkaufen, hat er dich in seinem Haus aufgenommen, um deine Tugend und Reinheit zu wahren für seinen Sohn. Statt dich glücklich zu preisen, begehrst du auf. Verflucht seist du, Nichtswürdige! Du hast es nicht verdient, Schamils Sohn zu heiraten. Dshemal-Edin ist ein Fürst, und alle schönen Mädchen im Land der Tscherkessen würden ihr Augenlicht dafür opfern, seine Braut zu werden. Bilde dir nur nicht ein, du könntest ihn doch noch bekommen, wenn du deinen Hochmut bereust. Du darfst noch von Glück reden, wenn Schamil dich einem Nahib gibt. Der wird nicht lange fragen, ob es dir angenehm ist, seiner Lust zu dienen. Denke an meine Worte, du wirst es noch erleben.«

Die Lautstärke dieser Auseinandersetzung hatte die Frauen in Schamils Anwesen auf den Hof getrieben, wo nun alle durcheinander schrien und die Diener der Fürstinnen nur mit Mühe davon abgehalten werden konnten, sich auf Hadschi-Rebel zu stürzen. Erst Fürstin Warwara gelang es, die Ruhe wiederherzustellen, als sie erklärte:

»Die Abneigung meiner Nichte bezieht sich nicht auf die Person Dshemal-Edins. Vielmehr erträgt sie den Gedanken nicht, als seine Frau ihren christlichen Glauben verleugnen und Mohammedanerin werden zu müssen. Deswegen hat sie gesagt, lieber sterben zu wollen.«
Religiöse Überzeugungen, auch wenn sie falsch waren, wurden im Frauenhaus geachtet. Der Streit war damit zwar beendet, der Zwischenfall aber noch nicht vergessen. Lange wichen Schamils Frauen den Gefangenen aus, sogar Schuanet, die wie die anderen keine Kritik am Imam duldete und durch Tinias Äußerung gekränkt war.

9

Noch lange gingen auch den beiden Tanten von Fürstin Tinia die Worte der tatarischen Kinderfrau durch den Kopf.
»Ich kann mir nicht vorstellen, daß sie das alles nur erfunden hat«, meinte Fürstin Anna zu ihrer Schwester. »Was hat man eigentlich mit Tinia vor?«
»Schon oft habe ich nach einer Erklärung dafür gesucht, warum sie während der langen Reise hierher von allen Mißhandlungen und Erniedrigungen verschont geblieben ist. Sie durfte immer reiten, während wir oft zu Fuß gehen mußten.«
»Niemand hat ihr die Kleider vom Leib gerissen und niemand ihren Schmuck geraubt. Im Gegenteil, die Wächter haben sich ihr gegenüber geradezu unterwürfig benommen.«
»Zweifellos steckt Schamil dahinter«, mutmaßte Fürstin Warwara. »Er muß es so befohlen haben. Bestimmt hat er vor dem Angriff auf Zinondali von seinen Kundschaftern erfahren, daß auch unsere Nichte sich dort aufhielt.«
»Und wenn sie ihm über Tinias Anwesenheit berichtet haben, dann sicher auch über ihre Jugend und Schönheit.«
Sie stockte, erschrocken über ihren Gedankengang.
»Denkst du gerade an Schamil und seine Frauen?« fragte ihre Schwester ahnungsvoll.

Fürstin Anna nickte. »Ja, er sucht sie gern unter Christinnen oder Frauen anderer Nationalität aus.«
»Vielleicht will er mit ihr frisches Blut in seinen Stamm bringen.«
»Oder aber auch sich und seinen Söhnen irgendwelche Schwierigkeiten ersparen.«
»Was für Schwierigkeiten?«
»Solche, die sich leicht ergeben, wenn jemand von ihnen in eine Familie der Nahibs einheiratet. Ich denke da an Kasi Mahommeds Frau Kerimat. Wenn auch Schamil selbst diese Verbindung aus politischen Gründen gefördert hat, so hat er sicherlich nicht damit gerechnet, daß seine Schwiegertochter sich weit weniger gefügig zeigt, als ihm lieb ist.«
»Und nun, meinst du, hält er Ausschau nach passenden Frauen für Dshemal-Edin, seinen Ältesten, und Mahommed Scheffi, seinen jüngsten Sohn?«
»Oder auch für sich selbst«, ergänzte Fürstin Anna.
»Er hat doch schon drei Frauen.«
»Der Prophet erlaubt aber vier. Saidet und Schuanet sind nicht mehr die Jüngsten, und Aminet gebärt ihm keine Kinder, obwohl sie schon vier Jahre mit ihm verheiratet ist.«
Fürstin Warwara schüttelte den Kopf. »Nein, ich glaube nicht, daß Schamil selbst Tinia zur Frau haben will. Aber was Hadschi-Rebel da so unverblümt ausgeplaudert hat, leuchtet mir eher ein. Unsere Nichte wäre für Dshemal-Edin tatsächlich eine glänzende Partie. Tinia ist eine Frau aus dem Westen, also genauso eine Frau, wie er sie von Petersburg und von Warschau her kennt.«
»Warum sollte er gerade Frauen dieses Schlages bevorzugen?«
»Weil er inzwischen in unserer Welt heimisch geworden ist. Er schätzt die westliche Kultur und Lebensart, und durch eine Heirat mit Tinia würde er sich nach seiner Rückkehr in den Kaukasus weniger fremd fühlen.«
»Vorausgesetzt, er kehrt überhaupt zurück, freiwillig oder im Austausch gegen uns.«
»Ja«, seufzte Fürstin Warwara, »das ist die Frage.«

Beunruhigend wie diese Vermutungen der Fürstinnen war auch die

überraschende Ankündigung eines Besuchers im Großen Aul. Chadshio, der Verwalter des Imams, hatte ihnen diese Nachricht überbracht.
»Er ist Ihretwegen gekommen«, erklärte er, »um Sie zu sehen.«
»Wer ist es denn?« erkundigte sich Fürstin Anna.
»Eine unbekannte Person, mehr darf ich nicht sagen. Wenn Sie mir bitte folgen wollen... Er wartet vor dem Tor.«
Eine ungewöhnliche Erregung hatte sich der Fürstinnen bemächtigt, als sie mit dem Verwalter ihre Unterkunft verließen und den Hof überquerten.
»Es kann nur jemand aus unserer Familie sein, der über das Lösegeld verhandeln will«, raunte Fürstin Warwara ihrer Schwester zu.
»Ja, oder sonst ein Bevollmächtigter. Aber um das Lösegeld geht es bestimmt.«

Vor dem Tor von Schamils Anwesen harrten bereits, von Neugier getrieben, alle Bewohner, die Frauen verschleiert. Sobald sie die Fürstinnen kommen sahen, traten sie beiseite und bildeten eine Gasse.
»Halt«, sagte Chadshio, »bitte, gehen Sie nicht weiter.«
Ein Wächter öffnete das Tor. Draußen stand eine seltsame Gestalt, ein Mann, dessen Gesicht mit einem schwarzen Tuch verhüllt war. Aber wie die Fürstinnen bemerkten, musterte der Unbekannte sie durch die Augenschlitze sehr genau. Ebenso wie er starrten auch die beiden Geiseln den geheimnisvollen Fremden an. Niemand sprach dabei ein Wort. Nur wenige Augenblicke dauerte die rätselhafte Begegnung, dann wurde auf Chadshios Wink das Tor wieder geschlossen.
»Ich werde nicht schlau daraus, was das zu bedeuten hat«, meinte Fürstin Warwara zu ihrer Schwester, nachdem der Verwalter sie wieder in ihr Quartier zurückgeführt hatte.
»Möglicherweise war der Unbekannte auch ein Tatar, ein Abgesandter aus einer entfernten Provinz, der sich davon überzeugen wollte, ob wir noch leben.«
»Wie kommst du darauf?«
»Schamil ist vom Willen seines Volkes abhängig, und das Volk hat einen Anspruch auf das Lösegeld. Nur wenn wir noch leben, lohnt es sich überhaupt, über einen Austausch zu verhandeln.«

Was wirklich dahintersteckte, erfuhren die Fürstinnen nie, auch nicht als sich diese Gegenüberstellungen mit unbekannten Personen wiederholten.

10

Niedergeschlagen nach dem Verlust einer Schlacht kehrte Schamil zwei Tage vor Weihnachten nach Dargo-Vedin zurück. Ungeachtet seiner schlechten Laune lagen ihm seine Frauen mit gegenseitigen Verleumdungen und mit ihrem Geschwätz über wachsende Spannungen zwischen ihnen und den Gefangenen in den Ohren. Besonders Aminet machte ihrem Ärger Luft, indem sie ihm vorhielt, sie werde schlechter behandelt als seine beiden anderen Frauen und ginge immer bei den Geschenken leer aus, die er in den Harem schicke.
Im Grunde war der Imam dieser Klagen überdrüssig, vor allem in seiner jetzigen Stimmung; doch als ihm Saidet hinterbrachte, Aminet liebe ihren Stiefsohn und habe gedroht, davonzulaufen und zu Kasi Mahommed nach Karaty zu gehen, wenn Schamil sie nicht besser behandle, wurde er hellhörig und entschloß sich zu handeln.
»Ich habe mir alles gründlich durch den Kopf gehen lassen«, begann er sein Gespräch mit Aminet. »Wenn du dich wirklich zurückversetzt fühlst, verstehe ich, daß du mit deinem Aufenthalt hier unzufrieden bist. Da ich dich nicht gegen deinen Willen zwingen will, bei mir zu bleiben, bin ich bereit, dich in deine Heimat zurückkehren zu lassen. Was hältst du davon?«
Aminet druckste verlegen. »Ich weiß nicht so recht...« Mit einem solch einschneidenden Vorschlag hatte sie nicht gerechnet.
»Nun«, fuhr Schamil in aller Güte fort, »vier Jahre bist du schon meine Frau und hast immer noch keine Kinder zur Welt gebracht. Früher oder später muß ich mich da ohnehin von dir scheiden lassen, das siehst du doch ein. Andernfalls wird man mich öffentlich anklagen, ich würde dich nur zu meinem Vergnügen bei mir behalten – oder um es deutlicher zu sagen, aus Sinnlichkeit und Wollust. Mit einer Frau zu verkehren nur aus rein körperlicher Leidenschaft ist aber, wie du weißt, mit den strengen Grundsätzen des Muridismus

nicht zu vereinbaren. Ich als Imam muß besonders diese Regeln beachten, um dem Volk keinen Anlaß zu bieten, mich zu kritisieren oder sogar zu verurteilen. Ich wiederhole daher mein Angebot: Ich gebe dich frei und erlaube dir, in deine Heimat zurückzukehren. Bist du damit einverstanden?«

»Nein.«

»Du willst also nicht die Freiheit?«

»Nein, nein und nochmals nein!«

»Gut, dann bleibst du weiter bei mir im Harem als meine Frau, wenigstens vorläufig.«

»Gleichberechtigt mit den anderen!«

»So soll es sein. Später sehen wir dann weiter.«

Aminet war stolz darauf, sich, wie sie meinte, durchgesetzt zu haben. Solange sie in Schamils Harem lebte, blieb ihr wenigstens die Aussicht, Kasi Mahommed von Zeit zu Zeit zu sehen. Von Schamils Eifersucht auf seinen Sohn ahnte sie nichts und auch nichts von seinen Plänen über ihre Zukunft. Kasi Mahommed, der eben erst, kurz nach der Ankunft seines Vaters, in den Großen Aul eingezogen war, wurde von einem Tag auf den anderen an die Front zurückbeordert. Nie wieder soll sie ihn sehen! schwor sich der Imam, und so geschah es. Seitdem trauerte Aminet noch schmerzlicher ihrer verlorenen Liebe nach.

Ein schmerzliches Ereignis traf auch die Geiseln. Pelago, ein junges georgisches Mädchen, das mit den meisten anderen Verschleppten außerhalb von Schamils Anwesen im Gefängnis von Dargo-Vedin eingesperrt war, hatte durch ihre flehentlichen Briefe erreicht, daß die Verwandten das geforderte Lösegeld für sie aufgebracht hatten. Sie gehörte zu den weniger wichtigen Gefangenen, denen sich Saidet und Hadschi-Rebel ohne Schamils Wissen nähern konnten. Um sie leichter zu erpressen, ließen die beiden Frauen diese Geiseln hungern und darben. In ihrer Habgier begnügten sie sich nicht mit dem Lösegeld, einer ohnehin bescheidenen Summe, da es sich wie bei den meisten um arme Leute handelte, sondern verlangten zusätzlich noch drei große Säcke mit Zucker.

Als Pelago von dieser neuen Forderung erfuhr, verlor sie völlig den

Mut und erhängte sich im Getreidespeicher, konnte jedoch noch im letzten Augenblick durch Schamils Koch gerettet werden, der zufällig vorbeikam und die Bewußtlose zum Imam trug. Schamil hatte Mitleid mit ihr, und da Saidet und die tatarische Kinderfrau ohne seine Anordnung gehandelt hatten, ließ er das Mädchen frei.

Da es wiederholt zu Streitigkeiten zwischen den Frauen gekommen war, ordnete er an, das gesamte Dienstpersonal der Fürstinnen aus seinem Anwesen in den äußeren Aul zu verlegen, so daß nun zwischen beiden Gruppen keine Verbindung mehr bestand. Nur die französische Gouvernante und die Amme des Säuglings von Fürstin Warwara durften bleiben.

Seitdem war die Lage noch bedrückender geworden. Langsam kroch der Winter dahin, und als die ersten zaghaften Sonnenstrahlen den Frühling ankündigten, hatte sich ihrer aller Schicksal noch immer nicht geändert.

VIERTER TEIL

Der Ruf des Zaren

I

»Nun, Doktor, wie steht's?«
»Sie sind überarbeitet, Majestät, übermüdet, seelisch überlastet.«
»Kein Wunder, eine Hiobsbotschaft jagt die andere. Verrat und Niederlage liegen in der Luft.«
»Sie brauchen mehr Ruhe, vor allem mehr Schlaf. Sie dürfen nicht die ganze Nacht in Ihrem Arbeitszimmer grübeln. Niemand hält das auf die Dauer aus.«
»Und sonst?«
»Sonst fehlt Ihnen nichts.«
»Sie irren sich, Doktor, Sie irren sich gewaltig.«
Mit trüben Augen, die in dunklen Höhlen lagen, sah Nikolaus seinen Leibarzt an. Eben erst hatte ihn Dr. Mandt untersucht, nachdem ihn der Zar nach einem Erschöpfungsanfall ins Arbeitszimmer hatte rufen lassen. In den letzten Monaten war Nikolaus sichtlich gealtert. Seine einst so majestätische Haltung war jetzt gebeugt, sein Gesicht bleich und zerfurcht, das graue Haar gelichtet.
»Was mir fehlt, ist alles, was ich brauche«, fuhr der Zar fort, »vor allem Kriegsglück und die Ergebenheit meines Volkes.«
»Das Volk liebt Sie, Majestät. Wie schon seit eh und je ziehen die Soldaten in den Krieg, bereit für Zar und Vaterland zu kämpfen und zu sterben.«
»Mit einem Unterschied zu früher, Doktor: sie beginnen jetzt zu murren, leise zwar, doch nicht zu überhören. Mein Ziel war und bleibt es, den Altar Jesu Christi unter den heiligen Kuppeln der Hagia Sophia wieder zu errichten. Doch weder das Volk noch der Hof teilen meine Begeisterung für diesen gerechten Krieg gegen unsere

türkischen Erzfeinde. Es ist unfaßbar, wie ein Land nach dem anderen sich auf die Seite der moslemischen Türken geschlagen hat, Frankreich, England und zuletzt auch noch Österreich und Italien, selbst ein so kleiner Habenichts wie Sizilien – lauter Verteidiger des Christentums wie wir.«

»Licht und Schatten gibt es überall«, versuchte ihn der Leibarzt zu beschwichtigen. »Ihre geplanten Reformen, die liberalere Gesetzgebung, der Rückgang der Korruption und der innerpolitischen Schwierigkeiten – zählt das alles etwa nicht?«

»Was für mich zählt, ist militärische Stärke. Mit ihr steht und fällt alles. Nichts trifft mich schwerer als eine Niederlage meiner Armee.«

Wie stark der Zar unter schlechten Nachrichten litt, wußte sein Leibarzt nur zu gut. Jede ungünstige Botschaft erschütterte ihn zutiefst. Tränen rannen über sein Gesicht, wenn in St. Petersburg eine Schrekkensmeldung nach der anderen über den Krimkrieg eintraf. Schlacht auf Schlacht ging verloren, die Cholera, und das massive Feuer der feindlichen Truppen wüteten unter den Besatzungen der russischen Festungen. Die langen Märsche und die strenge Kälte bei unzureichender Bekleidung zehrten an der Widerstandskraft der Verteidiger, und so mancher Muschik war froh, wenn der Tod ihn erlöste. Auch durch einen Wechsel im Oberkommando über die Armee auf der Krim änderte sich nichts an der verheerenden Lage. Als die russische Flotte der englischen nicht standhalten konnte, wurde sie vor Sewastopol versenkt, um so den Zugang zu den Häfen zu sperren.

Schon lange hatte es keine Feste mehr im Winterpalast gegeben. Angst und Beklemmung schlichen durch die leeren Säle, über die Höfe und von dort durch die Straßen der Stadt. Ganz Petersburg fühlte sich bedrückt wie der Zar, ein Mann von achtundfünfzig Jahren, der von sich selber nicht weniger enttäuscht war als von den Ereignissen.

Mutlos schüttelte Nikolaus den Kopf. »Nein, Doktor, ich finde keine Ruhe mehr, keinen Schlaf. Wie eine verdammte Seele irre ich nachts in den Korridoren umher, auf und ab, und wenn ich Trost suche, taste ich mich durch die unbeleuchtete Halle in die Kapelle. Doch selbst Gebete helfen nicht. Gott hat mich verlassen, so wie mein Volk mich verlassen hat.«

»So schwarz dürfen Sie nicht sehen, Majestät. Es wird sich alles wieder wenden.«

»Abdanken soll ich, überall sprechen sie davon, in den Salons der Reichen wie in den Hütten der Armen.«

»Geschwätz, nichts als Geschwätz!«

»Nein, sie haben ja so recht. Ich habe meiner Pflicht Gott und meinem Lande gegenüber nicht genügt. Wo ist ein Mensch, der mir noch die Treue hält?«

2

In solchen düsteren Gemütslagen dachte Nikolaus oft an Dshemal-Edin, den jungen Mann, den er wie einen Sohn liebte. Schamils Sohn erwiderte diese Liebe bedingungslos. Für ihn, treuherzig und einfältig in seinem politischen Weltbild, verkörperte der Zar Ruhm und Fortschritt. Immer wieder hatte er von Warschau aus, wo er seit einiger Zeit stationiert war, um Versetzung an die Front gebeten, entweder in den Kaukasus oder auf die Krim, wohin der größte Teil seines Ulanenregiments bereits abkommandiert worden war. Aber Nikolaus hatte alle Gesuche abgelehnt. Gemäß seinem ursprünglichen Plan wollte er Schamils Sohn nicht auf einem fremden Kriegsschauplatz opfern, sondern als Statthalter in seinem Heimatland einsetzen.

Als Dshemal-Edin in Warschau im Dienst des Zaren von Rußland stand, war Polen bereits seit einem Vierteljahrhundert völlig unterworfen. Die Adligen beugten sich dem russischen Joch und vergnügten sich mit denselben Zerstreuungen, Jagd und Gelagen, wie ihre Vorfahren. Aufsässige, die sich der Willkür widersetzten, revolutionäre junge Leute und die gefährlichsten und energischsten Geister wurden nach Sibirien oder in den Kaukasus verschleppt.

Die erzwungene Ordnung und scheinbare Ruhe trübten Dshemal-Edins Blick für die wahren Verhältnisse, zumal er und seine russischen Offizierskameraden mit dem polnischen Adel auf gutem Fuß standen. Er kannte Polen noch nicht lange genug und glaubte, die Macht des ruhmreichen Rußland bestehe durchaus zu Recht. Vergli-

chen mit Sankt Petersburg war Warschau eine ausgesprochen weltbürgerliche Hauptstadt, schön und elegant, die sich zum Westen gehörig, europäisch fühlte, mit einer Bahnverbindung nach Paris, Theatern, in denen deutsche und französische Dramen gespielt wurden, erstklassigen Damenschneidern und Reisenden aus Wien und Rom, London und Amsterdam. Polinnen, und das wußten junge Männer wie Dshemal-Edin besonders zu schätzen, genossen den Ruf, zu den bezauberndsten und verführerischsten Frauen in ganz Europa zu zählen.
Meldungen über Niederlagen der russischen Armee an der Krimfront nahmen die Polen ebenso befriedigt zur Kenntnis wie Gerüchte über die Abdankung des Zaren Nikolaus und den Vormarsch österreichischer Truppen nach St. Petersburg.
Ganz andere Gefühle bewegten dagegen Dshemal-Edin. Aufgewühlt schrieb er dem Zaren wiederum, ihm zur Seite stehen und für ihn kämpfen zu dürfen.
Diesmal erhielt er eine Antwort. An einem frostigen Dezembertag meldete ihm ein Bote, der Zar wünsche ihn zu sehen.
»Wohin will er mich schicken?« fragte Dshemal-Edin. »Zur Krim oder in den Kaukasus?«
»Ich weiß es nicht.«
»Hat er einen Grund genannt, warum er mich jetzt sprechen möchte?«
»Tut mir leid, ich kenne die Gründe Seiner Majestät nicht. Sein Auftrag lautet lediglich, Leutnant Fürst Dshemal-Edin solle sofort nach Sankt Petersburg kommen.«

3

Ein Schneesturm tobte über der Hauptstadt des russischen Reiches, als Dshemal-Edin durch die ausgestorbenen Straßen ritt. Obwohl er im Dämmerlicht nur wenige Meter weit sehen konnte, kannte er seinen Weg genau. Der Winterpalast, wohin ihn der Zar gerufen hatte – endlich! –, war ihm fast wie zur zweiten Heimat geworden.
Am Fenster seines Arbeitszimmers stehend, von düsteren Gedanken

gequält, hatte ihn der Zar in den Hof galoppieren sehen. Mit ausgebreiteten Armen empfing Nikolaus seinen so sehnlich erwarteten Gast. Er hatte schon das vertrauliche Du auf der Zunge, mit dem er noch seinen Schützling nach Warschau verabschiedet hatte, doch jetzt, nach so langer Zeit, wechselte er unwillkürlich die Anrede, zumal ihm der junge Mann gereifter vorkam.

»Seien Sie mir willkommen! So rasch habe ich Sie nicht erwartet.«

»Ich bin sofort von Warschau aufgebrochen, Sire, sobald ich Ihren Befehl erhalten hatte.«

»Kein Befehl, junger Freund, ein Wunsch, eine Bitte.«

Mit einer Geste lud er Dshemal-Edin ein, ihm gegenüber Platz zu nehmen.

»Wenn Sie wüßten, wie sehr mich Ihre Ankunft freut«, fuhr Nikolaus fort. »Und doch bin ich zugleich traurig, denn ich weiß, daß ich Sie schon bald wieder verlieren werde.«

»Nicht jeder Soldat fällt.«

»Das ist schon richtig, aber ...« Der Zar stockte.

»An welcher Front darf ich für Rußlands Ruhm und Größe kämpfen, Sire? Ich hoffe doch sehr, daß Sie mein Gesuch bewilligen werden.«

»Ein Mann mehr oder weniger in vorderster Linie, was macht das schon«, wich der Zar aus, »und sei er auch noch so tapfer. Sehen Sie sich den Berg von Papieren auf meinem Schreibtisch an, Meldungen vom Krieg auf der Krim und im Kaukasus, lauter Katastrophen, Tag für Tag, und noch ist kein Ende in Sicht. Glauben Sie mir, junger Freund, schon manchmal habe ich mir in diesen Wochen den Tod gewünscht.«

»Majestät!«

»Doch, doch, so ist es. Ich bin offen zu Ihnen.«

Der Zar war aufgestanden und ans Fenster getreten, gegen das die dicken Schneeflocken klatschten. Jenseits der zugefrorenen Newa war die Peter-und-Paul-Festung im dichten Gestöber nur noch schattenhaft zu erkennen.

»Wie gut haben sie es doch, die dort liegen«, sagte er mit einem Seufzer.

»Sie meinen Ihre Feinde, die dort im Gefängnis büßen?«

»Nein, meine Ahnen, die dort begraben sind, viele Romanows. Ich beneide sie um ihre Ruhe.«
Mit zerquältem Gesicht wandte er sich ab und ging auf seinen Schreibtisch zu. »Nicht nur Frontberichte stapeln sich hier, auch anderes. Das hier«, er hielt einige Papiere hoch, die getrennt lagen, »sind dringende Gesuche. Eines vom Statthalter Fürst Woronzow, ein anderes von General Réad und schließlich ein drittes von Fürst Barjatinskij. Können Sie sich denken, um was es sich handelt?«
»Nein, Sire, ich war die letzte Zeit in Warschau, wie Sie wissen, und da –«
»Natürlich, und dennoch werden Sie von der Sache gehört haben, vor einiger Zeit, nehme ich an. Zugegeben, auch mir ist die ganze Angelegenheit entfallen, bei all dem Unglück, mit dem mich das Schicksal in den letzten Monaten überhäuft hat. Ich meine die Plünderung von Zinondali. General Réad hatte mir damals einen ausführlichen Bericht darüber geschickt. Erschütternd, ja es ist erschütternd, was damals den georgischen Fürstinnen widerfahren ist. Ich kenne sie genau. Sie waren Hofdamen meiner Gemahlin, und auch die Karriere ihrer Männer in meiner Armee habe ich wohlwollend verfolgt.«
»Jetzt weiß ich, was Sie meinen, Sire«, fiel Dshemal-Edin lebhaft ein. »Die Fürstinnen befinden sich noch immer in der Hand meines Vaters.«
»Ja, in den Gesuchen hier geben die drei Herren zu, daß sie sich weder in der Lage sehen, die Geiseln zu befreien, noch mit Schamil, Ihrem Vater, zu verhandeln. Erst jetzt sind sie an mich herangetreten, nachdem Fürst Tschawtschawadse sie verzweifelt um Hilfe gebeten hat. Sich direkt an mich zu wenden hat er nicht gewagt, ebensowenig wie die Fürstinnen selbst. Nur ich, so sagen sie, kann jetzt noch helfen – ich und Sie, junger Freund.«
»Ich?« wunderte sich Dshemal-Edin.
»Ja, Sie. Denn selbst wenn wir das Lösegeld zahlen, und sei es auch noch so hoch, würde das zu nichts führen, solange Sie nicht zu Ihrem Vater zurückkehren. Das allein ist es, was ihm am Herzen liegt.«
Aufmerksam blickte Nikolaus dem jungen Ulanenleutnant in die Augen, als suche er darin zu lesen.
»Was befehlen Sie, Sire?«

»Lange dürfen wir ihn nicht mehr warten lassen. Überläufer aus seinem Lager haben uns berichtet, er sei der Sache allmählich überdrüssig. Falls nicht bald eine befriedigende Regelung zustande komme, wolle er die Fürstinnen und ihr Dienstpersonal seinen Nahibs als Kriegsbeute überlassen. Und was das bedeutet, können Sie sich wohl denken.«

Für den Zaren, der sich als Schirmherr der Christenheit betrachtete, bedeutete es weit mehr, als er Dshemal-Edin, einem Moslem, gegenüber äußern wollte: Christliche Frauen sollten wollüstigen Mohammedanern als Konkubinen ausgeliefert werden, eine Vorstellung, die ihn zum sofortigen Handeln anspornte.

»Sie wissen«, fuhr Nikolaus in väterlichem Ton fort, »daß Sie für mich mehr sind als nur mein Mündel. Seit Jahren schon betrachte ich Sie als Sohn, in mancher Hinsicht sind Sie mir sogar lieber als meine eigenen Söhne.«

»Sie beschämen mich, Sire.«

»Nein, das ist die Wahrheit. Nie waren Sie in Skandale verwickelt, nie ausschweifend wie so viele junge Männer der Gesellschaft, nie habe ich in Ihrem Wesen die unbändige Wildheit bemerkt, wie sie so vielen anderen asiatischen Fürsten eigen ist. Alle Welt kennt und schätzt Sie als einen wohlerzogenen, aufgeschlossenen jungen Mann, einen untadeligen, disziplinierten Offizier. Und was mir an Ihnen besonders gefällt, ist Ihre Pflichtauffassung, die gleiche Tugend, die wir miteinander teilen.«

Ungeduldig vor Tatendrang wiederholte Dshemal-Edin seine Frage:

»Was befehlen Sie, Sire? Ich bin zu allem bereit, Ihnen zu dienen!«

»Ich weiß, wie Ihre ritterliche Antwort lauten wird, wenn ich Sie vor die Entscheidung stelle.« Der Zar war auf ihn zugetreten und legte ihm die Hand auf die Schulter. »Aber ich weiß auch, welches Geschick Sie erwartet, wenn Sie, ein zivilisierter Mensch, in die Berge Ihrer Heimat zurückkehren. Geben Sie mir Ihre Antwort nicht gleich. Denken Sie erst noch gründlich über das Opfer nach, das man von Ihnen verlangt. Kommen Sie in zwei Tagen zu mir zurück, wenn Sie sich entschieden haben.«

Entflammt von den Worten des Zaren, seines Zaren, der ihn mit einer so aufopferungsvollen Sendung beehrte, erklärte Dshemal-Edin fest:
»Ich, Sire, Schamils Sohn und Ihr Mündel, ich brauche keine zwei Tage, um mich zu entscheiden. Ich kenne meine Pflicht. Ich gehe in die Berge zurück. Wenn Sie erlauben, werde ich die zwei Tage, die Sie mir gewähren, dazu benutzen, mich von meinen Freunden in Sankt Petersburg zu verabschieden.« Er kniete nieder und senkte das Haupt. »Ich bitte um Ihren Segen, Sire.«
Gerührt segnete ihn der Zar und umarmte ihn wie einen Sohn.
»Gehen Sie mit Gott den Weg der Pflicht – so wie ich. Denken Sie immer daran, dem Volk Ihres Vaters Gutes zu erweisen, und vergessen Sie nie Ihr wahres Vaterland, unser herrliches Rußland, das Sie zu einem Menschen der westlichen Kultur und Zivilisation geformt hat.«
Als Dshemal-Edin ihm die Hand küssen wollte, wandte sich Nikolaus gewaltsam ab, den Blick von Tränen verschleiert. »Gehen Sie, gehen Sie rasch, auch wenn wir uns vielleicht nie wiedersehen.«

4

Leergefegt waren die Straßen, die Fensterläden dicht verschlossen, als an jenem bitterkalten Morgen des vierten Januar 1855 eine Troika aus Sankt Petersburg in Richtung Moskau fuhr, begleitet von einem Trupp Kosaken. Dshemal-Edin, unter Bärenfelldecken geschützt, schlug den Kragen seines schweren Pelzmantels hoch. In besseren Tagen hatte er sich oft noch zu dieser frühen Stunde auf den Festbällen im Winterpalast vergnügt. Doch diese Zeit war versunken wie die Welt, in der er bis dahin gelebt hatte, und auch die Zukunft würde ihm die Vergangenheit nicht wieder zurückholen können.
Marmorschlösser und Paläste des Adels verschwammen hinter ihm im Schneegestöber, vorbei, dahin für immer. Die ersten Elendshütten im Armenviertel tauchten auf. Trübe schimmerten Kerzen hinter den beschlagenen Scheiben der Kneipen, Zecher grölten und sangen mit heiserer Kehle, und hier und dort schwankte ein Nachtbummler,

wodkaschwer, durch die Gasse dem warmen Schlafplatz auf dem Ofen entgegen.
Ohne Fragen zu stellen und die Papiere zu überprüfen, hoben die Wachtposten an der Stadtgrenze den Schlagbaum, als sie die Kosaken des kaiserlichen Geleits erkannten. Dshemal-Edin, die Geisel des Zaren, hatte Sankt Petersburg für immer verlassen.
Tage später glitzerten ihm schon von weitem in der tiefverschneiten Landschaft die goldenen Kuppeln und Türme Moskaus entgegen, der Stadt, die ihn einst als achtjähriger Junge auf der Durchfahrt bezaubert hatte. Wo immer Dshemal-Edin auf seiner Fahrt nach Süden auch hinkam, ob nach Kolomna, Rjasan oder Koslow, überall war ihm die Nachricht von seiner Opfertat schon vorausgeeilt. Selbst in der kleinsten Provinzstadt wurde er wie ein Held empfangen, und noch in den verlorensten Dörfern winkten ihm die Bauern zu.
Weiter ging es, durch fast menschenleere Landstriche, die unter einer dicken Schneedecke schliefen, immer südwärts, zunächst nach Woronesh, wo einst auf der Werft Peter der Große seine Donflotte hatte bauen lassen, dann nach Nowotscherkassk, dem Hauptquartier der Donkosaken, und weiter durch Steppen und Öden, wo Kosakenposten wie Oasen verstreut lagen. Unterwegs wurde das ruhig dahingleitende Dreigespann, die Troika, gegen einen federlosen Reisewagen, eine hart holpernde Tarantass, gewechselt, der Wind blies jetzt schärfer und stürzte von den Bergen herab, die nun von Stunde zu Stunde klarer zu erkennen waren, dort vorn im milchigen Blau, wo Himmel und Erde zusammenflossen.
Bevor sie die Mauer des Kaukasus erreichten, hinter der die Welt lag, in die Dshemal-Edin zurückkehrte, mußten sie eine trostlose Landschaft durchqueren, mit Sümpfen und Flüssen, die sich träge dahinwälzten, umsäumt von mannshohem Ried. Geier kreisten hoch in der Luft, eine Glocke schlug dumpf, und dann sahen sie durch Nebelschwaden den Mast eines Schiffes über dem Schilfrohr entlanggleiten. Erst als sie dem Ufer näherkamen, erkannten sie deutlich ein morsches Fischerboot, das langsam stromabwärts trieb. Doch niemand ruderte, und niemand saß an dem festgezurrten Steuer. Am Querbalken des Mastbaums hing ein Toter wie an einem Kreuz, und über ihm baumelte eine große Glocke, die Wind und Wellen läuteten.

Gebannt hielten sie an und folgten mit ihren Blicken dem Boot, das langsam vorüberglitt.
»Was hat das zu bedeuten?« fragte Dshemal-Edin den Kosaken neben sich.
»So werden hierzulande Verbrecher bestraft.«
»Was kann er wohl verbrochen haben? Mord, Raub?«
»Wahrscheinlich hat er für uns spioniert.«
»Du meinst, ein Spion für die russische Armee?«
»Ja.« Der Kosak schnaubte verächtlich. »Nur ein Dummkopf läßt sich dabei erwischen. Wer weiß, wie lange er so stromabwärts treibt. Aber er wird dabei immer Gesellschaft haben.« Er grinste und deutete mit dem Kopf nach oben, wo die Geier krächzend ihre Bahnen zogen. »Wenn er das offene Meer erreicht hat, sind seine blanken Knochen alles, was noch von ihm übriggeblieben ist.«
Ein Windstoß streifte durchs Ried, und wieder läutete die Glocke, einmal, zweimal, dumpf und eintönig. Dshemal-Edin fühlte sich unbehaglich, Kälte umklammerte ihn. Sinnend schaute er auf den Fluß, der das Boot hinwegtrug und schließlich auch die Spitze des Mastbaums hinter dem Schilfrohr seinem Blick entzog. »So werden hierzulande Verbrecher bestraft«, hatte ihm der Kosak erklärt, und vor den Toren dieses Landes stand er nun, Schamils Sohn, bereit, in jene Welt zurückzukehren, wo er geboren war und die ihm dennoch so fremd erschien.
Noch weit über das Sumpfland hin hörten sie dann und wann den Glockenschlag, der den Gekreuzigten auf seiner letzten Fahrt begleitete, ihm als Totengeläut, den anderen als Warnung.

5

Als sie Anfang Februar in der Garnisonstadt Wlawikawkas eintrafen, dem Ausgangspunkt der Georgischen Heerstraße nach Süden, wurden sie dort bereits von Fürst Tschawtschadwadse erwartet, der von Tiflis angereist war.
»Seien Sie herzlich willkommen«, begrüßte er Dshemal-Edin. »Die ganze Armee, ganz Rußland blickt voll Stolz auf Sie.«

»Ich bitte Sie, Fürst, ich tue nur meine Pflicht.«
Dshemal-Edin waren solche Lobreden über seine Opfertat peinlich, aber er konnte nicht verhindern, daß er in Wladikawkas wie auch während der folgenden vier Verhandlungswochen, um die sich der Austausch noch verzögerte, in anderen Garnisonstädten bis hin nach Tiflis von seinen Kameraden und der Bevölkerung auf Empfängen gefeiert wurde.
Es waren seine letzten Tage, die er als Gast des Fürsten Tschawtschawadse im Reich des Zaren verbrachte, dem Land, das ihn in den meisten und entscheidenden Jahren seines Lebens geformt hatte. Obwohl er nicht gern über sein Schicksal redete, wußte er, was ihn erwartete und welchen Preis er zahlen mußte. Dennoch kam es zu einem Gespräch mit seinem Gastgeber, der den jungen Mann eines Tages schwermütig in der Bibliothek über Büchern sitzen sah. Fürst Tschawtschawadse wollte sich gerade wieder leise zurückziehen, als Dshemal-Edin, aufgeschreckt durch das Geräusch der Schritte, den Kopf hob.
»Verzeihen Sie«, entschuldigte sich der Fürst, »ich wollte Sie nicht stören.«
»Sie stören mich nie.«
»Bitte bleiben Sie doch sitzen«, bat ihn Fürst Tschawtschawadse, als er sah, wie sein Gast aufstand.
Aber Dshemal-Edin blieb stehen, bis erst der andere Platz genommen hatte.
»Sie wirken in der letzten Zeit so bedrückt«, fuhr der Fürst fort. »Ist es der Gedanke, daß Sie dies alles hier, die Bücher, die Zivilisation, die Freiheit, das Leben bei Hof und unter Ihren Kameraden aufgeben müssen?«
»Ich gehe in eine andere Welt, das ist mir klar. Aber ich muß nicht, wie Sie sagen, ich gehe freiwillig, und gehe gern, weil ich damit Ihnen, Fürst, Ihrer Gemahlin und anderen helfe.«
»Ich bin Ihnen auf ewig zu Dank verpflichtet, das wissen Sie, aber Sie wissen auch, daß kein Dank, und sei er auch noch so groß, Ihren Opfergang aufwiegt.«
»Opfergang? Ich weiß, daß mich Ihre Offiziere hier deswegen bemitleiden und bewundern, aber mir liegt gar nichts daran, die

aufsehenerregende und romantische Rolle eines Befreiers zu spielen. Ich kenne Ihre Gemahlin und Fürstin Orbeljani persönlich. Wir sind uns früher, als wir noch in Sankt Petersburg waren, gelegentlich auf Bällen in Zarskoje Selo begegnet. Welcher junge Mann würde sich nicht glücklich schätzen, solche Damen aus dem Kerker wieder zurück in die Freiheit zu führen, in ein Leben voller Glanz und Glück!«
»Trotzdem sind Sie so niedergeschlagen.«
Dshemal-Edin seufzte. »Das Schicksal geht schon seltsame Wege. Ich war noch ein Kind von acht Jahren, als man mich als Geisel von Achulgo nach Sankt Petersburg brachte. Dort hatte ich das Glück, eine vorzügliche Erziehung zu genießen. Inzwischen habe ich viel gelernt, neue Welten wurden mir eröffnet. Doch gerade in diesem Augenblick, in dem ich mir der Vorteile des Wissens so richtig bewußt werde und bereit bin, mich mit Leib und Seele einer großen Aufgabe zu widmen, wirft mich das Schicksal in die Finsternis der Unwissenheit zurück.«
»Empfinden Sie das wirklich so?«
»Ich fürchte es.«
Um wenigstens einen Teil der Zivilisation mit in die Berge hinüberzuretten, gehörten sowohl viele Bücher und Atlanten zu Dshemal-Edins Reisegepäck als auch Papier, Zeichenmaterial und Farben, denn schon vor Jahren hatte er zu malen begonnen.
»Ich bin noch nie einem Moslem begegnet, der so wenig Tatarisches und so viel Europäisches hat wie Sie«, gestand Fürst Tschawtschawadse. »Sie fühlen, denken und handeln ganz wie ein Russe.«
Sosehr er auch dem Tag entgegenfieberte, seine Angehörigen bald wiederzusehen, sosehr wurde diese Freude von der quälenden Angst über Dshemal-Edins Los überschattet.
Mit feuchten Augen umschwärmten auch die Damen den schönen und von einem tragischen Geschick umwitterten jungen Mann, Schamils Sohn, Adjutant des Zaren und Held des Tages, der seine Uniform mit auffallender Eleganz zu tragen verstand und so leichtfüßig und geschmeidig mit den einheimischen Schönheiten von Hassiw Jurt tanzte, wo man ihm zu Ehren einen Ball veranstaltete.
Doch nicht nur die Damen im Ballsaal hingen mit ihren Blicken an

ihm, auch draußen, wohin die Klänge der »Donauwellen« durch die Fenster drangen, wurde er von scharfen Augen verfolgt.
Ist er es – oder ist er es nicht?
Es waren Spione der Lesghier, die, in den Oleanderbüschen versteckt, sich diese Frage stellten. Die verführerischen Damen mit ihrer Lockenpracht und den weit ausgeschnittenen Kleidern aus Musselin und Seide nahmen ihre Aufmerksamkeit weniger gefangen als sonst, erst recht nicht die goldbetreßten Uniformen der Offiziere – bis auf die eine des jungen Tänzers, dessen Züge sie eingehend musterten, wenn er, vom sanften Schimmer des Kerzenlichts beleuchtet, an ihrem Fenster vorbeischwebte.
Ist er es – oder ist er es nicht?
Schamil hatte diese Spione ausgeschickt, darunter Junuss und zwei andere Nahibs, die Dshemal-Edin als Kind gekannt hatten.
Als sie ihrer Sache sicher waren, kehrten sie in den Großen Aul zurück.
»Ja,« erklärte Junuss dem Imam bekümmert, »wir haben deinen Sohn gesehen, und dennoch ist es nicht dein Sohn.«
Schamil kniff die Augen zusammen. »Was heißt das?«
»Wir haben einen jungen Mann gesehen, einen jungen Mann wie Dshemal-Edin, der mit halbnackten Frauen tanzt, der sich nicht scheut, Christinnen zu umarmen, Wein zu trinken und Zigarren zu rauchen – kurz und gut, einen jungen Mann, der einmal dein Sohn war, aber für Allah und seine gerechte Sache verloren zu sein scheint.«
Um vielleicht doch noch seine Seele zu retten, gingen sie in die Moschee und beteten für seine Erlösung.
Als Saidet davon erfuhr, träufelte sie noch mehr Gift in Schamils Wunden. »Verloren ist verloren, daran ist nichts mehr zu ändern. Es wäre besser, ein höheres Lösegeld zu fordern als einen verlorenen Sohn.«
Schamil schenkte ihr keine Beachtung. Er wollte nur glauben, was er selbst sah.

Dshemal-Edins Opfergang

I

Dshemal-Edin ist in die Berge zurückgekehrt, bald wird er wieder unter uns leben!

Mit Windeseile verbreitete sich die Nachricht im Großen Aul. In froher Erwartung sahen die Fürstinnen dem baldigen Ende ihrer Gefangenschaft entgegen. Dshemal-Edin war zum Austausch Geisel gegen Geiseln bereit.

Doch ihr Hochgefühl währte nicht lange. Die Muriden, so hieß es, hätten weitere Forderungen gestellt, was Saidet nur allzu gern aufgriff, um die Fürstinnen auf die Folter zu spannen.

»Macht euch nur keine falschen Hoffnungen«, sagte sie mit einem hinterhältigen Blick zu Fürstin Anna, »so schnell kommt ihr nicht frei. Wie wir nämlich gehört haben, hat der Fürst eine viel höhere Summe zusammengebracht, als er uns bietet. Einen Teil davon versucht er für sich zu behalten. Ein schlauer Fuchs, dein Mann, aber nicht schlau genug für uns! Von so einem lassen wir uns nicht hinters Licht führen.«

Empört über diese Unverschämtheit brachte Fürstin Anna kein Wort hervor. Sie fühlte, wie ihr die Sinne schwanden, und brach ohnmächtig zusammen.

»Die macht nicht mehr lange«, sagte Saidet zu Fürstin Warwara, »sie ist schon seit Wochen so heruntergekommen.«

»Daran bist du ganz besonders schuld.«

»Wieso ich?«

»Weil du ihr ständig zusetzt«, warf ihr Fürstin Warwara vor, »und uns sogar die Verpflegung vorenthältst, die uns zusteht. Jeder weitere Tag hier in Gefangenschaft ist für meine Schwester ein Tag zuviel.«

»Sie kann ja gehen, sofort, wenn du dich bereit erklärst, mit deinem Kind hierzubleiben, bis die Million gezahlt ist.«

»Eine Million?«

»Ja, wir sind nicht habgierig.«

»Ich will gern als eure Geisel zurückbleiben, wenn ich dadurch die

Freiheit der anderen erkaufen kann. Aber ein Lösegeld von einer Million Rubel wird niemand jemals zusammenbringen. Eine Million Rubel – weißt du überhaupt, was das heißt? Wahrscheinlich kannst du noch nicht mal bis tausend zählen. Eine Million Rubel«, Fürstin Warwara schüttelte verständnislos den Kopf, »du hast ja keine Ahnung!«
Ohne die Fürstin einer Antwort zu würdigen, zog Saidet beleidigt ab.
Als Fürstin Warwara wenige Stunden später in den Hof hinaustrat, sah sie Chadshio in einer Ecke vor einem Berg getrockneter Bohnen sitzen, die er Kern für Kern zusammenlas und auf kleine Haufen verteilte.
»Wozu plagen Sie sich mit so was ab?« fragte sie ihn.
Mißmutig zuckte der Verwalter die Achseln. »Saidet hat mir befohlen, eine Million abzuzählen.«

In diesen Tagen der enttäuschten Hoffnungen schrieb Fürstin Anna, verzweifelt und fast am Ende ihrer Widerstandskraft, ihrem Mann einen Brief.
Mit diesem Brief der Fürstin und einem eigenen Schreiben schickte Schamil eine Gesandtschaft in die Garnison von Hassiw Jurt, wo sich gerade Fürst David Tschawtschawadse mit Dshemal-Edin aufhielt. Im Beisein von Fürst Bagration und einigen anderen Offizieren empfingen sie die Muriden im Arbeitszimmer des Festungskommandanten. Hassan, einer von Schamils Boten und zugleich Dolmetscher der kleinen Abordnung, überreichte das Schreiben von Fürstin Anna.
Fürst Tschawtschawadse versuchte seine Erregung zu verbergen, als er den Brief seiner Frau öffnete und las.
»Heute wollten sie uns an die Nahibs verteilen«, schrieb Fürstin Anna. *»Wir dachten schon, es sei alles verloren. Aber Kasi Mahommed und die Mullahs baten Schamil, noch ein letztes Mal Boten zu Dir zu schicken. Ich flehe Dich an, mein über alles geliebter Mann, bewahre uns vor diesem furchtbaren Schicksal!*
Was sollen wir nur tun? Anscheinend ist es nicht Gottes Wille, daß wir uns noch einmal auf dieser Welt wiedersehen. Ich weiß, Du hast alles getan, um uns zu retten. Doch mit diesen Leuten vernünftig zu reden ist unmöglich. Sie lassen sich nicht davon überzeugen, daß Du eine größere Summe einfach

nicht auftreiben kannst oder daß der Betrag, den Du ihnen anbietest, bereits von anderen geliehen oder erbettelt worden ist.
Gott segne Dich und verleihe Dir Kraft. Weiter kann ich nichts sagen.«
Die Hände des Fürsten zitterten, als er den Brief seiner Frau faltete und in die Brusttasche steckte. Er hielt dabei den Kopf leicht gesenkt und schwieg. Nur mühsam unterdrückte er seine Gemütsaufwallung. Hassan war der erste, der die betretene Stille unterbrach und Fürst David ein zweites Schriftstück anbot.
»Verzeihen Sie, Fürst, bevor Sie Stellung nehmen, sollten Sie erst noch dieses weitere Schreiben lesen. Der Imam selbst hat es mir für Sie mitgegeben.«
Wortlos nahm der Fürst den Brief entgegen, überflog ihn rasch und erklärte dann:
»Meine Herren, ich halte es für richtig, Sie alle mit dem Inhalt vertraut zu machen. Der Imam teilt mir folgendes mit:
›Ich danke Ihnen, daß Sie die Abmachungen wegen meines Sohnes eingehalten haben, doch damit können die Verhandlungen noch nicht zum Abschluß gebracht werden. Nehmen Sie zur Kenntnis, daß ich außer meinem Sohn eine Million Rubel und die Freilassung von einhundertfünfzig Muriden verlange.
Versuchen Sie nicht, mit mir zu verhandeln. Wenn Sie nicht einwilligen, werde ich meinen Entschluß wahrmachen und Ihre Familie auf die verschiedenen Auls verteilen. Längst hätte ich das getan, wenn mich mein Sohn Kasi Mahommed nicht gebeten hätte, Ihnen diese letzte Gelegenheit zu geben, die von Ihnen angebotene lächerliche Summe von vierzigtausend Rubel zu erhöhen.‹«
Fürst David stand wie versteinert da. Am liebsten hätte er sich mit dem Säbel auf den Unterhändler gestürzt, aber es gelang ihm, seine Wut zu ersticken und Haltung zu wahren.
»Wußten Sie schon vorher, was in Schamils Brief steht?« fragte er Hassan.
»Ja, der Imam hat mit mir darüber gesprochen.«
»Und? Wie kommt er dazu, seine Forderungen so unverschämt hochzuschrauben – ja sogar noch neue zu stellen?«
»Nun, wir haben herausgefunden, daß Ihre Schwester, Fürst, keinen geringeren Mann geheiratet hat als den Fürsten von Mingrelien.«

»Was heißt das?«
»Wer die Herrschaft über die gesamte Provinz Mingrelien ausübt, der besitzt auch nicht unbeträchtliche Reichtümer.«
»Denken Sie?«
»Das glauben wir Muriden alle.«
»Dann glauben Sie falsch, sagen Sie das Ihrem Imam. Mein Schwager besitzt nämlich keine Reichtümer, erst recht nicht unbeträchtliche! Sonst hätte er mir längst geholfen.«
Hassan schien sichtlich verlegen.
»Um es richtigzustellen, Fürst«, erklärte er behutsam, »Schamil persönlich sind diese neuen Forderungen genauso unangenehm wie Ihnen.«
»Warum stellt er sie dann?«
»Die Nahibs haben es so beschlossen, und der Imam selbst hat die Gesamtheit der Muriden nicht überstimmen können. Sein Sohn ist alles, was er will. Wenn es nach ihm ginge, dann hätte er sich damit begnügt, seine Geiseln gegen ihn auszutauschen.«
»Die Gier der Nahibs ist also schuld. Sie wollen aus ihren wertvollen Geiseln so viel Kapital herausschlagen, wie sie in ihrer Unersättlichkeit glauben erzielen zu können. Ist Schamils Macht schon so tief gesunken, daß seine Nahibs ihre Macht über ihn ungestraft ausspielen können?«
»Sie wissen zu wenig von unseren Sitten und Bräuchen, Fürst, von den Gesetzen des Muridismus.«
»Aber daß vierzigtausend Rubel alles sind, was meine Familie aufbringen kann, das weiß ich. Und ich weiß auch, weder vom Oberkommendo noch vom Zaren kann man verlangen, Staatsgelder für die Schatzkammer der Muriden zu bewilligen.«
Fürst David stockte; er hatte sich so in Erregung geredet, daß ihm die Stimme versagte. Alle schauten ihn mitfühlend an, aber noch ehe Fürst Bagration beruhigend auf ihn einwirken konnte, hatte er sich wieder in der Gewalt. Seine Niederlage in diesem schändlichen Menschenhandel und damit die Schmach der Fürstinnen klar vor Augen setzte er nun alles auf eine Karte, um vielleicht doch noch mit einem letzten Verzweiflungsschlag das Blatt zu wenden.
»Ich gebe Ihrem Imam keine Antwort«, begann er mit fester Stimme.

»Schon vor langer Zeit habe ich von meiner Familie Abschied genommen, Abschied auf ewig, damals als ich sie in Zinondali besucht habe, kurz vor dem feigen Überfall seiner Banditen. Bitte richten Sie ihm das aus! Jetzt kann ich meine Familie nur noch Gottes Gnade anvertrauen.« Er merkte, wie ihn der Schmerz zu überwältigen drohte; aber er fing rasch seinen Sturz ab und rettete sich in Trotz und Wut. »Und nun noch mein letztes Wort: Wenn Sie mein Angebot nicht bis Samstag annehmen, dann werde ich noch am gleichen Tag Hassiw Jurt verlassen und Dshemal-Edin mit mir nehmen. Das schwöre ich bei Gott! Sollten Sie mir auch durch halb Rußland folgen und mich bitten umzukehren, so werde ich mich nicht erweichen lassen. Machen Sie mit meiner Familie, was Sie wollen, das liegt ganz in Ihrem Belieben. Aber richten Sie bitte auch Ihrem Imam aus, ich sei dankbar, daß er meine Familie geschont habe – jedenfalls bisher. Sollte er jedoch mit seiner Drohung Ernst machen und sie in die Auls schicken, so sage ich mich von ihr los, sobald sie die Schwelle eines Harems überschreiten. Wenn man sie zu Sklaven Ihrer Nahibs macht, werde ich weder meine Frau als meine Frau anerkennen noch meine Töchter als meine Töchter. Das ist so wahr, wie ich hier vor Ihnen stehe! Und sollte Schamil auch späterhin bereit sein, meine Familie ohne jede Gegenleistung wieder zu mir zurückzuschicken und mir dazu noch alle seine Schätze zu geben – so schwöre ich bei Gott, daß ich sie nicht bei mir aufnehmen werde.«

Mit unbewegter Miene hatten Schamils Unterhändler zugehört; aber die Entschlossenheit, die aus den Worten von Fürst David klang, verfehlte nicht ihre Wirkung.

»Dürfen wir Sie bitten, Fürst, uns Ihr Ultimatum an den Imam schriftlich zu geben?« erklärte einer der Nahibs.

»Nein, ich schreibe keine Zeile mehr. Es tut mir leid, bereits so viel Papier an einen Mann verschwendet zu haben, der sein Wort immer wieder bricht.«

Bei der letzten Bemerkung zuckten die Muriden zusammen: unter anderen Umständen hätte kein Giaur ihren Imam ungestraft so beleidigen dürfen. Aber als Gesandte hatten sie seinen Auftrag auszuführen und den Handel zu einem guten Abschluß zu bringen.

»Dann bitten wir Sie um eine Frist von einer Woche«, schlug derselbe

Nahib vor. »Soviel Zeit sollte man Schamil schon für eine wohldurchdachte Antwort einräumen.«
Mit seiner harten Haltung, das spürte der Fürst, schien er mehr erreichen zu können als durch langwierige Verhandlungen. Ohne auf ihren Vorschlag einzugehen, ließ er die Unterhändler stehen und wollte eben wortlos das Zimmer verlassen, als sie ihn zurückriefen.
»Es gibt noch eine andere Möglichkeit«, begann ein anderer Nahib zögernd. »Der Imam ist bereit, Ihre eigene Familie gegen seinen Sohn und vierzigtausend Rubel freizulassen.«
»Meine eigene Familie, sagen Sie. Und die anderen?«
»In diesem Fall müßte die Fürstin Orbeljani mit ihrem Sohn zurückbleiben. Über ihre Freilassung wäre dann später zu verhandeln.«
Wie ein Sturm fegte seine Wut jetzt noch den letzten Rest seiner Selbstbeherrschung fort.
»Weder werde ich meine Schwägerin noch das jüngste Kind meiner Diener für so einen gemeinträchtigen Handel opfern!« schrie er. Außer sich vor Empörung wollte er sich auf den Unterhändler stürzen, doch glücklicherweise fielen ihm Fürst Bagration, Dshemal-Edin und die anderen Offiziere noch rechtzeitig in den Arm.
»Regen Sie sich nicht auf«, redete Hassan auf Dshemal-Edin ein, der genauso verärgert war wie Fürst David. »So ist das nun mal bei uns Bergbewohnern. Warten Sie es nur ab, alles wird schon gut werden.«
Dshemal-Edin fühlte sich gedemütigt. »Ich rege mich nicht auf«, erwiderte er, rot vor Zorn. »Sie wissen ganz genau, wie alt ich war, als man mich aus Achulgo fortführte. Sie selbst sind einer von denen, die mich den Russen übergeben haben. Damals war ich noch ein Awar, heute nicht mehr, schon lange nicht. Ich erinnere mich an nichts und niemanden in meinem Heimatland, verstehen Sie das? Nein, ich gehe nicht freudig dorthin. Im Gegenteil, lieber heute als morgen würde ich nach Rußland zurückkehren, wenn die Umstände es erlaubten. Aber um das Leben der Fürstinnen ...«
»Seien Sie vorsichtig mit dem, was Sie sagen!« fiel Fürst Bagration ihm ins Wort und packte ihn bei den Schultern, um weitere unbesonnene Äußerungen zu verhindern. »Sie setzen alles aufs Spiel, wenn Sie die Leute noch mehr reizen.«
»Zum Teufel mit ihnen!« schrie Dshemal-Edin, vor Wut zitternd.

»Soll ich ihnen vielleicht noch Ehrerbietung entgegenbringen und mich von ihnen demütigen lassen? Nein, niemals! Sie sollen mich kennenlernen, auf der Stelle!«

So überraschend schnell wie Dshemal-Edin seinen Revolver zog, zückten die Muriden ihre Dolche. Doch keiner ging auf den anderen los: Drohgebärden, wie sie den Männern der Berge von altersher in Fleisch und Blut übergegangen waren. Erschrocken und verwundert zugleich erkannte Dshemal-Edin, wie er schlagartig wieder einer der ihren geworden war, die Salons von Sankt Petersburg lagen schon weit hinter ihm.

Um weitere Auseinandersetzungen zu vermeiden, geleiteten die Offiziere die Unterhändler rasch aus dem Zimmer und versicherten ihnen, Schamil bald Nachricht zukommen zu lassen.

2

Nach einiger Zeit gelang es Fürst Bagration endlich, Dshemal-Edin und Fürst David zu beruhigen.

»Um es klar und deutlich zu sagen«, erklärte er im Kreis aller, die auch beim Empfang der Muriden dabeigewesen waren, »die Verhandlung ist gescheitert. Wir sollten nicht warten, bis Schamil erneut tätig wird, nein wir selbst müssen die Initiative an uns reißen und einen von uns als Unterhändler in sein Lager schicken.«

»Wozu?« wandte Fürst Tschawtschawadse ein. »Neue Angebote können wir ihm nicht machen.«

»Das wird auch nicht nötig sein, wenn es uns gelingt, ihn von Ihren Absichten zu überzeugen.« Fürst Bagration lächelte listig. »Er soll glauben, daß Sie, Fürst, es wirklich ernst meinen und Ihre Familie aufgeben, wenn er nicht auf Ihre Bedingungen eingeht.«

»Und wer käme für diesen heiklen Auftrag in Betracht?«

»Nur ein Mann, der so fähig und gerissen ist wie unser armenischer Dolmetscher.«

Alle folgten dem Blick des Fürsten Bagration, der mit einem aufmunternden Lächeln Isaak Gramow aufforderte, zu dem Vorschlag Stellung zu nehmen. Gramow gehörte zu den Armeniern in der russischen Armee und war dort dem Stab des Fürsten Orbeljani zugeteilt, für dessen Gemahlin, die Fürstin Warwara, er seine Dienste angeboten hatte. Von Kindheit an hatte er bei verschiedenen Gebirgsstämmen gelebt und sprach ihre Dialekte ebenso fließend wie Russisch und Deutsch.

»Ihr Vertrauen ehrt mich, Fürst«, erklärte Gramow, »zumal ich weiß, um was für eine wichtige und schwierige Aufgabe es sich handelt.«

»Niemand ist dafür besser geeignet als Sie.«

»Das finde ich auch«, bestätigte Fürst Tschawtschawadse. »Sie wissen, was auf dem Spiel steht, Sie haben ja vorhin die ganze Unterredung mit Schamils Unterhändlern mitbekommen.«

»Und ich kenne Schamil selbst durch und durch, ein schlauer Fuchs, mit allen Wassern gewaschen!«

»Wie Sie«, schmeichelte ihm Fürst Bagration.

»Er hat eine Menge Tricks auf Lager, um andere zu täuschen. Aber mich legt er so schnell nicht herein. Ich erinnere mich genau daran, wie ich das erste Mal in seinem Lager eintraf. Damals erklärte man mir, Schamil habe mich bereits im Traum mit guten Nachrichten von seinem Sohn auf sich zukommen sehen. Das war natürlich Schwindel. Es ging ihm nur darum, mit seiner angeblichen Sehergabe seinen Ruf als Prophet zu festigen. Was er nicht wußte, war die Tatsache, daß ich sein ausgezeichnetes Spionagenetz bestens kannte.«

Alle lachten über Gramows Geschichte.

»Ein anderes Mal«, fuhr der armenische Dolmetscher fort, »als ich neben ihm zum Großen Aul ritt, dröhnte schweres Geschützfeuer über die Berge. Er aber tat so, als ginge ihn das alles gar nichts an. Erst als nach einiger Zeit der Artilleriebeschuß stärker wurde, hielt er an und lauschte, allerdings so unbewegt wie immer. Er brachte es sogar fertig, mich in belanglose Gespräche zu verwickeln, um mich von der Schlacht abzulenken.

›Sieh dorthin, Isaj Bej‹, sagte er und deutete auf ein Packpferd, das mit mehreren Satteltaschen beladen war, ›alles, was es auf dem Rükken trägt, ist mein ganzes Gepäck und auch alles, was ich zum Leben und Sterben brauche. Und doch bin ich der Imam von Daghestan, der Oberkommandierende aller meiner Streitkräfte. Bei euch dagegen schleppt jeder Fähnrich mehr mit sich herum. Deswegen ziehen sich eure Kolonnen auch so sehr in die Länge, das macht sie schwerfällig.‹

Er redete gerade vom Krimkrieg und fragte mich über die internationale Politik aus, als ein Bote vom Schlachtfeld herangaloppierte und ihm eine Meldung überreichte. Schamil las sie, lächelte erfreut und teilte seiner Leibwache mit, sie hätten eben einen Sieg über die Russen errungen. Dann schnallte er seinen Säbel ab und gab ihn dem Boten.

›Sage Eski-Nahib, daß ich ihm für seine Tapferkeit danke und ihn mit meinem Säbel auszeichne.‹

Als wir weiterritten, nahm Schamil das Gespräch mit mir wieder auf und gab sich dabei besonders locker. Wie ich später hörte, waren die Muriden geschlagen worden und geflohen. Die Meldung hatte also in Wirklichkeit von einer Niederlage berichtet und nicht von einem Sieg. Aber seinen Ärger wollte er sich mir gegenüber nicht anmerken lassen. Es ist schon bewundernswert, wie sehr er sich in der Gewalt hat.«

»Ein schlauer Fuchs, wie Sie gesagt haben«, bestätigte Fürst Bagration. »Nur ein anderer schlauer Fuchs kann es mit ihm aufnehmen. Also reiten Sie zu ihm!«

3

Als Gramow bei Sonnenuntergang im Großen Aul eintraf, ließ man ihn bis zum folgenden Abend warten, ehe man ihn in Schamils Quartier führte. Bei Kerzenlicht hatten Daniel Beg, Ker Effendi und die älteren Nahibs im Halbrund um den Imam Platz genommen, während links und rechts je zehn Muriden an den Wänden standen: eine feierliche Versammlung von Würdenträgern, die auf den Abgesandten der Russen Eindruck machen sollte.

Wie es der Brauch verlangte, wurden zunächst die üblichen blumigen Begrüßungsworte ausgetauscht, bis plötzlich Schamil, rascher als gewohnt, den bisher freundlichen Gesichtsausdruck wechselte.

»Genug der Höflichkeiten, Isaj Bej«, sagte er mit zusammengekniffe-

nen Augen, »kommen wir zur Sache! Sag ehrlich, hält Fürst Tschawtschawadse mich zum Narren oder nicht? Bis jetzt hat er mir nur Briefe geschrieben, sonst aber nichts getan. Ich rate ihm dringend, weniger zu schreiben und dafür mehr zu tun.« Sein Mund verhärtete sich. »Der Fürst ist mein Feind – und mit einem Feind spaße ich nicht. Je eher er das einsieht, desto besser für ihn.«
Unverhohlener Haß steckte hinter dieser Drohung, Rachsucht und Vergeltungsdrang, die sich in den langen Jahren von Dshemal-Edins Geiselhaft angestaut und durch die schleppenden Verhandlungen in den letzten Monaten noch verstärkt hatten.
Ich muß behutsam vorgehen, sagte sich Gramow, und alles vermeiden, was Schamil und seine Anhänger reizen könnte. Es wird schwierig sein, ihnen klarzumachen, daß ein Lösegeld von einer Million Rubel jedes Maß sprengt.
Mit viel Fingerspitzengefühl brachte er seine Einwände gegen die Forderungen der Nahibs vor, und als er erkannte, daß sie keine Ahnung hatten, wieviel eine Million überhaupt war, erklärte er:
»Das ist eine Zahl, so ungeheuer groß, wie sie sich ein Mensch kaum vorstellen kann. Würde man euch zwingen, eine Million Reiskörner zu zählen und Tag und Nacht dabeizubleiben, ohne etwas zu essen, so wäret ihr längst verhungert, noch ehe ihr auch nur einen Bruchteil von einer Million erreicht hättet.«
Doch diesen Worten eines Giaurs zu glauben fiel den Nahibs ebenso schwer, denn eine Million Reiskörner hatten sie noch nie beisammen gesehen und erst recht nicht gezählt. So schleppte sich die Verhandlung dahin, und je länger das Hin und Her dauerte, desto deutlicher erkannte Gramow, daß die Nahibs so hartnäckig an ihrer Forderung festhielten und nicht der Imam. Eine Einigung zeichnete sich noch nicht ab, als Schamil entschied:
»Brechen wir die Sitzung ab. Die Gebetsstunde ist gekommen.«
Nur ein Gespräch mit Schamil unter vier Augen, darüber war sich Gramow klar geworden, würde zu dem erwünschten Ergebnis führen. Seine Bemühungen, mit ihm allein zu verhandeln, kamen auch dem Imam gelegen, der ihn, um der Wachsamkeit seiner Nahibs zu entgehen, am folgenden Abend heimlich in seinen Privaträumen empfing.

»Reden wir nicht lange drumherum«, meinte Gramow listig, »ohne Ihre Nahibs können wir ungezwungen miteinander sprechen.«
Schamil lächelte unergründlich. »Alles hängt davon ab, was du mir vorzuschlagen hast.«
»Wenn ich an Ihrer Stelle wäre, dann würde mir der Ruhm genügen, den ich bei dieser Angelegenheit erringen könnte.»
»Ruhm?«
»Ja, die Russen gezwungen zu haben, Ihnen Ihren Sohn zurückzugeben, den der Zar als seinen eigenen betrachtet. Ist das nicht ein Sieg, der Ruhm verdient? Alle Zeitungen werden von Ihrem Triumph über die Russen berichten. Die ganze Welt wird diese Ruhmestat erfahren.«
»Ruhm allein genügt nicht, Ruhm und Geld ist besser«, entgegnete Schamil verschlagen.
»Richtig, aber mehr als vierzigtausend Rubel sind nicht drin.«
»Zu wenig.«
»Sind vierzigtausend Rubel, der Sohn und Ruhm nicht mehr als nichts?«
Obwohl schon überzeugt, feilschte Schamil noch eine Weile und beendete schließlich das Gespräch, indem er sich erhob und Gramow die Hand reichte.
»Gut! Wie du weißt, sind mir die Hände gebunden. Ohne mein Volk und die Nahibs kann ich nichts unternehmen, aber ich werde mein Möglichstes tun, mit ihnen klarzukommen. Auch ich will eine gerechte Lösung, dafür bete ich zu Gott.«
»Wie soll diese gerechte Lösung aussehen?«
»Reite nach Hassiw Jurt zurück und warte meine Antwort ab. Was meinen Sohn betrifft«, fügte Schamil besorgt hinzu, »wäre ich dir dankbar, wenn du dich etwas um ihn kümmern würdest. Ich meine, halte ihn von solchen Leuten fern, die ihn daran hindern wollen, nicht zu mir zurückzukehren. Bitte, hilf mir in dieser Sache, sie liegt mir sehr am Herzen.«
»Ich verspreche es.«
»Handle immer so aufrichtig, Isaj Bej, daß Allah Wohlgefallen an dir finden möge. Leb wohl!«

Die Erleichterung, die zunächst alle nach Gramows Ankunft in der Garnisonstadt Hassiw Jurt erfaßte, wich nach und nach wachsender Besorgnis. Zwar war der armenische Unterhändler ohne ein bestimmtes Angebot zurückgekehrt, aber Schamil hatte nicht abgelehnt, und die offene Antwort ließ hoffen. Als dann jedoch drei Tage vor Ablauf der Frist, die Fürst Tschawtschawadse gestellt hatte, noch immer keine Nachricht aus dem Großen Aul eingetroffen war, machten sich beim Fürsten und unter den Offizieren immer stärker Unruhe und Zweifel breit. Das ferne Geschützfeuer, das von den ständigen Scharmützeln zwischen Kosaken und Gebirgsbewohnern herrührte, steigerte noch die gereizte Spannung in der Festung.
Was mag wohl im Großen Aul vor sich gehen? fragten sich alle bangen Herzens. Wie lautet die Entscheidung des Imams?

4

Die schroffe Antwort, die Fürst David den Unterhändlern des Imams mit auf den Weg gegeben hatte, war damals im Großen Aul mit Verärgerung aufgenommen worden. Von neuen Ängsten bedrückt, hatten die Fürstinnen seitdem nicht gewagt, irgend jemanden nach der weiteren Entwicklung zu fragen, bis ihnen Chadshio schließlich aus Mitleid anvertraute:
»Ich glaube, alles wird sich bald zum Besten wenden.«
»Ist Schamil denn nicht verstimmt?« fragte Fürstin Warwara.
»Verstimmt nicht, eher überrascht. Zwar hat Fürst David ihm höchst ungebührlich geantwortet, aber Kühnheit und Entschlossenheit hat der Imam schon immer bewundert – auch bei seinen Feinden.«
»Woher nehmen Sie denn Ihre Zuversicht?«
»Gestern abend hat Isaak Gramow lange Zeit mit ihm verhandelt.«
»Ist Gramow noch hier?«
»Nein, inzwischen dürfte er wieder in Hassiw Jurt angekommen sein. Alles deutet auf eine baldige Einigung hin, vor allem auch, daß sich Mullah Jamul-u'din Ihrer angenommen hat.«
»Saidets Vater?«
»Ja, und Schamils einstiger Lehrer und Ratgeber. Schon seit einer

Stunde haben sich die beiden zurückgezogen. Sie beraten, wie man die Angelegenheit zur beiderseitigen Zufriedenheit beilegen kann. Lassen Sie also nicht den Mut sinken.«

Neue Hoffnung schöpften die Fürstinnen, als der ehrwürdige Mullah sie noch am gleichen Abend aufsuchte und sie eingehend darüber befragte, ob die Gegenseite tatsächlich nicht mehr Lösegeld als vierzigtausend Rubel aufbringen könne.

»Erst hatte ich meine Zweifel«, sagte er schließlich, und ein gütiges Lächeln glitt über sein runzliges Gesicht, »aber Sie haben mich überzeugt. Alles wird gut ausgehen, das verspreche ich Ihnen. Schamil ist zwar unbeugsam, aber er ist gewissermaßen mein Sohn. Ich werde mit ihm reden.«

»Wenn aber das Volk und seine Nahibs auf ihrer Forderung bestehen – was dann?« warf Fürstin Anna ein. »Wie wir gehört haben, soll ihnen mehr als Schamil am Geld liegen.«

»Das lassen Sie nur meine Sorge sein«, antwortete er mit einem listigen Blick. »Es gibt einen Weg, das Volk zu überzeugen.«

»Welchen?«

»Mehr will ich jetzt nicht sagen. Aber Sie werden es schon bald erleben.«

Mit dieser Andeutung stand er auf und verließ zufrieden das Quartier der Geiseln.

Gemeinsam hatten Schamil und Mullah Jamul-u'din einen Plan ausgeheckt, wie man beim Volk im Namen Allahs die Habsucht austreiben und zugleich den Verdacht ersticken könne, der Imam habe sich den Ungläubigen gebeugt. Diese verzwickte Aufgabe vertrauten sie einem allseits verehrten Einsiedler an, der sich vor Jahren in die Berge zurückgezogen hatte.

»Es ist ein äußerst schwieriges Problem, unter welchen Bedingungen wir die Gefangenen austauschen sollen«, verkündete Schamil seinen Anhängern. »Selbst ich, euer Imam, bin nicht würdig, diese Angelegenheit zu entscheiden, da ich darin persönlich zu befangen bin. Leicht könnte nämlich der Verdacht entstehen, ich hätte nicht das Wohl des Volkes im Auge, sondern dächte nur an die Rückkehr meines geliebten Sohnes. Ein frommer Mann, der sein ganzes Leben

Allah geweiht hat, um seinen Willen zu ergründen und kundzutun, soll uns in diesem Fall Allahs Entscheidung wissen lassen.«
Als sich die Nachricht verbreitete, dieser fromme Mann sei der ehrwürdige Einsiedler, der auf Schamils Wunsch bereits unterwegs zum Großen Aul sei, strömte von überall her eine große Menschenmenge herbei, um ihn zu empfangen und seine Weissagung zu hören.
Umgeben von Schamil, Kasi Mahommed, Jamul-u'din und den Nahibs predigte der Einsiedler vom Balkon des Imams herab zum Volk über die Enthaltsamkeit, die Eitelkeit, die Verführung durch irdische Güter und die Verderbnis des Reichtums auf die Seele. Mit offenem Mund lauschte die Menge seiner Rede, die er dann und wann unterbrach, um unter wiegenden und kreisenden Bewegungen seines Körpers zu beten, mit durchdringender Stimme zu singen und Allah mit schrillen Rufen zu preisen. Mitgerissen vom Eifer des frommen Mannes folgten die Gläubigen seinem Beispiel, wobei sie sich im Taumel religiöser Verzückung wie Derwische immer schneller drehten und dabei wie besessen heulten. Je öfter er seine Drohung wiederholte, die Habgierigen dürften nicht hoffen, im Paradies Einlaß zu finden, desto mehr zog er nach und nach die Menge auf seine Seite, zumal auch Schamil sich manchmal einmischte und ihnen zurief:
»Geld ist Gras. Geld verwelkt und verschwindet. Wir dürfen nicht dem Geld dienen, sondern Allah! Die Welt ist ein Kadaver und wer ihr nachspürt, ist ein Hund.«
So ging es Tag und Nacht und steigerte sich noch am Freitag, dem Gebetstag, den Schamil in der Moschee verbrachte, während seine Frauen in ihren Zimmern beteten. Mit wachsender Ekstase reifte schließlich auch beim letzten Muriden die Erkenntnis, durch den Verzicht auf die Million Rubel rette er seine Seele. Durch Allahs Wille hatte Schamils Wille gesiegt.
In weiser Voraussicht dieser Entscheidung hatte der Imam schon vorher durch Kriegsgefangene mit dem notdürftigen Ausbau eines Weges vom Großen Aul bis an einen von ihm ausgewählten Platz am Ufer des Mitschik begonnen, wo der Austausch der Geiseln stattfinden sollte.
Da Schamil alle bedeutenden Unternehmungen stets auf einen Donnerstag legte, mußten die Geiseln noch sechs Tage im Großen Aul

verbringen. Während dieser Zeit trafen sie ihre Reisevorbereitungen und nahmen Abschied von den Frauen des Imams und anderen Bekannten.
»Wenn ihr irgendwelche Sachen zurückkaufen wollt, die unsere Krieger von eurem Landsitz in Zinondali mitgebracht haben, dann könnt ihr mich heute nachmittag in meinem Zimmer besuchen«, ließ Saidet die Fürstinnen wissen.
Sie und Kerimat, die, aufgeputzt wie immer, tags zuvor eingetroffen war, sowie auch einige andere Frauen saßen auf Kissen und tranken Tee, als die Fürstinnen eintraten. Saidet und die übrigen hofften bei dieser letzten Gelegenheit noch einiges Kapital aus den Gefangenen zu ziehen. Alle Porzellansachen und Schmuckstücke aus dem Familienbesitz, die mitten im Zimmer aufgehäuft lagen, waren stark beschädigt, darunter auch ein hübsches Armband, das der kleinen Salomé gehört hatte. Als Mahommed Scheffi dies erfuhr, griff er danach, um es dem Mädchen zurückzugeben, doch Saidet riß es ihm wütend aus der Hand.
»Sieh doch«, sagte Fürstin Anna zu ihrer Schwester, »ist das nicht dein Schmuckkästchen?«
Überrascht beugte sich Fürstin Warwara herab und öffnete es.
»Sogar Ringe von meinem verstorbenen Mann sind noch drin!«
Als Saidet bemerkte, wie sehr sich die Fürstin über ihren Fund freute, nahm sie ihr das Kästchen ab und schob die Ringe in den Ärmel.
»Ich denke, du hast uns das alles hier zum Kauf angeboten?« wunderte sich die Fürstin.
»Diese Ringe nicht«, antwortete Saidet giftig, »alles andere ja.«
»Dann kaufe ich überhaupt nichts.«
»Ich auch nicht«, fügte Fürstin Anna hinzu.
»Wie ihr meint«, sagte Saidet verärgert, »dann behalten wir eben alles für uns. Ich habe euch nur einen Gefallen tun wollen.«
Ganz anders dagegen verhielt sich Schuanet bei ihrer Abschiedsfeier. In Silberbechern, die sie nur bei festlichen Anlässen benutzte, servierte sie ihren Gästen Tee. Obwohl sie leicht erkrankt auf ihrem Ruhebett lag, gab sie sich alle Mühe, fröhlich zu sein. Aber Tränen liefen ihr über die Wangen, als sie auf die bevorstehende Trennung zu sprechen kam:

»Wir sehen uns bestimmt nie wieder. Ihr werdet uns alle vergessen, sobald ihr zu Hause seid und dort so lebt wie früher. Wir aber, wir bleiben allein zurück. Ihr werdet uns fehlen, wir alle haben uns so sehr aneinander gewöhnt, ja uns sogar liebgewonnen. Habe ich recht?«

Genauso empfanden auch die Fürstinnen und Madame Drancy, und je näher die letzten Stunden heranrückten, desto wehmütiger wurden sie.

Der Morgen dämmerte bereits von den Bergen herab, als die Wächter mit Ochsenkarren, beladen mit Proviant, Decken und einem Samowar, vor dem Tor auf die Geiseln warteten. Um Eindruck am Ufer des Mitschik zu machen, hatte Schamil angeordnet, daß Kutscher und Vorreiter russische Uniformen tragen sollten. Standartenträger mit dem schwarzen Banner der Muriden und der grünen Fahne des Propheten standen bereit.

Als die Fürstinnen den Hof überquerten, kam ihnen die alte Bahu entgegen.

»Lebt wohl«, sagte sie, »und habt Dank dafür, daß ich durch euch vor meinem Tod noch einmal meinen verlorenen Lieblingsenkel sehe.«

Alle weinten, als sie nun Abschied nahmen für immer. Die Frauen gaben sich die Hand und umarmten einander, ausgenommen Saidet, vor der sich die Fürstinnen nur höflich verbeugten.

Begleitet von zwei starken Reiterscharen, die eine unter Kasi Mahommed, die andere unter Mahommed Scheffi, fuhren die Fürstinnen durch den Großen Aul. Durch die dichten Schleier, die sie nun wieder trugen, sahen sie Menschen dichtgedrängt auf allen Balkonen, Flachdächern und Wachttürmen stehen und ihnen schweigend zuwinken.

Plötzlich erklang hinter ihnen erst leise, dann immer stärker anschwellend, ein Klagelied der zurückbleibenden georgischen Gefangenen – einfache, arme Soldaten, für die niemand bereit war, ein Lösegeld zu zahlen.

Neben dem Imam trabte ein reiterloses Pferd, ein prächtiger weißer Hengst mit einem schwarzen Stern auf der Stirn: Dieser Schimmel sollte Dshemal-Edin in die Berge zurücktragen.

5

Einen Tag und eine Nacht sollte die Reise bis zum Treffpunkt dauern, den Schamil für den Austausch ausgewählt hatte.
Kurz zuvor mußten noch Schwierigkeiten aus dem Weg geräumt werden, denn die Silbermünzen, die der Imam als Lösegeld verlangt hatte, waren nicht leicht zu beschaffen. Um sicherzugehen, daß alles ordnungsgemäß abgewickelt würde, ritten einige Muriden nach Hassiw Jurt, zählten vierundzwanzig Stunden lang fünfunddreißigtausend Rubel ab, jeweils zehn Münzen aufeinandergeschichtet, und füllten sie schließlich in Säcke, die sie dann versiegelten. Der Restbetrag von fünftausend Rubel sollte in Gold entrichtet werden.
Ein Tag mußte noch vergehen und eine Nacht und einige Stunden am folgenden Morgen, bis die Fürstinnen und Dshemal-Edin die Seiten wechseln und in ein neues Leben treten würden.
Mit Bedacht hatte Schamil dieses bedeutende Ereignis auf einen Donnerstag gelegt, den elften März 1855. An diesem Festtag sollte sein Sohn endlich in die Welt seiner Kindheit zurückkehren.

Schamil konnte nicht ahnen, daß am gleichen Tag im fernen Petersburg Zar Nikolaus zwei Stunden lang in einer Prozession durch die Stadt zur letzten Ruhestätte geleitet wurde. Schon Tage zuvor hatte die Nachricht, er liege im Sterben, die Bevölkerung erschüttert. Trotz einer starken Erkältung hatte er es sich nicht nehmen lassen, ein Regiment vor dem Marsch an die Front zu verabschieden, und den Rat seines Leibarztes, wenigstens den Mantel anzuziehen, in den Wind geschlagen:
»Ich danke Ihnen, Doktor, Sie haben Ihre Pflicht getan und mich gewarnt. Lassen Sie mich jetzt die meine tun.«
Es schien, als werfe er leichten Herzens das Leben weg, das ihn zuletzt mit so vielen bitteren Enttäuschungen überhäuft hatte. Die Lunge versagte, und er litt schwer, als er im Arbeitszimmer des Winterpalastes auf einem einfachen eisernen Feldbett den Tod erwartete. Er verlangte nach Freunden und Weggefährten aus glücklicheren Tagen, diktierte um fünf Uhr morgens ein Abschiedstelegramm an seine alte Hauptstadt Moskau und beorderte sämtliche Garderegi-

menter zum Palast, damit sie sofort nach seinem Tod auf den Thronfolger vereidigt werden konnten.
Am Ende der langen Nacht legte man dem Sterbenden Depeschen aus Sewastopol vor, die soeben eingetroffen waren. Ohne einen Blick darauf zu werfen, sagte er:
»Das geht mich nichts mehr an. Übergeben Sie das alles meinem Sohn.«
In dieser Stunde hatte der Verteidigungskrieg auf der Krim für ihn ebenso jeden Sinn verloren wie die Feldzüge im Kaukasus, wo Schamil schon seit so vielen Jahren all seine Pläne durchkreuzte. Als er spürte, wie das Leben aus ihm wich, machte er, zum Zarewitsch gewandt, eine Handbewegung, als wolle er etwas ergreifen.
»Halte alles fest,« waren seine letzten Worte, »halte alles fest!«

6

Als Schamil vom Großen Aul zum Treffpunkt am Mitschik aufbrach, wußte er noch nichts vom Tod des Zaren. In der Kaukasusarmee dagegen war die Nachricht schon wenige Tage zuvor eingetroffen. Ohne nähere Umstände hören zu wollen, die der Kurier den Offizieren in Hassiw Jurt berichtete, zog sich Dshemal-Edin auf sein Zimmer zurück, um dem Mann nachzutrauern, dem er mit Herz und Hand ergeben war. All seine Treue übertrug er bei der Vereidigung der Truppen auf dessen Sohn Alexander, den neuen Zaren.
Der Schmerz um den Verstorbenen belastete Dshemal-Edins Gemüt auch noch am Vorabend des Geiselaustauschs, als die Garnison von Kurinsk, einem Festungswerk in der Nähe des Mitschik, ihm zu Ehren ein Abschiedsessen gab, an dem neben dem Oberkommandierenden auch Fürst Bagration und Fürst Tschawtschawadse mit ihrem Gefolge sowie mehrere andere höhere Offiziere teilnahmen.
Zur Überraschung aller trat ein Adjutant ein und meldete, ein Bote Schamils sei soeben in der Festung eingetroffen.
»Was soll das heißen?« Fürst David sprang erregt auf, da er Schwierigkeiten befürchtete. »Will man uns jetzt tatsächlich noch neue Bedingungen stellen?«

»Wundert Sie das?« bemerkte Dshemal-Edin verbittert und fuhr dann spöttisch fort. »Bisher hat man bei der Scharia geschworen, vielleicht will man jetzt dem Adat gemäß verfahren.«
»Verzeihen Sie«, wandte sich Fürst Bagration an Dshemal-Edin, »was wollen Sie damit sagen? Ich meine, ich bin im Muridismus nicht so sehr bewandert.«
»Sie haben recht, Fürst, für einen Außenstehenden ist es schwer, das alles manchmal zu begreifen.« Er seufzte und fuhr sich über die Augen, übermüdet und bedrückt von dem Schicksal, dem er entgegenging. »Auch für mich! Die Scharia ist das heilige Gesetzbuch der Muriden, das im Koran festgelegte Gesetz, das mein Vater, der Imam, erweitert und eingeführt hat. Es regelt das gesamte islamische Leben, während das Adat die überlieferten Sitten und Bräuche umfaßt. Verstehen Sie jetzt, was ich meine?«
»Ja.« Der Fürst nickte. »Und ich verstehe auch Sie, junger Freund. Aber bevor Sie so hart urteilen, ja sogar verurteilen, sollten wir uns erst einmal anhören, was der Bote Ihres Vaters uns zu melden hat.«
Es handelte sich keineswegs um neue Bedingungen, wie sich gleich darauf herausstellte, vielmehr wollte Schamil noch einmal mit Gramow alle Anordnungen für den Geiselaustausch besprechen.
Zusammen mit dem tschetschenischen Boten machte sich der georgische Unterhändler noch in der Nacht auf den Weg nach Major-Tup, dem Lager der Muriden, wo er noch bei Dunkelheit in den frühen Morgenstunden eintraf und Schamil in dessen Zelt aufsuchte. Der Imam wärmte sich gerade an einem Feuer und ließ die Gebetsperlen durch die Finger gleiten, während Ker Effendi, sein unzertrennlicher alter Freund, noch neben ihm schlief.
»Sei mir willkommen!« grüßte er aufgeräumt den Eintretenden. »Komm, setz dich neben mich und trink Tee. Du siehst ja ganz durchfroren aus.«
»Es war auch eine bitterkalte Nacht.«
»Dafür wird der Tag um so prächtiger sein!« Und als er bemerkte, wie Gramow sich schüttelte, rief er seinem Diener zu: »Nun mach schon endlich und bring den Tee. Mein guter Isaj Bej ist fast schon steif vor Kälte!«

Gutgelaunt sah der Imam zu, wie gierig sein Besucher den heißen Tee in kleinen Schlucken schlürfte, und dabei erklärte er ihm:
»Morgen wird Frieden herrschen zwischen uns und den Russen. Niemand darf dabei ein falsches Spiel treiben, verstehst du.«
»Natürlich, das nützt keiner Seite.«
»Übrigens weißt du, daß unsere Sitten es dem Vater verbieten, seinem Sohn entgegenzusehen?«
»Und ob ich das weiß! Ich habe doch lange genug unter euch gelebt.«
»Aber deine neuen Freunde, die Russen, nicht. Deshalb solltest du es ihnen sagen.«
»Gut, ich werde –«
»Nein, halt, nicht nötig, ich werde nämlich diesmal anders handeln, als sonst üblich ist.«
»Und Dshemal-Edin entgegengehen?«
»Ja.« Schamil nickte selbstzufrieden.
»Aus welchem Grund?«
»Zum einen will ich meinen verehrten Gästen, den Fürstinnen, das Geleit geben, und zum anderen jede nur denkbare Störung beim Austausch verhindern. Sobald es hell wird, werde ich meinen Soldaten befehlen, die festgesetzte Grenzlinie nicht zu überschreiten.«
»So wie es von beiden Seiten vereinbart ist.«
»Ja, aber kannst du auch für die Russen bürgen?«
»Jetzt schon kann ich mich für ihren guten Willen verbürgen«, versicherte Gramow. »Bei der Gelegenheit möchte ich Ihnen auch eine Bitte von Fürst Tschawtschawadse vortragen.«
»Ich höre.«
»Der Fürst wäre Ihnen sehr verbunden, wenn Ihre Leute im Freudentaumel nicht wild in die Luft schießen würden, wie sie das sonst immer tun. Die Russen könnten das nämlich leicht mißverstehen, und womöglich als Vorzeichen eines Überfalls deuten. Wie schnell käme es dann zu einem Schußwechsel, den doch wohl niemand will.«
»Ich werde dafür sorgen, verlaß dich drauf. Doch könnte es nicht auch sein, daß eure Truppen vor lauter Freude schießen? Soldaten sind nun mal Soldaten.«
»In dem Fall ist es völlig ausgeschlossen. Überhaupt darf in den

nächsten sechs Monaten keine Freudenfeier oder dergleichen stattfinden. Der Zar ist nämlich gestorben.«
Schamil stutzte. »Das habe ich nicht gewußt«, sagte er nachdenklich. »Ein halbes Leben lang war er mein Feind, aber ein Feind, der meine Achtung verdient. Für einen so mächtigen Krieger wären auch sechs Jahre Trauer nicht zuviel. Aber ein großer Mann sollte auch einen großen Sohn als Nachfolger haben!«
»Den hat er auch. Schon als Alexander noch Zarewitsch war, haben alle hohe Erwartungen in ihn gesetzt. Als neuer Zar wird er diese Hoffnungen bestimmt erfüllen.«
»Gut, wenn das ein Vater von seinem Sohn sagen kann, sehr gut!« Gedankenversunken schwieg Schamil eine Weile, den Blick gesenkt. Dann hob er plötzlich den Kopf und sah Gramow bewegt an. »Sag mir, wie steht es um meinen Sohn? Geht es ihm gut?«
»Er ist ein Sohn, wie sich ein Vater keinen besseren wünschen kann.«
Schamils Augen glänzten vor Stolz, aber schon im nächsten Augenblick nahmen seine Züge einen bangen Ausdruck an. »Wie man mir sagt, kennt er kein einziges Wort unserer Sprache. Stimmt das?«
»Das ist übertrieben. So schnell vergißt man seine Muttersprache nicht, auch nicht wenn man schon so lange in Rußland gelebt hat wie er. Er spricht Russisch so gut wie ein Russe, aber deswegen sollten Sie ihn nicht tadeln. Trotzdem ist er Ihr Sohn.«
»Du hast recht, Isaj Bej, ich danke dir für deine Worte«, antwortete Schamil besänftigt. »Ich werde ihm keinen Vorwurf machen, glaub mir das. Laß ihn nur erst zu mir zurückkehren.«
Schweigend saß er da und starrte ins Feuer. Es schien, als habe er den Unterhändler vergessen. Nur mit Mühe unterdrückte Gramow ein Gähnen. Die Abschiedsfeier in der Garnison und der Ritt in Schamils Lager hatten ihn sehr ermüdet.
»Wollen sie nicht noch ein bißchen schlafen, Imam?« unterbrach er die Stille. »So zwei, drei Stunden, bis es hell wird.«
Schamil schüttelte den Kopf. »Nein, heute nacht nicht. Schon die ganze Zeit sitze ich hier und denke über meinen Sohn nach. Wie könnte ich da schlafen? Möge Allah geben, daß unsere Sache morgen ohne Verrat zu einem guten Abschluß kommt.«

So vergingen die letzten Stunden der Nacht. Als der Morgen dämmerte, versammelte der Imam seine Nahibs zu einer letzten Besprechung, während Gramow die ungeduldig vor ihrem Zelt wartenden Fürstinnen aufsuchte und dann mit Schamils Anweisungen nach Kurinsk zurückritt.

7

Strahlend ging die Sonne an diesem Märzmorgen über dem Kaukasus auf und ließ die Wellen des Mitschik silbern wie Schuppen glänzen. Auf dem einen steil abfallenden Ufer, bis zu dem sich Schamils Gebiet Groß-Tschetschtschnia erstreckte, standen die Wachtposten der Muriden. Jenseits auf der russischen Uferseite, wo die Russen und Dshemal-Edin auf die Ankunft der Fürstinnen warteten, öffnete sich kilometerweit die Ebene von Kumuch, die Schamils Truppen aus der Deckung von Felsgestaden und bewaldeten Hügeln heraus leicht unter Beschuß nehmen konnten. Aus strategischen Erwägungen hatte er diesen Treffpunkt gewählt, da er immer noch an der Aufrichtigkeit des Gegners zweifelte.

Wie der Imam angeordnet hatte, waren die Fürstinnen mit ihren Angehörigen und Madame Drancy beim ersten Ruf des Mullahs aufgebrochen. Abgemagert während der langen Gefangenschaft und mit schleppenden orientalischen Gewändern, groben Leinenröcken und zerlumpten Schubas bekleidet, saßen sie in Ochsenkarren, die schwerfällig auf den Mitschik zuholperten. Fromme Lieder zu Ehren Allahs singend, ritten siebentausend Muriden vor und hinter ihnen, und dann und wann sprengte Kasi Mahommed, ganz in Weiß auf seinem Prachtschimmel, nach vorn, um zu prüfen, ob alles in Ordnung sei und nicht wieder die Gefahr bestände wie am Vortag, als sich einer der Wagen überschlagen hatte und die Gouvernante dabei in eine Schlucht gestürzt, zum Glück aber noch einmal mit dem Schrecken davongekommen war.

Trotz des vieltausendstimmigen Gesangs der Muriden vernahmen die Fürstinnen auch die wehmütige Weise eines russischen Volkslieds, das einer der Kutscher vor sich hin sang.

»Woher kennen Sie das?« fragte Fürstin Warwara erstaunt. »Sind Sie Russe?«
»Ich weiß es nicht mehr«, antwortete der Mann, unter dessen kaukasischer Pelzmütze die blauen Augen eines Slawen traurig blickten.
»Sie wissen es nicht?«
»Als junger Kerl war ich Soldat in der Armee des Zaren. Dann bin ich eines Tages davongelaufen, Jahre sind es schon her, viele Jahre, und habe mich den Menschen hier in den Bergen angeschlossen.« Er zuckte mit den Schultern. »Was also bin ich jetzt eigentlich?«
So rückten sie langsam auf den Mitschik zu, als plötzlich unter dem Ruf »Schamil! Schamil! Imam!« weitere Reiterscharen heransprengten, von den Bergen herab und aus den Wäldern hervor, und sich ihnen anschlossen, der awarische und tschetschenische Adel, die ersten Nahibs und die Elitetruppen. Sie trugen Turbane und pelzgefütterte Mäntel, ihre Tscherkeßkas waren mit Silbertressen, Orden und Auszeichnungen geschmückt, ihre Waffen glänzten in der Sonne. Inmitten dieses eindrucksvollen Aufgebots ritt Schamil, stolz und freudig wie an einem Festtag, löste sich dann aus der Gruppe und galoppierte an die Wagen der Geiseln heran.
»Gestatten Sie mir«, sagte er zu den Fürstinnen, »daß ich mich von Ihnen allen verabschiede. Ich wäre Ihnen dankbar, wenn ich die Kleinen noch einmal umarmen dürfte.«
Ein Kind nach dem anderen wurde aus dem Wagen gehoben und ihm in die Arme gelegt, und jedes drückte er liebevoll an sich. Dann verbeugte er sich höflich vor den Fürstinnen und kehrte zu seinen Nahibs zurück.
Kurz danach, als die Ochsenkarren auf die Höhe eines Hügels hinaufrumpelten, kam Chadshio herangeritten.
»Sehen Sie«, sagte er und deutete mit der Peitsche nach vorn, »dort drüben steht die russische Armee!«
Erwartungsvoll richteten sich die Geiseln auf, um die lange Kette von Soldaten, Pferden und Geschützen auf der entfernt gegenüberliegenden Anhöhe besser sehen zu können. Da der Schleier, den die Frauen wieder tragen mußten, sie dabei hinderte, hoben sie ihn gelegentlich hoch, und als sie sich weiter näherten, erkannten sie deutlich die verschiedenen Wimpel und Banner der Truppen.

Nur mühsam zügelten die Kaukasier ihre Kampfeslust, als sie die verhaßten Ungläubigen in der Ebene vorrücken sahen. Doch an diesem Tag durfte kein Schuß fallen, kein Blut vergossen werden: ihr Imam hatte es so befohlen. Ihr Mißtrauen gegenüber den Russen saß so tief, daß die Kavallerie der Lesghier mit blanken Säbeln ausschwärmte und sich um die Wagen der Fürstinnen scharte, um einem Überraschungsangriff vorzubeugen.
»Wo ist Schamil eigentlich geblieben?« fragte Fürstin Warwara, sich umschauend.
»Dort drüben«, sagte Madame Drancy und zeigte zu einem kleinen Hügel hinüber, wo der Imam, von seinen Nahibs umgeben, mit gekreuzten Beinen auf einem Teppich saß und durch ein Fernrohr die Russen beobachtete. Wie ein Baldachin spannte sich über ihn ein großer gelber Sonnenschirm.
Unmittelbar links neben ihm hatten sich Ker Effendi und Mullah Jamul-u'din auf den Boden gesetzt und zu seiner Rechten Daniel Beg. Tausende von Reitern standen geschlossen hinter ihnen, bereit, beim geringsten Anzeichen von Gewalt ihren Imam wie einen Schutzwall zu umschließen.
Am jenseitigen Ufer des Mitschik machten die russischen Streitkräfte halt und nahmen Aufstellung, die Kavallerie zu beiden Seiten der Infanterie und Artillerie. Neugierig um ihren Kommandeur, Baron Nikolaj, geschart, versuchten die Offiziere durch ihre Feldstecher das Gesicht des legendenumwitterten Schamil zu erkennen, aber die Entfernung war zu weit. Auch Dshemal-Edin, etwas abseits von ihnen, betrachtete durch sein Fernglas die für ihn so fremde Welt, in die er nun eintreten würde.
Auf einen Wink des Imams löste sich ein Reiter aus seinen Reihen und trabte, wie zwischen den Parteien vereinbart, auf einen einsamen Baum an einer Furt zu, zügelte sein Pferd und schwenkte einen Wimpel als Zeichen zum Austausch.
Begleitet von fünfunddreißig tschetschenischen Kriegern unter Kasi Mahommed und seinem Bruder Mahommed Scheffi rollten die Ochsenwagen zum Ufer hinab, während ihnen gleichzeitig Fürst Tschawtschawadse und Dshemal-Edin mit einigen Offizieren und fünfunddreißig russischen Soldaten entgegenkamen.

Der gertenschlanke junge Mann an der Spitze der langsam näherkommenden Muriden, Kasi Mahommed, stach nicht nur durch seinen weißen Rock und seine weiße Pelzmütze von allen ab, er ritt auch auf einem weißen Hengst, der das Herz aller Pferdekenner höher schlagen ließ. In stolzer Haltung folgten ihm die Tschetschenen auf feurigen, kleinen Pferden, die Gewehre auf dem rechten Oberschenkel im Anschlag. Was bei der russischen Abteilung besonders ins Auge fiel, waren die sechzehn gefangenen Lesghier, die sie führten, sowie Karren, beladen mit dem Lösegeld, Beutel mit Goldstücken und fünfunddreißigtausend Silberrubel.

Als beide Gruppen schon fast einander gegenüberstanden, vermißte Fürst David zunächst seine Gemahlin unter den Gefangenen, da er sie unter den verschleierten Frauen nicht herausfand. Doch seine Besorgnis schwand, als er plötzlich eine Kinderstimme »Schau, Mama, da ist Papa auf einem weißen Pferd« rufen hörte und Salomé ihm fröhlich zuwinkte.

Im Überschwang ihrer Freude waren auch die Geschwister aufgesprungen und streckten ihre Ärmchen aus. Gerührt hob Chadshio den kleinen Alexander vom Wagen herunter und trug ihn seinem Vater entgegen, und mit den übrigen Kindern ritten die Muriden auf ihn zu. Der Fürst bekam feuchte Augen, als die Kleinen ihn umarmten und herzten.

Noch bevor sich Fürst Tschawtschawadse dem Wagen seiner Frau nähern konnte, ritt ihm Kasi Mahommed entgegen und verbeugte sich achtungsvoll.

»Verzeihen Sie, Fürst«, begann er verlegen, »wenn ich Sie noch einen Augenblick aufhalte. Im Auftrag meines Vaters, des Imams, möchte ich Ihnen mitteilen, daß er sich um Ihre Familie so gekümmert hat wie um seine eigene. Was sie dennoch erleiden mußten, lag nicht in unserer Absicht, sondern ist darauf zurückzuführen, daß wir den Umgang mit vornehmen Damen nicht gewöhnt sind und auch nicht über die nötigen Mittel dafür verfügen. Mein Vater läßt Sie wissen, daß die Fürstinnen rein wie Lilien zurückkehren und allen Blicken verborgen geblieben sind wie Gazellen in der Wüste.«

Der Fürst verbeugte sich wortlos, unfähig im Widerstreit der Gefühle zwischen Freude und Rache zu antworten.

Auch Dshemal-Edin versagte die Sprache, als er seinen Bruder umarmte, den er vor vielen Jahren als kleinen Jungen hatte verlassen müssen. Als er sich danach von den russischen Offizieren verabschiedete, überreichte ihm Baron Nikolaj sein Schwert.
»Verwenden Sie es nicht gegen eines unserer Völker.«
»Weder gegen unseres noch gegen Ihres«, beteuerte Dshemal-Edin bewegt.
Dann schritt er auf die Fürstinnen zu, machte vor ihnen halt und schaute sie lange und ernst an. Sie hatten ihre Schleier gelüftet, um ihren Befreier besser sehen zu können. Auge in Auge standen sie da, niemand sprach ein Wort. Von Dankbarkeit gegenüber dem Mann überwältigt, der bis dahin der Günstling des Zaren gewesen war, perlten Tränen über die hohlen Wangen der Fürstin Warwara.

8

Der Austausch zwischen den Fronten war vollzogen, aber noch hatte der Vater seinen Sohn nicht in die Arme schließen können. Auf dem letzten Wegstück zu Schamils Linien ritten sechzehn Muriden voran, dann folgten die beiden Brüder Dshemal-Edin und Kasi Mahommed zwischen einem russischen Offizier und einem Nahib, dahinter ein Kosakentrupp und als Nachhut wieder Muriden. Aber diese Marschordnung brach rasch auseinander; denn sobald die Kaukasier Dshemal-Edin näherkommen sahen, galoppierten sie ihm mit ohrenbetäubendem Geschrei in hellen Scharen entgegen und drängten sich ungestüm zwischen die geordneten Reihen, um ihn zu begrüßen. Die einen rissen dicht vor ihm ihre Pferde hoch, daß sie bedrohlich mit den Vorderhufen schlugen, die anderen sprangen Hals über Kopf aus dem Sattel, um seine Hand, den Saum seines Rockes, seine Stiefel zu küssen. Dshemal-Edin ließ alles ruhig über sich ergehen. Er bemühte sich nur, den russischen Offizier an seiner Seite zu halten, um dessen Sicherheit er bangte, falls sie durch die fanatische Menge voneinander getrennt würden. Als der Trubel zu hohe Wellen zu schlagen drohte, zügelte er die Männer in scharfem Ton und mit lebhaften Gesten, worauf sich die Menge ergeben und ehrerbietig zurückzog.

Chadshio, der bis dahin in einiger Entfernung gewartet hatte, stieg nun aus dem Sattel und ging, eine prächtige Tscherkeßka auf den Händen tragend, auf Schamils Sohn zu.
»Sei willkommen in deiner Heimat«, begrüßte er ihn feierlich und fuhr dann, mit einem verächtlichen Blick auf Dshemal-Edins russische Uniform, fort: »Der Imam, dein Vater, wünscht dich nur in der Kleidung zu empfangen, wie du sie getragen hast, als du uns verlassen mußtest.«
Dshemal-Edin zeigte sich verstimmt. »Ein sonderbarer Einfall! Wie kann ich mich hier vor all diesen Menschen umziehen?« Er warf einen Blick zurück zu den Fürstinnen und der französischen Gouvernante. »Besonders vor den Frauen da!«
»Der Wunsch deines Vaters ist Befehl. Hast du das vergessen? Niemand wagt es, dem Imam den Gehorsam zu verweigern, niemand! Früher hast du das gewußt, und jetzt, scheint mir, mußt du es wieder lernen.«
In der ersten Aufwallung fühlte sich Dshemal-Edin gedemütigt, doch er beherrschte sich und stieg vom Pferd. Als er seine russische Uniform abzulegen begann, schlossen die Muriden einen dichten Kreis, um ihn vor fremden Blicken abzuschirmen. Kein einziges Kleidungsstück aus seiner russischen Vergangenheit trug er noch am Leib, als sich der Kreis öffnete. Wie verwandelt wirkte er in der langen dunklen Tscherkeßka, mit der schweren weißen Lammfellmütze und mit den reichverzierten Waffen, einem Säbel, Dolch und Gewehr, die ihm ein Nahib überreicht hatte. Seine Züge hellten sich auf, als er vor sich einen Schimmelhengst mit feurig schwarzen Augen und einer karmesinroten goldbestickten Satteldecke tänzeln sah.
»Dein Vater schickt ihn dir«, sagte der Murschide, der das Pferd am Zügel führte. »Reite zu ihm, er wartet auf dich.«
Wie ein Sturmwind jagte Dshemal-Edin über das Steppengras dahin, so daß seine russischen Begleiter Mühe hatten, ihm zu folgen. Als sie näherkamen und ihnen die Gebirgsbewohner wildschreiend entgegenstürmten, bäumte sich sein erschreckter Hengst auf und wieherte, und auch die Pferde der Russen drohten durchzugehen. Doch ihre Reiter zwangen sie zum Gehorsam. Endlich gelang es den Nahibs, die Ordnung wiederherzustellen. Noch ein kurzes Stück ritten sie

gemeinsam, dann stieg Dshemal-Edin aus dem Sattel und ging die letzten hundert Schritte zu Fuß seinem Vater entgegen.
Mit einem Schlag verstummte der ohrenbetäubende Lärm, kein Laut war zu hören außer dem Plätschern des Mitschik in der Ferne. Die Menge wich zurück, und die Augen Tausender und Abertausender waren auf Dshemal-Edin und die russischen Offiziere in seiner Begleitung gerichtet, als sie langsam vorwärtsschritten.
Mit keinem Blick, keiner Geste verriet Schamil, wie aufgewühlt er in seinem Innern war. Unverwandt ruhten seine Augen auf Dshemal-Edin, der seine Fassung nur mühsam wahrte. Noch immer blieb der Imam mit gekreuzten Beinen auf seinem Teppich sitzen, während sein Sohn sich verbeugte und vor ihm niederkniete. Dshemal-Edins Gesicht zuckte, und seine Hände zitterten. Jetzt war es auch um Schamil geschehen: die Gefühle, wie hinter einem Damm gestaut, brachen nun ungestüm hervor, und während er seinen Sohn umarmte, begann er in Gegenwart der Russen und Muriden hemmungslos zu weinen.
»Ich danke Allah, daß er mir meinen Sohn erhalten hat«, schluchzte er schließlich, «und ich danke dem Zaren, daß er ihm gestattet hat, zu mir zurückzukehren.«
Erst als er sich etwas beruhigt hatte, schien er die russischen Offiziere in der Nähe bewußt wahrzunehmen, und sich an Gramow wendend, erkundigte er sich:
»Sag mir, wer ist das?«
»Adjutanten des Barons Nikolaj, sie haben Ihren Sohn begleitet.«
Schamil verbeugte sich vor ihnen. »Auch Ihnen danke ich. Heute habe ich eine andere Meinung von den Russen.«
Sie verneigten sich förmlich.
»Es ist Zeit«, erklärte der Ranghöchste unter ihnen, zu Dshemal-Edin gewandt, »wir müssen zurückkehren.«
Als einer nach dem anderen ihn umarmte und dreimal küßte, konnte Dshemal-Edin seine Bewegung nicht länger verbergen, seine Augen füllten sich mit Tränen. Befremdet bemerkte Schamil, wie schwer es seinem Sohn fiel, von den Ungläubigen Abschied zu nehmen, und da er wahrnahm, wie auch sein Gefolge sich darüber wunderte, versuchte er den Eindruck mit dem Hinweis abzuschwächen:

»Das waren die engsten Freunde meines Sohnes.«
Höflich verabschiedete er sich dann von den Russen und blieb zuletzt vor Gramow stehen.
»Ich danke dir für deine Dienste«, sagte er mit warmer Stimme, »und bitte dich, dieses kleine Geschenk anzunehmen.« Es war eine kostbare, mit Diamanten besetzte Uhr. »Denke daran, Isaj Bej, meine Kinder und meine ganze Familie werden sich immer an deine Dienste erinnern. Solltest du oder einer deiner Verwandten uns je in die Hände fallen, dann werdet ihr sofort freigelassen. Das verspreche ich dir im Beisein meiner ersten Nahibs.«
Schamil wartete ab, bis die Russen ihre Pferde bestiegen hatten und nach Osten ritten.
»Es ist kühl geworden«, sagte er mit einem Blick zum Himmel, wo inzwischen die Sonne hinter Wolken verschwunden war. Der Wind heulte durch die Wipfel der kahlen Bäume und wirbelte das Laub vom letzten Herbst durch die Luft. »Bringt mir meine Burka.«
Er legte seinem Sohn den Arm um die Schulter und geleitete ihn zu den Nahibs.
»La Allah illa Allahi!« schrien die Muriden, als sie ihre Banner zum Gruß senkten.
Verstohlen warf Dshemal-Edin noch einen Blick zurück, weit in die Ferne, von woher der Wind die sterbenden Klänge der russischen Militärkapelle zu ihnen trug.
»Vorwärts, mein Sohn«, mahnte ihn Schamil leise, »dein Weg führt in die andere Richtung.«

Fürst Barjatinskij kehrt zurück

I

»Schamil Imam! Niemand kommt Schamil gleich!«
So hatte es vieltausendfach geklungen, als die Muriden mit Schamil und seinem Sohn Dshemal-Edin vom Mitschik in die Berge zurückkehrten.
Aber bald schwieg diese Stimme, dann jene, die Rufe wurden schwächer, der Wind stärker, Sturm lag in der Luft.
Mit dem neuen Zaren zog eine neue Zeit auf. Siebenunddreißig Jahre alt war Alexander II., als er den Thron bestieg und Fürst Barjatinskij, seinen Kindheits- und Jugendgefährten, in sein Gefolge aufnahm. Der Fürst hatte selbst um seine Versetzung von der Südfront gebeten. Nachdem der kränkliche Woronzow, erschöpft von den Bürden der vielen Ämter und Feldzüge, seinen Rücktritt erklärt hatte, war Murawjew zum Oberbefehlshaber der Kaukasusarmee ernannt worden. Barjatinskij, der erfolgreiche Befehlshaber des linken Flügels, fühlte sich übergangen und weigerte sich, Befehle von einem Neuling anzunehmen, mit dessen Ansichten er nicht übereinstimmte. Als man im Stabshauptquartier seine Vorschläge nicht befolgte und nach seiner Ansicht so den Krieg nutzlos in die Länge zog, bat er Alexander um seine Abberufung. Seitdem waren die beiden Freunde ständig im Winterpalast beisammen und erörterten die kaukasischen Feldzüge.
»Dreißig Jahre lang kämpfen wir nun schon miteinander«, sagte Barjatinskij bei einem solchen Gespräch mit dem Zaren. »Dreißig Jahre lang rufen wir uns zu ›Ihr tötet uns, wir töten euch‹; dreißig Jahre lang Haß, Leid und Blut auf beiden Seiten. Dreißig Jahre lang, finde ich, sind mehr als genug.«
»Das finde ich auch«, pflichtete ihm Alexander bei.
»Je eher wir zu einem Ende kommen, desto besser für alle.«
»Aber wie?«
»Um den Kaukasus endgültig zu erobern und damit den Krieg so schnell wie möglich zu beenden, müssen wir zunächst mehr Truppen an der Südfront einsetzen. Doch nicht allein die Truppenstärke ist

entscheidend, auch die Reorganisation unserer Streitkräfte wird unsere Schlagkraft erhöhen. Es geht nicht mehr so wie früher, als die Armeen im Feld oft unter dem Befehl eines weit vom Kriegsschauplatz entfernten Hauptquartiers standen oder gar – verzeihen Sie bitte, wenn ich das sage – vom Zaren oder vom Kriegsministerium in Petersburg abhängig waren. Nein, wenn ich zu sagen hätte, dann würde ich die Südarmee in fünf Armeekorps einteilen, von denen jedes einem Befehlshaber mit uneingeschränkten Befugnissen innerhalb seines Bereichs untersteht.«

»Die Armee zu reformieren ist eine gewaltige Aufgabe. Sie allein können das unmöglich schaffen.«

»Es gibt einige Männer, die auf derselben Linie liegen wie ich.«

»Zum Beispiel?«

»Miljutin, Jewdokimow, Fürst Gagarin und andere.«

»Und mit diesen fünf Armeekorps glauben Sie den Kaukasuskrieg rasch beenden zu können?«

»Drei dürften genügen, jedenfalls vorerst«, erläuterte Barjatinskij dem Zaren seine Pläne und wies dabei auf die Generalstabskarte an der Wand. »Systematisch werden sie Schamil umzingeln und seine letzten Festungen stürmen. Dabei soll der linke Flügel der Armee gegen Tschetschnia vorrücken, die kaspische Heeresgruppe nach Daghestan und in die Küstengebiete des Kaspischen Meeres, und das dritte Armeekorps an der lesghischen Front wird den Feind südöstlich der Hauptgebirgskette in die Enge treiben.«

»Hm, in der Planung sieht alles bestens aus, aber in Wirklichkeit?«

»Genauso«, versicherte Barjatinskij, »vorausgesetzt es kommt noch einiges hinzu.«

»Und was?«

»Zum Beispiel die Ausrüstung unserer Truppen mit modernen Hinterladern. Ich habe nie begriffen, warum Ihr Vater sich Zeit seines Lebens dagegen gesträubt hat, die veralteten Gewehre mit Feuersteinschlössern abzuschaffen.«

»Offen gestanden, ich auch nicht.«

»Dann sind Sie also auch für Hinterlader?«

»Ja, ich werde noch heute mit dem Kriegsminister darüber sprechen«, beteuerte Alexander. »Übrigens fällt mir da gerade Ihre so erfolgreich erprobte Methode ein, die Wälder zu roden. Halten Sie es für ratsam, damit fortzufahren?«

»Und ob! Gerodete Wälder zwingen die Gebirgsbewohner dazu, entweder auf freiem Feld zu kämpfen, also ohne Deckung, oder sich weiter hinauf in die Berge zurückzuziehen. Beides ist zu unserem Vorteil. In den Frontabschnitten, wo ich früher diese Methode angewandt habe, mußten die Tataren nach und nach einsehen, daß sie einem Feind gegenüberstanden, dem sie nicht mehr gewachsen waren. Denn der Kampf setzt nun mal eine gewisse Gleichwertigkeit voraus, das heißt, solange die Bergstämme kämpfen konnten, dachten sie nicht an Unterwerfung. Als sie aber feststellten, daß es zu keinem Gefecht mehr kam, fielen ihnen die Waffen aus den Händen. Wären sie geschlagen worden, hätten sie sich am nächsten Morgen wieder gestellt, Da sie aber umzingelt waren und sich kampflos zerstreuen mußten, boten sie tags darauf ihre Übergabe an.«

»Einst waren es unsere Truppen, denen es nicht gelang ins Gefecht zu kommen und die Muriden in den Wäldern zu stellen.«

»Aber als ich mit dem Roden begann, drehte sich die Lage genau umgekehrt«, erklärte Barjatinskij und fuhr dann schwungvoll fort: »So würde es auch diesmal kommen, dessen bin ich sicher. Selbst die Berge würden wir bezwingen. Wir müssen nur Brücken bauen, weitreichende Artillerie einsetzen und wo nötig uns einen Weg mit Dynamit sprengen.«

»Sie setzen also ganz auf Gewalt und militärische Überlegenheit?«

»Nur soweit wie nötig, Majestät. Die Stämme sollen zwar die russischen Kanonen fürchten, aber nicht die russische Rache. Im Kampf werden wir unerbittlich sein, nach dem Sieg jedoch großzügig. Haben die Tataren das erst einmal erkannt, dann wird die Milde unsere stärkste Waffe sein. Sie sind kriegsmüde, sie sehnen sich nach Frieden und einem Leben ohne Leiden und Entbehrungen. Statt sie zu kränken, sollten wir ihnen schmeicheln. Durch zahlreiche Überläufer sind wir mit Führern und Spionen reichlich versorgt und wissen, wo Korruption sich regt. Nutzen wir das aus, geben wir ihnen, was sie wollen. Alkohol hat schon so manchem Mann den Säbel aus der Hand geschlagen, und oft bewirken Bestechungsgelder mehr als Truppen und Kanonen.«

Beeindruckt von den Ausführungen des Fürsten saß der Zar schweigend da und dachte nach.

»Sie wissen«, sagte er nach einer Weile, »wie sehr ich Gewalt verabscheue. Im Gegensatz zu meinem Vater fehlt mir jede militärische Leidenschaft. Der Anblick der Gräber von hunderttausend Soldaten im Süden hat mich zutiefst erschüttert: ein Grund mehr, den Krimkrieg nicht weiterzuführen. Wie schön wäre es, wenn auch im Kaukasus das Blutvergießen bald ein Ende hätte!« Er seufzte und richtete seinen Blick fest auf Barjatinskij. »Oft haben wir darüber gesprochen und sind uns in unseren Ansichten immer näher gekommen. Letzte Zweifel, die ich hatte, sind nun beseitigt. Sie haben mich überzeugt. Fürst, Sie sind mein Freund, und Sie sind ein General, dem ich vertraue. Wollen Sie ihre Pläne in die Tat umsetzen?«

»Als Befehlshaber der Kaukasusstreitkräfte?«

»Ja, und als stellvertretender Statthalter mit allen Vorrechten und Vollmachten.«

»Aber, Majestät, was wird der Hof dazu sagen, das Kriegsministerium, die Verwaltung? Sie kennen den Widerstand gegen meine Person. Wo immer man mir schaden will, wirft man mir meine Liebschaften vor.

»Was haben die Ausschweifungen Ihrer Jugend damit zu tun? Ihre sogenannten Skandale? Ich habe Sie immer offen unterstützt, schon damals als Zarewitsch, und so werde ich es auch jetzt halten. Skandale! Sind es nicht gerade die lautesten Schreier, die am meisten zu verbergen haben?«

»Und wenn sie sagen, ich sei zu jung für diesen Posten, das sei Begünstigung – was dann?«

»Hängt die Befähigung vom Alter ab? Was immer man auch vorbringt, ich werde mich über jeden Widerstand hinwegsetzen.«

2

Barjatinskij ist zurückgekommen!

Im ganzen Kaukasus sprang diese Nachricht wie ein Funke über. Nicht nur in der russischen Armee, bei jungen Heißspornen wie bei grauköpfigen Veteranen, wurde die Rückkehr des ruhmreichen, machtvollen Generals gefeiert; auch die Stämme, denen er als ritterlicher Feind bekannt war, begrüßten ihn, da sie nun an einen Frieden ohne Verlust ihrer Ehre zu hoffen begannen. Zweimal war er von ihren Kugeln durchbohrt worden, ein würdiger Gegner, den sie achteten, im kaukasischen Feuer gestählt und dem zu unterliegen, falls Allah es so wollte, keine Schande war.

»Weit ist es mit uns gekommen«, stellte Schamil verbittert fest, als ihm wieder einmal gemeldet wurde, ein weiterer Aul sei zu den Ungläubigen übergegangen und habe sich unter den Schutz des Zaren gestellt. »Von einem Tag auf den anderen wechseln selbst ganze Provinzen das Lager.«

»So viel Zwist und Uneinigkeit in unseren Reihen hat es noch nie gegeben«, bemerkte sein Nahib Junuss, »und immer weiter breitet sich die Zwietracht aus, so rasend und verheerend wie ein Waldbrand.«

»Die Masse des Volkes steht nicht mehr hinter uns«, räumte Ker Effendi ein. »Sie geben offen zu, unser Glaubensbekenntnis überfordert sie. Die Aussicht auf ein lebenslanges Leiden schreckt die Jugend ab.«

Junuss nickte. »Ja, es ist wahr, der Glaube hat nicht mehr die Kraft, eine neue Generation zu begeistern. Der Schwung der Muriden läßt nach. Wer außer uns Nahibs ist noch bereit, den Kelch des Märtyrertums zu leeren?«

»Barjatinskij, heißt es, ist jetzt die höchste Persönlichkeit in Rußland nach dem Zaren«, sagte Schamil nachdenklich. »Er reist im ganzen Kaukasus umher, immer begleitet von seinem Schatzmeister, der jeden Stammesführer mit Gold und Edelsteinen überhäuft, wenn er sich nur unterwirft. Was kann ich dagegen setzen?«

Statt eines Schatzmeisters hatte Schamil immer den Henker mit sich geführt. Daran dachten sie alle in der Ratsversammlung, aber niemand sprach es aus. Anstelle von Gold und Edelsteinen hatte der Imam bei der Belagerung einer strategisch wichtigen Festung der Russen in Tschetschnia dem Nahib, der sein Banner als erster auf den Garnisonmauern aufpflanzen würde, die Tochter des Obersten versprochen. Wenn er auch durch solche ausgefallenen Belohnungen die

strenge Askese, die er den Muriden auferlegt hatte, zu lockern versuchte, so konnte er dennoch weder durch Orden noch durch Reden noch durch die Aussicht auf die Tochter eines Obersten die zunehmenden Fälle von Fahnenflucht und Verrat unterbinden.
Seine Zugeständnisse kamen zu spät. Die Verderbnis wucherte wie ein Geschwür. Mitten im Kaukasus bildete sich ein prorussischer Block, als sich zunächst die Kabardiner ergaben und dann die Osseten. Allein die Stämme im äußersten Westen und Osten blieben dem Imam treu. Seine Schlüsselstellungen, Bollwerke gegen die Ungläubigen, wurden nur von Muriden verteidigt, die, durch den zehnfachen Eid gebunden, eher starben als sich ergaben.
»Sie werden immer weniger, von Schlacht zu Schlacht«, sagte Schamil, in Gedanken versunken, leise vor sich hin.
»Wer?« fragte Ker Effendi.
Doch der Imam überhörte die Frage. In seinen Erinnerungen tauchte Achulgo auf, damals als dieser Aul wie so viele andere geschlossenen Widerstand leistete wie ein Mann, lange, lange Jahre war es schon her... und jetzt...?
»Ich hatte Brüder, die mir Schild und Rüstung waren. Und siehe, sie sind meine Feinde geworden. Sie erschienen mir wie scharfe Pfeile. Und siehe, die Pfeile durchbohrten mein Herz.«
Sie alle kannten diese Worte eines unbekannten arabischen Dichters, die Schamil vor sich hinmurmelte. Müde wirkte er, zermürbt von Enttäuschungen. Waren ihm einst ganze Stämme blindlings und bedenkenlos gefolgt, weil geschrieben stand, er führe sie von Sieg zu Sieg, so wurden jetzt die Stimmen lauter, die den Ungläubigen den Sieg verhießen. Zu Tausenden liefen sie über und ließen ihn mit seinen Muriden allein.
Mit wachsender Verzweiflung beobachtete Schamil diese Entwicklung.
»Willst du aufgeben?« fragte ihn sein alter Freund Ker Effendi.
»Nein!« Ein Ruck durchfuhr seinen Körper. »Wenn auch unsere Scharen immer mehr dahinschwinden, so werden wir dennoch weiterkämpfen selbst noch um den letzten Aul, den letzten Bergzipfel. Die Ungläubigen sollen ihren Sieg teuer bezahlen.«
Und so zog sich Schamil immer tiefer ins Hochgebirge zurück.

3

Inzwischen verfolgte sein Gegenspieler, Fürst Barjatinskij, seine Pläne hartnäckig weiter. Allein seine Gegenwart übte auf die russischen Truppen eine geradezu belebende Wirkung aus. Waren sie durch den jahrelangen unentschiedenen Kampf träge geworden, so spornte er sie jetzt an, indem er ihnen einzureden verstand, Ruhm und Reichtum ganz Rußlands hingen von ihrem Kampfeseifer ab. Sobald sie erst einmal Schamil vollständig unterworfen hätten, würde er sie zu weiteren Eroberungen über das Kaspische Meer hinausführen, und das bedeutete: Eisenbahnlinien quer durch die gefürchteten Einöden und damit wirtschaftlichen und politischen Einfluß auf ganz Asien. Bei diesen Aussichten fühlte sich jeder Muschik seiner Regimenter als Teil seines weitsichtigen Unternehmens.

Über allen militärischen, wirtschaftlichen und politischen Planungen vergaß Barjatinskij nicht, auch hofzuhalten wie ein Fürst. Er war ein Mann im besten Alter, groß und gutgewachsen, ein Liebhaber schöner Frauen.

»Er ist unermeßlich reich«, berichteten Kundschafter dem Imam. »Wir haben ihn vor kurzem in den Bergen bei Burjan beobachtet. Dort hat er in seinem Sommerschloß eine Abendgesellschaft gegeben. Wenn wir das Geld hätten, das er in nur einer Nacht verschwendet hat, könnten wir so viele Waffen kaufen, wie wir brauchen.«

»Allein der Schmuck der Frauen!« fiel ein anderer Späher ein, »besonders der Frau an seiner Seite.«

»Seine Geliebte«, bemerkte der erste, »Madame Dawydow, ich kenne sie.«

»In den frühen Morgenstunden haben sie einen Ausflug zur Klosterruine unternommen. Die Kapelle hat sie dabei begleitet.«

»Der Fürst war von einer ganzen Schar schöner Frauen und hoher Offiziere umringt. Sie haben dort getanzt, zwischen den Gräbern der Mönche.«

»Ein Karusell war auch dort aufgebaut.«

»Es war ein Fest, wie es nur die Giaur feiern.«

Schweigend hatte Schamil ihnen zugehört, und nur zum Schluß bemerkt:
»Trotzdem ist er ein großer Soldat.«
Immer wieder schickte Barjatinskij Friedensboten in die Berge, aber Schamil widersetzte sich allen Verhandlungen. Wenn nur schon ein kleines Gefecht zu seinen Gunsten endete, schöpfte er neue Hoffnung, und dennoch erkannte er klar, daß die Niederlage unvermeidbar näherrückte. Nicht Mut war es, was den Bergbewohnern fehlte, sondern der Glaube, Allah halte auch weiterhin seine schützende Hand über sie. Wer noch zu Schamil stand, schlug sich tapfer und ging schicksalergeben in den Tod.
Kaum hatten die Bauern die Felder bestellt und freuten sich über die sprießende Saat, als sie auch schon wieder von den vorrückenden Russen vertrieben und höher in die Berge, in immer kargere Gebiete ausweichen mußten. Mit der Vernichtung der Ernten wurden die Nahrungsmittel immer knapper und konnten nur durch Beutezüge beschafft werden.
Schamil fehlte es auch an Waffen und Munition. Die Türken, die Erzfeinde der Russen, hatten viel versprochen, doch wenig gehalten – wie so oft.
»Wenn sie uns keine Kanonen liefern, machen wir sie selber«, erklärte Schamils Artilleriekommandant.
»Woher sollten wird das Eisen bekommen?« hielt ihm der Imam entgegen. »Und wenn wir es hätten, wie sollten wir es gießen?«
»Alles, was wir brauchen, sind Holz und Leder.«
»Daraus willst du Kanonen bauen? Schon beim ersten Schuß werden sie explodieren und die Bedienungsmannschaften töten.«
»Nein, Imam, dicke Ringe aus Holz und Eisen und viele Schichten Büffelleder sind stark genug, Explosionen zu verhindern.«
»Es wird nicht gehen, leider, und die Soldaten sind mir zu wertvoll. Ich kann nicht zulassen, daß sie von ihren eigenen Kanonen in Stücke gerissen werden. Wir wollen den Russen keinen Grund geben, sich über uns lustig zu machen.«
Trotz dieser Einwände siegte schließlich die Not über alle Zweifel: einige dieser Behelfskanonen wurden gebaut, aber nach den ersten Fehlschlägen gaben die Muriden diese Versuche wieder auf.

Schritt für Schritt wurde Schamil in die Berge von Tschetschnia zurückgetrieben, während sich das ganze Tiefland bis Ende 1857 in russischer Hand befand. Gefallen war auch Ostdaghestan, und Barjatinskijs Armeekorps an der lesghischen Front hatte die Hauptgebirgskette überquert und richtete nun seinen Angriff auf das bisher uneinnehmbare Deedo-Gebiet.

Der verlorene Sohn

I

»Im Namen von Schamil Imam, wo ist der Kommandant?«
»Was willst du von ihm?«
»Ich bringe ihm eine Nachricht.«
Es war ein Tatarenbote, der im Februar 1858 aus den Bergen heraus auf Hassiw Jurt zugeritten war und vor den Toren der russischen Festung vom wachhabenden Offizier empfangen wurde. Man führte ihn zu Oberst Fürst Mirskij.
»Was für eine Nachricht schickt mir der Imam?« erkundigte sich der Kommandant.
»Es geht um Dshemal-Edin. Er ist schwer erkrankt. Alle Heilmittel, die wir kennen, haben ihm nicht geholfen.«
»Und nun hofft Schamil also auf unsere Hilfe?«
»Der Imam weiß, wie sehr sein Sohn den Russen vertraut – und auch wie sehr die Russen seinen Sohn lieben.«
»Es muß schon sehr schlimm um Dshemal-Edin stehen, wenn der Imam seinen Stolz überwindet und sich an uns, seinen verhaßten Feind, wendet.«
»Er bittet Sie nur um geeignete Arzneien.«
»Um was für eine Krankheit handelt es sich denn?«
»Wir wissen es nicht.«
»Hast du Dshemal-Edin selbst gesehen?«
«Ja.«
»Gut, dann ist es am besten, wenn du dich mit unserem Garnisonarzt darüber unterhältst. Warte hier, ich lasse ihn holen.«
Während sich Dr. Pjotrowskij eingehend nach den Symptomen von Dshemal-Edins Krankheit erkundigte, wurde seine Miene immer besorgter.
»Ist es so ernst?« fragte ihn der Fürst.
»Leider ja, es sieht ganz nach Schwindsucht aus. Ich werde sofort die entsprechenden Medikamente zusammenstellen.«

»Wäre es da nicht besser, Sie würden den Kranken selbst untersuchen und behandeln?«
»Natürlich, ich bin auch gern bereit dazu.«
»Schön«, sagte der Fürst und wandte sich dann an den Boten: »Du hast gehört, was der Doktor gesagt hat. Wenn Schamil mir für seine Sicherheit bürgt, kann er dich begleiten.«
Der Bote wurde verlegen. »Davon hat der Imam nichts gesagt.«
»Vielleicht weil er es nicht zu hoffen gewagt hat. Ist es weit bis zu Dshemal-Edins Krankenlager?«
Sooft der Fürst auch nach dem Aufenthaltsort von Schamils Sohn forschte, er erhielt keine Antwort.
»Wenn du lieber schweigst, will ich nicht weiter in dich dringen«, erklärte Fürst Mirskij schließlich. »Seit drei Jahren hat Dshemal-Edin nichts mehr von sich hören lassen. Selbst der Zar weiß nichts über sein Schicksal. Ich hoffe, unsere Medikamente werden ihm helfen. Richte ihm aus, daß all seine früheren Kameraden ihm baldige Genesung wünschen.«
»Ich werde es nicht vergessen«, versicherte der Bote und bedankte sich beim Kommandanten für die Hilfe.
Er brauchte nicht lange zu warten, bis der Garnisonarzt ihm die Arzneien brachte, die er in der Satteltasche verstaute. Dann schwang er sich aufs Pferd und sprengte in die Berge zurück.

2

Drei Monate später, Anfang Mai, tauchte derselbe Bote erneut in der Festung auf, wo er wiederum von Oberst Fürst Mirskij empfangen wurde.
»Wie geht es Dshemal-Edin?« erkundigte sich der Fürst teilnahmsvoll. »Hat ihm die Arznei geholfen?«
»Leider nicht«, antwortete der Muride finster. »Sein Gesundheitszustand verschlechtert sich von Tag zu Tag. Deshalb bittet der Imam Sie, sofort einen Arzt zu schicken.«
Er blickte dabei Dr. Pjotrowskij an, den der Oberst gleich von Anfang an zu dem Gespräch hinzugezogen hatte.

»Wenn Sie damit einverstanden sind, Fürst«, fiel der Garnisonarzt lebhaft ein, »breche ich sofort mit dem Boten auf.«
»Unter einer Bedingung: bis zu Ihrer Rückkehr fordere ich drei Nahibs als Geiseln.«
»Damit hat der Imam schon gerechnet«, erklärte der Bote rasch. »Zusammen mit mir hat er fünf Nahibs hierher gesandt.«
»Aber nur du bist gekommen.«
»Sie warten in den Hügeln auf mein Signal. Ich brauche nur dreimal in die Luft zu schießen, dann kommen sie.«
»Gut, gib ihnen das Zeichen!«
Auf die verabredeten Schüsse preschten die fünf Nahibs zwischen den Hügeln hervor, sprengten durch die Straßen der Stadt und erreichten den Innenhof der Festung, noch ehe die Staubwolke, die ihre Pferde hochgewirbelt hatte, am Horizont zerfiel. Drei von ihnen blieben als Geiseln in der Garnison zurück, die beiden anderen begleiteten den Arzt auf seiner ersten Wegstrecke ins Land der Muriden.
Acht Tage lang waren sie unterwegs, täglich von anderen ortskundigen Führern begleitet. Sie ritten durch wilde Schluchten, über steinige Hochebenen und schwankende Stege, die tiefe Abgründe überspannten. Die Volkswut entlud sich, wenn sie durch Auls zogen, und nur die blanken Säbel der einheimischen Begleiter schützten den Arzt, den verhaßten Ungläubigen vor der aufgebrachten Menge.
Als sie am fünften Tag auf dem Gipfel des Gumbet anlangten, sahen sie weit im Norden und Osten das Kaspische Meer wie einen Spiegel glänzen. Dem Auf und Ab der Ziegenspuren folgend, ging es immer noch weiter bergauf, von Gipfel zu Gipfel, bis zu einem senkrechten Absturz, dessen Fuß tief unten im Dunkel nicht zu erkennen war. Da der Pfad dort für die Pferde zu steil und gefährlich war, ließen sie die Tiere oben bei den kümmerlichen Grasbüscheln zum Weiden zurück und krochen abwärts, manchmal auf allen vieren, fünf Stunden lang, Meter für Meter, wobei ihnen nur Felskanten und verkrüppeltes Buschwerk notdürftigen Halt boten. Die Kaukasier waren solche Kletterpartien gewohnt; der Arzt dagegen zitterte vor Entsetzen, Angstschweiß bedeckte seinen Körper, und Übelkeit befiel ihn. Als sie endlich die Felsplatte am Fuß des Abhangs erreicht hatten, standen

sie vor gewaltigen, steil aufragenden Felsen, den Andi-Toren, die den Zugang zum Aul Sul-Kadi gewährten.
Dem Zusammenbruch nahe warf sich der Arzt zu Boden und weinte, am ganzen Leib zitternd.
»Ich kann nicht mehr«, schluchzte er erschöpft, »ich gehe keinen Schritt mehr weiter.«
»Du mußt!« schrien ihn seine Führer an und rissen ihn hoch.
»Wie weit ist es noch?«
»Heute abend sind wir in Sul-Kadi.«
»Und dann?«
»Dort findest du Dshemal-Edin. Aber wir müssen uns beeilen. Vorwärts!«
Als sie sich durch die Felsentore zwängten, verlor der Russe die Nerven. Krämpfe schüttelten ihn und lähmten seine Muskeln. Erst nach einer Pause hatte er sich wieder beruhigt und konnte sich weiterschleppen, bis sie dann nach einer Stunde in Sul-Kadi eintrafen. Es war Nacht und kein Mensch zu sehen, als sie durch die engen, steinigen Gassen gingen. Die Hunde, die zwischen den Hütten und zweistöckigen Häusern streunten und die Fremden anbellten, schienen die einzigen lebendigen Wesen in diesem verborgenen Felsennest zu sein. An der Moschee vorbei gelangten sie zu einem Haus, vor dem ein Wachtposten stand.
»Wir sind da«, sagte einer der Führer.
Erleichtert empfing der diensthabende Nahib den Garnisonarzt und führte ihn sofort zu Dshemal-Edins Krankenlager. Eine Talgkerze flackerte in dem kargen Raum, auf dessen gekälkten Wänden der Schatten eines Samowars zuckte. Auf dem schmalen Armeebett sah Dr. Pjotrowskij den jungen Mann liegen, die Augen geschlossen und gleichmäßig atmend.
»Nun, Doktor?« flüsterte der Nahib. »Wie steht es um ihn?«
Der Arzt hatte sich über den schlafenden Patienten gebeugt. Ein Blick auf das abgezehrte Gesicht und die röchelnden Atemzüge genügten ihm für seine Diagnose, daß er weder jetzt noch überhaupt etwas für den Todkranken tun konnte.
»Lassen wir ihn weiterschlafen«, sagte er leise. »Das ist jetzt das beste für ihn.«

Der Nahib nickte. »Dort in der Ecke haben wir ein Bett für Sie hergerichtet, Doktor. Sie werden sicher müde sein.«

»Ja. Ich lege mich gleich hin.«

»Brauchen Sie noch irgendwas? Vielleicht wollen Sie noch etwas essen?«

»Nein danke!«

»Gute Nacht, Doktor.«

»Gute Nacht.«

Dr. Pjotrowskij suchte nach einem Tisch, um den mitgebrachten Beutel mit Medikamenten und ein paar persönlichen Sachen darauf abzustellen. Aber außer den beiden Betten war der Raum leer bis auf ein Gewehr und das kostbar eingelegte Schwert, das Dshemal-Edin als Abschiedsgeschenk von Baron Nikolaj am Ufer des Mitschik erhalten hatte. Sie lagen neben dem Lager des Kranken auf dem Boden. Nichts, nicht einmal ein Buch sollte Dshemal-Edin an die Annehmlichkeiten seines Lebens in Petersburg erinnern, nach dem er so leidenschaftlich dürstete.

3

Als Dshemal-Edin am Morgen erwachte und den Arzt erblickte, glänzten seine tiefliegenden Augen vor Glück.

»Ich danke Ihnen, daß Sie gekommen sind, Doktor«, sagte er. »Endlich kann ich wieder mit einem Menschen reden, der mich versteht.«

»Sie versteht?«

»Russisch meine ich, der Russisch spricht und Russisch denkt. Wenn Sie wüßten, wie sehr ich mich nach der fernen Welt sehne, aus der Sie kommen, nach den Menschen, die ich zurückgelassen habe, die Freunde und Kameraden. Nie werde ich das alles wiedersehen, niemandem je begegnen.«

»Jetzt übertreiben Sie aber, Fürst. Sie vergessen, warum ich gekommen bin. Sobald Sie wieder gesund sind, wird sich bestimmt ein Weg finden, der Sie –«

»Mir brauchen Sie nichts vorzumachen«, fiel ihm der Kranke ins Wort. »Ich weiß, wie es um mich steht.«

»Wer so niedergeschlagen ist wie Sie, urteilt oft falsch«, versuchte ihn der Arzt zu trösten, obwohl er wußte, daß es keine Medizin und keine Behandlung gab, die Dshemal-Edins Leben hätte retten können.
»Reden wir von was anderem, bitte, Doktor!«
»Von vergangenen Tagen in St. Petersburg, von Ihren Träumen?«
»Sie verwechseln Traum und Wirklichkeit. Die Menschen, die Straßen, die Plätze, die Feste, Museen, Konzerte und Bibliotheken in Petersburg sind für mich die Wirklichkeit – das hier dagegen, das armselige Dasein, abgeschieden von der Zivilisation, ist nur ein Traum, ein böser Traum.«
»Fällt es Ihnen so schwer, unter den Muriden zu leben?«
»Was würden Sie wohl empfinden, wenn Sie an meiner Stelle wären?« sagte Dshemal-Edin ausweichend.
»Ich bin als Russe geboren, Sie aber –«
»Als Russe erzogen. Wo ist da der Unterschied?«
»Für mich ist das schwer nachvollziehbar. Mehr als drei Jahre ist es schon her, seit Sie in die Berge, zu Ihrem Vater zurückgekehrt sind. War das nicht Zeit genug, sich wieder einzuleben? Was haben Sie seitdem gemacht? Immer wieder haben wir gehofft, etwas von Ihnen zu hören, aber bis auf die spärlichen Meldungen, die uns gelegentlich von Spionen hinterbracht wurden, haben wir nichts über Ihre Lage erfahren können.«
»Wundert Sie das?«
»Immerhin hätten Sie Ihren alten Freunden dann und wann eine Nachricht zukommen lassen können.«
»Meine alten Freunde waren nun meine neuen Feinde – so jedenfalls wollte es mein Vater.«
»Sie nicht?«
»Kann man Freundschaft wechseln wie ein Hemd?
Verzweiflung lag im Blick des Kranken, Wut über seine Ohnmacht, die Welt nicht ändern zu können, in der er leben mußte. Müde wandte er sich ab und starrte zur Decke.
»Es ist besser für Sie, wenn Sie ein wenig schlafen«, sagte der Arzt und erhob sich von seinem Bett, auf dem er die ganze Zeit über gesessen hatte.

»Nein, Doktor, bitte bleiben Sie«, bat Dshemal-Edin. »Ich möchte mit Ihnen reden. Kommen Sie, setzen Sie sich zu mir.«

»Gern, Fürst.«

Dr. Pjotrowskij kam näher und nahm am Fußende des Krankenlagers Platz.

»Sie haben mich vorhin gefragt, was ich in den letzten drei Jahren gemacht habe. Kurz gesagt: gehorcht. Oder besser noch: ich habe mir alle Mühe gegeben, meinem Vater zu gehorchen. Es ist mir nicht gelungen, weil ich so vieles hier nicht verstanden habe. Zunächst hatte er mich auf Reisen geschickt, damit ich das Land meiner Väter kennenlernen sollte. Ein schönes Land, ein Land zum Lieben! Aber einige Sitten und Bräuche stießen mich ab. Ich war entsetzt über einige Fälle in der Rechtsprechung hier, barbarische Urteile für einen zivilisierten Menschen. Ich sprach mit meinem Vater darüber, mehrmals sogar, und ich verhehlte ihm auch nicht meine Verzweiflung über die Fortführung des Krieges. Er aber wollte von Verhandlungen, vom Frieden nichts wissen und verbot mir schließlich sogar, über den Krieg und über mein Leben in Rußland zu sprechen. Die Welt jenseits seiner Berge mit ihrer Zivilisation und Geschichte, ihren Künsten und Wissenschaften war für ihn die Welt der Ungläubigen, das Reich des Bösen, das man totschweigen mußte.«

»Fürchtete er vielleicht, Sie könnten ihn beeinflussen?«

»Schon möglich. Deshalb versuchte er, seinen Einfluß auf mich zu verstärken. Für ein paar Monate holte er mich zu sich in den Großen Aul, wo mich mehrere Mullahs in endlosen theologischen Gesprächen über die Grundlagen und Bräuche des Muridismus unterrichteten. Fünfmal am Tag mußte ich die Gebete verrichten und auch sonst alle religiösen Verpflichtungen erfüllen, die mir als Sohn des Imams auferlegt wurden.«

»Sie sind doch Mohammedaner geblieben, als sie all die Jahre in Rußland lebten? Oder hat man Sie damals zum Christentum gezwungen?«

»Nein, ich glaube an den Islam, aber ein Fanatiker war ich nie. Sicherlich hat mein Leben in einem christlichen Land auch Spuren in meinem religiösen Empfinden hinterlassen – wie in so vielem anderen auch. In Rußland ist mir Russisch zur Muttersprache geworden, und trotz der Liebe und Güte von Schuanet, der Lieblingsfrau meines Vaters, die ja, wie Sie wissen, Russisch versteht, habe ich nicht die geringste Neigung verspürt, meine Kenntnisse der Ma'arul-Sprache aufzufrischen. Oder nehmen Sie das Essen, die Häuser, das Klima: alles hier ist anders, als ich es von Petersburg her gewöhnt bin. Saidet, die sich hier gern als Hauptfrau im Harem aufspielt, hat daher nicht so ganz unrecht mit ihrer bissigen Bemerkung, das Leben im Aul scheine mir so schwerzufallen wie seinerzeit den georgischen Fürstinnen.«

»Ihrem Vater dürfte das wohl auch nicht verborgen geblieben sein.«

»Er litt sogar darunter.«

»Und dabei hatte er jahrelang so sehnlich auf die Rückkehr seines Sohnes gewartet!«

Dshemal-Edin seufzte. »Ja, er war bereit, dafür alles zu opfern, sogar sein Leben. Aber nun...? Seinem alten Freund gegenüber hat er einmal geäußert: ›Ich habe meinen Erben schon in Achulgo verloren. Nicht mein Sohn ist zurückgekehrt, sondern ein Russe, ein Fremder, der seine Gefühle vor mir, seinem eigenen Vater verbirgt. Dshemal-Edin führt sein eigenes Leben, ein Leben in einer Welt der Erinnerungen.‹«

»Hat Ihr Vater damit nicht zu hart geurteilt?«

»Nein, er hat ja so recht! Um mich auf andere Gedanken zu bringen, ließ er für mich die schönsten Sklavinnen kommen, Tscherkessinnen, schlank wie Gazellen und verführerisch. Nicht von ungefähr verkauft man sie für teures Geld in die Harems nach Konstantinopel. Sie können einem Mann mit ihren Liebeskünsten schon den Verstand rauben. Doch ich...? Ich hatte keine Lust auf sie. Dennoch bestand mein Vater darauf, daß ich die Tochter eines tscherkessischen Fürsten heiratete. Nun, ich gehorchte zwar, weigerte mich aber, mit ihr zusammenzuleben. Ebensowenig Lust wie auf Frauen hatte ich auch auf die Falkenjagd, zu der mich mein Vater mit Kasi Mahommed schickte. Für meinen Bruder war ich ein Wesen aus einer anderen Welt. Staunend hörte er mir zu, wenn ich von meinem Leben in Petersburg und Warschau erzählte. Er bewunderte mich, aber verstehen konnte er mich nicht. ›Warum tust du das?‹ fragte er mich einmal bei der Jagd. – ›Was?‹ – ›Deinen Falken aufsteigen lassen, ohne ihn mit den

Augen zu verfolgen.‹ – ›Ich weiß nicht, ich habe ihn wohl vergessen.‹ – ›Statt dessen hast du dein Pferd gezügelt und lange sehnsüchtig über die Berge geschaut, nach Norden, nach Rußland.‹ Mein Bruder hatte nichts Eiligeres zu tun, als nach unserer Rückkehr diesen Vorfall meinem Vater zu berichten, der mir daraufhin Vorhaltungen machte. Er sprach von Ruhm und Ehre, von seinem Erbe, von den Bergen und Dörfern, die vor ihm zitterten. ›Alles was ich tue, ist Allahs Befehl. Allah befiehlt uns Rechtgläubigen, die Ungläubigen aus unserem Land zu vertreiben. Wer sich aber den russischen Bedingungen unterwirft, der widersetzt sich Allah und wird mit Schimpf und Schande verstoßen.‹ So sprach mein Vater zu mir – und ich schwieg. Ich schwieg auch und lächelte nachsichtig, als Aminet ihre kleine Trommel holte und mir kaukasische Lieder vorsang, mit denen sie einst die Fürstinnen begeistert hatte. Was wußte sie schon von Wiener Walzern, wie ich sie in den Ballsälen von Petersburg gehört hatte, was von Chopin, der überall in den polnischen Salons gefeiert wurde, was von dem mitreißenden Schwung eines russischen Soldatenliedes!«

»Sie meinte es gut.«

»Gewiß, sie alle meinten es gut mit mir. Aber je mehr sie mich in ihre Welt zu ziehen versuchten, desto schmerzhafter wurde ich an meine versunkene Welt erinnert. Manchmal, wenn ich mit Kasi Mahommed und meinem jüngsten Bruder Mahommed Scheffi allein war, bestürmten sie mich mit Fragen über all die unvorstellbaren Wunder und Herrlichkeiten, die jenseits ihres Horizonts lagen. Noch nie hatten sie etwas gehört von Eisenbahnen und Telegrafie, von Oper und Ballett, und wenn ich ihnen von rassigen polnischen Schönheiten erzählte, vom Charme und Geist russischer Frauen, dann glänzten ihre Augen, ihr ganzer Körper fieberte vor Erregung.«

In eine Erregung hineingesteigert hatte sich auch Dshemal-Edin mit seinen Erinnerungen an die Vergangenheit. Ein heftiger Husten erschütterte ihn und ließ ihn erschöpft zusammensinken.

»Sie sollten sich nicht so überanstrengen, Fürst«, riet ihm der Arzt. »Wenn Sie mir noch mehr erzählen wollen, morgen ist auch noch ein Tag.«

»Für Sie, Doktor, aber auch für mich? Der Hustenanfall ist vorüber.

Warum wollen Sie mir die Freude nehmen, mich mit Ihnen zu unterhalten?«

»Niemand will Ihnen diese Freude nehmen, am wenigsten ich. Aber Sie sollten –«

»Dann hören Sie mir bitte weiter zu. Sie wollen doch wissen, wie es mir ergangen ist – oder?«

»Natürlich, unbedingt sogar!«

»Eines Tages kam Kasi Mahommed mit einer kleinen Spieldose an. ›Wo hast du die denn her?‹ fragte ich ihn erstaunt. – ›Aus Tiflis. Ich habe sie ohne Wissen unseres Vaters von dort kommen lassen.‹ – Es war ein lustiges Spielzeug aus der Schweiz, bemalt mit bunten Bildern vom Vierwaldstätter See. Eine völlig harmlose Sache also, für meinen Vater eine gefährliche, verdammenswerte Ablenkung wie alles, was aus dem Westen kam. Deshalb lauschten wir ihrem zarten Geklimper nur hinter verschlossenen Fensterläden und versteckten die Spieldose danach immer unter unseren Kissen, mal bei dem einen, mal bei dem anderen. Wenn Kasi Mahommed die Kurbel drehte, erklangen mir so vertraute Melodien wie »Der Schlittschuhläufer-Walzer« oder »Der Gesang der Gondelführer«, und wie von selbst sprudelten dabei die Worte aus mir heraus über Eindrücke und Erlebnisse bei Bällen, Begegnungen und Abenteuer mit bezaubernden Frauen. Ein Hauch von Parfüm durchwehte mein Zimmer, ich spürte den Luftzug von Fächern und sog gierig die Botschaft auf, die sie mir von verliebten Damen übermittelten. Mit leuchtenden Augen hing Mahommed Scheffi an meinen Lippen, kein Wort entging ihm, er dürstete nach dieser Welt der Vergnügungen, die ihm unerreichbar blieb und die er sich im Überschwang seiner Phantasie noch großartiger ausmalte, als sie war. Anders dagegen Kasi Mahommed; zwar erlag auch er dem fremden Zauber, er hörte gespannt, wenn auch bisweilen verwirrt zu. Aber im Laufe der Zeit gewann bei ihm die Einsicht immer mehr die Oberhand, daß es für ihn kein anderes Leben gab als den Krieg in den Bergen.«

»Ist Ihr Bruder denn so ein besessener Soldat?«

»Nein, er hat viele andere Interessen. Aber er ist von klein auf so erzogen worden, er kennt nichts anderes als Kampf und Krieg. Als er etwas wissen wollte über die Bücher, Bilder und Landkarten, die überall in meinem Zimmer lagen, ließ mein Vater sie bald beschlagnahmen, einschließlich der Bibel.«

»Ich denke, Sie sind kein Christ?«

»Trotzdem hatte ich bei meiner Rückkehr die Bibel mitgenommen, dazu auch eine Ikone, das Abschiedsgeschenk einer Geliebten. Die Nahibs murrten zwar, weil sie in diesem Bild den Beweis für meinen Glaubenswechsel sahen, aber sie wagten nicht, sich daran zu vergreifen.«

»Wo ist sie jetzt?«

Dshemal-Edin griff unter sein Kissen und holte die Ikone hervor.

»Ist sie nicht wunderschön?« fragte er.

»Jeder Kenner würde Sie darum beneiden.«

»Mein teuerster Besitz«, sagte er und versteckte sie dann wieder. »Sonst haben sie mir nichts mehr gelassen, nichts, aber auch gar nichts, das mich an die Vergangenheit erinnert. Als ich begann, mir ein Haus im europäischen Stil zu bauen, behaupteten plötzlich einige Fanatiker, der Grundriß habe die Form eines Kreuzes. Sie bedrängten meinen Vater, die Bauarbeiten sofort einstellen zu lassen. Leider hat er ihnen nachgeben müssen, er war nicht mehr stark genug.«

»Hat sich danach das Mißtrauen gegen Sie gelegt?«

»Im Gegenteil, Fanatiker finden – oder besser: erfinden – immer wieder etwas Neues. Diese Mauer des Mißtrauens, die sie um mich errichteten, verstärkte meine Einsamkeit noch mehr. Auch sie spürten, daß ich nicht mehr derselbe war wie früher. Mein Vater hatte sich innerlich längst von mir abgewandt, und um der Sache willen, der er sich verschworen hatte, opferte er mich, seinen Sohn, zum zweiten Mal. Es begann damit, daß ich Briefe weder schreiben noch empfangen durfte. Dann wurde mir verboten, die ausländischen Zeitungen zu lesen, die mein Vater sich noch immer von Dolmetschern übersetzen ließ, um sich auf dem laufenden zu halten. Und als ich wieder einmal den Versuch wagte, mit ihm vom Frieden zu sprechen, war er so verärgert, daß er schwor, er werde mich nie mehr besuchen, und auch meinen Brüdern verbot, mit mir zu verkehren.«

»Haben sie sich daran auch tatsächlich gehalten?«

»Ja, was ihnen wohl um so leichter fiel, als sie schon bald alle drei an der Front dringend gebraucht wurden. Und da sind sie immer noch

und kämpfen und sterben in einem Krieg, der längst entschieden ist – so wie mein eigenes Schicksal seit langem besiegelt ist.«
»Das glauben Sie doch selber nicht«, wandte der Garnisonarzt ein. »Hätten sonst Sie und Ihr Vater mich hierherkommen lassen?«
»In Augenblicken der Schwäche klammert man sich immer noch einmal an die Hoffnung, auch wenn keine Hoffnung mehr besteht. Und Hoffnung haben auch Sie nicht mehr, Doktor. Ich sehe doch die Ohnmacht in Ihrem Gesicht.«
Eine Weile schwieg der Arzt, was hätte er dem jungen Mann auch noch an Trost vorlügen sollen. Dann fragte er:
»Seit wann sind Sie eigentlich hier in Sul-Kadi?«
»Noch nicht so lange. Als der Große Aul bedroht war, hat mich mein Vater hierher geschickt. Er wollte unbedingt vermeiden, daß ich zum zweiten Mal in russische Gefangenschaft geriet. Hier in dieser unwegsamen Gegend, hinter den Felsentoren von Andi, glaubt er mich sicher.
»Und seitdem leben Sie hier unter strenger Bewachung, ohne Freunde, ohne Familie?«
»Sind Sie nicht bei mir, Doktor – ein Freund?«
Drei Tage blieb Dr. Pjotrowskij bei dem Todkranken, dann kehrte er nach Hassiw Jurt zurück.
An den ersten heißen Juliabenden ließ Dshemal-Edin sich auf das Flachdach des Hauses tragen, um die frische Bergluft zu genießen. Es waren die letzten kleinen Freuden seines jungen Lebens. Als er am Abend des zwölften Juli 1858 starb, hatte Schamil seinen erstgeborenen Sohn zum zweiten Mal verloren.

Sturm über Gunib

I

Verloren war bald auch jede Hoffnung, nach dreißig Jahren Krieg die letzte Schlacht zu gewinnen. Unaufhaltsam rückten die drei feindlichen Armeen gegen Schamils Truppen vor, eine Festung fiel nach der anderen. Als es den Russen im Januar 1859 gelang, den Paß von Argun, eine Schlüsselstellung, die bisher für uneinnehmbar gegolten hatte, im Morgengrauen zu nehmen, wußte Schamil, daß nun das Ende bevorstand. Die ganze Nacht hindurch waren die russischen Truppen durch tiefe Schneewehen marschiert, die erst von der Kavallerie platt getrampelt werden mußten. Über sieben Stunden brauchten sie, um die kaum acht Kilometer lange Schlucht zu durchqueren, und nachdem sie alle Dörfer längs des Weges niedergebrannt hatten, standen sie an den Ufern der Nebenflüsse des Schato Argun.
Zu spät hatte Schamil von diesem Vorstoß erfahren. Er war auf eine Falschmeldung hereingefallen, die besagte, starke Einheiten des Feindes marschierten auf einen schwer befestigten Aul zu, dreißig Kilometer vom eigentlichen Ziel entfernt. Als er die List durchschaute und angriff, wurde er zurückgeschlagen.
Mit der Eroberung des Passes hielten die Russen nun das Hochland besetzt und hatten damit die Front in die Berge vorgeschoben, unmittelbar vor Schamils Festung Dargo-Vedin. Um Nachschub und Artillerie heranzuschaffen, fällten sie den ganzen Februar hindurch die Bäume auf der Paßstrecke und bahnten so einen Weg durch den Wald und über den Berg geradewegs auf den Großen Aul zu. Mit Kanonen sicherten sie die Brücken, die sie über die Schluchten schlugen, und hielten so die Muriden in Schach, die immer wieder vergebens gegen diese Stellungen anrannten, um die Übergänge zu zerstören. Weder durch Fallen noch durch Wälle und Verstecke der Kaukasier ließen sich Barjatinskijs Armeen in ihrem Vormarsch aufhalten, und schon nach kurzer Zeit hatten sie sich eine Schneise durch die letzte, natürliche Verteidigungslinie der Muriden geschlagen. Aul um Aul fiel, die zermürbten Dorfbewohner ergaben sich.

Auch der Aufstand der Einwohner von Nasran, die vor langer Zeit zu den Russen übergelaufen waren, sich nun aber von ihnen mißhandelt und ausgebeutet fühlten, brachte Schamil keine Entlastung. Auf einen Hilferuf hin stieß er an der Spitze von viertausend Reitern in die Ebene vor und geriet dabei in das massive Feuer des russischen Armeekorps unter Jewdokimow. Geschlagen mußte er sich auf das andere Ufer des Argun zurückziehen.

Zu Beginn des Sommers 1859 hielt Barjatinskijs Südarmee sämtliche Zugänge zu Schamils Festung Dargo-Vedin fest in der Hand.

Noch rechtzeitig vor dem Sturmangriff gelang es dem Imam, seine Frauen und Angehörigen aus dem Großen Aul in die Wälder zu bringen. Dort sollten sie sich so lange verborgen halten, bis er sie wieder zurückholen konnte.

Nur Kerimat hatte sich schon vorher heimlich aus dem Staub gemacht. Wenige Tage zuvor hatte sie von ihrem Vater, Daniel Beg, der erneut zu den Russen übergelaufen war, einen Brief erhalten, in dem er ihr riet:

»Verlasse sie; das Spiel ist aus. Barjatinskij hat sie umzingelt. Komm zu uns.«

Solange Schamil, der große Imam, Macht besaß, war sie gern seine Schwiegertochter gewesen, jetzt aber verriet sie ihn und ihren Mann und floh bei Nacht zu ihrem Vater. Als Kasi Mahommed, der seine Frau immer noch liebte, von ihrem Treubruch erfuhr, schrieb er ihr nur wenige Worte, doch genug um all seinen Schmerz auszudrücken:

»Meine kleine Kerimat, wie konntest Du mir das antun?«

Diesen Zettel, den ein bestochener Spion hinter die russischen Linien brachte, fand man nach ihrem Tod unter ihrem persönlichen Besitz.

All seine Kräfte hatte Schamil in Dargo-Vedin zusammengezogen, als General Jewdokimow begann, die Festung durch seine Artillerie sturmreif schießen zu lassen. »Der Dreiäugige«, wie er von den Gebirgsbewohnern wegen der tiefen Narbe nach einem Kopfschuß genannt wurde, wartete gelassen ab, bis die Granaten endlich eine Bresche in die Außenmauern geschlagen hatten, und gab dann den Befehl zur Erstürmung. Das Minarett war eingestürzt, Schamils Anwesen zerstört, ganze Straßenzüge lagen in Schutt und Asche. Trotz hartnäckigen Widerstandes fiel Dargo-Vedin im Juni.

Im Monat darauf, am vierundzwanzigsten Juli, ergab sich der befestigte Aul von Tschoch.
Vier Tage später ging Kibit Mahoma zu den Russen über. Um seine Aufrichtigkeit zu beweisen, leitete er selbst den Sturmangriff auf Tilitl, wo der jetzt allseits gefeierte Barjatinskij es sich nicht nehmen ließ, im Haus des Verräters das Siegesmahl einzunehmen.
Ähnlich war auch Daniel Beg verfahren. Er hatte seine Festung Irib und sich selbst der Gnade der Russen ausgeliefert und war auch tatsächlich mit offenen Armen wieder aufgenommen worden.
Wie Kartenhäuser bei einem Windstoß fielen in rascher Folge die awarischen Auls um Schamil zusammen.
Ende Juli verließ Barjatinskij sein Hauptquartier, um sich im Lager bei Dargo-Vedin mit Jewdokimow über den letzten Angriff zu beraten.
»Auch diesmal ist uns Schamil wieder entkommen«, sagte Jewdokimow, »aber seine Flucht aus dem Großen Aul soll seine letzte gewesen sein. Als wir dahinterkamen, daß er sich südwärts nach Daghestan absetzte, war es schon zu spät.«
»Aber es ist sicher, daß er sich nach Gunib zurückgezogen hat?« erkundigte sich Barjatinskij.
»Ja, auf dem Weg über die Berge sind Schamil und sein Trupp von plündernden Stämmen überfallen und beraubt worden. Man hat ihnen alles abgenommen. Schamils Leute haben sich nicht einmal wehren können, da sie ihre wenige Munition für den Kampf mit uns sparen mußten. Bei Gunib hält er sich auf einer felsigen Hochfläche zum letzten Widerstand bereit.«
»In Daghestan also, seiner Heimat«, bemerkte der Oberbefehlshaber abwägend. »Klug überlegt! Seine Fanatiker werden die Geburtsstätte des Muridismus bis zum letzten Blutstropfen verteidigen. Wie viele sind es übrigens? Wissen Sie das?«
»Unsere Kundschafter schätzen sein letztes Aufgebot auf vierhundert Mann.«
»Vierhundert Mann auf einer einsamen Felsenhöhe! Das also ist der klägliche Rest, der ihm noch von seiner einst so besessenen Streitmacht geblieben ist.«
»Er ist so gut wie verloren.«

»Wie ist die strategische Lage? Wie sieht es rings um Gunib aus?«
»Mehr als dreihundert Meter hoch ragt die Hochebene steil aus den Tälern auf, ohne jede Verbindung zu den umliegenden Bergen. Die Höhe selbst ist wie eine Schale geformt, rundherum durch hohe Felsböschungen gegen Überfälle geschützt. Solange wir noch keine weitreichenden Kanonen hatten, galt diese Hochfläche als uneinnehmbar. Kein Wunder, daß man sie deshalb ›das Gibraltar des Kaukasus‹ genannt hat.«
»Aber einer Belagerung hätten die Verteidiger doch auf Dauer nicht standhalten können.«
»Im Gegenteil, das ganze Jahr über sprudelt dort oben frisches Quellwasser. An einigen Stellen gedeihen sogar Getreide und Früchte, und Gras für Schafe und Pferde wächst auch überall. Sogar zwei Kohleadern hat man in den Felsen entdeckt.«
»Aber was fehlt, sind Waffen und Munition – und vor allem genügend Männer.«

2

Auch Schamil wußte das, als er von seiner Felsenhöhe herab auf die gewaltige Ansammlung von Soldaten, Zelten und Kanonen in allen Himmelsrichtungen schaute. Mehrere tausend Mann hätte er gebraucht, um sich gegen den bevorstehenden Großangriff zu behaupten.
»Sie haben uns eingekreist«, sagte er zu seinen Nahibs. »Wir sind verloren. Aber wer an die Folgen denkt, wird nie tapfer sein. Wir werden hier unseren letzten Kampf bestehen, wie es geschrieben steht, für Allah und für die Freiheit!«
An Übergabe dachte niemand.
Weithin über die Hochebene von Gunib klang die Stimme des Muezzins, als Schamil am Abend des vierundzwanzigsten Augusts seine Anhänger zum Gebet führte. Noch ahnte niemand, daß es das letzte gemeinsame Gebet sein werde, denn der Imam rechnete mit einer langen Belagerung.
Doch es kam anders.

Um dem Zaren zu seinem Geburtstag am fünfundzwanzigsten August ein würdiges Geschenk zu machen, hatte Barjatinskij für diesen Festtag die Erstürmung von Gunib geplant.
Dichter Nebel hüllte das Tal ein und verwehrte der Besatzung der Hochebene jede Sicht auf die feindlichen Linien. Unter diesem Dunstschleier sammelten sich die Russen zum Angriff und brachten ihre Geschütze in Stellung. Unbemerkt von den Verteidigern erklomm eine starke Einheit eine vorgeschobene Höhe unterhalb des eigentlichen Gipfels und schob sich bis dicht an das Einfallstor heran, wo der Nahib Ali Kadi mit wenigen Muriden die Stellung bezogen hatte. Sie ahnten nicht, daß ihr Anführer mit dem Feind unter einer Decke steckte. Statt Schamil die Treue zu halten, wie er gelobt hatte, verriet er ihn und gab das Tor preis. Verzweifelt warfen sich den ungehindert einströmenden Russen hundert Muriden entgegen, konnten aber die zehnfache Übermacht nicht zurückdrängen. Sie wurden von Schüssen und Bajonetten ebenso niedergestreckt wie die kleine Schar ihrer Kameraden und einiger Frauen, die sich von einem Bollwerk herab auf die Eindringlinge stürzten.
Die Überrumpelung durch den plötzlichen, geballten Angriff war gelungen.
Verbittert mußte Schamil einsehen, daß Gunib verloren war. Zusammen mit seinen Söhnen zog er sich in den Aul zurück, bereit in seinem letzten Gefecht für Allah zu sterben.
Barjatinskij aber wollte ihn lebend haben. Zweimal unterbrach der Oberbefehlshaber deshalb den Kampf und ließ Schamil durch einen Boten auffordern, die Waffen zu strecken. Vergebens! Empört wies der Imam diesen Vorschlag als Zumutung zurück.
Dennoch ließ der Fürst nicht locker und schickte zum dritten Mal einen Boten zu Schamil, diesmal mit dem Ultimatum:
»Entweder kapitulieren Sie bedingungslos, oder ich lasse sofort ganz Gunib durch meine Artillerie in Grund und Boden schießen.«
Diesmal lehnte Schamil nicht schroff ab. Nachdenklich stand er da und schwieg. Der Beschuß des ganzen Auls bedeutete den Tod aller, und dieses Schicksal hätte er auch bedenkenlos auf sich genommen, wenn er mit seinen Söhnen und seinen letzten Getreuen allein gewesen wäre. Aber anders als zuvor im Dargo-Vedin hatte er jetzt seine

gesamte Familie um sich versammelt, seine Frauen und Töchter, und auch die Frauen und Kinder seiner Anhänger hielten sich in Gunib auf. Seine eigenen Angehörigen hatte er diesmal nicht in den Bergen zu verstecken gewagt, wo sich rachsüchtige Krieger abtrünniger Stämme herumtrieben und nur allzu willfährig die Frauen des Imams niedergemetzelt hätten, um deren Köpfe als Treuebeweis den Ungläubigen zu Füßen zu legen.
Keiner der Nahibs, die mit ihm den Boten empfangen hatten, traute sich, die Entscheidung des Imams zu beeinflussen. Wer bisher auch nur gewagt hatte, das Wort »Übergabe« auszusprechen, war mit dem Tod bestraft worden. Aber bisher war das grauenvolle Ende auch noch nie so unvermeidlich gewesen wie jetzt.
Als sie sahen, wie Schamil sich niedergeschlagen in die Moschee zurückzog, um zu beten, wiesen sie den Boten an, noch eine Weile zu warten, und bestürmten Kasi Mahommed, nur er allein könne, ja er müsse sogar über diese Frage mit seinem Vater reden.
»Geh zu ihm und überzeuge ihn. Du bist sein Sohn und Erbe. Wenn er auf dich nicht hört – auf wen sonst?«
Zweimal suchte Kasi Mahommed seinen Vater in der Moschee auf und kniete neben ihm nieder, doch jedesmal blieben ihm die Worte im Hals stecken.
Doch die Nahibs bedrängten ihn erneut. Als er sich beim dritten Anlauf wiederum wortlos zurückziehen wollte, sah der Imam ihn mit einem traurigen Lächeln an.
»Ich weiß, warum du gekommen bist. Du und alle anderen – ihr wollt, daß ich mich ergebe. Nun denn, so soll es sein!«
Als Fürst Barjatinskij diese Nachricht durch den russischen Boten erhielt, beauftragte er Oberst Lasarew, einen Armenier, mit dem Imam über die Kapitulation zu verhandeln. Es war eine gute Wahl, denn Schamil kannte und achtete ihn als einen tapferen und gerechten Mann, den zu empfangen ihm weniger demütigend erschien.
Ehrerbietig und doch auch zugleich mit der Überlegenheit des Siegers verbeugte sich Lasarew vor dem Imam.
»Fürst Barjatinskij entbietet Ihnen seinen Gruß«, sagte er. »In seinem Auftrag bin ich gekommen, Ihre Erklärung entgegenzunehmen. Seien Sie versichert, Imam, daß wir alle Ihnen und Ihren tapferen Solda-

ten die größte Hochachtung entgegenbringen – auch in dieser für Sie so schmerzlichen Stunde. Ihr Leben wird ebenso geschont wie das Leben Ihrer Familie und der gesamten Besatzung, das verspreche ich Ihnen. Nichts liegt dem Fürsten ferner, als Sie zu schmähen, im Gegenteil, er will einen ehrenvollen Frieden mit Ihnen schließen.«
Schweigend sah Schamil ihn an, als wolle er die Wahrheit dieser Worte prüfen.
»Die letzte Schlacht ist verloren«, fuhr der armenische Unterhändler fort und fügte schlau »mit Anstand verloren« hinzu. »Mektub! Es ist Allahs Wille. Allah hat nun mal seinen Diener Schamil dazu bestimmt, dreißig Jahre lang gegen die Russen zu kämpfen. Jetzt aber muß sich sein Diener dem Weißen Zaren fügen, so steht es geschrieben. Alle Dinge liegen bei Allah. Unterwerfen Sie sich seinem Willen, Imam.«
»So sei es«, sagte Schamil leise. Doch seine Stimme wurde lauter, als er bat: »Niemand aus den abtrünnigen Stämmen und kein Überläufer soll Zeuge meiner Kapitulation sein. Sagen Sie das dem Fürsten!«
»Ich werde es ihm ausrichten. Wann dürfen wir Sie erwarten?«
»Noch in dieser Stunde.«

Nichts verriet seine Bewegung, als Schamil, äußerlich gefaßt wie immer, seinen Hengst bestieg und dem Sieger entgegenritt, um sich ihm bedingungslos auszuliefern. Zerlumpt und erschöpft, die Gesichter von Blut und Pulver verschmiert, folgten ihm fünfzig Muriden, die einzigen, die ihm von seinem einst so mächtigen Heer noch geblieben waren, ein kläglicher Rest. Doch wie in früheren ruhmreichen Jahren flatterte ihnen ihr schwarzes Banner herausfordernd voran.
Jeder Lärm im russischen Lager verstummte, als »Er« durch das Tor von Gunib auf sie zugeritten kam: Schamil, der gefürchtete Feind, der legendenumwobene Große Imam, der Löwe von Daghestan und vom Kaukasus. So sah er also aus, der Mann, den kein Russe mehr seit über zwanzig Jahren, als Klugenau mit ihm bei Gimri zusammengetroffen war, von Angesicht zu Angesicht gesehen hatte und den dennoch jeder kannte. Drei Jahrzehnte lang hatte »Er« ihnen und ihren Vätern widerstanden, und jetzt war mit seiner Kapitulation der

Kaukasus gefallen, jene mächtige Festung, deren Mauern aus riesigen Gipfeln und deren Gräben aus Schluchten bestanden.
Während Barjatinskij, umgeben von seinem Stab, im Schatten eines Birkenwäldchens auf einem Stein saß und seinem besiegten Gegner mit gleichmütigem Gesichtsausdruck entgegenblickte, löste sich die Spannung der Soldaten in einem vieltausendfachen wilden Jubelgeschrei. Ihren Triumph empfand Schamil als Schmach, und Schamröte färbte sein Gesicht, als er, entgegen seiner Bitte, Daniel Beg, Mahommed Emin, Bata, Ali Kadi, Kibit Mahoma und viele andere abtrünnige Führer und Stammeshäuptlinge erkannte, die ihm frech und unverhohlen ihre Schadenfreude zeigten.
»Lieber den Tod als diese Schande!« knirschte er zornentbrannt und riß sein Pferd herum, um in den Aul zurückzujagen.
Doch geistesgegenwärtig sprengte Lasarew auf ihn zu.
»Imam! Sie jubeln dir als großem Anführer, als tapferem Krieger zu!« rief er, um ihn zurückzuhalten. »Zeig ihnen, daß du in der Stunde der Niederlage den gleichen Löwenmut besitzt wie in den Jahren deiner Siege.«
Einen Augenblick lang schien Schamil noch zu zögern, doch dann ließ er erkennen, daß die Worte des Armeniers ihre Wirkung nicht verfehlt hatten. Hochaufgerichtet saß er im Sattel, als er seinen Hengst wendete und dann mit undurchdringlicher Miene, ruhig und stolz auf das Birkenwäldchen zuritt, um sich dem russischen Oberbefehlshaber zu ergeben. Gelassen stieg er vom Pferd und stieß herrisch die Offiziere beiseite, die ihn entwaffnen wollten. Noch immer ging eine so starke, gebieterische Kraft von ihm aus, daß sie unwillkürlich zurückwichen.
Langsam und erhobenen Hauptes trat er auf den Feldmarschall Fürst Barjatinskij zu, verneigte sich vor ihm und blieb dann mit gebeugtem Kopf vor ihm stehen.
»Seien Sie mir willkommen, Imam«, begrüßte ihn der Fürst. »Ich weiß Ihren Entschluß sehr wohl zu schätzen. Für die Sicherheit Ihrer Familie hafte ich persönlich, das verspreche ich Ihnen, aber Ihr eigenes Schicksal hängt vom Willen des Zaren ab.«
Erst nach diesen Worten richtete sich Schamil auf und sah dem Mann, der ihn besiegt hatte, fest in die Augen. Noch nie zuvor war er

so entmutigt und verzweifelt gewesen. Statt ihn wie einen Geschlagenen zu schmähen, wie einen räudigen Hund zu treten, überraschte ihn der Feldmarschall mit einer maßvollen Rede. Gnade und Barmherzigkeit hatte er als fanatischer Moslem unter diesen Umständen am wenigsten erwartet, sondern war überzeugt gewesen, die Sieger würden ihn ebenso töten wie seine Söhne und Nahibs. Um ihnen diesen letzten Triumph zu vereiteln, hatte er ihnen zuvorkommen und sich nach seiner Übergabe an Ort und Stelle mit dem Dolch das Leben nehmen wollen. Jetzt aber, da er sich ehrenvoll behandelt sah, änderte er seinen Entschluß. Zaudernd, als sträube sich alles in ihm, dann aber entschlossen griff er nach seinem Säbel mit der dunklen, goldverzierten Damaszenerklinge und verneigte sich vor Barjatinskij.

»Nie würde ich erlauben, daß unbekannte oder unwürdige Hände meine Waffe berühren«, sagte er feierlich, und seine Stimme rang nach Atem, als er fortfuhr: »Ihnen aber, Fürst, gebe ich sie als Zeichen meiner ehrenhaften Ergebung, da Sie mich und mein Heer besiegt haben.«

Demut lag in seiner Haltung, als er ihm mit einer vornehmen Geste seinen Säbel überreichte. Einen Augenblick lang sah er den Feldmarschall aus seinen schmalen Augen durchdringend an, verbeugte sich dann wiederum und wandte sich ab. Aus dem Krieger und Imam von Daghestan, dem Löwen vom Kaukasus, war nun ein Gefangener geworden, »Gottes armer Pilger«, wie er sich fortan nannte.

»Gottes armer Pilger«

I

»Bitte, Imam, kommen Sie mit mir«, forderte Oberst Lasarew Schamil auf, ich bringe Sie zu meinem Zelt. Es steht Ihnen zur Verfügung, solange Sie hier sind.«
»Und meine Familie?«
»Seien Sie ganz unbesorgt. Ich werde sofort nach Gunib reiten und Sie holen; auch Ihre Söhne und die Nahibs.«
Als Lasarew in den Aul einritt, warfen sich Frauen und Kinder, Nahibs und Krieger vor ihm zu Boden und flehten um Schamils Leben. Erschüttert zügelte er sein Pferd.
»Seid unbesorgt«, redete er auf sie ein, »niemand wird dem Imam ein Haar krümmen. Wir alle achten ihn als einen großen, heldenhaften Mann, auch der Zar, der ihn sogar empfangen und sich persönlich um sein künftiges Wohlergehen kümmern wird.«
Die beruhigende Wirkung seiner Worte hielt nicht lange an. Als der Oberst die Frauen und Kinder in Schamils Zelt führte, jammerten und weinten sie noch lauter, da sie befürchteten, man lasse sie nur aus Barmherzigkeit in seiner letzten Stunde zu ihm, um ihnen Gelegenheit zu geben, für immer von ihm Abschied zu nehmen.
Um so mehr wunderten sie sich, daß man sie alle höflich und taktvoll behandelte, eher als Gäste denn als Gefangene. Auch als man am nächsten Tag Schamils Familie, darunter den jungen Mahommed Scheffi, nach Temir-Chan-Schura brachte, verlor die gefürchtete Gefangenschaft schon rasch ihre Schrecken, denn der begleitende Leutnant gewann nicht nur durch sein freundliches Wesen ihre Herzen im Sturm, er kaufte ihnen auch Süßigkeiten und sogar eine Spieldose, um sie aufzumuntern.
Feierlich verabschiedete sich der Oberkommandierende von Schamil, der am dritten September, begleitet von Kasi Mahommed, einigen Nahibs und Dienern sowie einem Dolmetscher und umgeben von berittenen Kosaken seine Heimat verließ. Schwermütig sah er die

Gipfel der Berge auftauchen und für immer seinen Blicken entschwinden.
Ob ich sie je wiedersehe? fragte er sich bangen Herzens und gab sich gleich selbst die Antwort: Es gibt keine Hoffnung. Nie wieder werde ich nach Daghestan heimkehren. Mit den Bergen lasse ich meine Jugend zurück und die Erinnerung an dreißig Jahre Kampf gegen das russische Joch, die besten Jahre meines Lebens.
Kein einziges Mal schaute er zurück. Was hinter ihm lag, war unwiederbringlich verloren für alle Zeiten, und was ihn erwartete, war Sibirien, wo der Leidensweg so vieler Verbannter endete – so glaubte er, wenn unterwegs die Nadel auf seinem Taschenkompaß nach Osten ausschlug.
Doch was rings um ihn geschah, paßte ganz und gar nicht in seine düstere Gedankenwelt. Denn wo immer die Pferde seines Wagens, den ihm die Russen gestellt hatten, gewechselt wurden, umringten ihn Scharen von Menschen, die zu Tausenden herbeigeströmt waren, um ihn ein letztes Mal zu sehen und mit Hochrufen hinter der davoneilenden Kutsche herzulaufen.
Doch nicht nur seine eigenen Landsleute feierten ihn wie einen Helden, sondern auch die Soldaten und Offiziere, einst seine erbitterten Feinde, ließen ihn hochleben und ehrten ihn mit Festgelagen. Die Bevölkerung von Mosdok jubelte ihm in den Straßen zu, als er von Wagen und Reitern in die Stadt am Terek geleitet wurde, und genauso überschwenglich war wenige Tage später der Empfang weiter nördlich in Stawropol und am zehnten Reisetag in Charkow, wo ihn der Zar, der einer Truppenparade beiwohnte, in aller Form und Hochachtung zu sich bat und ihn sogar wie einen Bruder umarmte. Nicht wie ein besiegter Feind wurde Schamil auch auf seiner weiteren Fahrt nach Norden behandelt, sondern überall wie ein Triumphator gefeiert, dem vom Volk und Adel, von Militär und Geistlichkeit eine Welle der Sympathie und Begeisterung entgegenschlug. Diese Achtung und ungekünstelte Freude waren echt und keinesweg nur auf den Befehl Alexanders zurückzuführen, den Imam auf seiner Fahrt durch Rußland mit äußerstem Respekt zu empfangen. In den Garnisonen, so hatte er angeordnet, hätten ihn sämtliche Offiziere in Paradeuniformen mit allen Orden und Ehrenzeichen zu begrüßen.

Der Höhepunkt von Schamils mehrtägigem Aufenthalt in Moskau war sein Besuch in der Wohnung Jermolows, des alten Generals, der einst die russische Südarmee befehligt hatte. Beide Männer waren sich zuvor nie begegnet: Als Schamil zum Imam aufstieg, hatte Jermolow den Kaukasus bereits auf Befehl des Zaren verlassen. Seitdem waren Jahrzehnte vergangen, eine lange Zeit mit vielen Schlachten, Siegen und Niederlagen, die sie im Gespräch noch einmal durchlebten.

Die Erinnerung an frühere Zeiten, als Schamil dreißig Jahre lang erbittert die Freiheit gegen die Eroberer verteidigt hatte, war auch unter der Bevölkerung von St. Petersburg lebendig, wo er am sechsundzwanzigsten September, einen Monat nach dem Fall von Gunib, eintraf. Schon die Reise dorthin mit dem Zug, seine erste Bahnfahrt überhaupt, wurde für ihn zu einem großen Erlebnis; aber noch eindrucksvoller waren die Begeisterungsstürme der Menschen die an diesem grauen, regnerischen Herbsttag dichtgedrängt vor dem Bahnhof ausgeharrt hatten. Ihre Jubelrufe begleiteten ihn bis ins Snamenskij-Hotel hinein, wo er während seines Aufenthalts in der russischen Hauptstadt wohnen sollte. Tag und Nacht blieb von nun an der Platz davor voller Menschen, die das Hotel umlagerten und auf das Erscheinen ihres Helden warteten, den sie dann jedesmal mit Rufen wie »Gott schütze Sie, bleiben Sie bei uns!« hochleben ließen.

2

Die Erfüllung dieses Wunsches hing nicht von Schamil ab; der Hof hatte längst anders entschieden und auch beschlossen, den bisherigen Adjutanten, den Obersten Bogoslawskij, durch Hauptmann Runowskij abzulösen. Es war November, als der Oberst abreiste und Schamil in beißender Kälte betend auf der Straße stand, seinen Freund zum Abschied segnete und dem Wagen nachschaute, bis er verschwunden war.
Schweren Herzens kehrte er ins Hotel zurück wo er nach einiger Zeit in Runowskijs Zimmer trat.

»Jetzt also müssen wir miteinander auskommen«, begann er.
Der Hauptmann nickte. »Ja, Imam, und ich wünsche mir sehr, daß Sie mit mir so sehr zufrieden sind wie mit meinem Vorgänger.«
»Der Oberst ist ein guter Mensch, antwortete Schamil versonnen, »ich habe ihn fest ins Herz geschlossen.«
»Deshalb habe ich jetzt auch ein ungutes Gefühl, an seine Stelle treten zu müssen. Aber ich werde mir alle Mühe geben, Ihr Vertrauen zu erringen, wenn möglich auch ihre Freundschaft.«
»Die haben Sie schon längst, Hauptmann.«
»Seit wann?«
»Seit Sie uns neulich, als wir alle bei Tisch zusammensaßen, erzählten, Sie hätten neunzehn Jahre im Kaukasus gedient. Und das heißt doch nichts anderes, als daß Sie ein Soldat sind wie ich und meine Nahibs.«
Runowskijs Augen glänzten. Er war glücklich gewesen, als man ihn, der verschiedene Tatarendialekte sprach, zum neuen Adjutanten des Imams ernannt hatte, in dessen Nähe zu leben er als Auszeichnung empfand. Und jetzt durfte er sogar noch Schamils Freund sein!

Das Gespräch währte noch eine Weile, bis Schamil, der mit untergeschlagenen Beinen auf dem Sofa saß und seine Perlenschnur durch die Finger gleiten ließ, schließlich nach asiatischer Sitte erst auf vielen Umwegen zu seinem Anliegen kam.
»Wenn Gott ein Kind zur Waise macht, ersetzt er oft die Mutter durch eine Kinderfrau«, sagte er einleitend. »Diese Kinderfrau kümmert sich um das Kind, füttert und beschützt es. Wenn es sauber und fröhlich ist, lobt man die Kinderfrau. Ist es aber ungezogen und schmutzig, wird die Kinderfrau getadelt, weil sie es vernachlässigt. Ich bin jetzt dreiundsechzig, ein alter Mann, allein in einem fremden Land, dessen Sprache und Gebräuche ich nicht beherrsche. Deshalb meine ich, nicht mehr Schamil, der Imam, zu sein, sondern durch Gottes Wille jenes hilflose und bedürftige Kind, das eine Kinderfrau braucht. Der Zar hat Sie zu meinem Adjutanten ernannt, ich aber glaube, Allah hat Sie zu meiner Kinderfrau bestimmt. Ich bitte Sie jetzt, mich lieb zu haben wie eine gute Kinderfrau ihre Zöglinge, und ich verspreche Ihnen, daß ich es Ihnen nicht nur wie ein dankbares

Kind vergelten werde, sondern auch wie Schamil es einem Menschen gegenüber tut, der gut zu ihm ist.«

Entwaffnet von soviel Offenheit und Zuneigung versprach ihm Hauptmann Runowskij:

»Ich werde Sie lieben, nicht weil es mir befohlen wurde, sondern weil ich Sie achte.«

»Als ich Sie das erste Mal sah, sagte ich zu Kasi Mahommed: ›Das ist ein guter Mensch, ein Mann, dem wir vertrauen können‹«, fuhr Schamil mit warmherziger Stimme fort. »Und glauben Sie mir, ich habe noch nie einen Menschen falsch beurteilt, den ich in Ruhe betrachten konnte. Yakshé! Es ist gut!« Er drückte Runowskij fest die Hand. »Sie werden mein Freund sein.«

Lange Zeit blieb Runowskij sein Adjutant und Freund, als Schamil schon nach Kaluga übergesiedelt war, einer russischen Kleinstadt südlich von Moskau, die der Zar als endgültigen Wohnsitz für den Imam und seinen Anhang bestimmt hatte. Bei der Abfahrt dorthin war der Andrang der begeisterten Menschenmenge so groß, daß der Zug erst mit halbstündiger Verspätung aus der Bahnhofshalle rollen konnte.

»Sagen Sie ihnen, daß meine Gefühle so tief sind wie meine Wunden«, sagte Schamil dem Dolmetscher neben ihm, während er am Fenster stand und den jubelnden Menschen zuwinkte. »Sagen Sie ihnen, daß ihre Anteilnahme mir eine so große Freude bereitet hat, wie ich sie seit der Befreiung Dargos nicht mehr erlebt habe.«

Begeisterung schlug ihm auch beim Empfang in Kaluga entgegen, jener verschlafenen Provinzstadt an der Oka mit rund fünfundzwanzigtausend Einwohnern, deren niedrige Holzhäuser mit den winzigen Fenstern sich unter den winterlichen Schneebergen duckten. Jeder mußte den Löwen vom Kaukasus, diese legendäre Gestalt, zu seinem Ball, zu seinem Festessen unbedingt einladen.

»Wir haben einen Helden unter uns«, pries ihn der befehlshabende Offizier der Garnison in einer blumigen Ansprache, als Schamil ihm einen Besuch abstattete. »Wir sind stolz und glücklich.«

»Nach all dem Bösen, das ich euch zugefügt habe, zerreißt ihr mich nicht, sondern ihr heißt mich willkommen«, erwiderte Schamil bewegt. »Ich bin überwältigt. Bei uns wäre es anders. Unsere Soldaten hätten mich gesteinigt und getötet. Ich werde in den Kaukasus schreiben, die Methoden zu ändern; die bisherige Gewalttätigkeit muß untersagt werden. Ich glaube, sie werden mir noch gehorchen«, fügte er ein wenig gedankenverloren hinzu.

Selbst die Bettler der Stadt wußten den Imam zu schätzen, sobald sie seine Großzügigkeit entdeckt hatten. Kaum ließ er sich auf der Straße blicken, stürzten sie sich auch schon in Scharen auf ihn und balgten sich um die Rubel, die er bedenkenlos verteilte.

Große Freude löste der Zar, durch Runowskijs regelmäßige Meldungen über Schamils Tagesablauf bestens unterrichtet, mit einem Zweispänner und mehreren Reitpferden aus, die er den Verbannten zur Verfügung stellte. Aber den Höhepunkt aller angenehmen Überraschungen war die Ankunft von Schamils Familie im Januar. Manche Stunde verbrachte der Imam damit, Tapeten und Möbel für die Zimmer seiner Frauen auszusuchen, die mit ihm in dem alten, zweistöckigen Haus in der Raniewskijstraße wohnen sollten, während in den Ställen und Nebengebäuden die Diener und Kutscher sowie die Wächter, tatarische Soldaten aus der Garnison, untergebracht waren.

Kurz zuvor traf der Kutscher ein, der Schamils Bücher, Manuskripte und heilige Schriften, in daghestanischen Teppichen verpackt, aus dem Kaukasus brachte. Wie er berichtete, hatte er unterwegs die Familie überholt.

»Wo war das?« erkundigte sich Schamil ungestüm. »Weit von hier?«

»Nein, Imam, sie sind höchstens noch zwei oder drei Poststationen von Kaluga entfernt. Mahommed Scheffi ist ihnen vorausgeritten, in wenigen Stunden muß er hier sein.«

Diese Nachricht überbrachte ihnen der Kutscher, als sie gerade beim Essen saßen. Schamil konnte seine Erregung nicht verbergen, sprang auf, eilte zur Treppe, besann sich dann anders, kehrte an den Tisch zurück und versuchte gleichmütig auszusehen. Aber er konnte keinen Bissen mehr essen und horchte gespannt, als könne er jetzt schon aus der Ferne das Geräusch von Kutschen oder Schlitten vernehmen.

Nach der Ankunft aller Angehörigen, einschließlich der eingeheirateten Ehepartner und der Enkel lebten nun vierunddreißig Personen in

Schamils Haus, doch nach und nach fiel die Hälfte von ihnen dem Klima zum Opfer, darunter auch die Kinder, die entweder tot auf die Welt kamen oder bald nach der Geburt starben. In den Armen Kasi Mahommeds verschied auch Kerimat an galoppierender Schwindsucht. Nachdem sie selbst die Familie in Dargo-Vedin im Stich gelassen, dann aber erfahren hatte, daß Schamil nicht getötet, sondern als geehrter Gefangener nach Petersburg gebracht worden war, hatte sie, berechnend wie sie war, Kasi Mahommed sehnsüchtige Briefe geschrieben. Des Lebens in der abgeschiedenen Provinz müde, war sie mit Schamils Frauen nach Kaluga gekommen und hatte sich mit ihrem Mann ausgesöhnt, jedoch nie seine leidenschaftliche Liebe erwidert.

Mehr noch als für Schamil selbst war das Leben in Kaluga für seine Söhne und Nahibs eintönig und eingeengt: Nach Heldentaten dürstend, waren sie zur Tatenlosigkeit verdammt; Spazierfahrten in Kutschen konnten ihnen keine wilden Ritte ersetzen, die Jagd auf Hasen nicht den Kampf von Mann zu Mann. Eine willkommene Abwechslung bot ihnen dann und wann die Einladung des Fürsten Barjatinskij, ihn auf seinem Gut in Iwanowskoje, nur ein paar Tagesritte von Kaluga entfernt, zu besuchen und mit ihm in langen Gesprächen alte Zeiten im Kaukasus heraufzubeschwören.

Auf Barjatinskijs Befehl mußten sämtliche Offiziere, sogar Generale, die auf der Durchreise nach Kaluga kamen, Schamil einen offiziellen Besuch abstatten. Bei solchen Audienzen pflegte der Imam, umgeben von Tataren in prächtigen Tscherkeßkas und mit reichverzierten Waffen, auf dem Sofa sitzend, mit jedem Gast ein paar Worte zu wechseln.

»Woher kommen Sie?« fragte er einmal einen Offizier.

»Aus Tschembar, in der Nähe von Lermontows Grab.«

»Lermontow? Ich habe von diesem großen russischen Dichter gehört. Er hat über meinen Kaukasus geschrieben.«

Ein trauriges, eigentümliches Lächeln glitt über sein Gesicht. Auch wenn er jetzt weit im Norden Rußlands lebte, war Schamil mit seinen Gedanken immer in seinen Bergen.

»Wofür haben Sie das St.-Georgs-Kreuz erhalten?« fragte er den nächsten Besucher, einen jungen Leutnant.

»Für den Sturm auf den Aul von Kituri, wo wir den Nahib Magamoj gefangengenommen haben«, prahlte der Leutnant selbstgefällig.
Mit einem Schlag verwandelte sich Schamil, der alternde, müde Verbannte, in den einst so gefürchteten Imam. Mit zornrotem Gesicht schnellte er hoch und fuhr den erschrockenen Leutnant an:
»Was Sie sagen, stimmt nicht! Nahib Magamoj ist erst gefangengenommen worden, als er schon tot war. Kein Nahib hat sich je den Ungläubigen ergeben.«
Ohne die Anwesenden noch eines Blickes zu würdigen, verließ Schamil das Empfangszimmer. Die Audienz war beendet.
Runowskij, der wie immer so auch bei diesem Empfang anwesend war, warf dem Leutnant vor:
»Wie konnten Sie das nur zu Schamil sagen? Wie so etwas überhaupt wagen?«
»Ich habe nichts anderes erzählt als das, was damals allgemein verbreitet wurde.«
»Damals! Haben Sie mit eigenen Augen gesehen, wie Magamoj gefangengenommen worden ist?«
»Nein«, druckste der Leutnant herum. »Aber seinerzeit war wirklich von einer Gefangennahme des Nahibs gesprochen worden.«
»Sehr richtig! Und wissen Sie auch warum? Nur deshalb, um den Kampf ruhmreicher erscheinen zu lassen. Doch später, als die offiziellen Berichte veröffentlicht wurden, hat sich dann herausgestellt, daß alles gelogen war. Man hat nämlich Magamoj tot in einem Turm aufgefunden, den er bis zum letzten Atemzug verteidigt hatte.«
Die Vergangenheit hatte Schamil wieder eingeholt, und nie sollte er sich ihr und seinem Leben und Kampf in den Bergen des Kaukasus je ganz entziehen können. Oft saß er stundenlang am Ufer der träge dahinfließenden Oka und schaute auf die bucklige Hügelkette, die ihm wie Maulwurfshaufen im Flachland erschienen. Und dennoch kam es ihm gerade durch diese Hügel so vor, als läge sein Kaukasus jetzt in Kaluga.

3

Immer stärker litten im Laufe der Jahre alle an Heimweh. Sie sehnten sich nach Freiheit, nach der Luft der Bergwelt. Die Männer waren schwermütig, die Frauen siechten dahin. Trost fanden sie in der kleinen Moschee, die der Imam im Garten seines Hauses hatte bauen lassen, halb verborgen hinter Akazien und Sträuchern.

Aber als »Gottes armer Pilger« empfand er immer stärker den Wunsch, vor seinem Tod nach Mekka zu gehen. Als er im Jahre 1866 darüber mit seinem Adjutanten, einem ihm feindlich gesinnten Offizier, sprach, wurde ihm entgegnet, die Lage im Kaukasus sei gegenwärtig zu ungewiß. Tatsächlich wurde der Imam damals immer noch als mögliche Gefahr angesehen.

»Ich schäme mich vor Ihnen und Ihrer Kaiserlichen Majestät«, schrieb Schamil daraufhin demütig seinem »Feldmarschall«, wie er Barjatinskij zu nennen pflegte, *»und bedauere es, einen Wunsch geäußert zu haben, der, so versichere ich Ihnen, nichts anderes ist als das Verlangen jedes gläubigen Moslems. Ich hätte die Angelegenheit niemals zur Sprache gebracht, wenn ich gewußt hätte, daß im Kaukasus immer noch kein Frieden herrscht.«*

In jenen letzten Jahren verschlechterte sich Schamils Gesundheitszustand zusehends, Ohnmachtsanfälle warfen ihn nun häufig nieder. Seine achtzehn Wunden, im Kampf durch Schwerthiebe geschlagen, machten ihm im Alter mehr und mehr zu schaffen. Hager und blutleer im Gesicht, lag er gewöhnlich auf Kissen neben dem Ofen und atmete schwer.

Durch Vermittlung von Fürst Barjatinskij durfte Schamil mit seiner Familie im Oktober 1869 nach Kiew umsiedeln. Im milderen Südklima des »russischen Jerusalem« lebte er noch einmal auf, aber es war nur ein Aufflackern für wenige Monate. Wie er dem Zaren schrieb, fühlte er sein Ende nahen.

Endlich erteilte ihm Alexander im März 1870 die Genehmigung zur Pilgerfahrt nach Mekka, auf der ihn seine Familienangehörigen und die Nahibs begleiten durften, nicht aber seine beiden Söhne Kasi Mahommed und Mahommed Scheffi. Am Rand des Kaukasus vorbei führte die Reise über das Schwarze Meer nach Konstantinopel,

wo ihn eine unüberschaubare Menschenmenge wie einen König empfing und der Sultan ihm als Allahs zweitem Propheten auf Erden alle Ehren erwies. Auf sein Ansehen in der islamischen Welt setzend, schlichtete der vierundsiebzigjährige Imam im Auftrag der Hohen Pforte erst noch in Kairo einen Meinungsstreit zwischen der Türkei und Ägypten, ehe er sich dann mit seiner Familie und den Nahibs in Mekka niederließ. Wo immer er sich in der Öffentlichkeit zeigte, folgte ihm die Bevölkerung auf Schritt und Tritt, jubelte ihm zu und küßte den Boden, auf dem er zur Moschee oder zum Schwarzen Stein der Kaaba ging.
Von Mekka aus reiste Schamil nach El Medina, der dreifach heiligen Stadt, wo Mohammed, der Prophet, gelebt und gebetet hatte, gestorben und begraben worden war.
Das Jahr ging schon zu Ende, ohne daß die Russen seinen immer dringlicher geäußerten Wunsch erfüllt hätten, die beiden ältesten Söhne zu ihm reisen zu lassen. Um seinen Vater zu trösten, schrieb Kasi Mahommed ihm, er werde bald kommen; aber stündlich wartete Schamil vergebens auf ihn. Erst als Kasi Mahommed den russischen Behörden mit Flucht oder Selbstmord drohte, erteilte man ihm zögernd die Erlaubnis. Mahommed Scheffi dagegen, der zur Leibwache des Zaren in St. Petersburg gehörte, durfte Rußland nicht verlassen.
Im Hause eines Scheichs verbrachte Schamil seine letzten Tage. Von seinem Zimmer aus konnte er das Grab des Propheten sehen. Aber er ließ sein Bett so verrücken, daß er immer die Tür im Auge hatte, und jedesmal wenn sie sich öffnete, hoffte er, Kasi Mahommed trete ein.
Vergebens: der Große Imam starb, ohne seinen Sohn noch ein letztes Mal gesehen zu haben. Kasi Mahommed kam zu spät, zu lange hatten die Russen seine Reise verhindert. Das vergab er ihnen nie.
»Ich war nachts draußen und hütete meine Schafe«, erzählte dreißig Jahre später ein alter Hirte. »Plötzlich wurde der Himmel hell wie Feuer und rot wie Blut. Ich hatte Angst. Sehr viel später hörten wir, der Große Imam sei an jenem Abend gestorben.«
Für immer hatte Schamil, der Löwe des Kaukasus, sein Schwert, den »Säbel des Paradieses«, aus der Hand gelegt. Als er seine Waffe, mit

der er so lange in seinem Freiheitskampf gefochten hatte, nach seiner Niederlage bei Gunib dem Fürsten Barjatinskij anvertraute, ahnte niemand, daß sie sechzig Jahre später wieder auftauchen würde – diesmal in einem anderen Freiheitskampf. Es war Monate nach der Russischen Oktoberrevolution als 1918 ein junger Gardeoffizier mit den Uralkosaken gegen die Roten um den Besitz der Eisenbahnlinie Orenburg-Taschkent kämpfte. Schwerverwundet wurde er mit vorgehaltener Pistole gezwungen, die Waffen zu strecken. Nur widerstrebend übergab der junge Mann die herrliche Damaszenerklinge, die er während des ganzen Feldzugs mit sich geführt hatte. Sie stammte aus der Sammlung seines Großvaters, der sie einst von Feldmarschall Barjatinskij als Geschenk erhalten hatte.
Nun haben die Völker des Kaukasus Schamils »Säbel des Paradieses« wieder in die Hand genommen für ihren Kampf um Freiheit. Generationen hindurch, so schien es, hatten sie sich den Eroberern gefügt; doch die Besatzer selbst, ob unter den Weißen oder den Roten Zaren, hatten die Bevölkerung immer mit Mißtrauen und Besorgnis betrachtet, was nicht zuletzt die Massenverbannung ganzer Stämme nach dem Zweiten Weltkrieg beweist. Den Freiheitswillen der Kaukasier aber haben sie damit nicht auslöschen können, der Widerstand in den Bergen hat nie aufgehört und ist nun wieder voll entbrannt.

Historische Romane von Eberhard Cyran im Eugen Salzer-Verlag

ZEIT LÄSST STEIGEN DICH UND STÜRZEN
Roman der letzten Staufer
472 Seiten, 1 Karte, Leinen

»... Den inhaltlichen Reichtum des Werkes auszuarbeiten ist in einer Besprechung nicht möglich. Wohl aber läßt sich zeigen, wie der Autor gearbeitet hat und welchen Gewinn die Lektüre vermittelt. Ein besonderer Vorzug der Darstellung liegt darin, daß Cyran die historischen Dokumente selber sprechen läßt und so das unerbittliche Gegeneinander der weltlichen und geistlichen Gewalten im Wechsel der machtpolitischen Situationen eindringlich verdeutlicht. Das Ganze erweist sich als ein lebendiger Anschauungsunterricht in Geschichte ...«

Bert Nagel, Rhein-Neckar-Zeitung

DIE BORGIA
Ein Renaissance-Roman
510 Seiten, Leinen

»Die Renaissance, aufregende Bruchkante zwischen Mittelalter und Neuzeit, übt auf uns Heutige, die wir uns wiederum an einer Nahtstelle der Epochen befinden, eine besondere Faszination aus. Eine ganz besonders farbige und zwiespältige Symbolfigur dieser Zeit war Papst Alexander VI. Borgia, Sproß einer einflußreichen altspanischen Adelsfamilie, Vater der Lucrezia und des Cesare Borgia. Die ereignisreiche Geschichte dieser Sippe hat Eberhard Cyran zu einem spannenden, flüssig geschriebenen Roman inspiriert. Seine Schwerpunkte liegen vor allem auf den beiden Figuren Alexander VI., sowie Lucrezia Borgia, die sich später als Fürstin von Ferrara vom ebenso intrigenreichen wie kunstsinnigen päpstlichen Hof absetzte.

Dr. M. Bless-Grabber,
Geschichte – historisches Magazin

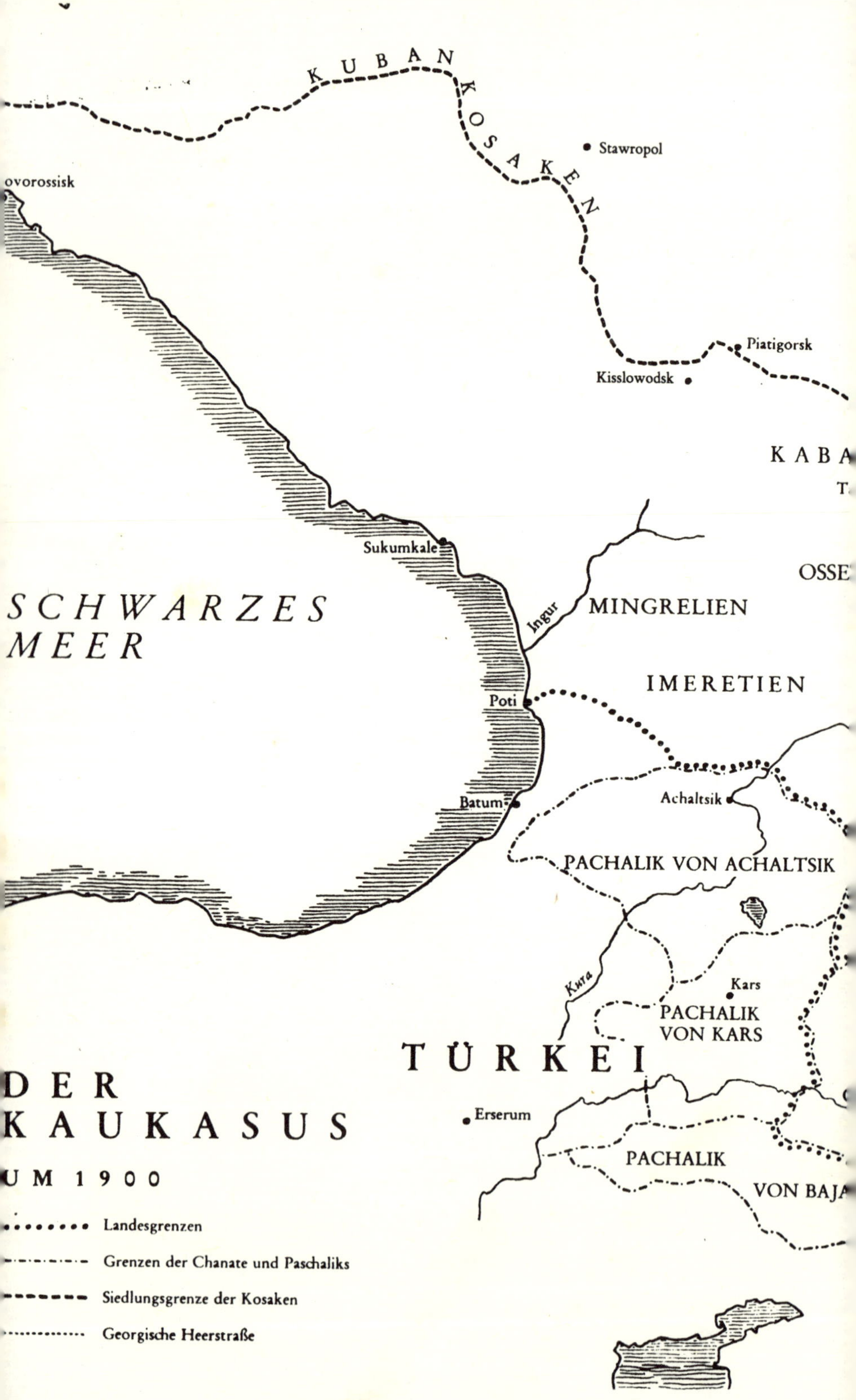

DER KAUKASUS
UM 1900
KUBAN KOSAKEN
Stawropol
ovorossisk
Piatigorsk
Kisslowodsk
KABA
OSSE
SCHWARZES MEER
Sukumkale
Ingur
MINGRELIEN
IMERETIEN
Poti
Batum
Achaltsik
PACHALIK VON ACHALTSIK
Kura
Kars
PACHALIK VON KARS
TÜRKEI
Erserum
PACHALIK VON BAJA
Landesgrenzen
Grenzen der Chanate und Paschaliks
Siedlungsgrenze der Kosaken
Georgische Heerstraße